Empress of 我
the Nile 无所畏惧

拯救埃及神庙的
女考古学家

THE DAREDEVIL ARCHAEOLOGIST
WHO SAVED EGYPT'S ANCIENT TEMPLES
FROM DESTRUCTION

[美] 琳内·奥尔森　著
Lynne Olson

王梓涵　译

版贸核渝字(2024)第219号

EMPRESS OF THE NILE: The Daredevil Archaeologist Who Saved Egypt's Ancient Temples from Destruction
Copyright © Lynne Olson, 2023
Map copyright © 2023 M. Roy Cartography
All rights reserved.
All rights reserved including the right of reproduction in whole or in part in any form.
This edition published by arrangement with Random House, an imprint and division of Penguin Random House LLC

图书在版编目(CIP)数据

我无所畏惧：拯救埃及神庙的女考古学家 / (美)琳内·奥尔森著；王梓涵译. -- 重庆：重庆出版社, 2025. 4. -- ISBN 978-7-229-19255-6

Ⅰ. K835.655.81

中国国家版本馆CIP数据核字第2025UF3678号

我无所畏惧：拯救埃及神庙的女考古学家
WO WUSUO WEIJU: ZHENGJIU AIJISHENMIAO DE NV KAOGU XUEJIA

[美]琳内·奥尔森 著　王梓涵 译

出　　品：华章同人
出版监制：徐宪江　连　果
选题策划：李柯成　王　燕
责任编辑：徐宪江　史青苗
特约编辑：穆　爽
营销编辑：刘晓艳　冯思佳
责任校对：刘小燕
责任印制：梁善池
装帧设计：众已·设计 | 微信：orange_pencil

重庆出版集团
重庆出版社　出版

(重庆市南岸区南滨路162号1幢)

天津淘质印艺科技发展有限公司　印刷
重庆出版集团图书发行有限公司　发行
邮购电话：010-85869375
全国新华书店经销

开本：880mm×1230mm　1/32　印张：14.5　字数：312千
2025年4月第1版　2025年4月第1次印刷
定价：78.00元

如有印装质量问题，请致电023-61520678

版权所有，侵权必究

目 录

引 言 · 1 ·

第一章　儿时的激情 · 001 ·

第二章　在卢浮宫里成长 · 009 ·

第三章　危险的害群之马 · 027 ·

第四章　一次美妙的冒险 · 034 ·

第五章　开罗剧变 · 057 ·

第六章　"幸运女神再次对我展露笑颜" · 071 ·

第七章　拯救卢浮宫宝藏 · 088 ·

第八章　抵抗纳粹 · 105 ·

第九章　震荡冲击埃及 · 131 ·

第十章　"奥兹曼迪亚斯，王中之王" · 149 ·

第十一章　苏伊士运河之灾 · 170 ·

第十二章 · "这些古迹属于所有人" · 193 ·

第十三章 · 历史上最大规模的文物发掘工程 · 212 ·

第十四章 · 白宫里的拥护者 · 231 ·

第十五章 · 危急时刻 · 251 ·

第十六章 · 第一夫人出手相助 · 265 ·

第十七章 · "加油，宝贝！" · 284 ·

第十八章 · "没人比她更坚定" · 307 ·

第十九章 · 丹铎神庙争夺战 · 317 ·

第二十章 · "一位文化巨人" · 331 ·

第二十一章 · "令他们起死回生" · 360 ·

第二十二章 · 杰姬和亚里 · 373 ·

第二十三章 · 治疗拉美西斯 · 383 ·

第二十四章 · 拯救菲莱 · 395 ·

第二十五章 · 王后谷 · 408 ·

第二十六章 · "世界上最负盛名的在世埃及学家" · 421 ·

感　言 · 434 ·

参考文献 · 438 ·

致斯坦和卡莉

一如既往

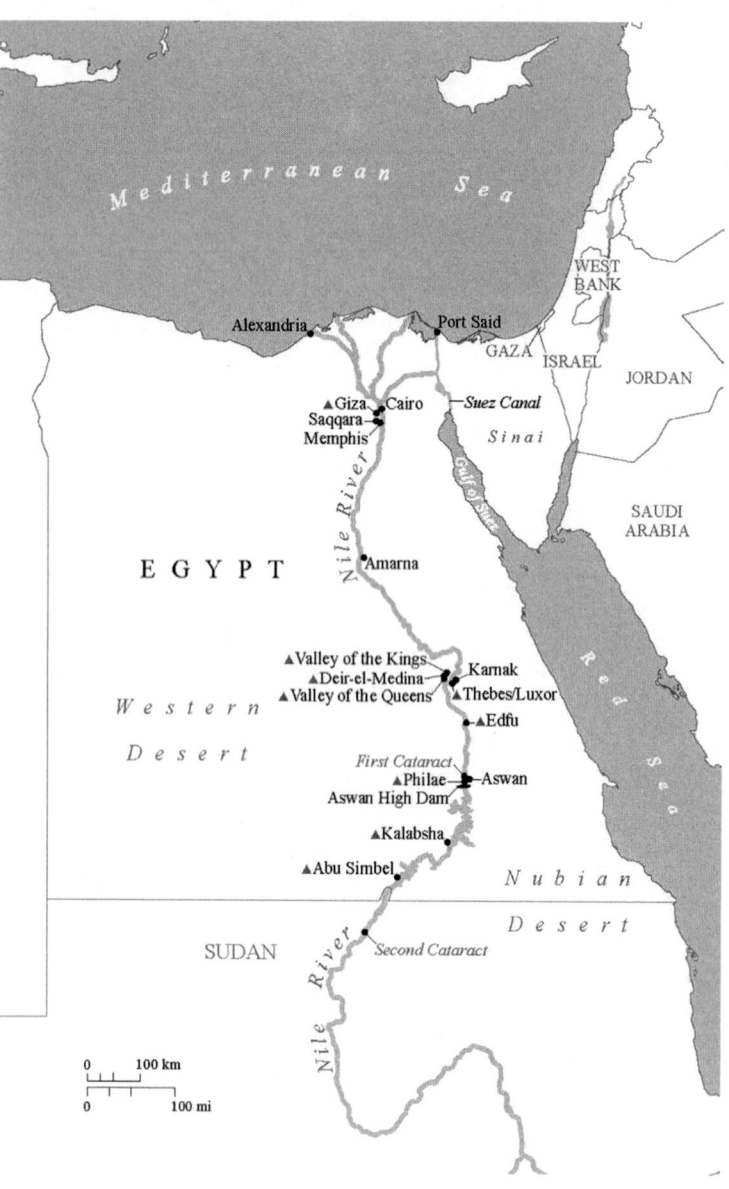

引 言

火车刚刚驶入法国中部城市穆兰的车站，这时，一名身穿黑色党卫军制服的德国人闯入了克里斯蒂亚娜·德罗什（Christiane Desroches）所在的车厢，要求查看她的证件。她的身份证件是德国签发的，上面写明她的职务是卢浮宫埃及文物馆代理馆长。这个身份证件虽然是真实的，但这位党卫军军官却不以为然。他看了看证件，又瞧了瞧克里斯蒂亚娜，然后冲她大声喊道："下车！"说着就将二十七岁的德罗什一把拽起，把她推下了火车。

这是1940年12月12日——这一天寒冷刺骨。在接下来的几个小时,德罗什一直蜷缩在穆兰盖世太保总部一间冰冷的牢房里。最后,她被押进了一个大房间,里面坐着几个穿着党卫军制服的德国人。这几人身子靠着椅背,穿着靴子的双脚搭在桌子上,嘴里叼着雪茄。

其中一人用法语问她是否会说德语。她虽然会说,但却否认道:"我不光不会说德语,就连一个字也听不懂。"后来她回忆道,从审讯的一开始,"我就不打算表现出半分友好亲切之意"。这些人开始向她提出一连串的问题,但她只是回答:"为什么要问我这个问题?"其中一个审讯者厉声喝道:"这不干你的事。"而她也不甘示弱地答道:"你们先告诉我为什么把我抓来。"于是那人咆哮起来:"看来你是真不明白,不过你很快就会知道了。"

德国人不肯相信她自称是一名埃及学家的说法。在他们看来,她肯定是盟军的间谍。事实上,她两者都是。但她不断反驳他们的指控,并且坚持要求对方查看刚刚没收的通讯录,然后打电话给她在巴黎的联系人,以证明她尽管年轻,但的的确确是卢浮宫里一个展馆的馆长,他们对她的指控则毫无道理。

随着审讯的持续,德罗什的情绪也越来越暴躁。对于和这种傲慢无礼的男人打交道,她早已驾轻就熟。在男权至上且混乱纷争的法国考古界,女性凤毛麟角,极为罕见。从刚刚进入考古领域起,德罗什就备受冷落和骚扰。

"我在卢浮宫遇到过许许多多厌恶女性的人和事,"她回忆道,"但都与法国东方考古研究所不同"——这里指的是法国设在开罗的古埃及研究中心,可谓是精英荟萃。1938年,当她成为法国考古界第一位女性研究员时,她的那些男同事就对她群起而攻之,拒绝"与我同在图书馆甚至餐厅里。他们说我会因为受不了而倒下,死在考古现场"。

但无论是敌视，还是在职业生涯中遇到的其他无数被歧视行为，都无法阻止德罗什成为世界上最权威的古埃及专家之一的决心。盖世太保逮捕她时，她正沿着自己心目中的考古之路大步向前，即使在生命危在旦夕之际，这位身高只有五英尺的年轻考古学家也无法容忍男人不把她当回事。

一时之间，她再也忍不下去了，开始怒斥起审讯者的粗暴无礼："我真不敢相信你是怎么长这么大的。瞧瞧那双搭在桌子上的脚，你们就这样对待女士吗？"那些男人一时哑口无言。后来德罗什回忆道："他们后来想让我闭嘴，但我却一直说个不停。我忍不住对他们破口大骂，直到他们终于把我送回了牢房为止。令人难以置信的是，第二天，他们再次传唤我，告诉我可以暂时获释了。但他们还是扣留了我的通讯录，说很快就会给我消息。"

正如盖世太保所了解到的那样，德罗什不惧任何人的恐吓和威胁。战争结束多年之后，这个任性的女人，这位现实中真正的印第安纳·琼斯（Indiana Jones）对一位采访者这么说道："你要知道，人如果不斗争，就什么事都做不成。我从来不会主动挑起事端，但必须要斗争时，我也绝对不会手软。"

当克里斯蒂亚娜·德罗什还是个蹒跚学步的孩子时，她的祖父就把她扛在肩上，带她去看卢克索方尖碑（Obelisk of Luxor）。那是一块粉红花岗岩巨石，矗立在广阔的巴黎协和广场上，巍峨壮观。从那一刻起，她与古埃及牵绊一生的不解之缘就开始了。

后来有一次参观方尖碑时，她的祖父给她讲述了一些有关方尖碑的历史。他说，方尖碑有着三千多年的历史，建于埃及最强大的法老之一——拉美西斯二世（Rameses Ⅱ）统治时期。方尖碑伫立于底比斯（Thebes）王城（即如今的卢克索）的一座神庙外。1833年，埃及总督将其赠给法国国王，以纪念法国与埃及的亲密友好关系，以及两国之间一段存在于传说中的古代历史——这可以追溯到1798年拿破仑·波拿巴领导的一次军事远征行动。

拿破仑那次远征的主要目的是将埃及并入法国领土，使其成为地中海地区占据主导地位的军事力量，并在此过程中，损害其主要竞争对手英国的利益。但拿破仑麾下的几十名学者却开始了一段与原有目标截然不同的探索。这些人是各个领域的专家，其中有艺术家、工程师、语言学家、制图师、历史学家、矿物学家、植物学家以及其他学者——所有这些都是为了深入细致地研究埃及和埃及人，包括其过去和现在。

拿破仑这场军事远征行动几乎是一场迅速而直接的灾难。在法国人抵达埃及一个月后，英国舰队在海军上将霍雷肖·纳尔逊（Horatio Nelson）的指挥下，在尼罗河战役中击败了法国海军。然而，这次随军远渡重洋的法国学者和专家们具有学术性的探险却取得了空前的成功，超出了所有人的预料和想象。其最大的成功是给法国及西方其他国家和地区注入了一个复杂且充满活力的文明，且这个文明比古罗马和古希腊文明起源更早。

回到法国后，学者们写了十几本书，书中描绘了他们在埃及时见到的金字塔、方尖碑、神庙、狮身人面像、巨大的雕像和许多其他文物。在著书的过程中，他们揭开了这片神秘而奇异之地的面纱，令这个几乎不为人所知的神秘国度第一次在外人面前显露真颜。

埃及是人类历史上最古老的民族国家，在基督诞生前3200多年，埃及就已成为一个统一而完整的国家。尽管这个国家经历了长期的内乱和外国侵略，它仍处于一系列法老的统治之下，历经三十二个王朝，直到公元前30年被罗马人征服。

埃及人最先创立了统一国家的概念，且这一国家的人口都有着同样的身份，这不仅影响了整个世界，也影响了这个国家存在的寿命。剑桥埃及学家托比·威尔金森（Toby Wilkinson）认为："最原始的法老统治持续了三千年，而相比之下，罗马帝国只勉强维持了一千年，而西方文明勉强持续了两千年。"

卢克索方尖碑

协和广场，巴黎

克里斯蒂亚娜·德罗什小的时候对古埃及历史并不是太感兴趣，也对卢克索方尖碑兴趣不大。实际上，最令她着迷的是方尖碑上四面雕刻的神秘象形文字，尤其是鸟类和动物的图形。几十年后，德罗什说："那些图形在跟我说话。"德罗什童年时也常去看卢浮宫里展出的古埃及文物。在那里，她仔细研究色彩鲜艳的纸莎草卷轴，上面画着在田野里劳作的埃及人——"画上的人很有趣，他们的脸和脚都是侧着的。"

那些像竹棍一样挺直的人像看起来很奇怪，而那些场景对她来说似乎也很熟悉。因为每年夏天，她和她的哥哥都会跟住在法国阿尔卑斯山格勒诺布尔附近乡村的叔祖父和叔祖母一起待上几个星期。两人大部分时间都在跟当地农家的孩子们玩耍，学习如何挤牛奶、收割小麦、摘葡萄等等。因此对德罗什来说，卷轴上描绘的古埃及劳作者就像跟她一起度过愉快夏天的那些农民一样。

在参观博物馆期间，克里斯蒂亚娜·德罗什的祖父试图激起她对《米洛斯的维纳斯》及其他古希腊和古罗马文物的兴趣，但没能成功。后来，德罗什谈到《米洛斯的维纳斯》这尊举世闻名的大理石雕像时说："看着她的眼睛，感觉那里面是空洞的，什么也没有。"对德罗什来说，古希腊和古罗马的文物都是冰冷的，毫无生气，完全没有个性。不像《书吏坐像》这样著名的埃及文物，虽然它是在《米洛斯的维纳斯》诞生前2500多年的一尊彩绘石灰石雕像，但它看上去真就像一个活生生、会呼吸的人。德罗什在晚年时回忆："尽管这么多年过去了，但每当我在卢浮宫从他身边走过时，他的目光总会令我目瞪口呆。从这一个眼神中，就可以看到整个文明在表达自己的心声，展示自己的魅力……古埃及人有胆有识，有血有肉。在任何一件古埃及文物中你都能看到这一点。"

由于埃及景观中遍布着大量的金字塔、陪葬神庙和陵墓，因此现在的大多数人认为古埃及人只对死亡感兴趣。但事实上，古埃及人快乐、宽和而慷慨，他们非常享受生活——以至于他们尽一切所能来确保他们今世生活中所享受的快乐在来世也能享受到。因此死亡并不是一种终结，而是需要克服的障碍。正如一位美国考古学家所说，埃及人相信"他们的天堂就是尼罗河谷的样子"。

《书吏坐像》

创作于大约公元前 2500 年，目前收藏于巴黎卢浮宫

今天，当人们参观埃及的神庙和其他古迹时，那些以前的痕迹似乎已经褪色了，变得斑驳、素朴。但在最初建成时，这些建筑的柱子、巨大的雕像和壁画都色彩斑斓，到处是鲜艳亮丽的红色、蓝色、绿色和橙色——令人眼花缭乱，目不暇接。同样令人叹为观止的还有镶有黄金的方尖碑顶部，终日闪耀着熠熠金光。

古埃及第十八至十九王朝（大致从公元前1550年至前1190年），黄金的使用尤为普遍，在珠宝、仪仗武器、众神雕像、随葬面具、棺材和无数其他与生死有关的物品中极为常见。这代表了古埃及财富和影响力的顶峰，因此这一时期无疑是埃及的黄金时代。此时的埃及算得上一个伟大的帝国，其领土绵延两千多英里，疆域包括现在的苏丹、黎巴嫩、叙利亚和以色列的部分地区，以及塞浦路斯岛。

在法老时代有几位埃及最著名的统治者，其中包括埃及最伟大的勇士之王图特摩斯三世（Thutmose Ⅲ）、试图结束整个国家对多神崇拜的异教徒阿肯那顿（Akhenaten），以及张扬且长寿的君主拉美西斯二世，他为自己建造的纪念碑比任何其他法老都多。但在1922年，随着图坦卡蒙（Tutankhamun）法老的陵墓被发现，这些著名君主的威名变得黯淡无光。图坦卡蒙是当时一位默默无名的法老，他在短暂的统治期间，几乎没有做过任何引人注目的事情，而且他还不到二十岁就去世了。

引起国际社会广泛关注的不是图坦卡蒙本人，而是他的墓地与前几任法老不同，没有丝毫被掠夺和盗取过的痕迹。这座墓穴是英国探险家霍华德·卡特（Howard Carter）和他的资助人卡纳冯（Carnarvon）勋爵最先发现的，这一发现可以说是20世纪最伟大的考古壮举。他们从墓穴发掘出了大量宝藏，其中包括一口纯金制作的棺材，里面装着用亚麻布包裹着的图坦卡蒙的木乃伊尸体，脸上还戴着一副黄金面具。此外，墓中还有无数真人大小的雕像、镀金的战车、大型战船模型、金色的王座、绘画、服装和精美的珠宝，大大小小总计五千多件物品。卡特和他的团队足足花了五年多的时间来记录、清理和保护陵墓中的所有文物。

和世界上其他人一样，九岁的克里斯蒂亚娜·德罗什被这个令人震惊的考古发现迷住了。在接下来的几年里，她如饥似渴地阅读法国早期杂志《画报》上经常刊登的关于图坦卡蒙宝藏的故事和照片。有一次，她还用皱纹纸仿制了一些图坦卡蒙文物上描绘的埃及妇女所穿的长袍，供她的朋友在狂欢节上穿着。

"在我看来，这就像是一个童话。"她后来回忆道，"当时没有人理解为什么这位法老与这些美妙绝伦的物品埋葬在一起。我们只谈论着那些宝藏，却没有想到进一步深究。但我心里存了好多问题，想要找出其中的缘由。"

德罗什想要更多地了解这位少年国王的财富，这就导致她毕生都致力于解开古埃及的秘密。在 20 世纪五六十年代，她对这个国度的热情，以一场拯救珍贵文物的运动而达到顶峰。最初她的想法被人嘲笑，认为她痴心妄想且无可救药，但她的不懈努力最终带来的是世界上有史以来最伟大的国际文化合作典范。

自始至终，克里斯蒂亚娜·德罗什的处事方式，就像她对待那些盖世太保一样，其实与一个走入现实的动作片女英雄完全不沾边。她只是个很有气势的女人，一个敢说敢做、敢于斗争反抗的女人，更是一个能力出众的女人。

第一章

儿时的激情

克里斯蒂亚娜·德罗什小时候就对古埃及极为着迷。对于一个来自法国中上层阶级的小女孩来说,对这种事物如此关注和执着,实在不同寻常,因为大多数人的想法都是十分僵化而保守的,他们认为女孩子的兴趣爱好和言行举止都应该中规中矩才对。但克里斯蒂安的父母不想限制和约束她的视野,也不想鼓励她谨守法国人普遍遵循的社会规范和行为准则,即女性在人生中仅局限于妻子和母亲这两个角色。

这种人生观在第一次世界大战后尤为强烈,而此时恰好是克里斯蒂安的成长阶段。由于法国有130多万年轻人在战争中丧生,国家的出生率急剧下降。因此,年轻女性面临着必须尽快结婚生子的压力。在那个年代,避孕是非法的,拒绝做母亲会被视作是不爱国的行为。

不过克里斯蒂亚娜·德罗什的父亲路易斯(Louis Desroches)则对这种主张毫不在意。而且他在许多其他方面也十分特立独行,与众不同。他在大学里主修文学,后来从事了律师这一职业。但他真正的爱好完全与他的工作无关。实际上,他是一位很有天分和才华的小提琴手。克里斯蒂安记得小时候她的父母晚上经常在家里即兴表演,她的父亲演奏小提琴,而她的母亲玛德琳(Madeleine Desroches)则引吭高歌,高唱咏叹调。每逢冬天周日的早上,她的父亲会经常把自己锁在家里的办公室学习乐谱。克里斯蒂安问他在做什么,他回答说:"我在听歌剧。"根据她的回忆,她的父亲不仅看得懂乐谱上的音符,还能在脑海中想象出乐曲,这个能力令她感到十分钦佩。

对于他这个社会阶层的人来说,有些令人惊讶的是,他也是一个意志坚定的左派——终身倡导个人自由、宽容、平等和社会公正。与此同时，她的母亲玛德琳·德罗什则是一位拥有大学文凭并获得古典文学学位的法国女性，这在当时的女性当中极为罕见。尽管她从未在外工作过，但也是她女儿的榜样和楷模——正如克里斯蒂亚娜本人所说："作为一个女人，丝毫不亚于男人，能够畅游在知识的海洋，她就是一个活生生的证明。"她的父亲也"是一名女权主义者"，无论对他的妻子还是女儿都奉行这一原则。

德罗什后来对一位采访者这样说道："我的父母都是人文主义者，是他们教会了我人文主义的价值观，比如说尊重彼此、友爱邻居、尊重普通人和尊重文明等等。我和哥哥是在一个对文化、音乐和外国语言十分开放的环境中长大的。"德罗什家的两个孩子对法国以外的世界充满好奇，而他们的父母对此给予了极大的鼓励。

路易斯和玛德琳·德罗什夫妇与许多思想保守褊狭的本国人不同，他们有一群特立独行、不拘一格的朋友，其中一些是知识分子，来自不同的国家，拥有不同的文化背景。德罗什记得，她的父亲对她说过："我们被看成是怪人，因为我们接触很多怪人朋友。"德罗什还补充道："相信我，有同样想法和做法的人，在巴黎几乎没有。"在德罗什家最亲密的朋友当中还包括诺贝尔奖获得者、英国经济学家诺曼·安吉尔爵士和他的家人。

夏天的时候，这两家人经常一起度假，玩上几个星期。克里斯蒂安小的时候身材娇小、一头黑色头发，她从小就很健谈、能说会道、性格固执、好奇心强，并且十分自信——这些都是她父母鼓励她拥有的品质。从小时候起，她和她的哥哥就在全家人一起吃饭时，与父母谈天说地，话题十分广泛，从法国和世界其他地方的时事，到文学和音乐。"那仿佛是一种神圣的仪式，"克里斯蒂安回忆说，"我的父母不断提出各种能让我们开拓思维、畅所欲言的话题，他们希望我们积极参与讨论这些话题。"德罗什兄妹是已受洗的天主教徒，他们也去慕道班学习，但他们的父亲鼓励他们对所学的教义保持一定的怀疑态度，并教导他们不要对别人所教授的知识全盘接受。

在距离她家不远的巴黎富人区第十六区的公立女子高中——莫里哀中学（Lycée Molière），克里斯蒂安的质疑态度和独立思考的坚定决心进一步得到了增强。在法国，直到1880年，女孩们才得到允许，能够进入公立高中学习。不过即便女子可以上学，也必须男女分开。莫里哀中学建立于1888年，是巴黎开设的第三所女子高中。

设立女子公立中学的想法甫一提出就在法国掀起轩然大波，引发了激烈的争议。在一些人看来，女子不专注于家庭而一门心思专注学业，这样的想法实在是惊世骇俗。就拿莫里哀中学来说，这所学校竟然以17世纪著名剧作家的名字而命名，很多人认为这样有失体统，丢人现眼。一些右翼批评者指出，莫里哀精妙绝伦的讽刺喜剧作品中包含了大量不雅的对话，不适合天真单纯的年轻女孩。而左翼反对者认为，莫里哀本人绝对不会提倡将教育作为提高女性地位的工具。他的戏剧作品，比如《女学究》就是对炫耀自己学识的女性进行了疯狂而无情的嘲笑。在莫里哀看来，教育自身的地位和作用，绝不能干扰女性成为妻子和母亲的天定使命。

而事实证明，莫里哀中学确实是女性解放的温床。该校的一名学生说："这里是培养我们理想和志向的摇篮。我们的老师鼓励我们毕业之后也不要停止对知识的渴求，仍要坚持继续学习。"

高中毕业后，该校的一些学生考进大学并获得了大学文凭。

她们后来进入了之前全部由男性统治的职业和领域，成为职场上的女性开拓者，其中的代表人物是让娜·代巴－博桑。她在获得医学学位后，于1906年成为法国首批女医生之一。另一位是露易丝·韦斯，她于1914年毕业于牛津大学，后来成为法国著名政治评论刊物《新欧洲》的创始人兼编辑。

1930年，莫里哀高中培养出了两位杰出的毕业生。一位便是克里斯蒂亚娜·德罗什，另一位则是雅克利娜·戴维（Jacqueline David），也就是后来的雅克利娜·德·罗米伊（Jacqueline de Romilly）（她的婚后名字），法国著名古希腊文明和语言研究专家，1973年成为法兰西公学院首位女教授，并成为法国在古希腊文化和语言领域的领军学者之一。如果说德罗什在古埃及研究领域取得了非凡的成就，那么同样，德·罗米伊的成就也不同凡响，《纽约时报》曾评价德·罗米伊"以近乎浪漫的炙热激情拥抱古雅典的文化"。她是第二位成为法兰西学术院院士的女性，这所学院会聚了法国政治和学术界的顶尖人才，肩负着保持法国文学最高水准和品位的重任。

德罗什和戴维高中毕业六年之后，另一位后来成为国际知名学者的女性西蒙娜·德·波伏娃被聘为哲学老师。但西蒙娜只任教了三年。虽然学校自认为已经足够开明了，但也无法容忍师生恋的存在——况且还是与多个学生有不伦之恋，于是波伏娃因至少引诱三个学生与其发生不正当关系而被学校解雇。

而在德罗什家，她将要上大学是毋庸置疑的，唯一的问题是她要学什么。在这一点上，德罗什和她的父母都不想把她对古埃及的痴迷转变成一种学术上的追求。德罗什说："当时，我和我的父母从未考虑过我要以古埃及学家作为职业。研究古埃及充其量只是一种业余爱好，而不是谋生的职业。"

高中毕业后不久，德罗什的父亲鼓励她学习艺术史，或许可以专注于研究16世纪法国绘画。她父亲建议她可以将索邦大学（Sorbonne University）的专业内容与卢浮宫学院的课程结合起来，卢浮宫学院是一所位于博物馆内的小型高等学府，专门研究艺术史。然而，德罗什后来回忆道："一想到16世纪的绘画，我就觉得无聊透顶。"于是她的父亲路易斯·德罗什与时任法国国家博物馆馆长、卢浮宫负责人亨利·凡尔纳（Henri Verne）约定见面，共同探讨他那聪明活泼的十六岁女儿今后的学习之路该怎么走。

德罗什回想起来，卢浮宫馆长竟然有时间和兴趣就她的教育前景向她提供建议，这似乎有些令人惊讶。毕竟，卢浮宫是法国最庄严肃穆的公共机构之一，同时也是世界上最古老、最庞大、最受瞩目的公共博物馆，而亨利·凡尔纳是这座博物馆的馆长。

卢浮宫位于巴黎这座城市的中心，无论从字面上还是概念上理解都是如此。一直以来，这里都被视为法国权力和威严的象征。卢浮宫的历史可以追溯到15世纪，最初这里是一座堡垒，后来被重建为皇宫，最后成为一座博物馆，于1793年开放。卢浮宫矗立在一片呈马蹄形状的宏伟巴洛克建筑群当中，威严壮丽，令人叹为观止。它是世界上最大的人造建筑之一，整座建筑从始至尾绵延近半英里，里面容纳了近二十万件奇珍异宝，这些珍贵的文物跨越人类五十个世纪、横贯二百个世代的人类文明。这里收藏着大量欧洲绘画作品，其中包括莱昂纳多·达·芬奇、伦勃朗、米开朗基罗、提香、维米尔以及无数其他绘画大师举世公认的世界名画。

卢浮宫外部是蜜色的石墙，其内部的设计也令人惊叹——大理石和镶木地板、装饰华丽的柯林斯立柱和壁柱、高耸的筒形穹顶天花板和雕梁画栋的楼梯，内外相互映衬，相得益彰。此外还有著名的大展馆，那是一条巨大的走廊，长度超过四分之一英里，高三十英尺，宽一百英尺，两边展示着收藏在卢浮宫里的一些惊世杰作。

亨利·凡尔纳作为卢浮宫的馆长，是这一切辉煌的管理者和掌舵人。不过他还有另外一个头衔——卢浮宫学院的院长。在这个职位上，他经常与有潜力进入该学院的学生及其父母会面，讨论他们未来的学习课程。因此，凡尔纳在与路易斯·德罗什的会谈中，介绍了学院在其专业研究领域——艺术史方面的各个分类，但没有一个分类涉及古埃及学。然而，在凡尔纳离开之前，克里斯蒂安的父亲还是随口提到了自己的女儿"对古埃及有着强烈的兴趣"。但遗憾的是，凡尔纳说尽管卢浮宫在古埃及学方面独占鳌头，但卢浮宫学院并没有有关这方面的全方位课程。不过他们也的确开设了一门埃及考古学课程，以及一门解读象形文字的课程。凡尔纳建议让克里斯蒂亚娜·德罗什第二天来见他，跟他讨论一下她的未来学习计划和专业选择。

后来，克里斯蒂亚娜·德罗什回忆说，第二天她如约而至，凡尔纳列出了所有可任我选择的课程：艺术通史以及各个不同时期的绘画、雕塑和其他艺术作品的研究，但所有他提到的这些全部都是中世纪之后的。

"那中世纪之前的呢？"她问道。

"这个嘛，有古希腊和古罗马时期的。"凡尔纳回答说。

"那比这些还往前的呢？"她问道。

卢浮宫博物馆，1900 年

凡尔纳回答说："美索不达米亚。"

"再往前不是还有古埃及吗？"她追问道。

凡尔纳最终还是被她的坚持打败了，于是详细向她介绍了埃及考古学课程，说教授该课程的是卢浮宫博物馆的埃及文物部负责人，此外还有象形文字课程，该课程的导师是一位非常有趣的男修道院院长，艾蒂安·德里奥东（Étienne Drioton）神父。

克里斯蒂亚娜·德罗什立即报名申请了该学院的三门课程：艺术通史、考古学以及后来被证明是她人生最重要的选择之一的象形文字学。随后，德罗什终于见到了那位"非常有趣的人"——德里奥东神父，与此人的相识改变了她的人生。

第二章

在卢浮宫里成长

十七岁的克里斯蒂亚娜·德罗什开始进入卢浮宫学院学习，她很快就发现博物馆对于现代考古学的创立和发展以及古埃及的研究起到了多么至关重要的作用。卢浮宫里的古埃及文物，无论在过去还是现在，都被认为是最珍贵而无价的藏品之一。卢浮宫里的埃及文物是世界上规模最大、种类最多，而且涵盖了古埃及历史上各个时期的惊世杰作。让-弗朗索瓦·商博良（Jean François Champollion），这位学者在他三十一岁时第一次对古埃及象形文字进行破译，是卢浮宫埃及艺术展馆最初的负责人。他帮助收集的那些古埃及文物成为博物馆里的核心藏品。

但是无论是卢浮宫、大英博物馆，还是西方其他收藏古埃及文物的宝库都没有提到的是，这些珍贵的宝藏当中有许多（即使不是大多数）是通过不正当的竞争和残酷的掠夺而得到的。19世纪和20世纪初是古埃及文物被掠夺的最猖狂时期——如海盗时代，法国与其他国家，尤其是英国的收藏家之间争夺最为激烈。

而且并非巧合的是，法国和英国是当时最大也最为活跃的殖民大国。两国为争抢木乃伊、石棺和纸莎草卷轴等文物而进行了无休止、无底线的争斗——有时是用金钱贿赂，有时是"赤身肉搏"，有时甚至靠枪支火拼——这一切都反映了两国在埃及和中东其他地区争夺权力和影响力的更大规模竞争和较量。剑桥埃及学家托比·威尔金森指出："从一开始，埃及学就是……帝国主义的女仆。"

英法两国争夺古埃及文物的斗争可以追溯到命运多舛的拿破仑军事远征时期。当时英国海军在尼罗河战役中击败了法国，这一结果不仅给法国带来了军事上的耻辱，也导致法国学者们在拿破仑征战埃及期间收集到的文物尽数丢失，其中就包括举世闻名的罗塞塔石碑（Rosetta Stone）（以发现它的城镇而命名）。罗塞塔石碑是一块巨大的黑色花岗岩石板，上面是用古埃及象形文字和古希腊文镌刻的长篇铭文。这块石碑是由一名法国官员在一座堡垒的墙上发现的。之后它被存放在亚历山大港的一个仓库里，等待运往卢浮宫，结果被英国人抢走，最终被存放在伦敦的大英博物馆。该博物馆声称这是他们最早拥有的古埃及文物之一，也是其数量不断增长的藏品中最珍贵的镇馆之宝。

然而二十年后，法国人通过罗塞塔石碑解开了古埃及的最大谜团之一，古埃及象形文字，为自己赢回了面子。从英国得到这块石碑起，上面刻着的铭文就在欧洲学术界流传开来。1822年，年轻的法国语言学和语文学家让-弗朗索瓦·商博良冲进了他兄弟在巴黎的办公室。"我搞明白了！"他这样大喊道，然后一下子昏倒在地。经过两年多对罗塞塔石碑上象形文字的苦心研究，商博良最终破译了这些文字，困扰了学者们几个世纪的古埃及书面语言从此揭开了神秘的面纱，变得不再晦涩难懂。托比·威尔金森写道："历经四十代人，没有一个人能准确解读古埃及的文字，而商博良的成就使古埃及文化从笼罩着古典神话和神秘传说的迷雾中露出真容，伫立在严肃科学探究的聚光灯下，令其以自身本来的面貌，按照自己原本的方式和条件，作为一种复杂的文化被研究和欣赏。"事实上，这位法国人的成就标志着古埃及学作为一门专业学科正式开启，并为揭开数千年法老文明的秘密奠定了坚实的基础。

除此之外，这一成就还为寻宝者们提供了新的动力，激发他们更加不遗余力地去寻找并获取尽可能多的文物，这也导致埃及无数最为神圣的遗址遭到洗劫。碰巧的是，商博良凭借自己的发现直接闯入了这水深火热的文物掠夺之战中。作为一名才华横溢的学者，他深切地关心着如何推进对这个早已消失的法老文明的理解，同时也对推进自己的事业怀有强烈的兴趣。商博良知道，如果卢浮宫收集到大量古埃及文物，就必须得任命一位负责人来管理这些文物。于是他下定决心要成为那位负责人。

1825年，他成功说服法国国王查理十世收购了那一年出售的三件大型私人藏品，其中一件是由意大利古董收藏家贝尔纳迪诺·德罗韦蒂收藏的。多亏了商博良从中协助和周旋，这一次共有五千多件藏品被送往卢浮宫，其中包括法老拉美西斯三世（Rameses Ⅲ）的粉色花岗岩石棺。两年后，卢浮宫里又多了四千多件私人藏品，使得卢浮宫博物馆成为埃及本土以外最大的埃及文物宝库。正如商博良所预计的那样，卢浮宫设立了一个新的部门专门来存放这些珍品，并任命他为该部门的负责人管理这些文物。

当时，埃及官员对本国文物遭到大规模洗劫一事几乎没怎么反击或者说根本没有任何反应。事实上，19世纪上半叶，埃及的奥斯曼帝国总督、埃及实际上的统治者穆罕默德·阿里（Muhammad Ali）非常乐意用这些文物来换取英国、法国以及欧洲其他国家对埃及的经济和政治上的支持。西方博物馆官员们为自己一连串的文物收购进行辩护，声称这些珍品值得在"文明国家"（即他们自己的国家）保存和进行展出，这些珍贵的文物可以在那里得到良好的保护和众人的欣赏。用一名法国官员的话来说："古董就像一座果园，根据自然权利，它的所有权属于那些耕种和收获果实的人。"

一代人之后，另一位初露锋芒的法国埃及学家兼寻宝者紧紧跟随商博良的脚步，这个人就是奥古斯特·马里耶特（Auguste Mariette）——卢浮宫埃及文物部的一名低等级职员。马里耶特于1851年被派往埃及收购古埃及文献手稿并以之作为博物馆的藏品。

但拥有手稿的埃及人拒绝将其出售，于是马里耶特决定开始寻找失传已久的塞拉潘（Serapeum）神殿。这是一座庞大神庙建筑群，里面供奉着希腊—埃及神——塞拉皮斯（Serapis）。

马里耶特在萨卡拉开始了他的文物挖掘工作，那是一个巨大的古代墓地，位于开罗以南二十英里处，其历史可以追溯到三千多年前。马里耶特说，乍一看，这里看上去似乎是"一片荒凉的壮观景象"，到处都是巨大的沙丘。但有一天，他突然发现一个小狮身人面像的头正从沙丘上露出来，仿佛在窥视着下面。他回想起塞拉潘神殿就是因狮身人面像大道而闻名，于是立即匆忙招募了三十名当地工人，开始认真挖掘起来。

几周后，他和他的团队终于发掘出了这条举世闻名的大道——共有135尊狮身人面像，并最终挖掘出了整座陵墓——塞拉潘神殿建筑群。在马里耶特发现的最壮观的文物现场当中，有24口巨大的石棺——这里便是著名的阿匹斯公牛的埋葬地，这些神圣的动物被认为是埃及黑暗之神——卜塔（Ptah）的化身。此外，马里耶特还发现了数千件其他价值连城的文物，其中包括"书吏坐像"，这尊雕工精致且保存完好的石灰岩雕像曾令年幼的德罗什最为着迷，至今仍是卢浮宫最珍贵的馆藏之一。

除了罗塞塔石碑之外，在萨卡拉被发掘的塞拉潘神殿被认为是19世纪最伟大的古埃及文物发现，也是卢浮宫收获的一笔天降之财。在接下来的两年里，马里耶特陆续将230箱文物，总共近六千件宝物运送回卢浮宫博物馆。但马里耶特这种掠夺式的做法，显然违反了神殿发掘之前他与埃及政府的协议。

1848年穆罕默德·阿里下台后，埃及当局终于开始对文物交易进行了一定程度的控制。根据新规定，埃及政府只允许马里耶特为卢浮宫保留一百件文物，但他在塞拉潘神殿发掘的其他物品必须都得留在埃及。狡猾的马里耶特不愿接受这一新的规定，于是他找出各种别出心裁的方法来绕过这些规定。比如他把发掘行动改在夜间进行，并将发掘出的东西藏在地下深处的竖井里，然后把文物装进大麻袋里偷偷运往法国。为了安抚埃及的检查人员，他还根据挖掘出的文物制作出了许多赝品来掩人耳目。

但是后来，在成功地让卢浮宫成为西方最著名的古埃及文物博物馆后，马里耶特就如同前往塔尔苏斯（Tarsus）的圣保罗一样，找到了信仰的宗教。他成为像他这样大规模掠夺埃及历史文物和遗迹的外国人的坚定反对者。1858年，他积极推动成立了埃及文物局，以保护该国的古代文化遗产。虽然该局是埃及政府的一个机构，但得到了法国的支持。在随后的九十四年里，埃及文物局一直由法国人领导。因此，法国成为在埃及具有重要文化影响力的国家，多年来对埃及文化的影响远超英国、德国以及其他西方国家。

作为埃及文物局的负责人，马里耶特切实履行了他打击肆意掠夺和洗劫文物的承诺，还派遣检查人员到文物发掘现场，阻止秘密挖掘文物的行为。文物局独家控制着整个埃及的文物挖掘权，仅1860年一年里，马里耶特就批准了三十五个新的文物挖掘点，同时尽力对已经挖掘过的地方进行保护。他在开罗帮助建造了一座埃及文物博物馆，然后将他批准的文物遗址中挖掘出的一系列珍贵文物放进博物馆里。克里斯蒂亚娜·德罗什注意到了马里耶特的成就，她写道："每次当你驻足在埃及博物馆展出的惊世杰作前，你都会不由自主地想到这些宝藏十有八九是马里耶特发现的。"

在吉萨，马里耶特下令清理大狮身人面像周围堆积的沙子。

在清理过程中，他发现了一座建造在狮身人面像腿部前面的神庙。他还清理了其他几座著名神庙建筑群周围的沙子，其中包括丹德拉（Dendera）神庙和埃德夫（Edfu）神庙。

马里耶特于1881年去世，享年59岁。在埃及他被称为"马里耶特帕夏"[1]，他死后被埋葬在开罗的埃及博物馆花园的石棺中。人们对马里耶特的成就和功绩交口称赞，很少甚至完全没有提及他曾经对埃及文物的掠夺，并且也丝毫没有人提到，他在世时强烈抵制在埃及文物局提拔埃及本国雇员。马里耶特的这一做法反映出他认为埃及的古代遗产应该归由像他这样的法国人来管辖。

巧合的是，最后一位领导和管辖埃及文物局的法国人正是天主教神父——艾蒂安·德里奥东。他于20世纪30年代初在卢浮宫学院担任德罗什的导师，克里斯蒂安认为自己非凡绝伦的职业生涯是德里奥东为她开创的。

除了教授象形文字之外，身材圆胖的德里奥东还担任卢浮宫埃及文物部的副部长。作为出版了好几本学术著作的作者，他被公认为是法国最著名的埃及学家之一。德罗什回忆说，德里奥东是个宽容又豁达的人，对生活充满积极乐观的态度。他喜欢美酒和佳肴，热情且风趣，用德罗什的话说"甚至比我还健谈"。

德罗什回忆说，在象形文字课上，德里奥东的讲解生动有趣，让古埃及一下子变得鲜活起来，而且他的课"能让死人复活，能把白痴变成学者"。他很快就发现他的这位年轻学生聪敏好学，且

1　帕夏也译作帕莎，是敬语，相当于英国的"勋爵"，是埃及前共和时期地位最高的官衔。——译者注

对这门学科充满热情，跟他意气相投，于是接受德罗什成为他的门生。

在学校学习期间，德罗什在卢浮宫担任德里奥东的非官方助理。在幕后的工作中，克里斯蒂安亲眼见到了公共博物馆那高高的穹顶天花板、铺着大理石地板的展馆与破烂不堪、摇摇欲坠的员工办公室之间明显的差别。卢浮宫里没有19世纪中期以后的艺术作品，里面的陈设和布局结构也充满了一种狄更斯式的风格。卢浮宫里的警卫很多是在"一战"中受过伤的中年男子——有的失去了一条腿，有的失去了一只眼睛。德罗什刚开始担任德里奥东的助理时，博物馆里连电灯都还没有，直到1936年才安装上。所以那时候，展馆和员工办公室里很冷，四面透风，而且永远昏暗无比。在冬季的时候，临近黄昏才会分发给员工油灯，以便让文物部负责人和其他工作人员能继续工作。

然而，尽管卢浮宫整体格调显得有些陈旧而落伍，但德罗什依然怀念在那里度过的时光。她特别喜欢德里奥东那间巨大而昏暗的办公室里萦绕的氛围，她记得那是"博物馆里的博物馆"。那间办公室有两扇高高的窗户，可以俯瞰卢浮宫的庭院。但卢浮宫每年只打扫两次，冬天打扫内部，夏天清扫外部。因此"我们永远不会被刺眼的阳光照得头晕眼花"，德罗什回忆说。此外，她还记得德里奥东香烟上的烟雾在房间里缭绕，更为办公室里增加了一丝朦胧的气氛。

办公室的墙边摆着一排深绿色的陈列柜，里面摆放着一些石棺和石碑——满是浮雕和象形文字的竖立式石板——那是马里耶特从塞拉潘神殿遗址带回来的。办公室中间有一张大桌子，那是德里奥东的办公桌，上面摆着一尊玫瑰石英雕像，即奈弗仑佩特雕像，他是拉美西斯二世统治时期的一位高级官员，雕像上刻着长长的铭文。德里奥东正在复制并破译上面的文字。他向德罗什解释说，多亏了这些文物以及其他类似文物上面的铭文，他和他的埃及学家同事们才得以根据这些铭文建立起一个更精确的历史年表，以记录这些文物被创造的年代和时间。

在卢浮宫学习的三年时间里，德罗什对埃及学的了解大多来自她与德里奥东的频繁对话，后来她回忆说："当时还没有关于埃及学方面的教材。只有他能教我如何破译那些文物上的文字，如何解读那些历史的见证者。"

德里奥东还为她提供学习方面的建议，帮助她拟定毕业论文选题。德罗什决定选择探索古埃及人的家庭生活，重点关注数千年来古埃及房屋风格的变化。在20世纪30年代，德罗什的这个考古研究课题可谓非同寻常。因为当时关于古埃及社会实际情况的详细信息少之又少。当时考古学的研究重点仍更多地放在寻找和发现文物上，而不是对制造这些物品的古代文明进行更深入而全面的了解。

在第三学年的秋天，德罗什应召与卢浮宫学院的学术主任见面。学院的主任告诉她，学校刚刚开始为公众举办一系列关于卢浮宫藏品相关主题的晚间讲座。第一位演讲人是油画部的负责人，但讲座的结果并不尽如人意，可以说是一次糟糕的讲座。主任说，下一次讲座在三天后，这一次讲座至关重要，需要精彩、吸引人才行。主任向其他部门的负责人询问有谁可以担任演讲人，德里奥东神父推荐了德罗什，建议她就发现图坦卡蒙法老宝藏的事情进行一次讲座。

年仅二十岁的德罗什听到这个消息有些吓坏了。她说她只是一名学生，以前从未在公开场合发表过演讲，更没有去过埃及，也没有对图坦卡蒙宝藏的发现过程进行过学术性的研究，而且也没有向观众展示宝藏的幻灯片。

主任并没有因她的话而产生动摇。她告诉德罗什，德里奥东主动提出帮她准备讲座，她应该跟德里奥东谈一谈，然后再决定是否要拒绝。于是德罗什去见德里奥东，后者平静且坚定地告诉她，她应该接受这次任务，对她来说这很重要，并安抚她说会帮她把他手里的图坦卡蒙文物做成幻灯片，还会把霍华德·卡特撰写的关于自己如何发现图坦卡蒙宝藏的三本书借给她参考。

当晚，德罗什惊慌失措地回到家，决心第二天告诉德里奥东这个任务太艰巨，她实在无法胜任。她确信她的父亲也会同意她的决定。但当她把这件事告诉了父亲之后，父亲说德里奥东给了她一个挑战，她不应该打退堂鼓。"恰恰相反"，他说，"这是个很好的机会，可以教你如何在公众场合讲话，且不用笔记。我会帮你的，我们在晚饭后就开始吧，实在不行挑灯夜战也要把它拿下。"

路易斯·德罗什利用自己作为律师在口头辩论中的专业知识，教导克里斯蒂安如何汇总她想要表达的主旨和要点，以及如何在不同的主题之间过渡和切换（"如果没有自然流畅的过渡，那你就完蛋了"），还教她如何在最后做一个令人难忘的总结。克里斯蒂安后来回忆说："那天晚上我累得浑身是汗，对我来说，那是一次艰苦的经历，但从那之后，每当我演讲时，我都会用我父亲教给我的方法。从那时起，我就习惯脱稿讲话了。"

在接下来的两天时间里，德罗什每天都花好几个小时来练习和完善自己的演讲。讲座当晚，她一路恍恍惚惚地来到了卢浮宫。但她对站在演讲台上的恐惧只持续了不到五分钟。在德里奥东制作的幻灯片辅助下，她完全投入了自己的演讲之中，生动地展现了霍华德·卡特第一次发现图坦卡蒙这位年轻法老的木乃伊和墓中堆积如山、价值连城的财富时所感受到的惊喜和兴奋。她的演讲充满激情与活力，深受台下观众的欢迎，她发现自己很喜欢这种经历和体验。多亏了德里奥东的帮助，她感受到了聚光灯下的魅力，从此她再也不回避这样的活动了。

除了在卢浮宫学院学习相关课程之外，德罗什还参加了巴黎其他精英院校的课程，其中包括索邦大学的古埃及语法课和法兰西学院的埃及历史课程。她每门课程都表现优异。尽管她的大多数教授都对她的表现给予了很高的评价，但她埃及学的同学们却把她当作"贱民"对待，因为她的同窗都是男性。

当时的考古学，尤其是埃及学在很大程度上是男人的专属领域。陪同拿破仑军事远征的埃及学者中没有一位是女性。随后，由商博良、马里耶特以及后来的探险家和考古学家所领导的探险队中也没有女性。美国人类学家和考古学家玛丽·安·莱文在1994年的作品里写道："在过去的150年里，考古学领域形成了一种僵化的权力结构。在这门学科的整个历史中，这种权力结构一直由男人掌控。"即使到了20世纪中期，这一行业中也有相当一部分人认为，女性无论在身体还是心理上都不适合从事考古发掘工作，因为这一行又苦又累，得干脏活累活，有时甚至会很危险。

然而，事实上，早在19世纪中期，就有一些女性埃及学家在考古领域工作。但由于她们的存在和取得的成就大多被男性同行所忽视，因此这些女性基本被湮没在历史的缝隙中，并不为人所知。实际上，所有这些女性开拓者都是英国人，有些是著名埃及学家的妻子，希尔达·佩特里就是其中之一。她与她的丈夫威廉·弗林德斯·佩特里一同工作，后者被视为考古界的巨人之一。但希尔达·佩特里从未以自己的名字发表过任何文章，她的贡献也从未得到正式的承认。撰写研究报告的是她的丈夫，领导考古挖掘队的是她的丈夫，因考古发现而赢得所有赞誉的也是她的丈夫。

其他一些英国女性则独立奋斗。与法国不同，英国的埃及学有着一种历史悠久的传统，即总能吸引没有学术或专业背景，同时家庭富有的考古爱好者投身进来。参与其中的女性大多拥有独立自主的经济能力，其代表便是坎特伯雷大主教的女儿、牛津大学首批女性学者之一的玛格丽特·本森。1894年，二十出头的本森因健康原因前往埃及，在那里逗留期间，她十分痴迷于埃及学。作为第一位获得埃及政府文物挖掘许可的女性，本森在古城底比斯的众神之王阿蒙（Amun）的配偶——穆特（Mut）女神的神庙进行了为期三年的挖掘工作。本森的这次挖掘发现了许多狮头女神的雕像，以及一系列其他珍贵文物，其中有一些现在仍在神庙中展出。

在研究古埃及的十几位女性先驱中，只有一位在当今相对知名，那就是阿梅莉亚·B.爱德华兹（Amelia B. Edwards）。尽管爱德华兹本人并不是一名考古学家，但她最终却对考古领域产生了非凡的影响。在英国，她被称为埃及学的教母。

作为一名英国记者和畅销小说家，爱德华兹是一名喜欢四处游历的旅行者。她写了一系列关于自己经历的书籍。1873年，她前往埃及，在一艘沿尼罗河航行的游艇上度过了五个月。当时四十二岁的爱德华兹被这里的气候、风景，最重要的是——被这个国家法老时代的遗迹所吸引，她参观了尼罗河沿岸能够找到的每一座神庙和陵墓，从顶尖的考古学家那里了解到每一座遗迹的信息。她一手撑着太阳伞，一手拿着画板，大步穿过占地数英亩的废墟，冒险进入一个个漆黑的墓室。在努比亚的阿布辛贝神庙（Abu Simbel Temples）里，她找到了属于自己的考古发现——一个方形的小型地下墓室，墓室的墙壁上满是色彩鲜艳的彩绘雕刻装饰和浅浮雕雕画。

1877年，爱德华兹的新书出版，里面描述了她在旅行时的所见所闻，并配有几十幅她的亲笔素描。该书甫一出版就获得了极高的赞誉，成为畅销书。正如托比·威尔金森所说，《尼罗河上游一千英里》一书是"浪漫与学术的独特融合，令人沉醉其中，无法自拔"。直到今天，这本书仍被广泛认为是有史以来关于埃及的最佳游记之一，并且至今仍不断再版。该书文笔生动，妙语连珠，将爱德华兹的经历鲜活地呈现在读者眼前，就连她在各地遇到的广袤沙漠的描写也十分令人回味："沙子的美丽不仅仅弥补了我们攀登它时的疲劳，它是那么光滑、细腻、闪耀着光彩，细如钻石的尘埃璀璨耀眼……仿佛沙堆变成了金子。"

在她的书中，爱德华兹是最早担忧肆意泛滥的旅游业和现代社会的发展会对散布在埃及各地的古代宝藏产生破坏和影响的人之一。她揭露了来自美国和欧洲的游客，包括她自己团队中的一些人，从古代废墟的掠夺者那里购买文物或者亲自去洗劫坟墓，并用涂鸦污损文物的行径。与爱德华兹如出一辙的是，19世纪末，法国哲学家约瑟夫·欧内斯特·勒南也在自己的书中写道："埃及文物最可怕的敌人是来自英国或美国的旅行者们。这些白痴的名字将会遗臭万年，因为他们小心翼翼地将自己的名字刻在著名的纪念碑最精美的绘画上。"

爱德华兹对埃及文化遗产面临日益严重的威胁而感到无比担

忧，这使得她在余生中一直致力于对埃及文化遗产的保护和保存。1882年，她与几位资助人一起成立了埃及探索基金会，后来更名为埃及探索协会，为在埃及进行的科学挖掘行动提供资金。该组织还为威廉·弗林德斯·佩特里的几次挖掘工作承担了相关费用。佩特里在埃及从事考古挖掘工作60年，为埃及历史的各个时期（从史前到中世纪）提供大量的考古证据。

一位历史学家写道："爱德华兹几乎是凭借一己之力，靠着自己的不懈努力和奋斗，不惧危险，出生入死，将埃及考古确立为英国的一门严肃学科。"1892年爱德华兹去世时，在遗嘱中留下了一大笔钱用于资助英国第一个埃及学的专业学科，该学科设立在伦敦大学学院。伦敦大学学院是第一所在男女平等的基础上授予女性学位的英国高等教育机构。爱德华兹希望年轻女性们有机会学习埃及学这门学科。在首批入学的八名学生中，有七名是女性。第一位担任爱德华兹设立的埃及学教席的教授是威廉·弗林德斯·佩特里。

佩特里早期的学生当中表现最突出的是格特鲁德·卡顿－汤普森（Gertrude Caton-Thompson），她是一位来自英国富裕家庭的年轻女子，她的未婚夫在"一战"期间牺牲在埃及西部沙漠的战场上。在一次去巴黎的旅行中，卡顿－汤普森被卢浮宫的埃及文物迷住了，于是她一回到伦敦就开始学习阿拉伯语，并在伦敦大学学院学习史前考古学课程。一年后，她受邀加入佩特里的一次埃及考古探险行动。

20世纪20年代初，卡顿－汤普森开始独立进行文物挖掘工作。很多人警告她作为一个女人独自在埃及的沙漠中会面临巨大的危险，但她完全无视这些警告。她向那些担心她人身安全的人保证，她身上随时都带着枪,即使到了晚上也会把手枪放在枕头底下睡觉。

卡顿-汤普森最感兴趣的是新石器时代——大约从公元前8000年—前3000年,在此期间的史前民族从狩猎和采摘转向了农耕和作物生产。1924年,在埃及北部的法尤姆附近的一个挖掘现场,卡顿-汤普森和她的团队发现了新石器时代的陶器、雕刻工具、磨石和谷物的遗骸,这是埃及有史以来发现的最早以农业为主的定居村落的证据。这些文物可以追溯到公元前5000年,比法老开始统治埃及早了近两千年。这是一个极其重要的发现,但由于两年前图坦卡蒙法老陵墓的发现仍吸引着所有人的注意力,因此卡顿-汤普森的这一成就以及她本人并未得到应有的关注。

在英国,一位女性独自将埃及学作为自己的事业,虽然被认为有些古怪,但也是可以接受的。而在法国,这种情况就令人憎恶了。因为对法国人来说,自拿破仑远征以来,法国的古埃及研究就一直处于世界主导地位,也是法国自我形象的主要组成部分。因此,埃及学一直被像卢浮宫这样的国家机构牢牢掌控着。

尽管卢浮宫学院、索邦大学和其他高等教育机构的女学生很多,但德罗什是唯一打算以埃及学为终身事业的人。更重要的是,她在所有的课程中都名列前茅,仿佛是一颗耀眼的明星。但她越是光芒四射,她的同窗们就越不喜欢她。

在此之前,埃及学这样竞争激烈的小小领域一直是法国男人独享的天地,在这方天地中的大多数人显然都希望这里永远保持这种状态。正如其他地方的情况一样,法籍埃及裔作家罗伯特·索莱讽刺地指出,无论过去还是现在,(埃及学都是)"一个空间非常狭小且有限的社区,在这个社区里,邻里并不总是那么和睦友爱。威望最高的职位太少了,以至于不是引起嫉妒,而是时常会招致厌恶和憎恨"。

2016年，法国埃及学家阿曼丁·马歇尔（Amandine Marshall）指出："（人们）对女性智慧超群的恐惧并不是什么新鲜事，直到今天在法国仍然存在……但在女性埃及学家仍是先驱者的时代，法国对于知识女性的恐惧尤甚。因为在法国，埃及学已经是男性精英荟萃之地，而且根深蒂固，从来没有一位女性能够动摇其根基。而像克里斯蒂亚娜·德罗什－诺布勒古（Christiane Desroches-Noblecourt）这样拥有鲜明个性的人注定会搅动起平静的湖面，并不断掀起波澜。"

起初，德罗什对周围的敌意感到困惑。她和她的哥哥从小一起长大，关系亲近，因此与男孩相处时她总是感觉很舒服自在。她很小的时候，她就跟他哥哥的伙伴们一起玩耍。当她十几岁的时候，"每个星期天我都会跟我哥哥和他的朋友们在一起"，男孩女孩都有。"我们在外面跳查尔斯顿舞，然后跑进屋在餐厅的桌子上打乒乓球。大家玩得不亦乐乎。我学会了如何与其他年轻人在一起玩儿，而不是调情。男孩们都是我的朋友。我也意识到男人和女人之间可以有更高层次的关系，而不只是打情骂俏。"

她向来被异性平等对待，因此从未想过要将自己充沛的精力、坦率的性格和智慧等隐藏起来，避免自己在大学期间以及毕业之后激起许多男性同窗和同事的敌意。当她还是一名学生时，就有不少人写匿名信寄给她的同学、教授甚至她的父母，对她的道德予以质疑。后来，德罗什回忆说，写信的那些人"试图毁掉我"。虽然她从未透露过那些信件的具体内容，但她称那些信件很"卑鄙龌龊"，并补充说："我知道是谁寄的，但我不会把名字说出来，不过我永远不会忘记。"

在德罗什晚年，她对自己整个职业生涯中打过交道的一些男性埃及学家对待专业的态度发表了同样严厉的批评："他们认为，他们毕生致力于解开这个辉煌而神秘文明的一些秘密，他们就觉得自己高人一等了。其实他们在现实生活中大多是平庸之辈，但成了埃及学家，他们就觉得自己是天才了。"然而，有趣的是，尽管她与同时代的男性经常难以相处，但一些法国最德高望重的资深埃及学家们却非常乐意担任她的导师。

艾蒂安·德里奥东就是她的第一位导师。1933年，她即将从卢浮宫学院毕业之前，德里奥东向她提出了一个有趣的建议。他说，德罗什出色的学术成绩，证明了她足够优秀，可以加入卢浮宫展馆负责人团队。但要想获得这个机会，她必须写第二份论文，并进行论文答辩。德罗什同意了这个提议。她的第二份论文是研究从波斯人占领埃及到公元前4世纪亚历山大大帝到来的这段时间里，埃及语的演变。

1934年，在德里奥东的影响下，二十一岁的德罗什成为卢浮宫埃及文物部门的项目经理，也是当时唯一一位在该部门担任专业职位的女性。她被安排负责对储存的数万件埃及文物进行编目分类。博物馆藏品中只有一小部分在埃及展馆展出，而其余藏品——其中很大一部分是19世纪初期到中期商博良和马里耶特收藏的文物——仍被封存在卢浮宫地下室的板条箱里。事实上，德罗什发现大多数板条箱自从被运到博物馆后就再也没有被打开过。

后来德罗什对一位采访者说："你能想象吗，当我开始在卢浮宫工作时，我才发现自马里耶特时代以来，一切几乎都没什么改变。从那以后，就再没有人为这些埃及文物更新过目录。"德罗什被分配了这项任务之后，在接下来的三年里，她打开一个个板条箱，仔细评估箱里的文物,然后对其进行分类和编目,并作妥善保存。对这些文物的检查工作既费时又费力,而且到处都是灰尘。但事实证明,这为她未来在埃及考古领域的工作积累了宝贵的经验。后来她深有感触地说道:"当时我每天负责处理一些没有什么特别的日常物品,但这项工作让我了解了古埃及日常生活的一切……所以当我后来开始做文物发掘工作时,我的能力和经验已经远远超过了我的同事们。"

第三章

危险的害群之马

尽管德罗什在博物馆的生活几乎与世隔绝，但她以及任何其他法国公民都不可能忘记20世纪30年代那段将国家撕扯得支离破碎的政治、经济和社会动荡期。十多年前，法国及其首都似乎正逐渐从"一战"的破坏和混乱中恢复过来。诗人兼作家，也是未来德罗什在卢浮宫的同事，以及第二次世界大战时同德罗什共同参与法国抵抗运动的战友让·卡苏（Jean Cassou）回忆道："我们正从一场噩梦中走出来，但同时我们也确信这噩梦将是最后一场。尽管我们付出了一切代价，但我们还是想忘记它。"

1918年"一战"停战的几个月后，巴黎重新成为西方世界的文化之都，以及文学、艺术、建筑、设计和时尚的现代中心。事实证明，这座城市的创意涌动吸引了来自世界各地引领潮流的作家、艺术家、舞者、作曲家和知识分子，以及许多寻求刺激和冒险的人。

然而，在1929年10月下旬的一天，一切都骤然改变。纽约华尔街金融的崩盘结束了20世纪20年代巴黎的繁荣和欢乐，其他的许多美好也猝然消失。随之而来的大萧条，以及独裁者希特勒和墨索里尼对和平的日益威胁，对法国造成了沉重的打击。整个20世纪30年代法国都是在失业率飙升、企业倒闭、政治和经济丑闻不断，以及内乱中度过的。长期以来，法国一直以历史学家所说的"人民对政治争论的不可磨灭的热爱"而闻名。但随着20世纪30年代的混乱愈演愈烈，传统的政治纷争演变成了左翼和右翼之间不容异己、充满仇恨的彻底冲突。

19世纪和20世纪初，法国政府频繁更迭。但自"一战"结束以来，这种动荡不定的状况变得更加严重。在此期间，法国共诞生了四十多届政府，平均每六个月就换一届。没有能长久持续的政府来应对国家日益严重的经济和社会问题，而大萧条则加剧了这些矛盾，导致数万家企业倒闭，失业率飙升至20%以上。由于党派斗争和不断被指控腐败，各届执政的政府都无法应对这些问题和矛盾，留下了由分别站在两个政治派别两端的极端主义团体来填补的一个真空。

对于左翼，工人们提出要提高工资和改善工作条件的要求，但政府拒绝予以回应，因此工人阶级与政府产生矛盾和隔阂，并在全国各地发起了大规模的自发性罢工，对工厂生产造成了严重的干扰。而右翼人士——包括贵族和大资产阶级、商界、法律界、军队，以及天主教会的统治集团，他们反对任何试图对经济和社会改革的行动。有些更为极端的右翼分子组成了民族主义团体，其中一些是法西斯主义者和反犹太主义者。还有一些人甚至呼吁推翻法国的民主议会制度。

1932年，法国选民选出了左翼政府，于是极右翼势力爆发的愤怒演变成为暴力。在1933年和1934年初的一系列骚乱之后，右翼分子倾其全力推翻政府，建立独裁政权。1934年2月6日，数万名极右翼组织成员聚集在巴黎协和广场，与法国议会下议院的国民议会大厅相隔塞纳河而望。他们的目的是冲击议会，驱逐立法者，占领大楼。当晚，左翼人群（其中还有许多学生）举行示威游行，反对政变，其中就包括克里斯蒂亚娜·德罗什和她的一群朋友。

在烧毁了两座政府办公大楼之后，右翼暴徒们向骑在马上的巴黎警察和共和国卫队投掷石块和砖头。他们冲向通向下议院议会厅的大桥。德罗什看到年轻的暴徒挥舞着顶端绑着刀片的棍子，砍向骑警的马腿，把马砍倒。有些暴徒成功了，几名警察摔下马来，在混战中遭到踩踏。当骚乱达到高潮时，双方开始交战。德罗什的周围有几人被流弹击中。当天深夜，暴徒开始对大桥发起猛烈攻击，最终暴徒被击退。经过八个小时的混战，当局控制了局势，但在混战中有十六人死亡，六千多人受伤。

2月6日的暴动在法国引发了一场重大的政治危机。作为回应，法国的主要左翼政党组成了一个联盟，该联盟于1936年拥护法国第一位信仰社会主义的犹太总理莱昂·布鲁姆上台，并接受其领导。该联盟被称为法国人民阵线，强烈反对法西斯，并支持一系列改革。这些改革措施是法国版的富兰克林·罗斯福总统新政。尽管法国共产党支持布鲁姆所领导的新政府，但共产党员在政府中却没有担任任何职位。

新政府走马上任几周后，人民阵线开始实施其之前承诺的社会和经济计划，包括每周四十小时工作制、带薪休假、加薪、拥有罢工权、集体谈判权和社会保险等。这些改革措施在工人和一些中产阶级中受到好评，他们认为这个国家的社会和经济结构腐朽陈旧、功能不足，急需改革，而这些措施便是改革的开始。但是对法国的保守派来说，这些措施无异于是共产主义革命的预兆，这场革命终将摧毁法国的资产阶级政治和金融基础。这个国家似乎出现了无可挽回的分裂。正如德罗什所发现的那样，这种严重的分歧也存在于卢浮宫里。

人民阵线的另一个目标是让公众更容易接触到文化——这一目标与卢浮宫负责人亨利·凡尔纳的决心相吻合，即无论是否已经准备好，都势必要将这个封闭的机构带入现代世界。为了吸引更多的人来到博物馆，凡尔纳在卢浮宫创建了一个公共教育部门，并对一些展馆进行翻新和现代化改造，最重要的是在卢浮宫整个庞大的建筑里安装了电灯。

在进行了所有的这些改造之后，他启动了一项计划，每周有两天将卢浮宫开放至午夜，以此将卢浮宫重新展现给法国。卢浮宫的夜间开放项目取得了巨大成功，吸引了大批巴黎人前来。他们渴望看到这座数百年来一直昏暗阴沉的宏伟建筑首次被照亮。这被认为是人民阵线最伟大的胜利之一。

然而，凡尔纳想要使卢浮宫博物馆更加现代化所做的努力，遭到了卢浮宫一些拥有巨大权力的顶层展馆负责人的强烈抵制和反对。于2001年至2013年担任卢浮宫博物馆馆长的亨利·卢瓦雷特（Henri Loyrette）指出，直至21世纪初，博物馆的展馆负责人都像统治独立的封地一样管理着自己的部门，"很难容忍任何来自上层的控制和命令，每个人都似乎把他的部门当成自己的小博物馆"。卢浮宫的一些展馆负责人强烈反对凡尔纳的改革，有人称这些人是"纯粹的疯子"。他们保守到了骨子里，对博物馆19世纪的氛围和环境感到十分满意，不想做任何改变。用德罗什的话说，他们讨厌外人进入，他们认为那是"公众的入侵"。同时，他们也十分厌恶鼓励此类改革项目的左翼政府。

卢浮宫夜间开放后不久，亨利·凡尔纳邀请人民阵线负责文化事务的部长让·扎伊（Jean Zay）来参观翻新改造后的展馆。据德罗什回忆说，当邀请的消息传到各展馆负责人和博物馆工作人员的耳朵里时，"整个卢浮宫都掀起了恐慌和反对的浪潮"。卢浮宫埃及文物部负责人查尔斯·博勒（Charles Boreux）是对此次访问最激烈的批评者之一。他将德罗什召集到自己的办公室，因为她对人民阵线的支持在同事中已经不是什么秘密了，而大保守派博勒"显然认为我是个革命派"（德罗什说）。事实上，任何同情现任政府的人都被视为"危险的害群之马，以及共产主义者"。

博勒告诉德罗什，他无意去迎接和问候扎伊，也不想带他去参观埃及展馆。他对德罗什说："就由你来代表咱们展馆出面接待吧，小姐。"德罗什惊呆了。她意识到博勒的命令是一种无端的侮辱——让一名年轻又缺乏经验的初级职员去接待一位高级政府部长，而这位职员恰好是一名女性。

当扎伊带着两名助手来到展馆时，尴尬的德罗什等在那里迎接他，并带他们参观了一番。德罗什写道："尽管部长专心听我说话，但他看着我，眼里毫不掩饰自己的惊讶。他可能本以为接待他的是一位留着胡子的老埃及学家，但没想到博物馆派来的却是一个年轻女孩。"

参观临近结束时，扎伊问她多大了。"二十二。"她回答说。"这么年轻就已经是展馆负责人了吗？"他笑着问道。"不，先生，我只是一名项目经理。"德罗什回答并解释说，她是代替突然生病的博勒被派来的。扎伊感谢德罗什百忙之中抽出时间来接待他，并邀请她第二天到他的政府办公室做客。

第二天，德罗什果然去了。扎伊问博勒是否真的病了。德罗什结结巴巴地说她不确定，可能是他的妻子病了。扎伊摇着头告诉德罗什，他不是傻子，没那么好骗。他很清楚这是怎么回事，同时也很感激她接替迎接他的工作，并带他参观展馆，他觉得这次博物馆参观既有趣又让人受益匪浅。

德罗什后来听说，她去扎伊办公室做客的消息传到了卢浮宫，一些展馆负责人笑着猜测，这位部长对她不仅仅是职业上的兴趣，而这种兴趣肯定会有助于推进她职业生涯的发展。德罗什被这些无耻的流言蜚语激怒了，她发现自己突然不确定该如何应对和处理自己的生活和未来了。而艾蒂安·德里奥东如今已经不在她身边，无法给她提供建议了。1934年，德里奥东前往埃及从事多个文物发掘项目。两年后，他被任命为埃及文物局局长。如今的卢浮宫里已经没有人能帮助她应对博物馆员工的内讧和竞争了。

她注定要永远被困在卢浮宫的地下室里了吗？过去三年，她一直在那里无偿工作，这对她的境况一点儿没有帮助。当德罗什刚得到这份工作时，部门就明确告诉她不会得到任何报酬。她之所以能生活下去，是因为她跟父母住在一起。但她不想无限期地依赖他们。有一次，她找到凡尔纳询问能不能得到一些薪水。尽管凡尔纳在其他事情上很开明，但在这件事上，这位博物馆的馆长没有表示任何同情或理解。他回答说，德罗什能得到这份职位已经足够荣幸了，她应该明白她有多么幸运。

但就在德罗什开始绝望的时候，德里奥东神父又来解救她了。1937年，在德里奥东的斡旋下，德罗什获得了机会加入由政府资助的为期三个月的赴埃及考察团。她儿时的梦想终于要实现了。

第四章

一次美妙的冒险

克里斯蒂亚娜·德罗什站在远洋客轮的甲板上,看着船慢慢地驶离马赛的码头。乘客们站在船的两侧,向前来送行的人挥手告别。当船的汽笛声响起时,德罗什流下了眼泪。她的眼泪并非出于思乡之情,也不是出于对未来的担忧,而是由于她在这一刻感受到的满心喜悦。她有生以来第一次独自远行。此刻的她感到无比自由。

她知道自己有多么幸运,她有开明的父母,鼓励她独立思考,追逐自己的梦想。但他们通达的态度并没有让她过上自己想要的毫无拘束的生活。跟她那些朋友保守的父母一样,她的父母也对她极度保护。即使她都二十多岁了,晚上外出时,他们也要求她午夜前回家。当她获得资助可以远赴埃及时,她的父母一开始强烈反对她去。一个年纪轻轻的女孩独自去那么远的非西方国家旅行,这怎么可以?简直难以置信!

不过德罗什最终还是让父母同意了。她承诺在野外时时时刻刻都会戴着木髓头盔以防中暑,并且坐船时会坐头等舱,以避免遇到"品行不良的男人"。为了确保她的安全,她的父母让她的哥哥——一名初级海军军官——前往马赛,亲自把她交托给船长关照。

当德罗什登上商博良号远洋客轮后,她就把向父母承诺的一切都抛在了脑后。她认为,第一次去埃及就坐上了一艘以埃及学创始人命名的客轮,这是个好兆头。商博良号于1924年首航,和它的姐妹船马里耶特帕夏号在马赛和中东港口之间航行,而且客轮的豪华和舒适程度远超其他船只。二十二岁的德罗什享受乘船旅行的每一分每一秒。五十多年后,她回忆起当她第一次走进船上的餐厅吃午饭时,呈现在眼前的是一个巨大的三层椭圆形餐厅,里面摆满了"世间最美味可口的菜肴,比如拔了毛的野鸡、龙虾和各种异域水果。我从来没吃过这么美味的珍馐。"即使遇到波涛汹涌,许多乘客都晕船的时候,德罗什也一顿饭都没落下。她听从了一位朋友的建议,这位朋友告诉她,如果她吃一块芥末火腿三明治,再喝一杯威士忌,之后她就永远不会晕船。"她说得果然没错,"多年后,德罗什说,"幸亏用了这个办法,我在旅行时从未晕过船。"

每晚吃晚饭时,商博良号的船长都会为德罗什安排好餐桌。同桌的客人中,有腰缠万贯的阿迦汗——一位会享受人生、养着冠军赛马的富豪,同时也是遍布伊斯兰世界的一千二百多万什叶派穆斯林的精神领袖;另外还有埃塞俄比亚皇帝海尔·塞拉西,1935年墨索里尼领导的意大利军队袭击并占领了他的祖国之后,他便一直流亡海外。

德罗什不仅喜欢了解这两位超凡的大人物,也热衷于了解他们的家人。她跟阿迦汗活泼的妻子安德丽公主聊天,一聊就是好几个小时。安德丽公主是一位三十九岁的法国女人,婚前曾在巴黎开了一家时装店。她还和这对夫妇五岁的儿子萨德鲁丁一起玩耍。二十三年后,萨德鲁丁成了一名年轻的联合国官员,并且在德罗什拯救努比亚神庙的运动中发挥了重要作用。

商博良号停靠在埃及亚历山大港后,德罗什乘坐火车前往开罗,和阿迦汗的妻子同在一个车厢。在车站迎接她的是艾蒂安·德里奥东,德罗什看到他觉得很有趣,因为德里奥东看上去有点儿像当地人了。这位埃及文物局局长西装革履,头上戴着红圆帽(也被称为塔布什帽)[1],帽子上黑色的流苏摇晃着,一看到德罗什就热

---

[1] 塔布什帽是一种伊斯兰国家男人戴的平顶有缨无檐红圆帽。——译者注

情地迎接上去。但当德里奥东把德罗什带到自己家里吃午饭时，德罗什发现至少在吃这个重要的方面，德里奥东骨子里仍然是法国人。这顿饭是由他的埃及厨师烹制的，每一道菜都是蓝带厨师水准。这要归功于德里奥东的母亲，因为她和儿子一起住在开罗，于是她把法国美食的基本做法和精髓都教给了那位埃及厨师。

多年后，德罗什将她在接下来三个月的经历描述为一次精彩的冒险。她的任务是在两位埃及学领域的传奇人物指导下，考察帝王谷（Valley of the Kings）最引人注目的文物发掘项目。而帝王谷是整个埃及最珍贵的考古遗址。

帝王谷与古城底比斯隔尼罗河相望，是第十八、十九和二十王朝期间几乎所有法老的墓地，而这三个王朝时间跨越了近五个世纪（约公元前1539年—前1075年），被视为法老权力和威严的顶峰。底比斯是古埃及的宗教首都，其废墟位于现代城市卢克索及其附近地区。这里拥有埃及最宏伟的神庙群，其中包括位于卡纳克和卢克索的神庙，如今位于巴黎协和广场的方尖碑原址就在此地。

公元前1483年—前1294年在位的法老图特摩斯一世（Thutmose Ⅰ）决定在尼罗河西侧一个狭长的山谷中建造一个新的皇家墓地，山谷的周围是贫瘠的黄褐色山丘和峭壁，类似月球表面。几个世纪以来，在这个埋葬法老的死灵王国，分布着六十多座用坚硬的岩石建造的坟墓，这些坟墓的入口遍布山丘。卡纳冯勋爵这样写道："在这片著名的岩石地带出土的文物比任何古代遗址都多。"他对此有充分的个人理由，因为他是霍华德·卡特的资助人，十分富有，而后者在帝王谷发现了图坦卡蒙的陵墓。

尽管距离那座著名的陵墓只有很短的步行路程，但德罗什被分配到的挖掘项目与那座陵墓或任何皇家墓地都截然不同。她所在的项目并不关注法老及其死亡，而是致力于研究生活在该地区的古埃及普通人的生活方式。

该遗址是一个名叫代尔麦地那（Deir-el-Medina）的村庄废墟。从图特摩斯一世统治时期至第二十王朝（约公元前1080年）结束，在这大约四百年的时间里，住在这个村子里的许多工匠和劳工都参与了法老陵墓的建造和内部装饰工作。代尔麦地那村隐藏在一个小山谷的底部，十分隐秘，与世隔绝，而且距离皇家墓地只有几步之遥：法老们不想让其他人知道他们最后安息之地的位置，以及墓地里他们所拥有的瑰丽宝藏。此外，这个村子周围还筑起了一堵厚厚的石墙，以确保村子里的人不经过官方准许就随意进出。

代尔麦地那废墟，2009年

负责该遗址考古工作的是考古学家贝尔纳·布吕耶尔（Bernard Bruyère），他是设在开罗的法国东方考古研究所（French Institute of Oriental Archaeology，简称IFAO）的发掘负责人，该研究所是法国著名的古埃及考古、历史和语言研究中心。1937年，当德罗什抵达代尔麦地那时，五十九岁的布吕耶尔已经在那里工作了十六年。

布吕耶尔曾是巴黎美术学院的讲师，后来他爱上了埃及学，并在"一战"前在埃及待了四年。"一战"爆发后，他回到法国应征入伍。在战争中，他身受重伤，被德国人俘虏，几次设法脱逃，但每次都被抓住。在一个战俘营里，他的狱友包括一位名叫夏尔·戴高乐的高个子上尉，此人跟布吕耶尔和其他狱友一起策划了另一次越狱，但仍以失败告终。战争结束后，布吕耶尔作为IFAO的学者回到埃及，并被派去监督代尔麦地那遗址的考古研究工作。他余下的职业生涯都在这里度过。

埃及文物局严格限制帝王谷文物的发掘数量。在20世纪20年代初，只有少数考古学家能够获得宝贵的文物挖掘官方授权，其中包括布吕耶尔和霍华德·卡特，这两位彼此熟识。1922年夏天的一个早上，忧郁沮丧的卡特来到代尔麦地那遗址，寻求布吕耶尔的建议。

这位英国探险家多年来一直致力于寻找鲜为人知的少年法老图坦卡蒙的陵墓，但所获甚少。卡纳冯勋爵厌倦了持续不断的资助，因为卡特没有任何成果可以拿出来给他看。于是他告诉卡特，他要结束他们二人之间的合作，并将在来年的一月停止向卡特提供资金。布吕耶尔力劝卡特不要放弃。

布吕耶尔帮助卡特回忆起多年来，他从自认为是图坦卡蒙陵墓所在的地区清理出的大量瓦砾和沙石。布吕耶尔相信，卡特已经离成功不远了。只有一个地方还有待探索：挖掘法老拉美西斯六世（Rameses Ⅵ）陵墓的工人们在夜间存放凿子和其他挖掘工具的泥屋废墟。卡特曾担心如果挖掘那里，有可能会破坏拉美西斯的陵墓，但布吕耶尔坚定地说："你的职责是不要忽视任何线索，不管多么微小的线索都不要放过。"

卡特起初没有同意，后来改变了主意，听从了布吕耶尔的建议。在他的工人开始对那片废墟挖掘了几个星期之后，一天早上，他到达现场，发现周围一片寂静，这是挖掘工作恢复以来，挖掘现场第一次这么安静。工人们正等着他，急不可待地指给他看他们刚刚发现的东西。那是通往陵墓石阶的第一个台阶，顺着这条石阶挖掘下去，他们看到了图坦卡蒙的陵墓。尽管卡特后来邀请了布吕耶尔出席法老石棺的揭幕仪式，但他从未公开提及这位法国考古学家在历史上最伟大的考古发现中所起到的重要作用。直到20世纪60年代，人们才发现这个真相。

从孩童时代起，德罗什就很崇敬霍华德·卡特以及他的成就。"他的发现对我们了解古埃及起到了至关重要的作用。"多年后，德罗什说，"我们很感谢他发现了如今已家喻户晓的皇家宝藏，光这一点就值得我们向他致敬。"

但随着德罗什对埃及学以及从事埃及学研究工作的人了解得越来越多，她得出了一个结论，即在许多方面，贝尔纳·布吕耶尔对埃及学的贡献远比卡特更为卓著、影响也更为深远。20世纪60年代初，德罗什准备写一本关于发现图坦卡蒙及其陵墓的畅销书，并为此做研究。在研究中，德罗什惊讶地发现，从未接受过埃及学教育的卡特几乎没有对这位十几岁的法老，以及在这位法老的木乃伊周围发现的珍贵文物做出任何有益的贡献。在卡特的报告中，他几乎没怎么提到或描述这些文物的细节，也没有对这些物品的含义或为什么会被埋葬在那里做出太多的解释。"当我们将他的报告与贝尔纳·布吕耶尔的报告进行对比时，"她说，"我们对他报告中内容的贫瘠而感到震惊。"

在卡特备受国际赞誉的几年里，布吕耶尔和他的团队一直埋头苦干、煞费苦心地清理代尔麦地那的废墟，清除埋在废墟中的巨大瓦砾和沙子——这是一项十分乏味、令人沮丧，并且往往很危险的工作，而且谁也不能保证最终能有所收获。布吕耶尔镇定且谦逊，无论在当时还是后来，他都从未寻求公众的关注。按照德罗什的说法："在那个追逐虚荣和名利的年代，他几乎忘记了自己是声名显赫的埃及学家，就这么从著名埃及学家的圈子里消失了。"

克里斯蒂亚娜·德罗什在代尔麦地那，1937年

1925年，布吕耶尔终于在谷地发现了文物遗骸，并开始了更加细致的挖掘工作。他找到了一位合作伙伴——另一位杰出的埃及学家，即使在今天也鲜为人知。克里斯蒂亚娜·德罗什形容这位名叫雅罗斯拉夫·切尔尼（Jaroslav Černý）的埃及学家"虽然出生在捷克，但骨子里却是十足的法国人"，切尔尼此后与布吕耶尔共事了二十五年，跟布吕耶尔这个法国人一样安静且有绅士风度。

20世纪30年代初法国考古学家在代尔麦地那
左二是贝尔纳·布吕耶尔，
左三是艾蒂安·德里奥东，最右边是雅罗斯拉夫·切尔尼

　　戴眼镜的切尔尼在布拉格的查尔斯大学（Charles University）获得了博士学位，刚到代尔麦地那时只有二十七岁。但他有着一

项布吕耶尔没有的能力，即十分精通破译象形文字，一种在那个时期埃及象形文字常用的草书形式。事实证明，破译工作十分繁重，工作量巨大。村庄的废墟中散落着数千件陶器和修建陵墓时遗留下来的石灰石碎片，有些比明信片还小，而有些则超过两英尺长。许多碎片被称为陶片[1]，上面刻有僧侣文[2]。通过对这些陶片进行破译，切尔尼能够详细地重新勾勒出四个世纪以来这些古埃及工匠及其家人的日常生活情况。

建造陵墓一直以来都是很光荣的一项工作，这些工作往往是由父亲传给儿子的，代代相传。一代又一代的石匠、画师、雕刻家、采石工、泥水匠、抄写员和其他工匠在这个村子里出生、长大、结婚生子，直到去世。与古埃及的传统不同的是，代尔麦地那的一些居民，包括妇女，他们都会读写。在古埃及的其他地方，通常只有抄写员是唯一识字的人。而从废墟中发现的大量陶片上记载了许多文字，揭示了这里的居民生活多么丰富多彩。这些陶片中包括信件、洗衣单、八卦传闻、账单、遗嘱、祈祷、婚礼和死亡讣告，此外还有诗歌、情歌、赞美诗、合同、医疗诊断记录和处方、家庭小窍门列表以及其他日常生活细节。

多亏了这些丰富而珍贵的文物，令现在的埃及学家能够对古埃及老百姓的生活有了更多的了解，甚至比对法老的生活了解得更为详细。正如美国埃及学家大卫·奥康纳指出的："这些陶片远比陵墓和神庙里的那些纪念铭文更宝贵、更有研究价值，因为这其中包含了重构大多数埃及人社会、经济和宗教活动所需的丰富

1　此处指的是一种代替纸莎草纸用来绘画、记事的石片、陶片。——译者注
2　僧侣文是古埃及时期书吏用来快速记录的手写体。——译者注

细节。"没有任何一个考古遗址像代尔麦地那那样能够提供如此丰富的有关古代社区组织、社会互动、工作和生活条件等方面的信息。

切尔尼和布吕耶尔的工作十分有价值，因为他们在记录和处理每一个细节时都非常谨慎。德罗什说，他们两人十分平易近人，很乐意给像她这样的年轻学者授业解惑，并对他们收集的资料进行解释说明。每天工作结束时，布吕耶尔都会在自己的挖掘日记中仔细记录他的团队当天所做的工作，包括他们发现的所有物品以及这些物品是在废墟里的什么位置发现的。他的挖掘日记再辅以相关的图纸和照片，被汇编成厚厚的年度报告。

布吕耶尔在"一战"中右手和身体其他部位被手榴弹残片所伤，随着他渐渐老去，战争的创伤给他带来了越来越难以忍受的痛苦。德罗什记得，布吕耶尔写日记时，是用左手扶着右手，写得很艰难。但她说，不管多大的痛苦都从未能阻止布吕耶尔记录挖掘现场工作的进展情况。

切尔尼的报告也同样详尽。在解密陶片文字的那些年里，他对代尔麦地那曾经的居民越来越熟悉，他知道了他们的名字、居住地点、工作表现，也了解他们的爱恨情仇、争吵和对抗，以及他们如何受到战争和毁灭性洪水等重大突发事件的影响。关于切尔尼，英国考古学家和历史学家约翰·罗默写道："他比任何人都清楚该如何从每个人生活的尘埃中找到宝藏和有价值的东西。也许正是这段经历，让他的作品中多了许多感性和人性，并且使得他的作品时至今日仍在激励着年轻的学者们，激发他们的热情。"

与布吕耶尔一样，切尔尼非常详细地将他所有的发现一一记录下来，并且希望这些能够成为宝贵的原始资料，为未来的研究人员提供借鉴和参考。事实上，后来的几次考古发现，包括在代尔麦地那附近发现的一座小神庙，都是受到了布吕耶尔和切尔尼文献资料的启示而成功的。

尽管德罗什只是享受助学金的学者，没有资格参与村庄挖掘工作。但从一开始，布吕耶尔和他的考古学家同事们就把她当作团队中的一员，让她跟大家同吃同住，一起风餐露宿。由于生活条件极其原始和简陋，德罗什和参与挖掘工作的其他人一样，住在一座空墓中的一个小房间里。这座空墓建在一座石灰岩悬崖上，得爬上一个陡峭的斜坡才能到达。晚上，会有"看上去像是沙漠之狼"的野生鬣狗在房子的屋顶上飞奔。而且这里没有自来水，也没有电。

克里斯蒂亚娜·德罗什在代尔麦地那附近的一个墓穴里抄录刻在墓穴墙壁上的象形文字，1937年

白天的时候，布吕耶尔和他的团队继续挖掘村庄里的泥砖房遗迹，而此时德罗什就在一旁仔细观察。多年后，德罗什说，这是一次令人难忘的学习经历，甚至在一天的工作结束后，她还在继续学习。晚上，当太阳落山，消失在代尔麦地那山上陡峭的悬崖之后时，布吕耶尔和切尔尼会给大家讲述这个村庄里古老村民和他们的生活，德罗什听得如痴如醉，仿佛那些古老的村民是现实中的人，而不是神话和传说里的影子。

他们二人谈论起建造陵墓的工人们每次开工时离开村庄的情景：他们会沿着山坡和悬崖边缘的一条小径一路而上，进入帝王谷。从悬崖上，他们可以看到远处一长排巨大且精致的陵庙[1]，所有这些陵庙都涂着鲜艳的颜色，每座陵庙都是由不同的法老下令建造的，以作为他们永久的公众悼念之地。每座陵庙周围都被一群建筑物包围着——其中包括现任法老前来祭祀祖先时，为法老提供休息的行宫，还有大祭司、抄写员和其他管理陵庙官员的宅邸以及办公之地。

更远处是一片绚烂的绿色田野，由农民耕种，用附近的尼罗河河水灌溉；河对岸是熙熙攘攘的城市底比斯。从悬崖上俯瞰，下面的山谷仿佛是一条绵延数英里的狭长的翡翠玉带，其周围是广阔无垠的沙漠。

尼罗河是地球上最长的河流，发源于撒哈拉以南非洲地区，向北流经四千多英里，最终流入地中海。每年尼罗河都会发洪水，是这片干旱、灼热土地的命脉。正如托比·威尔金森所说，尼罗河"形成了埃及的地理地貌，控制了埃及的经济，造就了埃及的文明，

1 　陵庙也称葬祭庙。——译者注

决定了埃及的命运"。每年夏季，热带降雨都会将非洲高地淹没，并导致尼罗河支流河水暴涨，洪流流入下游。洪水到达埃及边境时，从南到北漫过河堤，淹没了整个尼罗河流域。只需一周，山谷里所有的耕地就会被水淹没。但当洪水退去时，则会留下肥沃的淤泥，滋润了土壤，为当年的作物播种提供了天然肥料。

在大多数年份里，尼罗河作为生命之河，发挥了至关重要的作用，滋养万物，生生不息。但当尼罗河出现险情时，结果可能是灾难性的。当河水泛滥时，洪水肆虐，冲走了原始的堤坝和不堪一击的泥砖村庄。当雨水稀少，尼罗河水位过低时，往往又会导致农作物歉收，出现大范围的缺粮甚至饥荒。

托比·威尔金森在书中写道："埃及人一直能敏锐地意识到他们所处的独特环境。环境的和谐与不时发生的灾难激烈碰撞，造就了他们的社会观和世界观。洪泛平原的绿色地带和其两侧的黄棕色沙漠之间的巨大鸿沟，强烈地展现出生存状况的不稳定性，以及丰足与饥荒、生与死之间的微妙平衡点。"对埃及人来说，玛阿特[1]——维护生命的秩序与和谐——是至关重要的。

通过布吕耶尔和切尔尼讲述的故事，德罗什对代尔麦地那工匠们的日常生活有了更多的了解。这些工匠们几乎一生都致力于纪念死者。切尔尼谈到了发现的陶片，了解到抄写员们在陶片上记录下了建造皇室陵墓的工作进度。原来新法老掌权后，就开始建造自己的陵墓，通常需要好几年的时间。这些陵墓不仅仅是法老最后的安息之所，也是法老进入下一世的通行证，希望能在下

---

[1] 玛阿特也译作玛特，是古埃及神话中的真理与正义女神，是太阳神拉的女儿，智慧之神托特的妻子。在古埃及语中，玛阿特代表着真理、正义和公平。——译者注

一世重生。留在墓穴中的珍贵物品是为了给他在下一世的生活提供一切必需品。

在陶片上，抄写员详细记录了每个工人的工作任务、工作时间表和工资，以及对他们工作质量的评估。他们还记录了这些工人的装备和用具，包括用来照亮漆黑墓室的小陶灯所需的灯芯和灯油的数量。从皇家神庙的储藏库运送来的灯油必须是最高质量的，以防止灯油冒出烟来，使墙上和壁画上沉积烟灰。一个事实说明了这种对细节的密切关注和严格把控，即埃及陵墓和神庙中的许多壁画保留了亮丽鲜艳的色彩。

工人们每个月休息六天，不过他们经常以生病、家里有事，甚至宿醉为由骗取更多假期。除了六天的假期以外，他们还经常举行宴会，为古埃及人的众神庆祝。正如德罗什所说："如果我们把各个神的庆祝节日都放在一起，那就一个工作日都不剩了。"尽管代尔麦地那不得不给村民们指定可以给哪些神庆祝，但一年中他们有整整三分之一的时间都在庆祝。

在代尔麦地那和整个底比斯，每年有两个最重要的节日，而这两个节日都是为了纪念太阳神阿蒙神，因为他被尊为众神之王。第一个庆祝节日是在每年尼罗河泛滥期间举行的，节日当天，剃光头的祭司从位于卡纳克的阿蒙神庙中将一尊阿蒙神雕像取出来，然后沿着一条举行仪式的道路将雕像运送到大约1.5英里外的卢克索神庙。在第二次庆祝活动时，阿蒙神的雕像被放置在一艘雪松木制成的驳船上，然后穿越尼罗河，送往河流西侧的各个神庙进行祭拜。

第二次庆祝活动通常在5月举行，该地区的所有人都在节日里尽情狂欢。一群群引人注目的队伍沿着河岸游行，其中有身披羽毛的非洲鼓手，有赤裸的舞女在不停扭动、旋转、翻腾，有衣着端庄的女孩演奏木琴，此外还有摔跤手、竖琴手、杂耍艺人、军官和皇家马车的驭手。

古埃及人喜欢聚会，代尔麦地那的村民也不例外。在参加了当天的庆祝活动之后，他们回家还要举行一场盛大的集体宴会。宴会上，除了丰盛的食物、啤酒和葡萄酒以外，还有音乐和舞蹈。宴会一直持续到第二天凌晨。在这场热闹的庆祝活动中，男男女女都戴着厚重的黑色假发、身穿带有精致褶皱的白色亚麻长袍。女人们的脸上都化了浓妆，眼睛涂上黑色眼线，眼睑抹上彩色眼影。

其他的节日包括规模较小且更为低调的庆祝活动，有时只在一部分居住区或单个家族里举行，比如前往祖先的坟墓祭祀、点灯，他们在墓地附近的小祭堂举办宴会，家族成员会在祖先的雕像前献上祭品。在休息日，代尔麦地那的村民们经常会修建他们自己的坟墓和葬礼祭堂，这并没什么奇怪的，因为建造它们的是古埃及最优秀的画师、雕刻家和工匠。这些坟墓和祭堂被认为是该地区最美丽的埋葬之地。

村里的男人们去干活时，女人们则留在村子里照顾孩子和他们的家。政府会派仆人帮助他们干些家务活，比如洗衣服什么的。村民的主要食物是烤面包，以及用大麦酿造的啤酒。大麦是古埃及人饮食的重要组成部分。每家每户会按定例分配到一些食材，比如鱼类、羊肉、鸡蛋以及茄子和豆类等蔬菜。他们还喜欢狩猎，吃野鸭和其他水生鸟类，这些鸟类会在每年尼罗河洪水期间涌入该地区，此时河水会淹没帝王谷下面的所有田地，以及临近村庄。当地人认为这些鸟类十分美味，通常会在盛大的节日里将鸟类烟熏或烤着吃。

尽管这些村民的生活相对简单，但也算条件优渥了，特别是与他们的大多数同胞们相比，因为埃及大部分的百姓生活并不富足，只能勉强糊口。作为法老的工人，代尔麦地那的人直接受命于法老的最高大臣，即政府官僚机构的掌管者维齐尔[1]。工人们的工资和其他福利都由维齐尔提供，所有的薪水和物资都来自皇家神庙的仓库，或者经由为村子干活的仆人运送。由于代尔麦地那周围都是荒凉的山丘和山谷，里面没有水，因此水只能装在陶罐里，然后放在驴背上，从下面土地肥沃的山谷运上来。村子里的谷物、蔬菜、肉类和鱼类也是如此。

与埃及的其他居住区一样，代尔麦地那也有自己的法院，由政府授权处理所有民事纠纷和一些刑事案件。从原则上讲，任何一个埃及人都可以要求他的同辈人进行审判。审判在代尔麦地那河畔的一个小空地上进行，所有法庭成员聚集在那里，对其同乡涉嫌的不法行为进行审判。原告和被告都由本人进行辩护，有的案件甚至能拖上好几年。

根据埃及法律，代尔麦地那的女性几乎与男性享有大致相同的权利。无论男人还是女人都被视为独立的公民，对社区负有同样的责任。女子有权拥有财产，包括婚姻期间获得的所有财产的三分之一。在离婚或丈夫去世后，这些财产将悉数归还给她们。如果女子比她们的丈夫先一步离世，那么她们的财产将归她们的后嗣所有，而不是归她们的配偶所有。

埃及人在日常生活中几乎都不是清教徒。在道德上并没有禁止未婚男女之间发生性关系，也没有将非婚生子女视为耻辱。离

---

[1] 维齐尔：相当于中国古代的宰相。——译者注

婚并不罕见，许多人结过好几次婚，不过通常必须得在村法庭成员和谐解决好财产问题之后才可以再婚[1]。

女孩也被允许和男孩一起上乡村学校，在那里她们学习阅读和写作，重点学习民间故事和祈祷。一天晚上，德罗什正在代尔麦地那，雅罗斯拉夫·切尔尼来吃晚饭时心情十分激动。他刚刚解密了一块陶片上的文字，上面记载的是一位女士写给邻居的信，信里要求那位邻居不要让其儿子骚扰她的女儿。切尔尼说："每天早上，这个男孩都在等着女孩出现，朝她扔石头，吓得女孩都不敢独自去上学了。"

不过可惜的是，他找不到后续的陶片，也就不知道故事的结局了。几个世纪过去了，埃及的繁荣和稳定被不断加剧的内乱所取代，这其中有法老家族成员之间为了争夺国家的统治权而引发的自相残杀，也有来自日益强大的邻国对埃及的威胁。即使之前稳定如代尔麦地那这样的村庄，生活也变得愈加艰难起来。

大约公元前1170年，村里的工人向维齐尔抱怨说，他们已经好几个星期没收到全额工资了。但当时的政府没有采取任何措施来扭转这种局面，于是村民们放下修建陵墓的工具，停工不干了。这可以说是古埃及有记录以来第一次罢工行动。尽管村里的长老和法院官员提出了请求，但村民们拒绝回去干活儿，直到他们的要求得到满足为止。维齐尔最终做出了让步。

在随后的几年里，随着埃及社会持续动荡不安，大批村民忍无可忍，闯入法老的陵墓大肆抢掠，其中一些陵墓是他们和他们

---

[1] 与埃及老百姓的一夫一妻制不同，埃及的法老通常会同时拥有好几个妻子，以及无数妃妾。——作者注

的祖先建造和装点的。事实上，几乎每一座皇家陵墓都遭到了抢劫，盗贼们洗劫了墓穴，就连法老木乃伊周围的珍贵陪葬品都被抢夺一空。其中一名劫匪原先是代尔麦地那村的一个工队的工头，名叫帕内布。

帕内布一辈子吃喝嫖赌，是这个村子里最臭名昭著的人。尽管他是位技艺高超的石雕匠，但他更为人熟知的是他的酗酒成性、脾气暴躁，并且勾引有夫之妇。艾蒂安·德里奥东本就喜欢八卦，所以对古埃及人的风流韵事很感兴趣。她告诉德罗什，帕内布还有个众人皆知的秘密，那就是在重大节日期间为法老的儿子们寻找性伴侣。但公众对他最严重的一项指控是，他参与了对皇家陵墓的抢掠。在审判期间，帕内布向众神宣誓自己是无辜的，由于没有具体证据证实他参与抢劫，他最终被无罪释放。

当德罗什来到代尔麦地那时，布吕耶尔和他的团队正在挖掘帕内布家的废墟。帕内布与他的妻子和八个孩子住在一起。在此之前他们已经清理了两个大的家庭活动室，此时他们正在清理一个稍小一些的房间，他们认为这个房间是厨房。德罗什密切观察着布吕耶尔和另一位考古学家挖掘炉石，然后开始挖掘炉石下面。挖了几分钟之后，他们发现了一个很小的藏身之所，里面藏着一块木棺的碎片，上面镀着金，还刻有献给法老的铭文。据称帕内布就是抢劫了这位法老的陵墓。事件发生三千多年后，布吕耶尔和他的团队发现了帕内布的确有罪的切实证据。

德罗什在代尔麦地那并没有待很长时间，但她在那里的经历，尤其是受到布吕耶尔的亲自指导，对她的生活和事业产生了巨大的影响。布吕耶尔对古埃及普通百姓的兴趣、对年轻学者毫无保留地授业解惑，以及对细节的认真关注，后来都被德罗什传承了下来。但布吕耶尔对德罗什的影响远远超出了他作为埃及学家的范畴。他与其他人的互动，尤其是在挖掘过程中他与干着最累、最苦工作的埃及工人的交流方式，也让德罗什受益匪浅。许多考古学家往往对埃及工人态度傲慢、盛气凌人，但布吕耶尔却与他的同行们不同，他对他的工人们很感兴趣，并且十分尊重他们。他的妻子弗朗索瓦丝也是如此。

弗朗索瓦丝·布吕耶尔（Françoise Bruyère）比她的丈夫小二十五岁，是开罗的法国考古研究所所长皮埃尔·茹盖（Pierre Jouguet）的侄女。1931年，她从巴黎前往埃及，以躲避父母不愉快的离婚引发的余波。茹盖和他的妻子很为他们这位二十五岁的侄女担心，因为她心情十分抑郁。于是他们邀请她一起去卢克索和代尔麦地那进行考察。他们觉得也许这次短途旅行能让她转换一下心情。尽管起初弗朗索瓦丝并不想去，但最终还是同意了。

令人感到惊讶的是，弗朗索瓦丝被这片静谧而贫瘠的土地上消失的宫殿、被毁的神庙和用切割的岩石建造的陵墓深深地迷住了。吸引她的不仅是这片土地，更是负责挖掘这片土地的男人。而那个男人也为这个女孩倾倒。1932年，弗朗索瓦丝和布吕耶尔在巴黎结婚，这让布吕耶尔的朋友和认识他的人感到无比惊讶。因为他们都以为他是个坚守单身的人，只对自己的工作感兴趣。

尽管他活泼、聪明的妻子也在代尔麦地那这个项目中多有参与，但她并没有像其他考古学家的妻子那样，在丈夫的工作中充当助手或合作伙伴。相反，她在空墓附近设立了一个临时医务室，为项目团队提供服务。她在医务室里负责为进行挖掘工作的法国考古学家和埃及工人治疗和护理伤病。

尽管她没有接受过正式的医学训练，但她很快就熟练掌握了治疗如痢疾、眼镜蛇咬伤等各种疾病的技能，以至于附近古尔纳村的村民也开始找她求医问药，而她也同意医治他们。由于村民们都听不懂法语，她便参加了一个学习阿拉伯语的速成班，最终她的阿拉伯语说得比她的丈夫和她丈夫的那些考古学家同事还要流利。

起初，弗朗索瓦丝·布吕耶尔的临时医疗救治仅限于在考古遗址工作的人。但后来她架不住附近村民们的恳求，亲自去古尔纳村为他们治病。在那里，她主要为妇女和儿童进行治疗和护理，包括提供产前护理、接生和帮助新手妈妈照顾婴儿。法国作家克劳汀·图纳尔·伊森这样写道："她勇敢无畏，没什么能吓到她，也没什么能让她退缩。她唯一关心的是如何帮助那些身受痛苦的人，无论是谁。"

随着她与村民们相处的时间越来越多，她开始入乡随俗。她在衣服外面罩上布尔努斯袍——一种阿拉伯人喜欢穿的连帽长斗篷。每次去古尔纳村时，她都会用围巾遮住头发。她还开始学起了《古兰经》。

面对越来越多的病人，她开始缺乏足够的钱来购买所需的药物、蛇毒血清和其他医疗用品。于是她去了卢克索的几家药店，走访了几家诊所，问他们能不能给她一些闲置的药物。当她的善举和呼吁传到开罗时，一位富有的埃及公主——福阿德国王的一位堂姐妹召见了布吕耶尔，宣布她要为弗朗索瓦丝提供所需的一切资源，以支持她继续为人治病。

克里斯蒂亚娜·德罗什在代尔麦地那待了三个月。在此期间，她和弗朗索瓦丝·布吕耶尔成了好朋友，经常陪她一起去古尔纳村。

布吕耶尔太太与阿拉伯人的亲密关系令德罗什十分动容，令她印象尤为深刻的是一天清晨遇到的一件非同寻常的事情。当天一个皮肤黝黑的陌生人，显然是贝都因部落的人[1]，出现在弗朗索瓦丝的医务室，他手臂上的伤口已严重感染。这个男人一言不发，也不说自己是谁，于是弗朗索瓦丝也没有说话。她对伤口进行了清洁和消毒，取出了手臂里的子弹，然后为其包扎，并给这个男人服用了一些药物。此后的几天，这个陌生人又来换药，每次他和弗朗索瓦丝都不说话。伤口愈合之后，他就消失了，再也没有回来。

几周后，弗朗索瓦丝·布吕耶尔在一名阿拉伯助手的陪同下，骑驴前往卢克索，为营地购买食物，并取些钱用于支付埃及工人的工资。黄昏时分，她和她的同伴返回时，途经门农巨像——法老阿蒙霍特普三世（Amenhotep Ⅲ）的两座巨大石像。这时，他们的驴子被一根横跨在路上的粗重绳索绊倒了。弗朗索瓦丝和她的助手摔倒在地，三名身穿贝都因人长袍的男人突然从阴影中走出，将他们包围，索要钱财。他们的要求激怒了一向冷静的弗朗索瓦丝，于是她用阿拉伯语大骂那几个劫掠者。

听到弗朗索瓦丝的声音，其中一个劫匪突然举起双臂伸向空中，厉声向其他几名劫匪发出命令。他们把弗朗索瓦丝和她的助手扶起来，这时弗朗索瓦丝一下子认出了说话的人——就是那个她治疗过的贝都因人。"你对我们来说是神圣不可侵犯的，"他说，"我们永远不会碰你一根头发。"说完，他就带着另外几个匪徒离开了。从此弗朗索瓦丝再也没见过他。

---

[1] 贝都因人是以氏族部落为基本单位在沙漠旷野过游牧生活的阿拉伯人。主要分布在西亚和北非广阔的沙漠和荒原地带。——译者注

德罗什在代尔麦地那的实习期结束了,她恋恋不舍地告别了布吕耶尔夫妇和雅罗斯拉夫·切尔尼,往后他们继续保持着密切联系。随后,她回到了巴黎的家,为自己三个月的自由时光而感到兴奋,但一下子又被拽回了现实。她回来后不久,和一群朋友去一家餐厅吃饭。他们兴致勃勃地聊着彼此的生活,不知不觉忘记了时间,等聚会结束时,他们发现已经是凌晨了。此时地铁已经停运,所以德罗什的几个朋友步行送她回到了她父母的公寓楼。当公寓楼近在眼前时,她看到她家里所有的灯都还亮着,她的父亲正站在阳台上。当父亲看到她时,立即厉声喝道:"还不快点儿上来!不然你妈妈就真生气了……"

后来德罗什回忆说:"我不得不跪下来请求母亲的原谅,那时我都二十三岁了。"

第五章

开罗剧变

克里斯蒂亚娜·德罗什回到了每天在卢浮宫和父母公寓之间两点一线的半修道院生活。但这种生活是短暂的，这让她甚为宽慰。艾蒂安·德里奥东、贝尔纳·布吕耶尔和雅罗斯拉夫·切尔尼都对她大加赞赏，他们的赞许提升了她的声誉，为她今后成为一名前途无量的埃及学家增加了筹码。1938年，她获得了法国政府提供的奖学金，前往开罗在精英荟萃的法国东方考古研究所学习。这是个非常难得的机会，东方考古研究所是法国出类拔萃的年轻考古学者们心心念念向往的地方。德罗什是第一位获得三年奖学金的女性，有了这项奖学金，她可以每年在埃及生活九个月，并参加该研究所出资进行的各种文物发掘项目。

IFAO位于开罗阿拉伯区的一座洞穴般的前皇宫内，德罗什将会对开罗这座城市慢慢了解和熟悉。自公元969年以来，开罗便一直是埃及的首都，也是埃及唯一并非源自埃及古代文明的主要定居之地。这座城市是由埃及的阿拉伯征服者建立的，整座城市都深受大多数阿拉伯人信仰的宗教——伊斯兰教的影响。可追溯到中世纪的清真寺几乎遍布开罗的每一个社区，宣礼员每天在清真寺的宣礼塔上召集信徒祷告五次，虔诚而嘹亮的祷告声在大大小小的街道上回荡。

在IFAO所在的社区，大多数出现在公共场合的女性都头戴面纱，只露出眼睛。IFAO负责人皮埃尔·茹盖的妻子提醒德罗什，为了避免引起周围阿拉伯人的不快，她绝不能独自一人走在阿拉伯区里。如果她坐电车去开罗市中心，她必须乘坐所谓的哈莱姆车[1]——专门

---

1 哈莱姆指旧时某些穆斯林社会中富人的女眷，也指这些女眷居住的闺房、内室。——译者注

为女性准备的车。

但当德罗什小心翼翼地走出阿拉伯区时,她发现开罗的其他地方其实是非常国际化的——而且从城市创建之初就已十分开放。自中世纪以来,这座城市一直都是中东最重要的政治和经济中心。几个世纪以来,开罗的码头始终熙熙攘攘、热闹喧嚣,来自地中海各个地区和角落的人在这里进行贸易。

在19世纪,奥斯曼帝国埃及总督穆罕默德·阿里将大批欧洲人引入多语言、多种族混居的开罗。作为一名受雇于土耳其苏丹的阿尔巴尼亚士兵,穆罕默德策划政变,导致了埃及前任总督的倒台,并于1805年继任为埃及新总督。自此,他确立了自己的绝对统治地位,建立了统治埃及一个半世纪的王朝。

穆罕默德·阿里和他的继任者们决心迫使将埃及的封建社会转变成现代社会。他们打开了欧洲投资的大门,主要对象是英国和法国。英法两国在埃及的影响力日益增长,同时也促使开罗大部分地区的社会面貌发生了改变,其中以法国的影响力最为显著。穆罕默德·阿里的孙子赫迪夫·伊斯梅尔曾在巴黎留学,对乔治-欧仁·奥斯曼男爵对巴黎翻修改造大为赞叹。奥斯曼的修缮和改造包括新建了一系列的公园和广场、宽阔的林荫大道,以及优雅的石砌公寓楼,这些公寓楼配有锻铁的阳台和高高的百叶窗。于是伊斯梅尔下令在开罗建造一个新区,采用巴黎风格的城市规划,以宽阔的林荫大道和优雅的奥斯曼式公寓楼为特色,街道两旁种满夹竹桃和蓝花楹。

尽管在开罗占主导地位的西方人是法国人和英国人,但贸易和商业机会也吸引来了许多欧洲其他国家的人,其中包括意大利人、希腊人和马耳他人。此外,叙利亚人、黎巴嫩人和土耳其人也大量涌入，使开罗这座城市的日常生活变得更加喧嚣忙碌，车水马龙。

开罗市中心尤为拥挤不堪。街道上人声鼎沸，摩肩接踵。满载着乘客的有轨电车艰难地穿过成群的自行车、驴车、堆满蔬菜和其他食物的马车，以及赶着骆驼和羊群的队伍。嘈杂声刺耳，至少有十几种语言同时灌入耳中，同时空气中飘散着各种气味，包括煤油、香料、煎鱼、熏香以及动物粪便等等。20世纪30年代在埃及长大的英国小说家佩内洛普·莱夫利回忆道："这些气味丰富且有烟火气，并不难闻，是开罗必不可少的元素，就像看不见的昆虫发出的热量和噪声。"

起初，德罗什对开罗的喧嚣和纷乱感到忐忑不安，后来她渐渐喜欢上了开罗丰富多彩的街头生活中蕴含的活力和异国风情——街头有魔术师的表演，有带着猴子拉手风琴的艺人，有小贩售卖着橘子、椰枣、烤肉串和炒瓜子，甚至还有穿梭在人群中趁人不备当小偷的孩子。

然而，与此同时，德罗什越来越感受到这座城市里贫富间的鸿沟。"富人"在埃及社会中只占极少数，大多是知识分子、有钱人以及像她这样的外国人。在开罗，绝大多数的居民是"穷人"。德罗什在街上看到几乎无处不在的贫穷迹象，比如瘦骨嶙峋的男人，他们佝偻着腰在街上赶牲畜；还有在街角乞讨的女人，她们面容憔悴，眼神中流露出悲伤；还有衣衫褴褛的孩子和婴儿，他们脸上长满疮，嘴边和眼睛周围爬满苍蝇。

在某些方面，埃及及其首都的现代化的确取得了成就。比如，引入了棉花等经济作物来提高出口；建立工厂和磨坊以减少进口；另外还修建了道路、桥梁和水坝，改善了交通和通信。然而，所有这些都是在费拉欣[1]的艰辛劳作下得以实现的。他们被统治者强迫征召,在极其恶劣的条件下从事这些大型项目的建设。19世纪末,在卢克索定居的英国女子露西·达夫-戈登写道:"几乎每一座城镇和村庄里身体健全的男丁都被搜刮走了,他们被指使着挖运河、架桥梁、筑堤坝、修铁路,像奴隶一样辛苦工作,一干就是很多年。"而这些费拉欣劳动的回报却少得可怜,甚至没有任何报酬。事实上,在大多数情况下,农民们的处境比以前还要糟糕。

埃及现代化的进程除了加剧绝大多数埃及人的贫困和被压迫之外,还带来了另一个沉重的代价:国家主权的丧失。事实上,埃及统治者为了换取外国的更多保护和投资,将国家的管理权交给了欧洲人。19世纪末,在法国外交官费迪南德·德·雷赛布的说服下,穆罕默德·阿里的儿子兼继任者赛义德帕夏批准法国商团和企业修建苏伊士运河,这更加强了欧洲人对埃及的统治。这条运河于1869年开通,连接地中海和红海,使从西欧前往印度以及近东和远东其他地区的船只可以直接通航,而不必绕道非洲一大圈。

事实证明,修建运河的协议对法国人的好处远远大于埃及人得到的好处。埃及除了保证为建造工程提供劳动力(估计有十二万名工人在此合作项目中死亡)外,埃及政府还被迫向苏伊士运河公司做出代价高昂的让步和妥协。有证据显示,埃及从运河运营中获得的收益远远不足以支撑经济发展。为此。赛义德开始大量借贷,以试图稳定埃及的经济,并为埃及的许多现代化建设项目买单。到了他的继任者伊斯梅尔帕夏统治时,政府的债务累积得更多了,到1875年,债务已高达4.43亿美元。

1　fellahin,也译作法拉欣,即埃及农民。——译者注

19 世纪 30 年代的开罗市中心

由于无法支付越来越高的利息，埃及领导人于1875年被迫出售埃及在运河中44%的股份，以筹集现金。而买家正是英国首相本杰明·迪斯雷利及其所领导的政府。在运河开始施工建造之前，英国认为该项目成本过高，几乎不可能实现，因此并没有参与此项目。但后来运河项目被证明在技术和经济上皆取得巨大效益和成功，且当时英国船只占据运河交通量的一半以上，于是英国领导人很快改变了主意。凭借44%的股权份额，他们在运河运营业务中牢牢占据了一席之地。

在运河股份出售后的第二年，英国和法国联合打压负债累累的埃及政府。在债券持有人和两国政府的施压下，埃及被迫接受英国和法国对其经济的控制，直到数额惊人的借款还完为止。英国政治家和外交官艾弗林·巴林（Evelyn Baring）被任命为埃及总管，负责收取债务。假以时日，巴林及其带领的行政官员们，其中大多数是英国人，定会成为埃及实际的统治者，管理埃及的政治和经济事务。

英国人和埃及人生活在完全不同的世界里——英国人对这种情况十分认同。英国历史学家艾伦·奥尔波特写道，他们抵达埃及时，"也把英国人对种族的所有看法都打包带来了。他们中的大多数人有着自己作为白人的优越感，以及白人地位至高无上、不可撼动的坚定信念。这种观念导致了他们对非欧洲人的态度——即在对方势头正旺时，他们就摆派头，拿腔拿调；而在其落魄时，他们便变得面目丑陋，趁机报复。这种令人无法容忍的粗暴行为使得迫害者和被迫害者一样难堪"。在开罗，英国人禁止大多数被英国人蔑称为"鬼佬"的埃及人进入他们开设的俱乐部以及其他社交聚会场所，比如结基拉体育俱乐部、赛马俱乐部和谢菲尔德酒店等等，英国人空暇时间大多在这些地方消遣娱乐或休息。

巴林确信埃及人没有能力自治，因此他决定让埃及人留在自己应该存在的位置。他并没有通过资助或补贴埃及本就为数不多的小学来扩大他们的教育机会，反而下令提高这些学校的学费，以减少入学人数，从而确保只有数量有限的学生能够升入中学或高等教育机构。埃及人抱怨他们得不到好的工作，其实很大程度上是因为他们受教育的机会有限。这位埃及总管担心受过教育的工人阶级会站起来反抗英国和法国的统治，因此对于埃及人的抗议置之不理。他还特别坚决地要求埃及女性绝不可得到任何独立自主和出人头地的机会。

巴林的担心其实是有根据的。事实上，英国接管埃及后不久，埃及军队内部就开始酝酿着叛乱的气息。1882年春天，一名埃及陆军上校领导了由数千名军官和士兵组成的起义军发动叛乱。他们试图废黜当时的埃及统治者——穆罕默德·阿里的曾孙陶菲克帕夏，并结束英国和法国对埃及的控制和影响。

陶菲克帕夏呼吁统治奥斯曼帝国的苏丹阿布杜勒·哈米德二世帮助平息叛乱。但苏丹不愿出兵对付反对外国殖民统治的穆斯林同胞，因此拒绝了陶菲克帕夏，这便为英国干预打开了大门。在亚历山大港街头爆发暴力叛乱后，英国舰队轰炸了这座海滨城市，英国军队将激烈的抵抗镇压下去，然后占领了亚历山大港。在这场战斗中伤亡的埃及人达数千名。为了展示武力，以示震慑，英国军队随后在亚历山大港、开罗和埃及其他人口密集的中心地区街道上游行，然后返回军营。

亚历山大港暴力事件发生后，英国人创立了一个后来被称为"含蓄保护"的措施，形式上给予埃及人有限的独立，但实际上却对这个国家严加控制。根据这一措施，埃及理应有权控制自己的国内事务，而英国则保留了对国防、外交和通信安全等方面的控制权。然而，埃及人很清楚，即使在他们理应拥有权力的范畴内，如果与英国出现利益冲突，都会以埃及的失败而告终。

1914年"一战"开始时，英国发现自己即将与奥斯曼帝国开战。而严格说来，埃及仍是奥斯曼帝国的一部分。于是英国以此为借口，放弃了给予埃及有限独立的伪装，宣布埃及正式成为英国的保护国。但战争结束后，埃及民族主义者于1919年再次发动了起义。英国当局对此感到很意外，随即采取了之前策略的变体，即用英埃盟约方式取代了保护国政策。该盟约同意埃及作为一个君主立宪制国家实现独立。然而，这里同样存在一个重大问题：英国将保留在埃及驻军的权力，以及任命政府各部门顾问和常任官员的权力。换言之，埃及只拥有名义上的自决权。

尽管如此，埃及还是在1922年2月28日大张旗鼓地宣布独立。两周后，穆罕默德·阿里的另一个曾孙、陶菲克帕夏的兄弟苏丹福阿德成为埃及国王福阿德一世（Fuad Ⅰ），并任命了新首相。但政府的公务人员和军队的高层仍由英国人主导，英国人也继续控制着埃及的银行系统和商界。

然而，尽管英国在埃及拥有强大的权力，但他们并非将一切都尽数控制。英国人在政府和经济上占据主导作用，但法国在其他领域，尤其是文化、新闻、医学和教育领域仍占据着不可动摇的地位。虽然拿破仑在埃及的军事远征以失败告终，但这次军事远征为源源不断涌入埃及的法国各类专业人士打开了大门。这些人当中，除了探险家和考古学家，还包括医务人员、建筑师、律师、工程师和教育工作者。19世纪初,穆罕默德·阿里授权一位名叫安托万·克洛特的法国医生,按照法国的体制改革埃及的医疗系统。1836年,克洛特受命负责全国的医疗保健工作。

法国天主教传教士们则创办了许多私立学校。从1844年起,这些学校向埃及学生开放。法语成为埃及知识分子、政府、商界和文化界人士以及埃及其他精英阶层的通用语。正如一位埃及学家所说:"说法语就是将开罗视为家,将巴黎视为世界的中心。"法国喜剧团和巴黎歌剧院经常访问开罗,埃及的富人们更喜欢法国风格的服装、家具和其他生活用品。

当然,正如法国人一个多世纪以来一直所做的那样,他们仍控制着埃及的考古领域。法国人不仅监督埃及所有的文物发掘工作,也监管着挖掘出的宝藏。埃及的两个主要文化机构——文物局和埃及博物馆,依然由法国人领导,里面的专业工作人员也都是法国人,只有一个人例外。

1886年,应埃及政府的要求,当时的文物局局长欧仁·格雷博极为不情愿地同意聘请一位名叫艾哈迈德·卡迈勒(Ahmad Kamal)的年轻埃及人担任文物局的助理局长。会说法语的卡迈勒曾在博物馆担任翻译,是第一位在这个精英领域获得专业职位的埃及人。

格雷博和他的继任者们坚持在文物领域不用埃及人。在卡迈勒在文物局工作的二十八年里,他多次得到提拔。尽管他一再恳求,他的法国上司始终拒绝考虑培训或任命更多的埃及同胞从事文物工作。1914年,在又一次发出同样的呼吁之后,时任文物局局长皮埃尔·拉考反驳说,除了卡迈勒,没有一个埃及人表现出对这个专业领域的兴趣。"啊,拉考先生,"卡迈勒悲伤地回答,"在你们法国人领导文物局的六十五年里，你给我们机会了吗？"

直到 20 世纪 20 年代初，埃及人才有机会接受埃及学的教育和培训，成为专业的埃及学家。

1880 年，法国政府进一步加强了对埃及考古领域的控制，并成立了法国东方考古研究所。这是在埃及成立的第一个欧洲考古类机构。IFAO 的成立实现了 1789 年随拿破仑远征军一同而来的学者们的梦想：在埃及建立一个永久的前哨基地，使法国科学家们可以致力于对尼罗河流域展开研究，并且为卢浮宫和该国其他博物馆获取更多的文物。

在研究所建立的最初几年里，研究人员大部分时间都在复制和印刻陵墓、神庙和其他著名遗址（如帝王谷）里发现的象形文字铭文。直到 1899 年冬，他们才开始第一次文物发掘行动。

IFAO 在开罗的大本营设在穆尼拉宫（Mounira Palace），该宫殿是以奥斯曼帝国苏丹的女儿穆尼拉公主的名字命名的。1854 年，穆尼拉公主嫁给当时埃及统治者的儿子后，被赐予了这座宫殿。这座豪华的宫殿有庄严气派的楼梯、高耸的门厅、郁郁葱葱的花园和草坪，作为开罗顶尖文化机构的所在地再适合不过。法国文化界和知识分子中的精英们在此举办各式各样、五光十色的派对，与来自世界各地的来访者相谈甚欢。

毫不奇怪，IFAO 也是男性特权的堡垒，正如德罗什所说，这里是一个"充满嫉妒的封闭环境，只有年轻男性才受欢迎"。这个机构也因明显缺乏合作精神而闻名。20 世纪 20 年代末，雄心勃勃的年轻埃及学家之间关系紧张，内讧不断，以至于法国政府不得不决定任命皮埃尔·茹盖取代身为埃及学家的现任研究所所长。

皮埃尔·茹盖是一位备受尊敬的希腊学家，其专长是研究古希腊文明对埃及的影响。

1927年茹盖抵达研究所，他对研究所的考古学家，特别是那些获得奖学金的年轻人所受到的优厚待遇感到震惊。除了数额可观的津贴外，他们几乎不用承担所有的花销，包括在穆尼拉宫的住宿。在这些人中，有一种等级特权和十分排外的感觉，令茹盖觉得很反感。

十一年后，该研究所里仍笼罩着傲慢和自负的气氛。德罗什成为该研究所第一位女性研究员时，明显地感受到这一点。德罗什回忆说，她的入选"在我的老同事和未来的同事中引起了轩然大波，觉得是奇耻大辱"。事实上，在德罗什来到研究所之前，其他的研究员们早早就组成了一个反对她的阴谋小团体，并强烈呼吁茹盖撤销对她的任命。德罗什说，他们坚持认为"一个女人永远不可能成为神圣的埃及学家。一个女人不可能住在文物挖掘现场——那里的生活和工作条件很艰苦，女人肯定受不了"。而事实却是，他们不愿意让一个女人成为他们这个精英圈子里的一员。他们无法忍受有女人跟他们一起工作，无论在开罗的研究所还是在野外考古时。多年后，德罗什得出的结论是，他们强烈反对她在研究所里工作，因为他们担心她在研究所待了三年之后，会在法国的埃及学界得到一个稀缺的职位，而这也是他们激烈竞争和抢夺的目标。

茹盖告诉他们，德罗什的职位是由法国政府任命的，他无权干预，也不会插手。他们坚决不允许德罗什与他们同住在穆尼拉宫里。"先生们，你们害怕什么？"愈发恼火的茹盖厉声说道，"德罗什小姐又不会强奸你们。"有人站出来抗议说："我们再也不能穿着睡衣去吃早饭了。她的存在会让我们头疼不已。你必须把她安置在旅馆里。"

茹盖断然拒绝了这个提议,他告诉抗议者,即使有人要去住旅馆,也是他们这些男人去住。茹盖把这一切告诉了德罗什。后来她回忆说:"我立刻就说,我绝不会住在居民区里,一天都不会。"最终,茹盖把她安置在研究所图书馆旁边的一个公寓里,"由于这些先生们不愿意和我一起吃饭,我就把我的饭拿走自己吃了。"

与此同时,她把她的男同事们抗议的事情告诉了一向喜欢八卦、"像喜鹊一样叽叽喳喳"的艾蒂安·德里奥东。她说:"当然,他很快就把这件事告诉了其他人",包括埃及博物馆的法国馆长,这位馆长又把这件事传了出去。"很快,整个圈子都知道发生了什么,所以从那时起,每当这些绅士们被邀请参加聚会或晚宴时,总会有人嘲笑他们,问他们为什么我使得他们如此害怕?他们最终派了几个代表来找我,恳请我去公共餐厅跟他们一起吃饭。但我仍待在我的公寓里,邀请我想请的人在我那里共进午餐或晚餐。"

茹盖决心给德罗什一个机会,让她作为第一位被正式指派进行文物发掘的法国女性以证明自己。茹盖决定把她派到埃及尼罗河西岸的埃德夫参与一个特别艰巨的发掘项目。埃德夫是位于开罗以南约五百英里的一个偏远地区。茹盖提醒她,埃德夫的工作和生活条件十分艰苦,但如果她能够克服这些困难,并在那里证明自己,她就会一举成功。德罗什迫不及待地接受了挑战。

就在德罗什闯入了 IFAO 这个之前全部是男性的圣地时,另一位年轻的局外人闯入了埃及的另一个排他性堡垒。在那之前,这个堡垒一直对像他这样的人关闭。二十岁的贾迈勒·阿卜杜勒·纳赛尔(Gamal Abdel Nasser)能够进入这个堡垒,是受益于英国在

1922年给予埃及所谓的独立时做出的一项让步：允许埃及武装部队大规模扩张。作为发展武装力量的一部分，埃及皇家军事学院向来自各个社会阶层的年轻人敞开了大门。在此之前，该学院一直从埃及上层阶级中选拔学员。新学员中有纳赛尔和他的朋友安瓦尔·萨达特（Anwar Sadat），他们两人都来自相对贫穷、默默无闻，没有任何势力和影响力的家庭。

和德罗什一样，纳赛尔决心抓住时机，证明自己。二十年后，他们两人的人生轨迹有了交点，两人的交集对双方都产生了重大影响。

第六章

『幸运女神再次对我展露笑颜』

从开罗到埃德夫的这一路上可不轻松：首先得坐夜班火车从开罗到卢克索，然后乘坐另一列火车继续向南到达埃德夫车站，再乘船穿过尼罗河到达小镇的左岸。经过超过十二个小时的旅程，克里斯蒂亚娜·德罗什终于第一次远远地看到了她要去的文物挖掘现场。眼前的景象令人惊叹，与她在帝王谷或埃及其他考古遗址看到的截然不同。

埃德夫拥有四千多年的历史，自古就是一个重要的集镇，从那高耸的巨大土堆就能想象出这里曾经的繁盛。这片土丘建筑遗址有七十多英尺高，约四分之一英里长，五百英尺宽，大约有十五个足球场那么大。

这个土丘被考古学家称为"tell"[1]。它就像一个巨大的分层蛋糕，每一层都是由埃德夫历史上某个时代的废墟组成。底层大多是法老时期的遗迹，跨越了从公元前 2200 年至前 600 年的十五个世纪；再往上一层则证明了埃及帝国的衰落和结束，以及后来的两千年被外国侵略和占领的历史。波斯人是第一批征服者，统治埃及一直到公元前 4 世纪。接着是亚历山大大帝，他在公元前 332 年打败了埃及，建立了由希腊统治的政权，然而这些希腊人很快就被埃及人同化。

九年后，亚历山大大帝去世，享年 32 岁。他的一位希腊将军托勒密声称埃及是他的王国，并建立了世袭政权。托勒密和他的后代统治了埃及 275 年——从公元前 305 年至前 30 年。这个王朝的最后一位（也是最著名的一位）统治者是埃及艳后克利奥帕特拉七世（Cleopatra Ⅶ），她是尤利乌斯·恺撒（Julius Caesar）和

1　古代村落遗址历代堆积而成的台形土石堆。——译者注

马克·安东尼（Mark Antony）的情人。公元前30年，当罗马皇帝屋大维的军队击垮了埃及军队，并控制了埃及之时，这位埃及艳后走投无路自杀了。

托勒密时代的建筑废墟位于埃德夫土石堆的顶端附近，不过它上面还有几层——罗马和拜占庭时期的遗迹。拜占庭帝国从其首都君士坦丁堡建立开始，于公元4世纪从罗马人手里接管埃及建立统治，直到7世纪时阿拉伯人将埃及征服。

对于像德罗什这样才华横溢的年轻考古学家来说，作为她亲身参与的第一个文物发掘项目，埃德夫迷人且富有挑战。这也是皮埃尔·茹盖派她来这里的主要原因。但可能还有另一个原因：负责挖掘工作的考古学家不是法国人，因此他毫不犹豫地派一个女子给这位负责人帮忙。从1938年开始，IFAO聘请了一个合作伙伴——波兰华沙大学——与其合作共同进行埃德夫遗址的挖掘工作。此次携手是法国和波兰在地中海地区的首次考古合作。而领导这项工作的是卡兹米尔斯·米哈沃夫斯基（Kazimierz Michałowski），此人年仅三十七岁就已经成为众所公认的波兰杰出考古学家。在波兰，他被认为是波兰本国埃及学的开山鼻祖。

米哈沃夫斯基与茹盖是亲密的好友，他跟茹盖一样也系统地学习过希腊学，专门研究古希腊的语言和文化。他在柏林、海德堡、巴黎、罗马和雅典等大学进修过，还参与了由法国领导的对德尔斐、塔索斯和德洛斯等古希腊遗址的发掘工作。1931年，他建立了华沙大学古典考古学，此后开始专注于研究希腊在埃及的数百年历史。

德罗什立刻感觉到自己与这个高个子、深色头发的米哈沃夫斯基一见如故，十分投缘。米哈沃夫斯基留着潇洒的胡子，法语也说得很好，尽管带着浓重的波兰口音。她回忆说，米哈沃夫斯基是一位完美的绅士——是一位"有派头的贵族"，对她礼遇有加。与此同时，他还有一种调皮的幽默感，喜欢跟她和团队里的其他人开玩笑，搞恶作剧。

几个世纪以来，波兰男性一直以自己的魅力和对女性的彬彬有礼、骑士风度而自豪，因此米哈沃夫斯基以及埃德夫项目团队中的其他波兰人也不例外。德罗什不仅被他们在考古方面的能力所折服，也被他们的热情和冲劲而感染。"他们接受了我作为他们中的一员，"她说，"我们相处得非常好。"

德罗什于当年挖掘季一开始就乘船赶到了文物发掘现场，驳船从开罗沿尼罗河而上，船上还载满了给团队的食物和补给。大约四十名工人将驳船上的物品卸下之后，第一项任务就是帮助团队在挖掘现场附近的营地搭建小型军用帆布帐篷，供团队成员居住。德罗什搭好了自己的帐篷，然后把蚊帐架在自己的铁床外面，并小心翼翼地把床脚放进盛了水的杯子里，以防止蝎子以及其他有毒生物和害虫顺着床腿爬上床来。同事们还提醒她要密切注意眼镜蛇和其他致命的毒蛇，因为这些动物经常顺着帐篷底下的缝隙钻进来。

她的其他家具包括一把木椅、一张用来当办公桌的小桌子和一个三脚架，上面放着水盆和水罐。营地里没有电，也没有自来水，所用的水均来自附近的一口井。晚上，德罗什跟其他人一样，使用汽油灯，但是灯燃烧时总会产生烟雾在帐篷里缭绕，让她很难在里面阅读或写作。

德罗什到来后不久，就发现自己每天工作竟达十五个小时。作为团队的初级成员，她除了发掘工作之外，还被分配了许多其他的任务，监督厨房就是其中之一。除了点餐和制定菜单之外，她还得时刻管着营地里招来的性格顽固的埃及厨师。这位厨师的厨艺不怎么样，个人卫生却有问题。"我一直求着他洗个澡，"她写道，"当我看见他为我们准备的各种吃食时，我开始教他到底该怎么做饭。"

每天一大早，德罗什去挖掘之前，就把当天的食材摆好。到吃午饭和晚饭的时候，她通常都是在忙着监督厨师，教他如何做饭，所以她永远都是最后一个吃上饭的人。她向厨师演示如何做各种法国菜，当厨师学会了做慕斯酱（类似于荷兰酱），并搭配上在尼罗河里捕获的鱼一起食用时，德罗什简直激动不已。

尽管厨师的厨艺有所提高，德罗什还面临着另一个令人头疼的问题——制定菜单——她称其为"一个真正的难题"。团队中的"一名成员是素食主义者，有一个人不吃鱼，还有一个人不吃带盐的东西，还有一个人讨厌吃奶酪。要知道此时他们身处沙漠的边缘，食材本就短缺，还得满足每个人口味上的要求，这真是难上加难"。

在监督厨房的同时，德罗什还兼任团队的护理员。她被安排负责营地的临时医务室。她以弗朗索瓦丝·布吕耶尔为榜样，为在工作中受伤或生病的同事和埃及工人们进行治疗和护理。正如她在代尔麦地那时所亲身经历的那样，这是一项至关重要的任务。在埃及工作伴随着一系列健康上的风险，很容易患上各种疾病，轻微的如胃肠道不适，重一些的疾病如痢疾、肝炎、伤寒、白蛉热和疟疾等。另外割伤、动物咬伤或抓伤等都很容易感染。同样常见的还有扭伤、骨折以及其他因在挖掘现场爬上爬下而受到的外伤。

被蝎子和蛇咬伤是另一个令人担忧的隐患。埃德夫有很多眼镜蛇，这些蛇十分致命。德罗什准备了大量的血清来清除蛇毒，因为被蛇咬伤的情况时有发生。用德罗什的话说，她给人注射血清的技能"相当专业"。

与弗朗索瓦丝·布吕耶尔一样，德罗什也经常遇到并非来自挖掘现场的埃及人来找她治疗。这些人来自埃德夫土石堆北面的一个村庄。一天中午过后，在进行挖掘工作时，德罗什发现在她监督下的埃及工人们都停下了手里的活，正盯着从北边朝他们而来的一群人。当那群人逐渐走近时，她看到几个村民抬着一个已经昏迷的男人，而另一位村民手上高举着一条死了的眼镜蛇。那条蛇几乎有五英尺长，头被砸碎了。

这位村民被蛇咬伤了。德罗什从那些紧张又焦急的村民那里了解到具体情况，知道她只有几分钟的时间进行救治，否则这个男人就会毒发身亡。她示意村民们跟着她走，向大约四分之一英里外的营地赶去，那群人紧紧地跟随在她身后。德罗什到达医务室的帐篷后，立刻将注射器里装满眼镜蛇血清，并在这名男子身上的三个不同位置进行注射，但对方仍然没有任何反应。德罗什绝望的情绪越来越强烈，她回忆起父亲告诉她的一个故事。她父亲的祖父是克里米亚战争时期的一名法国军官，他的一名战友生命垂危，于是他给这位垂死的战友喝了半瓶酒，并强迫他跑了几分钟，终于把他从死亡线上救了回来。她不知道这种非常规治疗方法是否对这位奄奄一息的村民有效，但她心中的答案显而易见：试一试又有何不可呢？死马当活马医吧。于是她将半瓶尊尼获加威士忌倒进病人的喉咙里，并让他的两名同乡架着他跑。他跑了几英尺然后就倒下了。

听到营地里的骚动，米哈沃夫斯基立刻离开了挖掘区，匆忙赶回来了解情况。听了德罗什的解释,这位项目负责人勃然大怒。后来德罗什回忆说:"他那样子就好像觉得我简直是疯了。"那人都病入膏肓了,即使救他也晚了,米哈沃夫斯基大喊道。她应该放手不管,让那人平静地死去就好了。可现在麻烦了,她一插手,村里的人会把那人的死归咎于德罗什和整个挖掘团队的人。更不用说那个被毒蛇咬伤的男人是个穆斯林,从教义上来说是禁止饮酒的。

在接下来的两天里,德罗什不顾疲劳和绝望,一直照看着那个被毒蛇咬伤的男人。尽管他家里的女人们围着帐篷声嘶力竭地不停哀号,但男人仍然吊着口气,顽强地活着。就在德罗什快要放弃希望的时候,那个男人突然从昏睡中醒了过来,"简直就像奇迹一般",而且没过几天,他就完全康复了。在回去之前,男人告诉德罗什,在痛苦的折磨和煎熬中,包括被灌了一肚子威士忌的那一刻,他一直都处于半昏迷状态,但还是有些意识的。他紧紧抓住德罗什的手,大声喊道:"真是太美妙了!愿安拉原谅我,但如果能再喝一口威士忌,我宁愿被蛇咬。"德罗什听了哈哈大笑起来,他和周围的人也笑了。随着病人的康复,德罗什也从营地里的无名小卒变成了英雄。

在德罗什的一生中,她总是因为自己的性别而不得不提防各种针对她的明枪暗箭。但她在埃德夫兼职厨房监督和护士时——当然这些都是人们刻板印象中的女性角色——却从未受到过性别带来的困扰。事实上,她为自己出色的表现而感到自豪。也许她心中没有一丝怨气和不满,是因为她对整个团队的照顾令米哈沃夫斯基和他的波兰同事们十分感激。"一开始,他们把我当成小妹妹看待，后来我成了照顾他们的妈妈。"德罗什回忆道。并且她记得米哈沃夫斯基时不时地对她说："要是没有你，我们可怎么办啊！"在那段时间里，德罗什自己却从没生过病或者受过伤，反而总是一次次被要求"治疗我的男同事，显然他们的体质比我弱"。

米哈沃夫斯基从一开始就明确表示，他对德罗什这名考古学者非常看重，这无疑是对她的极大帮助和支持。德罗什到达挖掘现场后不久，米哈沃夫斯基就告诉她，他需要她的帮助。作为古希腊和古罗马方面的专家，米哈沃夫斯基和他的团队中其他的波兰人主要负责土堆上层的挖掘工作，因为上层部分包含希腊、罗马和拜占庭时代的遗迹。而德罗什和她的法国同事们则主要在土堆靠近基底的部分进行挖掘，因为那里是法老时期的废墟，而米哈沃夫斯基对法老时期的文物知之甚少。他渐渐发现，由于德罗什有在卢浮宫工作的经验，对于出土的古埃及文物，她比挖掘现场的任何人都更加了解，因此他便将法老时期出土的所有文物都交由德罗什负责。

德罗什自己也承认，这项工作正中她下怀。"其他一些埃及学家对古埃及文物的了解主要来源于书本，而我与他们不同，我曾经在卢浮宫清点过马里耶特等人从古埃及遗址带回来的文物，因此我对古埃及的日常物品有过实际的接触和亲身体验。"每天晚饭后，她都会花上几个小时仔细检查和拍摄当天出土的文物，然后把它们一一编目记录在她的日常挖掘日记中，就像贝尔纳·布吕耶尔在代尔麦地那教她做的那样。

在进行挖掘的那段时间里，她每天天还没亮就起床了，先是摸着黑准备早餐，然后在早上 5:30 之前到达指定的挖掘现场，为当天的工作做好准备。团队中的每个专业人士都有自己的工头和工人。这些工头和工人们在考古学家的监督下动手挖掘。在德罗什负责的现场,挖掘工作进展得十分缓慢,且非常谨慎:因为项目负责人警告她不要挖得太深,否则会破坏整个土堆遗址的稳定。

挖掘文物这项工作本就需要精心细致,十分复杂而困难,可无处不在的扬尘却使得挖掘工作难上加难。如烟似雾的扬尘足有六英尺多高,只要挖掘现场有任何动静,都会搅起一阵尘埃。这种颗粒细小的尘埃是由一种叫作"sebakh"[1]的泥砖经过许多个世纪的腐蚀和分解而成的,它们聚集起来形成巨大的尘埃云团,仿若一层厚厚的灰色面纱,笼罩着在挖掘现场的每一个人。满身灰尘的德罗什和她的同事们离开挖掘现场去吃午饭时,他们一个个看上去就像恐怖电影里的僵尸。因此,他们需要轮流在营地的两个大镀锌铁桶里洗个澡,然后才去吃饭。每天挖掘工作结束之后,吃晚饭前,他们也同样先去洗澡。

在埃德夫的整个工作期间,德罗什一直谨记她从布吕耶尔夫妇和雅罗斯拉夫·切尔尼那里学到的东西。对她来说,最重要的事情之一就是去熟悉和了解与她一起共事的埃及工人,并对他们以礼相待,尊重对方,不要像她认识的其他法国埃及学家那样,"对埃及工人颐指气使,态度恶劣,把那些工人视如草芥"。

作为一名遭受过同行同样对待的女性,德罗什绝对不会以那些傲慢自大的人为榜样。在埃德夫,她努力学习阿拉伯语,以便能够直接与工人们交流。尽管她自己也承认,她一开始的时候虽然很努力地学,但并没有什么成效。在她职业生涯的后期,她讲

---

[1] sebakh是一种古代建筑的泥砖,因被视为一种宝贵的肥料而遭到大量掠夺。——译者注

述了一个故事,她让工人给她拿一把小刀,她要用小刀在木桩顶部切一个缺口,然后在缺口处插上一张卡片,上面标注上新发现的位置。至少,她是这么想的。可工头却一脸疑惑地看着她。于是德罗什态度更坚决地重复她的要求,工头点了点头,转过身朝四名工人大声地发号施令。那四个人立即冲向大约四分之一英里外的营地。德罗什越想越气恼,完全搞不懂工头是不是"脑子迷糊了,找个小刀而已,竟然派了四个人去"。于是她埋怨起工头来,但工头一再"热情地"向她保证,她要的东西很快就能给找来。

最后,在工头大声的催促下,那四名男子跑了回来,抬着营地的一个便携式帆布帐篷厕所,然后小心翼翼地放在德罗什面前。德罗什盯着移动厕所看了一阵,然后哈哈大笑,笑得直流眼泪,那几个埃及人也明白了是怎么回事,也跟着捧腹大笑。在一阵灰蒙蒙的扬尘中,德罗什画了一个小刀的象形文字。"啊,"工头说,"你的意思是 sekkini 啊。"那一天,德罗什说:"我又学会了两个阿拉伯词——厕所和小刀。"

工人们每天上午休息时,经常邀请德罗什和他们一起品尝他们带来的家常小吃,比如洋葱、煮熟的鸡蛋、奶酪和面包等。"埃及人都十分慷慨好客,"德罗什后来回忆说,"即使一群穷人在一起,他们也会平等共享食物以及其他资源,所以没有人会因缺衣少食,活不下去"。德罗什与手底下的埃及工人以及其他埃及人打交道的同时,也被埃及人热情合群、率性洒脱和幽默风趣的品质所吸引。

随着德罗什的阿拉伯语水平不断提高,她能更好地理解工人们在说什么。她喜欢在休息的时候听工人们之间的对话,也喜欢在工作时听他们吟诵圣歌。这些圣歌"帮助他们保持挖掘的节奏",她说:"但也被用作相互交流的一种方式,他们可以借此传递信息,告诉对方村子里的近况，以及在挖掘过程中发生的一些事情。我曾经听到一个工人对其他人喊道：'瞧，厨师来了，正朝那位女士走过去呢。他是忘了午饭要做什么了吗？'"

在挖掘季临近结束时，德罗什受邀参加一名埃及工人的婚礼。她看着结婚仪式的举行，特别是当看到亲朋好友们排成长长的队伍向新婚夫妇赠送礼物时，她突然感到震惊不已，因为这一幕跟代尔麦地那郊外祭庙墙面壁画上的场景几乎一模一样，后来她在书中写道："都是相同的姿态，相同的神情，传承了一代又一代，跨越了数千年，竟然几乎没有什么变化。"

在埃德夫的时光漫长又艰苦，工作和生活条件也很简陋——这还是委婉的说法。但德罗什在这里感觉完全像是在家一样。她与参与挖掘工作的所有人都关系融洽，亲如一家，只有一个人例外：一位年轻的法国同事，和她一样是 IFAO 的常驻研究员，已经在埃德夫遗址工作了两年。

德罗什和这位法国同事总是意见不合，争论不休，主要是在政治问题上。对方是法国一个极右翼反民主团体的成员，而德罗什则坚决地拥护人民阵线。两人之间总是爆发激烈的对抗，最厉害的一次差点儿动起手来。那一次争吵导火索是德雷福斯事件，这是一场有关政治和刑事司法制度的丑闻，震惊了 19 世纪末的法国，并在此后的几十年里持续发酵，使得整个国家四分五裂。事件涉及了一位名叫阿尔弗雷德·德雷福斯的犹太陆军上尉，他被诬告向德国人传递军事机密，并被判刑。虽然最终德雷福斯被证明是清白的，但军方和其他右翼团体中的许多人仍持不同意见，认为他有罪，当然也包括德罗什的这位同事，他始终坚持德雷福斯是叛国者。

但最让德罗什受不了的是这位同事总是不断地抱怨，几乎对所有事情都不满，包括他在埃德夫的两年里考古工作没有任何重大发现。而相比之下，德罗什初到埃德夫刚刚几个月，就有了两次重大发现。第一次是在一个墓穴中，挖掘到了一群年轻裸体女子的小雕像，女子的头发上戴着奢华的装饰物，被埃及学者们称为"死者的妃子"。按照德罗什的说法，这群女子被安置在男人的墓穴里，"这样一来，这些主子们还可以在来生有些乐子"。正如德罗什后来所发现的那样，古埃及人这样做不单纯是为了享乐，目的更为复杂。这些女子是旺盛生育力的象征，她们会保佑墓葬主人顺利重生，并在来世子嗣繁茂。此次发现后不久，德罗什和她带领的团队又发现了一个精致小巧的浅浮雕碎片，上面雕刻着托勒密时代一位年轻美丽女神的侧脸。女神身穿精美华丽的刺绣长袍，头戴精雕细琢的假发，胸前戴着珠宝项链，脸上带着神秘的微笑。

德罗什的法国同事不仅对德罗什的成功感到嫉妒，也对她在挖掘现场的出色表现感到气愤。于是这位同事要求米哈沃夫斯基准许他跟德罗什互换挖掘地点。当波兰人向她提出这个请求时，神情明显很尴尬。他恳求德罗什能宽容大度地体谅同事一下，他说："克里斯蒂亚娜，你就算可怜他吧。这家伙也挺倒霉的，来这儿两年了，什么成果也没有。"多年以后，德罗什回忆起这件事说道："我知道要换作是别人，肯定会拒绝，但米哈沃夫斯基说服了我。翌日早上，我和我的同事就交换了挖掘场地，他去了我那儿，而我去了他那儿。结果幸运女神再次对我展露笑颜。"

她的新挖掘场地附近是公元前2200年古埃及政府最高大臣伊

兹（Izi）的陵墓。伊兹死后被尊为"永生神"。伊兹的陵墓建在地上，是一座由泥砖砌成的平顶矩形结构——在法老统治早期，埃及地位显赫之人的墓室通常都采用这种风格。埃及学家将这种墓室结构称为"玛斯塔巴"（mastabas）[1]，其造型跟阿拉伯村庄房屋前常见的长椅很相似。

伊兹的陵墓在他死后变成了一个祭拜之地，在此之前许多考古学家已经对这座陵墓周围进行了详细而彻底的探索，并且一致认为，这里已经没什么可探寻的了。尽管如此，德罗什还是继续在附近进行挖掘，她希望哪怕在这片区域找到一块石碑也好——一块刻有象形文字的竖向石碑，或者找到其他一些能引起她兴趣的小物件也行。

经过几天徒劳无功的挖掘之后，一天晌午，她的工人发现了一个石阶。德罗什激动地屏住了呼吸，在接下来一个多小时的挖掘过程中，大家一言不发。后来他们又清理出了几级台阶，他们沿着台阶一直走到一扇门前。发现一座从未被染指过的陵墓是每个埃及学家的梦想，但真正实现梦想的人寥寥无几。因为大多数法老和古埃及贵族的坟墓已惨遭劫掠，有些甚至在他们死后没几年，陵墓就被洗劫了。这就是为什么图坦卡蒙完整的陵墓被发现能如此轰动，引人注目。德罗什从不敢奢望自己能像霍华德·卡特等人一样成为极少数幸运儿中的一员。

但事实上，她真的被幸运女神选中了。她和她的团队发现的这座墓穴完好无损。当他们强行把墓室门打开时，甚至可以在地上看到三千多年前封门的工人或神职人员留下的脚印。德罗什后

1　玛斯塔巴这个词在古埃及语中的意思是"永恒之屋"或"稳定之屋"。——译者注

来回忆说:"那一幕我永生难忘。"

事实证明,这座陵墓是维齐尔伊兹的妻子赛西西特(Sechséchet)夫人的陵墓。她的石棺周围摆放着形形色色、种类丰富的纯金制品、珠宝,以及用雪花石膏、铜和方解石制成的各种物品,其中有花瓶、油灯、盛放香水的杯子、上釉的赤陶餐具、食物以及葡萄酒罐等等。最重要的是,竟然还有剃须刀片,几乎比现代人使用的大不了多少。在工人们的帮助下,德罗什仔细地对墓地的各种物品进行拍摄、绘图和测量,然后把它们包裹起来放进篮子里。

日落前,德罗什和她的工人们将宝库里的大部分物件清理完毕,然后带着他们发现的宝藏返回营地。后来,她回忆说:"我看到工人们排成一条长队,列队走过,手里拿着无数珍品。那种欣喜之情真是无法形容。"米哈沃夫斯基和其他大多数同事都对德罗什大加赞赏。接受了大家的表扬和称赞后,德罗什便急匆匆前往营地里存放所有出土文物的木屋,如饥似渴地准备对物品进行更仔细的检查,并开始编目记录。她正赶去营地的木屋时,突然看到有两辆从埃德夫来的汽车,正朝营地驶来。她不想被来访者拦住,于是快步冲进小木屋并关上了门。

德罗什走进了小屋,身上还满是灰尘,都是下午跟工人们干活时弄上去的。她跪在地上,打开了包着文物的包裹,逐一检查物品。几分钟后,她听到米哈沃夫斯基大声说道:"陛下大驾光临,一定要来看我们的新发现。"过了一会儿,有人敲门,她的上司叫她出来。"克里斯蒂亚娜,"他说,"暹罗国王来访,要见我们。"

正全神贯注工作的德罗什突然被打扰,立刻恼羞成怒。米哈沃夫斯基怎么能在这个时候还开玩笑呢?埃德夫这么偏僻的地方,连普通游客都几乎没见过一个，更不用说皇室成员了。于是她没有理睬，继续工作。几秒钟后，门开了。米哈沃夫斯基说："陛下，如果您不介意的话，请进吧。"

德罗什急忙站起来，转过身，正要开口呵斥，突然看到面前站着一个身材矮小的亚裔男子。那人身量比她高不了多少，身后还站着几个亚洲人，此外随同而来的还有埃及官员和警察。此人的确是暹罗国王，他带着家人在埃及进行为期一周的旅行，此时正好来到了埃德夫。德罗什羞恼得脸色通红，连忙道歉，然后将当天发现的文物拿出来给这位国王及其一行人观看并进行简短的讲解。

在发现赛西西特夫人的陵墓以及国王到访后不久，埃德夫的挖掘季就结束了。对德罗什来说，她的第一次挖掘可谓是大获成功，硕果累累。她不仅向反对她的人证明了他们所说的女性受不了挖掘现场的艰苦环境是错误的，而且还向所有人展示了她的人格魅力，并且在整个挖掘季里，她是团队里取得最重大发现的人。同样重要的是，她与米哈沃夫斯基以及团队里的其他同事建立了终生的友谊。事实上，整个团队里的人都变得亲密无间，以至于离开埃德夫后，大家还约定了一起度假，乘坐桨轮汽船沿尼罗河前往苏丹。

正是在这次旅行中，德罗什第一次看到了阿布辛贝的神庙建筑群，这些神庙直接建造在俯瞰尼罗河的砂岩峭壁上。她记得，当她看到最大的神庙前四尊雄伟的巨型雕像，看着雕像直直地凝视着尼罗河时，她简直惊得目瞪口呆。这四尊雕像都坐在宝座上，每座雕像都有六十多英尺高，他们都代表着拉美西斯二世。拉美西斯二世是一位伟大的法老，而这些神庙是他于公元前13世纪中期下令建造的。

克里斯蒂亚娜·德罗什和埃德夫团队的另外两名成员在沙漠远足，1938年

在度假期间，德罗什、米哈沃夫斯基和其他同事计划来年重聚，在塞塞比遗址进行新一轮的发掘。塞塞比是埃及和苏丹边境附近的一座古镇，也是古埃及最具争议的统治者阿肯那顿法老建造的一座神庙的所在地。1939年，"二战"的爆发使得挖掘此地的计划不得不终止，不过在战争开始前，一直与德罗什保持联系的米哈沃夫斯基给了她一个大大的惊喜。

根据埃及政府的规定，所有发掘出土的文物都必须运往开罗的埃及博物馆，由那里的官员决定哪些文物留在埃及，哪些可以分给考古学家所在的国家博物馆收藏。米哈沃夫斯基要求德罗什发现的文物都由卢浮宫接收。因此，就在战争开始前，卢浮宫博物馆收到了几个板条箱，里面装有托勒密女神浮雕和赛西西特夫人墓穴中的多件文物。

战争结束后，时任卢浮宫埃及馆馆长的诺布勒古也投桃报李。米哈沃夫斯基在战前被任命为波兰国家博物馆副馆长。1939年9月，希特勒入侵波兰，他投笔从戎，与德军作战。后来他在战争中被俘，在德国的战俘营度过了六年。在那里，他通过向其他的盟军战俘讲授埃及学来消磨时间。1945年，他回到华沙。1944年华沙起义后，那里就被德国占领者摧毁殆尽。国家博物馆是损失最严重的地方之一，整个建筑损毁严重，里面几乎所有的东西都被炸毁。为了帮助博物馆的埃及馆恢复重建，德罗什为米哈沃夫斯基送去了一大批来自卢浮宫的文物，租期为九十九年。

第七章

拯救卢浮宫宝藏

1939年6月，克里斯蒂亚娜·德罗什休暑假，离开了埃及的酷热，沉浸在巴黎的蓝天白云和轻柔温暖的空气中。她刚一到巴黎，就发现这座城市美得无与伦比，栗树和梧桐树枝叶繁茂，空气中弥漫着丁香和紫藤的芬芳。

尽管天朗气清，风和日丽，但她知道这份美好就像欧洲和平的希望一样短暂。在半个大陆之外，数十万德军正在波兰边境集结。在华沙，百姓们全都在公园里挖着锯齿形的战壕，扩音器里嗡嗡作响，进行空袭警报演习。如果希特勒入侵波兰（看来很有可能），英国和法国都承诺会拿起武器保卫波兰人。当德罗什去卢浮宫看望她的那些老同事时，发现卢浮宫里一片混乱。

人们惶恐不安，一部分原因是国际形势恶化，但主要原因是战火距离法国国内越来越近。就在德罗什返回法国的前一周，法国著名艺术家安托万·华托的一幅画被盗。几天后，亨利·凡尔纳被解除了卢浮宫博物馆馆长的职务。那幅画作的丢失以一种极为尴尬的方式揭示了卢浮宫安全系统的严重缺陷。上一次博物馆出现重大失窃案是在1911年——世界名画《蒙娜丽莎》被盗（两年后被找到）。自那以后，卢浮宫一直没有加强安保措施。

被盗的华托画作是一幅穿着玫瑰色斗篷和天蓝色马裤的年轻贵族小肖像。失窃案发生在光天化日之下，当时有警卫在值守，而挂着那幅画的展厅里挤满了参观者。墙上挂着肖像的钢丝被剪断，显然小偷是把油画藏在了外套里，然后趁没有人注意，偷偷溜出了展厅。尽管当天晚些时候博物馆就发现了画作失窃，并立即展开调查，但同时卢浮宫竭力想要把事情隐瞒下来。不过一周后，巴黎的一家报社就得到了消息，将卢浮宫失窃一事曝光。

凡尔纳的继任者是他的副手雅克·若雅尔（Jacques Jaujard），

一位深色头发，穿着优雅、相貌冷峻深沉且英俊潇洒的男人。与博物馆其他所有高级管理人员不同，他在入职博物馆之前，并没有学过艺术史，也没有相关工作经验。四十三岁的若雅尔职业生涯丰富多彩，他做过保险推销员，还当过记者，后来他的职业生涯发生了戏剧性的转变，于1926年成为卢浮宫和法国其他国家博物馆的秘书长，1933年成为副馆长。

在接替凡尔纳之前，一贯以冷静、有外交手腕且注重细节而著称的若雅尔一直负责为法国的各个博物馆做战前准备工作。他已经进行过一次"演练"，即监管马德里的普拉多博物馆（Prado Museum）将500多幅绘画作品进行转移，以确保这些画作在20世纪30年代中后期西班牙内战期间免受空袭的破坏。普拉多博物馆里收藏着许多珍贵绘画作品，包括戈雅、格列柯、委拉斯开兹、提香和鲁本斯等名家之作。这些画作于1939年2月途经法国，被运到日内瓦国际联盟总部附近的某个地方存放起来。

从20世纪30年代中期开始，若雅尔便确信法国和英国对日益嚣张、咄咄逼人的希特勒所施行的绥靖政策不会成功。到了1938年，他便笃定战争已不可避免，并开始为卢浮宫主要艺术作品的撤离和转移做准备。同年9月，慕尼黑协议达成后不久，他下令将博物馆里一些最为珍贵的稀世名作装箱打包，随时准备用木箱运走。

当英国首相内维尔·张伯伦和法国总理爱德华·达拉第同意将捷克斯洛伐克大部分地区移交给希特勒，然后便从慕尼黑返回时，人们普遍认为战争不会发生，和平将继续得以维持。但若雅尔对此并不认同。他告诉博物馆的工作人员所有装箱打包的物品都不要打开，并加强了博物馆为战争做准备的工作力度，比如订购了数百个板条箱、更新文物撤离的优先顺序和疏散路线、研究如何包装和运输大型绘画和雕塑作品，并多次进行演练。

1939年8月初，德罗什陪同父母前往法国东部靠近瑞士边境的萨瓦度假，她母亲的家人住在那里。月底，她收到了若雅尔发来的电报，敦促她立即返回卢浮宫。德国刚刚与苏联签署了一项互不侵犯条约，为希特勒随时入侵波兰扫清了道路。

8月25日下午，德罗什骑着自行车刚一进入卢浮宫的庭院，就看到工人们在博物馆旁边的杜乐丽花园挖战壕，以保护户外的那些雕塑，而其他人则在博物馆的许多窗户前堆放沙袋。一进入博物馆，她就加入了一支由博物馆员工和征召来的新人组成的小队，等待被分配任务。

由于巴黎的大多数年轻人都参军入伍了，若雅尔很难召集到足够的人手来进行他心中计划的大规模撤离行动。博物馆警卫，甚至包括那些在"一战"中受了伤的人、展馆负责人、博物馆技术人员、其他工作人员、艺术生以及博物馆外的平民都被若雅尔征召起来参加文物撤离准备工作，其中还包括专业的搬运工和数十名从巴黎最大的几家百货公司借来的员工。

那天下午五点，警卫们将当天最后一批参观者带出卢浮宫，并锁上了大门。片刻之后，德罗什和数百名其他工作人员开始行动，从墙壁、基座和展示柜里将成千上万的绘画、雕塑、古董和艺术品搬走。由于这次行动是最高机密，因此当晚若雅尔禁止大家使用灯光，以避免让路人看到博物馆里面发生了不同寻常的事情。对于工人来说，只要有个小的手提灯，有点儿光亮就够了，哪怕光线昏暗点儿也无妨。

雅克·若雅尔，1945 年

德罗什被分配的任务是负责监督工人包装物品，以及给埃及馆的雕塑《书吏坐像》和数百件其他价值连城的文物打包，其中许多文物是 19 世纪初让－弗朗索瓦·商博良从埃及带来的，多年来一直在卢浮宫展馆展出。除此以外，木箱里也装有其他埃及珍品——总共 389 个箱子——其中包括许多新发掘的文物，比如德罗什在埃德夫的赛西西特夫人墓穴中发现的物品。

幸好有若雅尔和他手底下人的精心筹划，为期三天的大规模撤离工作顺利完成。即便是卢浮宫最大的画作——委罗内塞的《迦南的婚礼》(23英尺×32英尺)也可以通过将其从框架上取下并包裹在一个巨大的橡木圆柱体上进行运输。然后一些雕塑等物品由于要么太易碎，要么太重，无法移动，其中包括法老拉美西斯三世的粉红花岗岩石棺。

8月27日早上6点，经过两天不停歇地打包和搬运，一支由八辆卡车组成的车队驶入了卢浮宫的庭院。他们小心翼翼地将装着《蒙娜丽莎》《书吏坐像》以及其他艺术品和古董的无数板条箱装上车。每个板条箱都标有一个圆圈，表示箱子里物品的重要程度。绿色圆圈表示重要物品，黄色的圆圈表示贵重物品，红色圆圈表示稀世珍品。装有《书吏坐像》的板条箱上标有一个红圈，而装有《蒙娜丽莎》的板条箱上标着三个红圈。

这几辆卡车只是第一批车队，在接下来的一周里，陆续有二百辆卡车分期分批地将大约两千箱卢浮宫的珍品，运送到巴黎以南约一百英里的卢瓦尔河谷地区的各个城堡里藏匿起来。每支车队都有两名展馆负责人或其他高级职员随车同行，一人在车队前面，另一人殿后。每辆卡车上都有武装警卫保护。

9月1日，希特勒入侵波兰。9月3日，英国和法国最终对德国宣战，而此时卢浮宫展出的六千多幅绘画作品和文物中，有近90%都已不见踪影。唯一的痕迹是展厅墙上的白色粉笔标记，地板上空空如也的基座、展示柜和相框。

1939年9月，卢浮宫画廊里空空如也，珍品都被搬空

最初，大部分艺术品被送往卢瓦尔河谷最大的城堡香波堡（Château de Chambord），这座城堡建于 16 世纪，是法国国王弗朗西斯一世（Francis I）的狩猎行宫，而弗朗西斯一世与卢浮宫关系尤为密切。作为一名热忱的艺术资助人，弗朗西斯吸引了许多意大利最著名的艺术家为其效力，其中就包括为他献上《蒙娜丽莎》的莱昂纳多·达·芬奇。是弗朗西斯一世下令将卢浮宫从中世纪的一座堡垒变成了充满文艺复兴艺术品的宫殿，里面许多价值连城的珍品最初都是来自这位国王的私人收藏。

在香波堡，博物馆各部门的藏品经过检查和分类编目，再被送往附近的几座城堡。埃及文物最终被存放在库尔塔兰城堡（Château de Courtalain）。这是一座 15 世纪的城堡，由贡托－比隆（Gontaut-Biron）侯爵所有，他的祖先曾在美国独立革命中与拉斐特侯爵并肩作战。比隆侯爵是埃及馆负责人查尔斯·博勒的牌友，他们经常一起打桥牌。文物被存放在城堡期间，博勒负责在这里看管文物。于是博勒就住在了城堡，此外还有八名博物馆警卫也守在这里保护这些宝藏，他们分别被安置在城堡庄园的其他几座房子里。

卢浮宫的藏品被安全地藏起来，剩下的就等着战争爆发了。对于法国人和英国人来说，这段等待的时间稍微漫长了些。1939 年 9 月，德国轰炸波兰，以使其屈服，但波兰的西方盟友们在对德宣战后，并没有真正对德军发动战争。法国和英国的回应只是派遣几支象征性的巡逻机队穿越法德边境，在德国领土上投放宣传单，然后令侦察机队飞过德国领空。

法国的正规军士兵跟德国的一样多，预备役军人比德国多得多，但法国从未考虑过向德国发动进攻。法国军事领导人似乎认为，他们要做的就是严阵以待，等待德国人愚不可及地去袭击马其诺防线，因为那里有八十七英里长的防御设施，包括地下堡垒、铁丝网、碉堡、坦克陷阱和枪炮等等，据称这条防线坚不可摧。

10月份，德罗什收到了皮埃尔·茹盖从开罗发来的电报，要求她立即返回IFAO。因为研究所里所有其他获得奖学金的考古学家都接受动员去服兵役了，可即使战争正在进行，研究所里也还有很多工作要做。德罗什想方设法登上了一艘载满了酩酊大醉的年轻英法士兵的船，花了十八天的时间才抵达中东。因为那艘船为了避开德国潜艇，得绕来绕去地穿过地中海。

由于"虚假战争"仍在继续，敌对双方没有一丝真正要开战的迹象，IFAO决定继续在卡纳克古建筑群以北的一座神庙进行发掘工作。这座神庙位于卢克索附近，占地二百多英亩，是一个集合了神庙、祭堂以及其他设施的大型建筑群，但经过岁月侵蚀，如今皆已残破腐朽。卡纳克古建筑群的主神庙建于两千多年前，里面供奉着众神之王阿蒙、其配偶穆特，以及他们的儿子——月神孔苏。这座主神庙是有史以来最大的宗教建筑。按照一位专家的说法，欧洲最雄伟的三座大教堂——罗马圣彼得大教堂、巴黎圣母院和米兰大教堂——加在一起都能被卡纳克主神庙轻而易举地容纳进去。尽管如今神庙已经成为废墟，但正如一位历史学家所说，卡纳克神庙及其周围建筑"仍然能够令现代的许多建筑奇观黯然失色"。然而，尽管这座古埃及遗址令人赞叹和敬畏，但在那里工作却是一种痛苦的经历。

德罗什后来承认自己确实很幸运。她的第一次考古任务是去代尔麦地那，而这一次，她不相信自己的运气还能那么好。因为首先，与她合作的只有一名考古学家——一位名叫亚历山大·瓦里尔（Alexandre Varille）的法国人。此人五年前曾是IFAO的研究员，并不太喜欢与女性搭档共事。

1940年3月，两人开始了合作。而当时正值可怕的喀新风[1]肆虐之际，那是一种飞沙走石般的猛烈风暴，阵风风速高达每小时六十英里。在接下来的七周时间里，风暴会持续不断地袭来，德罗什首当其冲且不可避免地受到影响。因为在合作之初，瓦里尔就言明他习惯于只在晚上工作。这就意味着他将负责对出土文物编目和其他文书工作，而德罗什负责实际的发掘工作，而这项工作只能在白天进行，所以得忍受酷热和风暴，也是最累最苦的活儿。在一个多月的时间里，德罗什和她的埃及工人们连续不断地艰苦工作，狂风席卷着沙粒刮过他们的脸，刺痛他们的眼睛。

4月下旬，德罗什和瓦里尔收到从开罗来的消息，得知战争升级了——德国入侵了挪威和丹麦——法国政府将减少对IFAO的资金投入。在没有事先询问皮埃尔·茹盖的情况下，瓦里尔就擅自决定立即将挖掘现场关闭。第二天早上当工人们来开工时，瓦里尔宣布他们即刻起被解雇了，翌日上午可以去领之前的工钱。

工人们突然失去了生计，没有温驯地顺从，而是愤怒地大喊起来："我们要干活！"对此德罗什一点儿也不惊讶。瓦里尔拒绝他们的要求之后，几名工人开始向他投掷石头。他惊慌失措地溜走，去叫卢克索的警察，只留下德罗什来安抚这些工人，让他们冷静下来。德罗什与工人们一起工作的时间虽然不长，却与他们建立

---

1 喀新风也叫非洲热风，是从3月下旬至5月初，由撒哈拉沙漠吹来，横掠埃及的热南风。——译者注

起了融洽的关系。与在埃德夫一样，她为工人们治疗疾病和伤痛，并在需要时给他们注射眼镜蛇血清。当瓦里尔带着一名警察回到挖掘现场时，德罗什正在跟工人们讨论如何解决这件事。看到瓦里尔和警察，工人们再次群情激愤，向他们两人扔石头。最后，武装警卫赶到，挖掘现场被关闭。

瓦里尔对待德罗什和工人们的恶劣态度和行径令德罗什十分愤慨，于是将他加到了令人讨厌的男性的黑名单，并且把他列在了最讨厌男性的前几名。后来德罗什发现，当她离开埃及前交给瓦里尔的所有笔记和照片都被瓦里尔以他自己的名字发表在 IFAO 的一份官方报告中，他凭借这份报告平步青云，一飞冲天，但他从来没有提过德罗什的名字。

1940 年 5 月 10 日，德罗什身在开罗，听到了德军入侵比利时、荷兰和卢森堡的消息。在征服了波兰和斯堪的纳维亚半岛之后，纳粹利用闪电战在欧洲的心脏地带肆意屠戮。三天后，当德罗什听说德国军队已经渡过默兹河进入法国时，她坚持要返回巴黎。她后来回忆说："在那种情况下，我无法忍受远离我的国家。这是一种发自内心、情不自禁的反应。"

由于急着回到父母身边，也担心卢浮宫的安危，德罗什想尽办法终于在民用旅行停止前搭上了最后一艘穿越地中海的法国游轮。船上安装了用帆布遮盖的高射炮。在离开了亚历山大港后，海军炮手揭开了遮盖的帆布，守在大炮前严阵以待，在空中搜寻敌机。幸好，最终这艘船还是顺利抵达了马赛。德罗什赶头一班火车回到巴黎。当她到达父母的公寓时，她放下行李，与父母亲吻问安，然后匆匆赶往卢浮宫。

自从八个月前连续两天两夜不眠不休地收拾打包那些埃及宝藏之后,德罗什就再也没有回来过。当第一眼看到博物馆里空空荡荡的展厅时,她屏住了呼吸,说不出话来。她觉得这里就像一座鬼城,墙上光秃秃的,地板上到处都是空的相框,仿佛到处都有鬼魂出没。但当她进入若雅尔跟平常一样的办公室时,立刻感到安心,那种仿若来到阴间的不安感随即消散了。

若雅尔热情地跟德罗什打招呼,他一如既往地冷静、沉着,但声音中却带着一丝紧迫感。他说德罗什回来得真是太及时了。查尔斯·博勒在库尔塔兰城堡看管文物,而另一位埃及馆负责人刚做完手术正在休养,所以现在她是唯一一个能让他放心交托重任的人。

若雅尔告诉她,德国军队几乎畅通无阻地穿过了法国东北部,现在正朝着卢瓦尔河谷逼近。城堡里的大部分珍品将不得不再次被转移。库尔塔兰是距离德军前进方向最近的城堡,面临着最直接的威胁。所以目前最重要的是,德罗什得立即前往库尔塔兰城堡,并在那里监督埃及文物的撤离和转移工作。

若雅尔说,贡托-比隆侯爵曾提出让我们使用他的另一座城堡,那座城堡位于法国西南部,距离图卢兹五十英里,离西班牙边境不远。从库尔塔兰转移走文物之后,德罗什将跟随那些文物一起向南行驶五百多英里到达新的藏宝之地。若雅尔会派两辆卡车和一辆车的警卫给她。

德罗什同意了若雅尔的安排,结果发现那些卡车不够大,而需要转移的木箱数量太多,卡车装不下。因此德罗什和车队不得不在卢瓦尔河谷和法国南部之间往返三次,每次都得横跨大半个法国。和以往一样,每次转移文物时,车队里都有展馆负责人和博物馆其他工作人员随车护送。但在德国入侵的混乱局势下，载运客车和汽油日益短缺，若雅尔不得不依靠工作人员和他们的朋友自愿用自己的车来弥补车辆短缺。

德罗什第一次前往库尔塔兰时，陪同她的是巴黎的法国古迹博物馆退休馆长、中世纪专家保罗·德尚。当埃及文物被运到新的存放处圣布兰卡城堡（Château de Saint-Blancard）之后，将由严肃持重的德尚来负责监管这些文物。给他和德罗什开车的司机是德尚秘书的一个朋友——一位身穿低胸连衣裙的年轻漂亮女人，主动提出开自己的跑车陪同他们一起冒险。

来到库尔塔兰之后，当"海报女郎"（这是德罗什对那位美女司机的称呼）从车里走出来时，卡车司机们都色眯眯地盯着她瞧，而城堡的女主人贡托-比隆侯爵夫人直截了当地告诉德罗什，这里不欢迎这个女人。"夫人，"德罗什回答说，"我奉劝你对她客气些，因为明天我们要去圣布兰卡，坐的是她的车。"侯爵夫人厉声说："你怎么能跟她站在一边，胆敢违抗我！"最终侯爵夫人还是同意了让"海报女郎"留下来过夜。但第二天，德罗什注意到当他们离开的时候，侯爵夫人仍在生闷气。

把德尚和那位年轻女人以及第一批埃及文物送到圣布兰卡之后，德罗什带领两辆空卡车回到了库尔塔兰。侯爵夫人仍然对她很生气，在当天的晚宴上，还有另一位客人——一位法国将军，他信誓旦旦地说，他确信巴黎会坚决地抵抗住德国人，顿时晚宴上的气氛变得更冷了。这位将军还补充说，为了确保这一点，也为了整座城市的安全，他还特意委托了几名天主教徒做了弥撒。德罗什听了只觉得可笑，忍不住打断将军，问道："您真的相信您的弥撒能阻挡德国人的入侵吗？"晚宴上顿时一片寂静，整个晚上没有一个人跟这位年轻的考古学家说话。后来德罗什回忆说："我在贡托－比隆侯爵夫妇那里名声尽毁，不仅仅是因为我跟一个'街头女郎'站在了一边，更因为我是个无信仰者。"

当德罗什第三次前往库尔塔兰时，德军正涌入卢瓦尔河谷，许多道路要么被德军控制，要么被难民堵住。从1940年5月到6月间，共有超过六百万法国公民涌入南部地区，就像"被推倒了蚁穴的蚂蚁"一样成群结队地逃窜。这是自中世纪黑暗时代以来，欧洲规模最大的一次人口流动。亲眼目睹了此次人口迁移的美国外交官乔治·凯南说，当时的场面混乱不堪，活生生地展现了一个正在解体的社会"所有的恐慌、挫败和士气低落的丑陋面容"。德罗什仍带领着两辆卡车前行，但其中一辆卡车的司机拒绝再往前开，于是她只得带着一辆卡车前往城堡。

途中，德罗什和她的车队在若雅尔和卢浮宫行政人员暂时驻留的瓦朗塞城堡（Château de Valençay）停了下来，她向若雅尔请示最后一刻该如何往返库尔塔兰。他们之前走的路线现在已经无法通行，许多道路要么被封锁，要么被大量逃离的难民和法国士兵堵住。

当车队进入若雅尔的临时总部时，德罗什顿觉城堡瑰丽恢宏、令人惊叹。这座有着一百个房间的城堡建于法国文艺复兴时期，曾为拿破仑的著名外交部长塔列朗所有，被认为是法国最宏伟的贵族宅邸之一。作家乔治·桑德称其为"地球上最美丽的建筑之一"，并赞叹"没有哪位国王拥有过比这更风景如画的庭院"。

但吸引德罗什的并不是城堡本身，而是瓦朗塞公爵收集的各种珍奇异域动物和鸟类。此时此刻，那些动物和鸟类正在城堡外的空地上或奔跑，或飞翔，一派生机盎然。其中有凤头鹦鹉和孔雀，有袋鼠和美洲鸵，有猴子和朱鹭，所有这些来自异乡的动物都与本土的动物——如松鼠、鹿和狐狸等一起，共同栖息在这座城堡外的庭院里。

在这个露天动物园里，德罗什找到了若雅尔。他正在会见几位卢浮宫的展馆负责人和行政管理人员，其中一些人对离开巴黎，并将画作、艺术品和其他物品从博物馆转移出来感到非常不满。虽然一些工作人员，包括德罗什在内，对若雅尔尽一切所能抵抗德国人的决心表示完全赞同和支持，但另一些人则希望卢浮宫能与入侵者讲和，以便能让他们回到战前的正常生活。"这跟我们有什么关系？"一位展馆负责人问若雅尔，"我们是学者，又不是战士！"若雅尔回答说："话是没错。但如今不管怎么样，我们首先是法国公民。"

若雅尔不仅是卢浮宫的馆长，还要负责法国其他国家级博物馆。德罗什短暂停留在瓦朗塞期间，若雅尔要求贡比涅博物馆馆长返回去，把19世纪法国画家亨利·拉图尔的一些珍贵的粉彩画取来。但馆长拒绝了，说贡比涅位于巴黎东北部，离前线太近，他会被德国人俘虏或开枪杀死的。"几声炮响就把你吓成这样，"若雅尔冷冷地回答，"那我自己去好了。"

正在这时，站在德罗什旁边的一个男人走了出来。她认出了这个人是谁——1936年，当她带着人民阵线文化部部长让·扎伊参观埃及馆时，他是陪同的政府官员之一。此人名叫让·卡苏，是一位备受尊敬的作家、杂志编辑和艺术评论家。在加入了人民阵线之后，他成为国家博物馆的一名行政人员。

时年四十二岁的卡苏正在协助看管存放在瓦朗塞的油画和其他物品。他自愿代替若雅尔前往贡比涅，请求让他监督博物馆文物的第二次转移。几天后，卡苏把拉图尔的画作完好无损地取了回来，不久之后，他和德罗什又见面了。

但在这种特殊时期，德罗什关心的只是占用一些若雅尔的时间，谈论她任务中最后一个也是最危险的部分。在讨论了前往库尔塔兰新路线后，若雅尔告诉德罗什，除了文物之外，她还必须将城堡里的博物馆警卫及其妻子儿女都护送到圣布兰卡城堡。德罗什同意了。虽然嘴上说同意，但实际上德罗什自己也不知道如何护送这么多人，更不用说还得运输剩下的那一箱箱文物了。

在经历了噩梦般的北上之行后，德罗什终于到达了库尔塔兰，在那里她再次激怒了侯爵和他的妻子，因为她要求侯爵夫妇为她和她的车队提供南下回程的食物。这一要求被侯爵夫妇断然拒绝，德罗什便随即宣布这些食物是若雅尔下令征用的，他们也只是听令行事。"当然了，"后来她说，"我手里根本没有征用令，但他们并不知道。毕竟，我得让我手底下的人吃饱饭，不挨饿。"

她"手底下的人"，指的是警卫和他们的家人，共有二十多人，年龄从三周大的婴儿到八十二岁的老太太。他们和剩下的几个板条箱一起被塞进了一辆卡车和两辆汽车里。返程的路与前往库尔塔兰的路程一样充满艰难险阻，但返回圣布兰卡的五百英里路程比噩梦还要可怕。道路几乎无法通行，成千上万的难民挤在那里，同时堵住道路的还有难民们的自行车、婴儿车、高高地堆满了床垫和其他家当的手推车和马车等等。德罗什时不时地就得从她乘坐的汽车里跳出来，充当交通警察的角色，指挥人们把推车、马车拉到路边，让出道来，好让她的车队通过。她和她车队的人不止一次被迫离开车，跑到沟渠和田野里躲起来，因为斯图卡俯冲轰炸机时不时会飞来，在道路上低空飞行，并用机枪对准下面拥挤不堪的难民一通扫射。德罗什利用她在埃及学到的护理技能,照料受伤的难民。然而,"由于不可思议的好运气",她一次也没有被击中过。

这段看似走不到头的路程,通常只需要一天,但由于时局动荡,道路不畅,这次足足用了三天。到第二天的时候,德罗什设法从侯爵夫妇那里要来的大部分食物和水都用光了。车队在沿途路过的每个村子都停下来,去村子里的几家商店里买吃的,但店主们都坚称店里已经没什么东西可卖了。德罗什实在走投无路了,这时她突然看到了田地里有几头奶牛,它们的乳房由于充满了牛奶,看起来十分肿胀,正在田地里大声叫着。她命令她的汽车司机赶紧停车,后面的卡车和汽车也跟着停了下来。

德罗什从卡车上取了一个水桶,朝奶牛走去。小时候在萨瓦的乡下度暑假时,她和哥哥学会了挤牛奶的基本手法。现在,她熟练地运用这项技能,挤了满满一桶牛奶。她把牛奶给了孩子们以及她团队里的一些成年人。

第三天,卡车、汽车和脏兮兮且饥肠辘辘的人们终于抵达了圣布兰卡城堡。随后德罗什又花了好几天的时间协助工作人员卸下板条箱,为那些警卫及其家人安排住房、膳食和衣物。然后,她终于回到了父母的身边,也回到了卢浮宫。后来她说:"尽管开战了,但我不想整个战争期间都一直躲在城堡。我在巴黎还有很多更重要的事情要做。"

第八章

抵抗纳粹

克里斯蒂亚娜·德罗什将埃及珍品从卢瓦尔河谷运送到法国南部，而此时德国军队的铁蹄已经踏上了巴黎的土地，并占领了这座城市。当德罗什回来时，顿时被眼前所见的景象惊呆了——日常熟悉的场景消失了。当天晴空万里，风和日丽，但在这个美丽的夏日里，巴黎却没有了以往的热闹和欢乐。昔日的车水马龙，不绝于耳的汽车喇叭声，巴黎人在林荫大道上漫步或在街道旁咖啡馆喝咖啡时的欢声笑语都不复存在。如今的这座城市寂静得可怕。只是偶尔会有载着纳粹高官的黑色雪铁龙或梅赛德斯奔驰等大型汽车，呼啸着从香榭丽舍大街疾驰而过，留下刺耳的轰鸣声打破这凝重而诡异的寂静气氛。

与被占领的法国其他地区一样，巴黎也由德国军方控制。德军很快就征用了巴黎最好的酒店作为总部。印有黑色和红色纳粹标志的巨大旗帜在丽兹酒店、克利翁酒店和其他大型酒店的上空飘扬，此外在埃菲尔铁塔和凯旋门的顶部，以及参议院和众议院等公共建筑上方，都飘扬着纳粹的旗帜。每天下午，德国国防军都会沿着香榭丽舍大街大步行走，德国的大炮对准了从星形广场向外辐射的四条主要大道，以示威胁和恐吓。曾经挂着"在此请说英语"标志的餐厅，现在则挂出了鲜明的牌子，上面写着几个大字"Hier Spricht Man Deutsch"（在此请说德语）。

德罗什回巴黎的第一天骑自行车去卢浮宫时，她注意到从协和广场到博物馆一路上都悬挂着纳粹的旗帜。到达卢浮宫后，她向若雅尔报告了她最后一次前往圣布兰卡的情况，虽然路程艰难而痛苦，但最终还是圆满完成了任务。作为奖励，若雅尔给她晋升了职位，相当于"火线"提拔：因为查尔斯·博勒和另一位埃及馆负责人都不在，于是他便任命德罗什为该部门的代理主管。

对于年仅二十六岁的德罗什来说，这是一种荣誉，但在当时，这种荣誉意义不大。"我是个没有军队的领袖，一个没有王国的女王。"她说，"除了一些留在卢浮宫里带不走的雕塑以外，展馆里空空如也，什么都没有。"但她十分认真地对待这份工作，在此后战火纷飞的日子里，她将大部分精力投入到了反抗德国人的行动中——对此若雅尔再清楚不过。

返回巴黎几天之后，她和这座城市里的其他一些人团结在一起，在这个国家几乎无人敢抵抗压迫的时候，开始向德国纳粹发起挑战。法国军队和政府的突然崩溃以及这之后带来的严重后果，给包括德罗什在内的绝大多数法国人造成了巨大的创伤和打击，并产生了一系列复杂的情绪——羞耻、震惊、愤怒以及绝望，还有对法国战争早早就结束而感到的一丝宽慰。

但对德罗什来说，她并没有感到宽慰。当法国新任总理菲利浦·贝当元帅于1940年6月17日宣布他已向希特勒请求停战时，她感到无比震惊。第二天，她和她的父母收听了伦敦BBC（英国广播公司）的广播，戴高乐将军在广播里讲话，呼吁他的同胞们反对贝当政府，反抗德国人。"我们听了都激动得热泪盈眶，"德罗什回忆说，"这位将军是对的，太正确了。法国绝不能与纳粹国家结盟。"

几天后，德罗什在卡鲁索广场——卢浮宫广阔庭院尽头的一个广场——偶然遇到了让·卡苏。自从他自愿去贡比涅取回拉图尔的画作那天起，她就再也没有见过这个人了。卡苏告诉她，他刚刚被任命为新城里的现代艺术博物馆馆长。寒暄了几句之后，卡苏突然安静下来，摇了摇头，说道："我可怜的小朋友，我们在这个国家的处境很是不妙啊。"

德罗什点了点头,然后提到了戴高乐的讲话。"啊,你也听了!"卡苏兴奋地说,"你有何感想?"

"我跟你的想法一样,他讲得太棒了!"

卡苏把她拉到一边,低声说,他和另外八个朋友刚刚成立了一个小组,打算想办法反击纳粹。他邀请德罗什加入他们。德罗什想了想,然后要求给她一天的时间考虑一下。后来她回忆说:"这是一个很重要的决定,我必须慎重考虑。如果我同意了,那就必须全身心地投入,并且无条件地履行承诺。我从一开始就想这么做,但我很担心我的父母。我应该告诉他们吗?最终我得出结论,还是瞒着他们比较好。"

第二天,德罗什找到卡苏,郑重其事地说:"我加入。"

团队里的其他成员里有作家、教授和其他知识分子。他们都是巴黎紧密团结的左翼文化圈里的精英。马塞尔·亚伯拉罕（Marcel Abraham）也在其中,他曾是让·扎伊在人民阵线政府的幕僚长,也是陪同扎伊参观卢浮宫的官员之一,所以德罗什也见过他。

另一位成员是艺术史学家艾格妮丝·亨伯特（Agnès Humbert）,德罗什自1936年就认识了她,当时两人都参加了宣传人民阵线的活动。四十三岁的亨伯特是一位离异的母亲,有两个已成年的儿子。她是国家流行艺术与文化博物馆的馆长。此人热情如火、充满激情且冲动率直、不惧权威,同时她也有着敏锐的头脑和极强的幽默感。她跟德罗什和卡苏一样,对法国向德国投降感到愤怒。宣布停战之后,她对卡苏义愤填膺地说:"如果我不做点儿什么,我真的会发疯的。"

随着德罗什的加入,这个小团体在另外两名成员——一对图书出版商兄弟的办公室里举行了秘密会议。会议地点位于圣日耳曼教堂后面的阿巴耶街，与文人们经常光顾的著名咖啡馆——双叟咖啡馆隔街相望。在第一次会议上，艾格妮丝·亨伯特对其他人说，她听说纳粹当局刚刚颁布了法令，禁止三人或三人以上的非商业集会。为了避开德国人的审查，她建议他们成立一个名为"亚兰·傅尼叶之友协会"的文学委员会，其表面的目的是将傅尼叶的一部关于"一战"的经典小说重新出版，而傅尼叶这位年轻的法国作家就是在"一战"的一次战役中牺牲的。

但实际上，这个组织的第一个真正的任务则是制作传单、宣传册和海报，谴责纳粹以及那些勾结纳粹、通敌叛国的法国人。他们会从英国广播公司的新闻广播和美国罗斯福总统以及英国新任首相丘吉尔的讲话中提取材料。该协会的成员可以使用法国人类博物馆地下室的油印机复制宣传材料。海报和传单随后被贴在公共建筑的墙上、公共厕所以及电话亭上，除此之外，它们还被塞进邮箱以及放在公园的长椅上。德罗什和艾格妮丝·亨伯特还悄悄把宣传单掖进百货商店里成堆的衣服和布料下面。

1940年秋，"亚兰·傅尼叶之友协会"与另一个刚刚组建的抵抗组织联手，这个新兴的组织总部位于人类博物馆，他们不仅参与了宣传工作，还协助掩护逃离和收集军事情报。和德罗什的同事们一样，在人类博物馆工作的人基本上不可能是一群反叛分子。这里的工作人员大多是学者以及各种领域里的知识分子，比如人类学家、艺术史学家、展馆负责人和主管，语言学家、作家以及图书管理员等等。

毫不奇怪，这个组织所利用的博物馆是他们早期抵抗活动的中心。该博物馆是坐落在左岸的一座巨大装饰派艺术风格的建筑，外围是一个大理石广场。在这里你可以欣赏到塞纳河和埃菲尔铁塔的壮丽景色。在该博物馆馆长保罗·里维(Paul Rivet)的领导下，这里成为反对鼓吹雅利安人天生优越的纳粹种族主义的摇篮。

这个组织的成员几乎没有任何政治经验，也完全没有反抗的经验。该组织旨在鼓励同胞们不仅拒绝与敌人合作，而且积极予以反抗。其中一位领导人回忆道："1940年，我们想做的是以某种方式唤醒法国人，迫使他们意识到我们并不赞同贝当，反之他也并不代表我们。"一位英国历史学家评论道："就好像大英博物馆的上层人士已经转行从事城市游击队和破坏者的新职业。"

在法国被占领的头几周，这个组织便开始忙碌起来，积极招募身边的朋友和同事，结识新人，并与像亚兰·傅尼叶之友协会这样新近组建的小型抵抗团体建立合作，邀请这些组织加入以人类博物馆为基地的"抵抗运动"。根据法国历史学家塔蒂亚娜·本福加所说，在短短几个月内，该组织就"发展壮大，变成了一个覆盖整个法国且名副其实如蜘蛛网般广泛的联合网络"。

除了制作宣传材料外，德罗什和她原来小组的其他人此时还在帮助藏匿在德法战役中被德国人俘虏的英国和法国军人。这些军人在联合网络的帮助下，从全国各地的临时战俘营逃了出来。反抗组织会向英国军人提供便服和假证件，然后将他们偷偷运送到法国南部维希政府统治的"自由"区，帮助他们踏上回归自由之路。

不过德罗什所在的组织建立初期的最重要成就是代表更广泛的联合网络出版了法国占领区的第一份地下报纸。报纸起名叫《抵抗报》，也预示着大规模民众抵抗运动的开始。"抵抗"代表了法国拒绝被德国占领，并反抗被占领的决心。这种抵抗的决心和意志不是靠个人的呼吁和倡议，而是通过与其他反抗团体联合而形成的网络化组织。该报于1940年12月15日首次出版，最初主要在巴黎发行，后来遍布全国。让·卡苏和马塞尔·亚伯拉罕是该报的主创，而艾格妮丝·亨伯特则对报纸的内容出谋划策，同时负责编辑和打印。德罗什担任艾格妮丝的助手。

《抵抗报》的第一期刊登了一篇头版社论，该文章向读者号召："抵抗！这是你对降临在我们国家的灾难感到痛苦时，从内心爆发出来的呐喊。"社论里还说道："你的当务之急是像我们一样组织起来，这样你就能重新开始奋起斗争。昨天我们这个组织彼此之间还互不相识，素昧平生，我们都没有参与政府或议会中的党派斗争。我们是独立的，只是单纯的法国公民……我们只有一种抱负、一腔激情、一个愿望：重新建立纯粹自由的法国。"

在人类博物馆人类学家鲍里斯·维尔德（Boris Vildé）的领导下，这个组织的网络很快如火如荼地运作起来。他们开辟了穿越比利牛斯山脉进入西班牙的逃生路线，另外他们也收集军事情报，包括德国军事设施和机场的信息，并把情报传送给伦敦。1941年初，该组织向英国当局提供了德国潜艇码头和大西洋圣纳泽尔港巨大干船坞的图纸——这些信息导致了盟军突击队发动战争中规模最大的一次突袭——1942年3月对圣纳泽尔码头的袭击，并致使码头陷入瘫痪，无法正常运转。

在网络短暂存在的整个过程中，其成员一致认为这是一个平等的团队，没有任何竞争、争斗或权力斗争，而这些却困扰着许多后来的抵抗组织。根据在战后幸存下来的组织成员讲述，组织里的气氛是十分平等、团结、友爱的。在这种氛围中，成员们之间建立了一种同志般的亲密关系，如同一家人一样，因为他们是出于对国家的热爱和对德国纳粹的愤怒而团结在一起的。这个早期的联合组织网络和后来的组织网络相比，另一个明显的区别是女性在其中扮演了重要角色——这与后来男性主导的抵抗组织形成了鲜明的对比，因为在后来的那些组织中，女性只能沦为配角。

这种平等的气氛让组织成员之间有种患难与共、相互陪伴的愉悦感。尽管从字面来看，"愉悦"这个词用在这样一个黑暗且危机四伏的时代似乎有些不合适，但该联合组织的几位领头人的确看到了成员们在工作中营造出来的轻松愉快的氛围。让·卡苏在回忆录中讲述道："对我来说，那段日子只有用一个词来形容，那就是快乐。"

美国记者兼历史学家大卫·舍恩布伦写道："尽管（联合组织的成员）都是认真严肃的人，但他们都把自己所做的事情视为一场玩闹嬉戏，对那些一直过着与世隔绝生活的文化人（既包括男人也包括女人）来说，也是一场愉快的冒险经历。"卡苏的观点与舍恩布伦不谋而合，他说："我们没有穿着斗篷，带着匕首，一副阴沉的样子。我们总是欢声笑语，感觉自己年轻了许多。"

然而，令人担忧的事情却接二连三地发生了。1940年10月，让·卡苏和艾格妮丝·亨伯特两人皆被贝当的维希政府解雇。不过他们的解职与其秘密抵抗活动无关，当局对此一无所知。他们是维希政府针对的数百名法国公务人员中的一员，因为他们支持左翼，持有反法西斯的观点。在这个时候，德罗什显然并没有出现在维希政府的黑名单上，因为她没有受到任何影响。

几个月过去了，危险却与日俱增。作为从事秘密活动的新手，人类博物馆的特工们正在紧锣密鼓地组织着各项反抗活动，同时编撰各种宣传材料，几乎完全不知道如何驾驭这个黑暗而陌生的幽冥世界。这个联合组织的联络网日益扩大的同时,他们所面临的威胁也骤然加剧。简而言之就是,他们要做的事情太多——出版报纸和其他宣传材料、策划和运行逃生路线、收集军事情报——却没有密切关注安全问题。组织里的一些特工,包括德罗什在内,参与了所有的这些行动,结果证明这种操作是灾难性的。

战后,组织里的领导人之一——人类学家日尔曼·蒂利翁指出:"我认为,如果当时我们的组织还在的话,我们肯定会将策划逃跑路线和情报活动分隔开来,但我们一开始却没能这么做,因为我们根本没有斗争资源,也没有斗争经验。"

在战争初期,德罗什的日子可谓超乎寻常。在晚上和周末,她投身到法国秘密抵抗运动中。在工作日,她在博物馆里监管几近被废弃的部门,并在卢浮宫学院教授象形文字课程。

尽管大部分藏品被藏了起来,但德国当局还是命令雅克·若雅尔开放卢浮宫,并将存放起来的藏品拿出来展示。1940年9月29日,德国人在博物馆举行招待宴会,庆祝博物馆重新开放。出席宴会的纳粹高级军官中包括陆军元帅格尔德·冯·伦德斯泰特,他领导和指挥德国的装甲师开进了法国。若雅尔和卢浮宫的各个文物部门负责人也受命出席,其中大多数人——包括德罗什在内——都身穿黑色衣服。

几天后,卢浮宫向公众开放,德国军人可免费进入,而法国人则要支付一法郎的入门门票。尽管花了钱,人们也在博物馆里看不到多少东西。由于没有任何画作展出,所有的画廊都关闭了。只有少数因太沉或太容易碰碎的文物和雕塑被留了下来,放在一楼的少数几个展室里展出。为了将埃及文物展厅里的空间填满些,德罗什将藏在地下室板条箱里的一些藏品拿了出来。尽管她对前来博物馆参观的德国人感到非常不满，但她还是听从若雅尔的命令，尽自己最大努力代表卢浮宫为大众提供高标准的服务。后来，她回忆说："每天我们都听到德国军人的军靴在展厅里走动的沉重脚步声，每走一步，那些钉着钉子的靴子就会将他们脚下的大理石地板划伤。真是让人难以忍受。但我们不得不隐忍。"

而若雅尔管理博物馆的同时，也过着双重生活：他在明修栈道，暗度陈仓，以防止卢浮宫收藏的珍品落入德国人手中。这些珍品的藏身之处并不是什么秘密。在巴黎被占领后没过几天，德国军方就得到了情报，知晓那些艺术品和文物被藏匿的位置，并立即派军队驻守在存放藏品的城堡周围。

1940年6月30日，希特勒给驻扎在巴黎的德国官员发了一条指令，命令他们"保管法国拥有的所有珍品"。他知道，如果把卢浮宫藏品全被劫走，将会引起国际社会的强烈谴责和抗议：1907年的《海牙公约》是最早涉及战争行为的多边条约之一，该公约禁止侵略军掠夺或破坏纪念碑、有历史价值的建筑物和遗址以及珍贵艺术品。希特勒命令德军占有这些藏品，并将其带回巴黎，为了给这一命令披上合理合法的外衣，他宣称这么做只是想"保护"这些珍贵的藏品。

若雅尔知道他不可以断然拒绝这位元首的要求。于是他采取了一种在战争时期反复使用的策略：拖延。他回复德国人说，盟军对巴黎的轰炸仍然是个重大的威胁。所以何不等战事平息下来再说？

在这场争夺珍品的战役中，若雅尔身边多了一个意想不到的盟友——希特勒任命的一位德国军官，专门负责监管法国的艺术珍品，并协助诸如德国空军司令赫尔曼·戈林和外交部长里宾特洛甫等纳粹高层掠夺宝藏。这位军官便是弗朗茨·沃尔夫－梅特涅（Franz Wolff-Metternich）伯爵，他是研究文艺复兴时期艺术的著名学者，同时也是一名建筑学家，战前曾是波恩大学的艺术史教授。令若雅尔大为欣慰的是，四十七岁的德国贵族沃尔夫－梅特涅是一位反纳粹人士。

1940年8月16日，当沃尔夫－梅特涅与若雅尔初次见面时，他与这位博物馆馆长亲切握手，并说道："先生，你是我见到的第一位在职的法国高级公务人员。"从那一刻起，两人就建立了友好的关系。若雅尔在他的日记里写道，沃尔夫－梅特涅发现卢浮宫里的艺术品不见时，似乎也松了一口气，并对若雅尔的拖延策略表示赞同。

弗朗茨·沃尔夫－梅特涅伯爵（右）和他的副手伯恩哈德·冯·铁舒维茨都曾致力于从纳粹手中拯救卢浮宫的珍品

驻守在巴黎的纳粹各个机构之间激烈的官僚内讧也为他们创造了可乘之机。德国驻巴黎大使奥托·阿贝茨（Otto Abetz）援引希特勒的指示，下令从香波堡取回一千五百多幅绘画作品和其他珍贵物品。得到阿贝茨的命令后，沃尔夫－梅特涅立即将此事通知了德国驻巴黎军事最高指挥部，因为后者负责管控整座城市。作为回应，军方颁布了一项新法令，禁止任何人在未经希特勒明确许可的情况下私自占有这些藏品。

阿贝茨随后想出了一个新的阴谋，他声称香波堡的藏品包装和储存不当，因此必须运回巴黎保护起来。对此，沃尔夫－梅特涅表示，在收到卢浮宫馆长的完整物品清单以及德国陆军总司令的书面命令之前，任何人都不得采取任何行动。巴黎的陆军司令部也对梅特涅的决定予以支持。

但当沃尔夫－梅特涅和若雅尔对阿贝茨的较量取得初步胜利之时，他们又迎来了另一个难以对付的敌人——维希政府。因为领导该政府的人勾结纳粹德国，通敌叛国，一心想着要把本国的艺术珍品交给德国人。戈林是一位贪婪的艺术收藏家和掠夺者，他与维希政府联系紧密，因此获得了他渴望已久的两件稀世珍品。一件是《漂亮的德国女人》——一个真人大小、裸体的抹大拉的玛利亚精美木雕像，创作于16世纪；另一件是巧夺天工、令人惊叹的《根特祭坛画》，由尼德兰画家休伯特·凡·艾克和扬·凡·艾克兄弟创作的一组闭合式多幅镶板画，这组祭坛画创作于中世纪，尺寸大约为11英尺×15英尺。若雅尔尽一切努力阻止这两件藏品的转让，但贝当的副手皮埃尔·赖伐尔将藏品抢到了手。于是这两件藏品被送到了位于柏林东北部的卡琳宫，那里是戈林的豪华乡间别墅庄园。尽管为了不把卢浮宫的藏品交出去，若雅尔殚精竭虑，可依旧困难重重，幸好他维持了数月的拖延战术最终还是取得了全面胜利。虽然阿贝茨和巴黎的其他纳粹官员一直在想方设法强行占有卢浮宫的稀世杰作和珍贵文物，但他们的绝大多数阴谋都没能得逞。

与此同时，若雅尔却无力采取任何措施阻止德国人大肆掠夺法国犹太人拥有的无价之宝。即使认为这样明目张胆地抢掠违反了《海牙公约》，但希特勒明确表示他对此毫不在意。他还授权给下属，允许他们没收和占有犹太人拥有的所有绘画、雕塑、家具、地毯、珠宝和其他贵重物品，并为他们提供人手、安排火车，让他们把这些珍品运送到德国。

这些从犹太人那里抢来的珍品在转移之前，都被存放在卢浮宫一楼的几个房间里。后来由于物品太多，空间不够，放不下的那些就都被送到了国立网球场现代美术馆，这是卢浮宫用来举办临时展览的小型博物馆。尽管若雅尔同意为德国人提供存放场地，但他坚称要对方答应一个条件作为交换：必须允许博物馆工作人员对卢浮宫和网球场博物馆的所有物品进行清点并妥善保管。

负责库存保管的工作人员名叫罗丝·瓦朗（Rose Valland），是一位安静、谦逊且低调的中年艺术史学家，多年来她一直在卢浮宫志愿无偿地工作。德国人很少注意这位戴眼镜的瓦朗，只认为她是个人畜无害、微不足道的小小行政人员。但事实上，瓦朗是若雅尔安排的间谍，在清点物品和准备装运时密切跟踪每一件物品的去向。她的主要任务是找到他们在德国的目的地。她把自己所做的详细记录交给了若雅尔和他的手下，其中有一些人与法国抵抗组织有联系，而法国抵抗组织又将大部分信息传递给了伦敦。有时，瓦朗还设法偷偷拿走德国人拍摄的稀世珍品的照片底片，让她的一个朋友帮忙洗印出来。第二早上，她再把偷出来的底片放回去，然后把洗印出来的照片交给若雅尔。他们也会想办法把消息传递给伦敦。因此，战争还未结束，盟军就已经知道大部分被掠夺的艺术品和绘画作品被送到了哪里，并且尽量避免轰炸这些地方。

与此同时，1942年末，若雅尔与他那位德国盟友的合作结束。弗朗茨·沃尔夫－梅特涅在德国的上司显然看出了他的目的。于是他们解除了梅特涅在巴黎的职务，并迫使他返回柏林。然而，事实证明，沃尔夫－梅特涅的继任者也跟他一样是一位反纳粹人士，他继续暗中支持若雅尔，协助他一起挫败纳粹的各种阴谋。

和罗丝·瓦朗一样，德罗什在若雅尔的帮助下，得以利用她在博物馆工作的身份作为掩护，积极从事间谍活动。她在人类博物馆联合组织里的任务之一是充当信使，在巴黎和维希政府所谓的"自由区"之间，为组织成员来回传递信息。要在纳粹占领的北部和未被占领的南部"自由区"之间通行，需要一张ausweis，即一种德国签发的身份证。这样的证件很难获得，每次法国人接近边境时，都必须携带身份证，并接受德军的详细检查。德罗什称她要去南边查看卢浮宫的埃及文物，而这些文物被存放在法国和西班牙边境附近的自由区，因此德国批准并签发了一张身份证给她。

她请求若雅尔派她去南部查看埃及文物，若雅尔看着她，会心一笑。他们两人都心知肚明，留守在圣布兰卡的高级职员们将埃及文物照看得很好，根本不需要她去查看。"你说得对，小姐。"若雅尔眨了眨眼睛说，"板条箱里的那些文物正需要你去照看呢。

我为你的职业奉献精神而感动！"

1940年12月12日，德罗什出发前往维希，然后再去图卢兹，这两个地方都在未占领区。当她到达图卢兹时，她需要拿出组织之前交给她的小纸条，她怀疑那是一份要送到伦敦的军事情报。

离开巴黎三个小时后，德罗什乘坐的火车驶入了法国中部靠近占领区和自由区分界线的穆兰车站。火车停靠了几分钟后，她被一名要求检查她身份证的党卫军男子逮捕。她被推下火车，而其他乘客则默默地在一旁站着看。德罗什看着围观的人，仿佛那些人充当了她的仪仗队。

又有两个德国人出现了，他们正在站台上等着她。他们把德罗什塞进一辆汽车的后座，然后把她押送到穆兰的盖世太保总部。接下来的几个小时里，她一直蜷缩在一间冰冷的牢房里，既冷又怕，瑟瑟发抖，不知道该怎么处理她随身带着的那张写有情报、能证明她有罪的纸条。她该把那张纸条撕掉吗？可如果她这么做了，撕成的碎片该扔到哪儿呢？吞进肚子里吗？可后来她又一想——后来她也承认，这念头"很蠢"——也许德国人会给她拍X光，检测出那张纸条。于是她决定把纸条折叠起来，叠成小小的一团，夹在手指间，然后戴上手套把纸团遮盖住。

最后，她被押送到盖世太保审讯人员所在的房间。他们问了很多问题，但德罗什都拒绝回答。随后德国人开始搜查她的随身物品，以寻找犯罪证据。他们掏空了她包里的东西，挨个检查，然后又拆了她的雨伞，掰断了她高跟鞋的鞋跟，并扯掉了她羊皮外套的衬里。

可他们什么有罪的证据也没发现，于是就命令德罗什脱掉衣服，但被她严词拒绝，说如果要脱衣搜身的话，必须得给她换一个房间，并且只由一名女性来给她检查。于是他们叫来了一名女警卫给她搜身，但最终也一无所获。女警卫让德罗什脱下了身上所有的衣服，却莫名其妙地始终没有让她脱掉皮手套。

搜身无果之后，他们又对她展开新一轮的审讯。随着审讯的进行，德罗什对负责审问者傲慢无礼的态度感到越来越愤怒，最后忍无可忍对着他们厉声斥责。德罗什以为他们还会对她进行更多的审讯，甚至可能会用刑，但没想到，几个小时后，她突然被释放了，令她感到惊讶不已。战争结束多年后，她找到了原因，原来是弗朗茨·沃尔夫-梅特涅从中周旋，设法将她释放的。盖世太保查看了她的身份证后，肯定联系了梅特涅，而梅特涅的话打消了盖世太保们对德罗什的怀疑。后来德罗什说："多亏了他，我才能这么快被释放，重获自由。我很清楚，他救了我的命，因为当时被捕就意味着会被送进集中营。"

获释后，德罗什继续前往维希，但到了那儿之后，她就病倒了，在床上躺了四十八个小时，然后又前往图卢兹，并把差点儿让她失去自由甚至性命的纸条送了出去。回到巴黎，她准确地预测到盖世太保肯定会密切监视她。德国特工每个月都会去她位于卢浮宫的办公室，明目张胆地去找到她，偶尔还会对她的办公室进行搜查。由于受到了严密的监控，德罗什决定暂时减少抵抗活动。

德罗什相信组织内部肯定有人给盖世太保通风报信，泄露了机密。德国安全部门的人正在朝人类博物馆的抵抗组织逼近。让·卡苏收到了警报，他将成为德国人的下一个目标。他既担心妻子，也担心自己：因为他的妻子是犹太人，他妻子的哥哥——一位著名的哲学家，此时也在忙着逃离盖世太保的魔掌。多亏了雅克·若雅尔，卡苏和他的家人，包括他妻子的父母，都得到了德国人签发的身份证，使他们得以逃往未占领区。他们在图卢兹定居，卡苏在那里继续他的抵抗活动。人类博物馆抵抗组织的其他几名主要成员，包括马塞尔·亚伯拉罕和人类博物馆馆长保罗·里维，也都设法逃到了南部。

但组织里的其他成员就没那么幸运了。1941年2月，在组织建立七个月后，针对该组织的大规模逮捕行动开始了。组织里的一名成员背叛了组织的领导人，这名背叛者是鲍里斯·维尔德的高级副手，但实际上他是为盖世太保工作的双面间谍。盖世太保对抵抗组织进行了多次围捕，在第一次围捕中，维尔德和组织的另外两位创建人——人类博物馆的高级员工阿纳托尔·莱维茨基和伊冯娜·奥登被捕。随后，艾格妮丝·亨伯特和其他十几名组织成员也相继被捕。

在将近一年的时间里，那些被捕的人被关押在巴黎及其周边的监狱和拘留所中，而德国人则在调查他们曾进行的抵抗活动。他们调查得十分细致彻底，因为这是德国人在为一场精心策划的作秀审判做准备，而这场审判旨在向法国公众强调任何进行反对第三帝国活动的人都不会有好下场。

1942年1月8日，十八名组织成员——十二男六女——在巴黎附近的弗莱纳监狱接受德国军事法庭的审判。十人被行刑队执行死刑，其中有包括维尔德和莱维茨基在内的七名男子，以及包括奥登在内的三名女子。(然而，法官对这三名女子予以减刑，改为将其押入德国集中营)，艾格妮丝·亨伯特和其他五人则被判处五年监禁，在德国服刑。其余三人被判无罪。

2月23日下午晚些时候，一辆巴士载着七名被判死刑的男子驶向瓦莱里安山(Mont-Valérien)。这是一座俯瞰着布洛涅森林、白雪皑皑的山丘，是德国人处决法国抵抗运动成员的主要行刑场地。德国人问这几名死刑犯是否需要蒙上眼睛，他们都说不需要。面对施刑的刽子手，这七个人开始唱起了《马赛曲》，一开始声音有些喑哑，随后声音越来越高亢洪亮。直到枪声响起，声音才戛然而止。一位负责审判的德国检察官亲眼目睹了这七个人的处决过程，后来对外界公开说道："他们死得壮烈而英勇。"

尽管人类博物馆的联合抵抗组织只持续了不到一年，但它对之后的抵抗团体影响深远，并成为后继抵抗者们指路的明灯——它仿若一束光，向众人表明，法国人的确是可以抵抗纳粹的，无论在行动上还是在精神及意志上。《纽约时报》的记者艾伦·莱丁写了一本关于战争期间巴黎文化生活的书，在书中，他指出，正是这些文化人为了斗争不惜牺牲自己生命、视死如归的精神，点燃了法国人奋起反抗的激情之火。莱丁在书中写道："在大多数法国人开始接受自己的家园被占领时，他们几乎是极少数拥有坚定反抗的信念，并身体力行，积极投身于反抗活动的人。"根据法国历史学家朱利安·布兰克的说法，人类博物馆的联合抵抗组织"为即将到来的法国抵抗运动提供了养分和水"。

由于抵抗组织遭到破坏，德罗什的许多朋友或被杀害，或被驱逐出境，她的心情十分沉痛而沮丧。她知道自己能够逃过一劫实属幸运。后来她平复心情，继续进行抵抗活动时，变得更加小心谨慎了，于是将活动范围限制在卢浮宫里。她进行了许多抵抗活动，比如在若雅尔的授意下，定期向盟军发送情报，向他们提供有关德军从犹太人那里抢来的艺术品的去向，以及卢浮宫藏品的最新信息。

许多其他的卢浮宫展馆负责人——不管是在巴黎工作的，还是留守在存放着博物馆珍品的几个城堡里的——也都积极参与到地下秘密进行的抵抗活动中。一些驻扎在乡村的人员也加入各个新成立的反纳粹游击队中，他们称其为马基游击队。这些游击队神出鬼没，隐藏在民间，并参与了许多针对德国的破坏和颠覆活动。事实上，备受尊敬的博物馆绘画部主管勒内·于热负责看管存放于法国西南部蒙塔勒城堡里的珍品，他还接管了城堡附近一个游击队的领导权。

在若雅尔的保护下，卢浮宫博物馆还进行了各种其他形式的抵抗活动。比如若雅尔的副手创办了一家地下杂志，定期发布德国人大规模抢掠犹太人财物的消息，以及揭露维希政府在其中如何与德国人沆瀣一气，相互勾结。杂志社和另外一家地下报社利用博物馆的复印机复印了一份又一份的报纸和杂志，并将这些东西秘密存放在博物馆的地下室里，然后再想办法分发出去。

卢浮宫尘土飞扬的地下室如迷宫一般，绵延半英里，在整个战争期间，这里也是逃离纳粹抓捕的盟军士兵、飞行员、犹太人和抵抗运动成员的藏身之地。此外，若雅尔还让出了自己位于卢浮宫里一层的一间套房，偶尔用作安全屋。在让·卡苏逃往图卢兹之前，若雅尔为了保护他，就让他藏在了那间套房里。到了战争后期，这间套房就被用来当作抵抗组织全国委员会的秘密会议室。这个委员会成立于1943年，负责协调所有法国的地下抵抗活动。

雅克·若雅尔是"二战"中的无名英雄之一。在德罗什的漫长人生中，若雅尔是她最钦佩的人之一。1942年，他给了德罗什一个卢浮宫的长久带薪职位。但德罗什的死敌——埃及馆主管查尔斯·博勒——在给维希政府官员的一封信中，向官员报告说，虽然德罗什在工作方面能力不错，做得还算合格，但她不该被任命这个新职位，甚至她应该因为拒绝签署对贝当和维希政府效忠的誓言书而被卢浮宫解雇才对。维希政府负责艺术品领域的主管路易斯·奥特克尔也同意博勒的观点。他就是纵容那些纳粹高层抢掠犹太人艺术品的罪魁祸首。在奥特克尔关于德罗什的报告里，他指出德罗什曾被盖世太保逮捕过一次，德国人怀疑她是戴高乐将军和自由法国运动的支持者。

在这至关紧要的时刻，若雅尔和奥特克尔的上级——维希政府的文化部部长杰罗姆·卡科皮诺讨论了此事。这是一个冒险的举动，但若雅尔打赌卡科皮诺是维希政府官员中少数明面上支持贝当，但私底下反对法国政府与德国人合作的人之一。事实证明，若雅尔猜得没错：卡科皮诺力挺若雅尔对克里斯蒂亚娜·德罗什的任命。如果若雅尔在这个关键时刻没有站出来支持她，她作为埃及学家的职业生涯恐怕就此结束了。

1943年年中，德军看似势不可挡的侵略势头终于被盟军阻止了。现在盟军转向了新的目标，他们要在第二年进行期待已久的解放西欧计划。1944年6月，经过数月的紧张准备，盟军在诺曼底海滩登陆，向侵占法国的德军发起进攻。经过了一个漫长而血腥的夏天，盟军终于艰难地穿过了诺曼底的栅篱地带，并最终在7月发起总攻，军队势如破竹，长驱直入，直捣法国腹地。

日子一天天过去，巴黎成了火药桶。巴黎的百姓在焦急地等待城市被解放的同时，也急不可待地要找德国人算总账。8月初，首都巴黎爆发了一系列共产党发动的罢工行动：铁路工人、警察、邮政和电报系统工人纷纷停工。共产党号召法国人于8月18日开始发起武装起义。18日当天早上7时，巴黎各地的小规模抵抗斗士向德国巡逻队开火。其他反抗组织和团体冲进并接管各个公共设施和建筑，同时将占领那里的德国人驱逐出去。尽管起义打了德国人一个措手不及，但没过多久，德军就做出了反应——德国军队和坦克冲进市中心进行镇压，造成数百人死伤。

卢浮宫距离德国军事指挥中心只有几步之遥。此时的卢浮宫成了众矢之的，受到来自四面八方的炮火攻击。德国军队在博物馆周围的杜乐丽花园、里沃利大街和协和广场挖了战壕，他们在战壕里和抵抗者们爆发了战火激烈的小规模冲突，其中一些人试图控制位于卢浮宫对面的第一区市政厅。

若雅尔早就预料到了这种情况，于是事先动员卢浮宫的工作人员提前做好准备，与他1939年德国入侵波兰之前提前策划将博物馆里的珍品转移如出一辙。就在巴黎起义爆发之前，若雅尔召集德罗什和其他几十名各展馆负责人和工作人员，驻扎在卢浮宫外，以保护这座建筑免受即将燃起的战火吞噬或破坏，不过具体要在卢浮宫外驻扎多久，谁也不知道。

8月18日早上，德罗什顶着猛烈的炮火，骑着自行车穿过巴黎的街道。当她经过协和广场时，看到一辆坦克正在向附近一座被抵抗运动成员占领的政府大楼开火。最终她趁着另一辆德国坦克开始向卢浮宫开火前，匆忙跑进了博物馆里。洞穴般的走廊里回荡着外面街头巷战的隆隆炮火声。

德罗什走进办公室，惊讶地发现若雅尔和一位年轻的同事已经等在那里了。这位同事在战争期间被招进了埃及馆工作，一开始与德罗什共用一个办公室，几个月之后才有了自己的办公室。德罗什看到若雅尔手里拿着一支枪，更加吃惊不已。当她得知这支枪是从哪里来的之后，气得都说不出话来了。

若雅尔召集卢浮宫所有的员工时，就指示他们可以取回自己藏在卢浮宫里的枪，以便在防御博物馆时使用。根据德国人的规定，凡私人拥有枪械者一律被判处死刑。在战争初期，若雅尔曾命令所有参与抵抗组织并拥有枪支的属下妥善隐藏好武器，确保不被人发现。

事实证明，在未经德罗什允许或知晓的情况下，与她同在一个办公室的这位同事竟然在她的书架里藏了一把枪和一盒弹药，就放在一套十二卷的古埃及铭文书卷后面。后来，德罗什回忆说："他知道我被捕过，正受到德国人的密切监视。他差点儿把我害死，因为如果盖世太保在搜查办公室时发现了枪支和弹药，他们会当场就开枪把我打死。"

然而，尽管德罗什和若雅尔两人都很生气，但他们和卢浮宫里的其他人有更大的担忧。博物馆眼下已被德国坦克包围。当天抵抗者和德军交战时，如雨点般的炮弹和子弹落在博物馆的石头外墙上，在上面砸下麻点一样的弹坑，另外还炸毁了好几十扇窗户。德罗什办公室里的窗户都被震碎了，若雅尔差点儿被一颗从他屋子窗户穿射进来的子弹击中。

卢浮宫里的工作人员在他们各自的防御岗位上坚守了一个多星期。德罗什和其他展馆负责人在画廊里站岗，而警卫们则在博物馆古老的木屋顶上巡逻，密切关注落下来的炮弹和子弹引起的火花。因为这些火花可能会立即将博物馆点燃。警卫们俯瞰着下面的庭院和不远处的街道，还充当抵抗斗士们的观察员，向下面站岗放哨的人通报德军坦克的移动情况。放哨的人与巴黎消防局一直保持电话联系。因此消息被传递给了消防员，再由消防员将消息传递给抵抗组织。

员工们不执勤时,就会退到地下室里,或相互交谈,或吃饭睡觉。若雅尔的妻子囤积了大量的食物,尽管大家在博物馆待了很长时间,但没有一个人挨饿。用德罗什的话说,若雅尔太太创造了"一个名副其实的奇迹"。

暴动愈演愈烈,若雅尔密切关注英国广播公司的新闻广播。8月24日,听说巴黎即将解放,若雅尔早上五点将睡眼惺忪的员工们都召集起来。他一边警惕地看着德军的坦克,一边把员工们带到博物馆的钟楼上,俯瞰着下面的庭院。当所有人都聚集到一起后,若雅尔打开了一面法国国旗,并宣布:"是时候将过去四年被抢走的东西夺回来了。"说完,他下令将国旗悬挂到钟楼的塔顶。德罗什回忆说:"那一刻对我们所有人来说真是太激动了,那种强烈的心情我真是无法用语言来形容。"

第二天早上,盟军在菲利普·勒克莱尔的指挥下,由法国第二装甲师打头阵,进入巴黎。盟军士兵们有的列队步行,有的乘坐坦克,当他们经过时,成群的巴黎人走上前来拥抱并亲吻他们。有的巴黎人还登上坦克,给士兵们送上鲜花和香槟。而巴黎的各大教堂——如圣母院、圣心教堂和圣礼拜教堂等等——都响起了欢快的钟声,震撼着整座城市。

但卢浮宫周围的街道上还没有举行庆祝活动,因为那里的战斗愈加激烈了。德国人仍在负隅顽抗、垂死挣扎,陷入疯狂一般保卫附近的军事指挥大楼。他们从网球场美术馆的金属百叶窗和卢浮宫花园里覆盖着沙袋的雕像后面开火。博物馆受到双方的交叉火力攻击,陷入激烈的战火之中。直到当天晚些时候,随着盟军的坦克加入战斗,英勇抵抗的志士们才最终占据上风。

到第二天夜里,战斗才终于结束。卢浮宫周围地区的六百多名德国士兵皆缴械投降，但由于没有足够大的建筑可以在这么短的时间内容纳这些士兵，因此投降的士兵们被带到了博物馆的庭院里，由抵抗组织成员负责看守，直到这些士兵被转移到更安全的地区。

当天深夜，一些潜伏在里沃利大街建筑物屋顶上的抵抗组织狙击手打算向庭院里的德国囚犯开枪，以此取乐。惊慌失措的德国人像蚂蚁一样四散逃窜，一些人躲在庭院的角落里，还有些人砸碎了卢浮宫一楼的窗户，跳进屋里。在混乱中，几名听到枪击声并冲进庭院的抵抗组织成员抓住了前来帮助受伤囚犯的卢浮宫员工，声称他们是敌军的同伙。雅克·若雅尔也在其中。他被人用枪抵着后背，被押着穿过街道，来到第一区市政厅，一群桀骜不驯的抵抗者威胁要当场将他开枪击毙。最终他被卢浮宫学院主管罗伯特·雷伊救了下来。雷伊看到若雅尔被人押走，立刻冲到市政厅，说服了抓住若雅尔的人，解释说他是卢浮宫博物馆的馆长。

与此同时，针对藏匿在卢浮宫的数十名德国士兵的搜寻工作正在进行。德罗什在几名博物馆警卫的陪同下走近拉美西斯三世巨大的粉红色花岗岩石棺时，见到了一个可怕的幻影：几个黑得像煤烟的人从石棺里缓缓起身，手臂高高举起。后来德罗什回忆道："我们两拨人就那么面对面看着，脸上带着同样惊讶的表情，我不得不承认，当时的我真是吓坏了。"除了几个被石棺里厚厚的油脂和灰尘蹭得从头到脚一身黑的德国人以外，埃及馆还发现了十几个德国战俘，不是躲在箱子里，就是藏在雕像后面。

巷战平息、巴黎正式解放几天之后，盟军的历史遗迹、艺术和档案部的官员们（昵称为"夺宝人"）抵达卢浮宫。该组织的成员包括艺术学者、博物馆馆长、档案学家和历史学家，他们被指派追踪和追回被纳粹抢掠走的大量艺术品和文物。他们来到巴黎是为了感谢若雅尔在战争期间传递的无数被掠夺的艺术品的信息，并且想要寻求若雅尔和罗丝·瓦朗的帮助，以寻回那些被掠走的艺术品。有了瓦朗的协助，他们很快就能找到数千件被偷运走的艺术珍品，这些珍品被藏匿在欧洲大陆各处，有的在盐矿深处，有的藏在废弃的建筑中，还有的藏在山顶的城堡里。

在战争的最后几个月里，随着法国越来越多的地区被解放，其他一些被关在监狱或集中营的抵抗运动成员获得释放并回到抵抗组织里，其中就包括让·卡苏，他于1941年12月在图卢兹被捕，并因参加抵抗活动被判处在维希政府的一座监狱服刑一年。1943年卡苏获释后，重新开始抵抗活动。同年，总部设在阿尔及利亚的戴高乐临时政府任命他为其在法国南部的代表。图卢兹解放后，卡苏和其他几名抵抗组织成员乘坐的车辆与追捕他们的德国武装巡逻队汽车相撞。卡苏身受重伤，昏迷了三个星期。据德罗什说，戴高乐本人亲自去探望卡苏，来到他的床边，赠予了他解放勋章，并为他提供了临时政府的一个高级职位。卡苏摇了摇头，说道："我只想回到我的博物馆。"最终，他如愿以偿：他被恢复了职位，继续担任国家现代艺术博物馆馆长的职务，一直到1965年卸任。之前他只担任了这个职务三个月，就被维希政府解雇了。

后来卡苏的朋友兼抵抗组织的战友艾格妮丝·亨伯特也跟他一起在博物馆共事。战争期间，艾格妮丝·亨伯特在几家生产合成纤维的德国奴隶工厂被奴役了整整三年，度过了地狱般的战争岁月。由于干活时接触有毒的化学物质，她的手、胳膊、喉咙、脸和眼睛多次被酸液灼伤。1944年末，战争即将结束时，四十七岁的亨伯特在镜子里瞥见了自己。她在自己秘密保存的日记里写道："我看起来就像七十多岁的人，弯腰驼背，皮肤蜡黄，眼睛凹陷，日渐衰老，越来越骨瘦如柴。"

尽管她浑身持续剧烈疼痛，并且长期缺乏营养，但她天生的坚韧、叛逆和幽默感却始终没有被磨灭。1945年春天，亨伯特所在的工厂遭到盟军轰炸，她和其他女囚被疏散到德国西部的各个小镇里。1945年4月3日，美国第三军团控制了亨伯特被关押的城镇，重新获得自由之后，她立刻再次蜕变为一名女性斗士。美国军事当局充分利用了她会讲一口流利的德语和英语的能力，以及充满斗志的力量和令人赞叹的组织技能，命她负责管理小镇，为难民提供住所、食物和急救。此外，她还开始收集政治情报，并在1945年秋返回法国之前，在当地制定了一套详细的去纳粹化计划。

让·卡苏立即聘请她担任现代艺术博物馆的展馆负责人。在战后举行的各种盛大招待会上，亨伯特故意对那些在战争期间与德国人称兄道弟的人置之不理，不给好脸色，令她的社交名媛儿媳大为恼怒。在一次这样的招待会之后，亨伯特的孙子想起了她母亲说的话："我想这位彬彬有礼的绅士在战争期间的行为并非无可指摘的，但是，真想不到她竟公然拒绝跟他握手！"亨伯特的孙子钦佩地补充说道："艾格妮丝一直都是这样：不妥协、桀骜不驯、不管别人说什么都毫不在意。"

第九章

震荡冲击埃及

欧洲的战争结束一个月后，克里斯蒂亚娜·德罗什带着一卡车卢浮宫最珍贵的埃及文物再次上路。这一次，她要把这些珍品带回家。

第二天，《蒙娜丽莎》回到了卢浮宫。《萨莫色雷斯的胜利女神》雕像也由一辆英国军队提供的超大卡车运回博物馆。这座雕像刚一抵达，德罗什和卢浮宫其他的展馆负责人就看到这座胜利女神尼姬的巨大无头雕像被慢慢吊上一个巨大的坡道，放在一个宽阔的大理石台阶上。

将博物馆里所有被转移的藏品都运送回来需要一年多的时间。战争期间，雅克·若雅尔趁着展馆里空无一物，就对其中一些展馆进行了大规模的翻修，不过卢浮宫内部看起来仍然像被暴风席卷过一样。许多画作仍被留在战时的存放地，直到翻修工作完毕后再运回来。但从战争和被占领的浩劫中解脱出来的巴黎人，想要恢复正常的生活，其中就包括重新开放博物馆，因为这是巴黎文化生活的中心之一。作为回应，卢浮宫于1945年7月举办了一个小型展览，展出了《米洛的维纳斯》和《蒙娜丽莎》以及其他八十多件珍贵藏品。不到一年之后，卢浮宫在香榭丽舍大街附近的一家较小的博物馆巴黎小皇宫举行了一场规模更大的展览，展出了三百多幅法国艺术家创作的画作。

在1947年10月7日，包括翻新后的大画廊在内的整个卢浮宫博物馆终于向公众开放。战争期间转移走的数千幅绘画作品和文物几乎全部被安全地运回博物馆，回归到原来的位置，其中就包括《漂亮的德国女人》，也就是被戈林掠走的那尊抹大拉的玛利亚的木制雕像。由于盟军的步步逼近，戈林仓皇之下将它藏在了德国的一个地堡里，最后被盟军的夺宝队发现。

战争结束后，人们向若雅尔和他的那支由展馆负责人和博物馆其他工作人员组成的小队致敬，感谢他们冒着生命危险保护了卢浮宫里的珍品。詹姆斯·罗里默（James Rorimer），是巴黎解放后与若雅尔密切合作的夺宝人之一，后来担任了纽约大都会艺术博物馆馆长。在谈到这位卢浮宫馆长时，他说："面对德国人索要法国国宝的无礼要求，若雅尔多次与他们周旋和斗争，他手中无剑，只有一腔孤勇；他身无盔甲，却有一身正气。"

1944年末，雅克·若雅尔辞去了卢浮宫馆长的职务。接替他的是乔治·萨勒斯（Georges Salles），他曾是卢浮宫展馆负责人，也是一家专门收藏亚洲艺术品的小型博物馆馆长。萨勒斯是建造埃菲尔铁塔的古斯塔夫·埃菲尔的外孙，在战争期间一直投身于抵抗运动，后被德国人抓住，然后被送进了监狱。若雅尔说服弗朗茨·沃尔夫－梅特涅从中周旋，并安排将萨勒斯释放。

1945年，若雅尔被任命为法国艺术署署长，1959年成为法国文化事务部秘书长。1964年，应若雅尔的请求，法国政府授予弗朗茨·沃尔夫－梅特涅伯爵荣誉军团勋章，以表彰他在战争期间为从纳粹手中拯救卢浮宫的艺术品所作的贡献。

随着1947年卢浮宫重新对外开放，卢浮宫终于走出了"二战"的阴霾，翻开了新的篇章。对克里斯蒂亚娜·德罗什来说，也是如此。在经历了五年的社会动荡和危机之后，她终于能够将全部注意力集中在博物馆的工作上。如今她是埃及馆永久负责人，还在卢浮宫任教，并开始将她在对古埃及人生活各个方面的研究中得出的结论写成论文，记录下来。

后来，德罗什说："埃及学家的第一个抱负应该是将自己从关于埃及文明的公认观点中解放出来。"她指出，在她早期的学术著作中,"我重复了一些之前的大师们阐释过的观点,但也尝试着表达我个人的看法。比如说,为什么皇室陵墓的墙上会描绘埃及人日常生活的场景?"即使不是大多数,但也有许多埃及学家认为,陵墓中的壁画上描绘的场景,如狩猎、捕鱼、在田间劳作等等,是死者在世间的写照,他希望死后的下一世这样的场景继续存在。然而,德罗什则认为,这些绘画以及在墓穴中发现的随葬品应该被视为已故王室成员在穿越冥界寻找永恒生命的过程中,所面临的挑战的象征性图案。这一观点成为德罗什后来诸多著作的主要探讨主题。

德罗什在兼顾各种工作任务的同时,又有了两个新的身份。在她三十二岁的时候,她成为妻子和母亲。

战争初期,德罗什执行一项抵抗组织的任务,前往图卢兹,偶遇了她哥哥的老友安德烈·诺布勒古。德罗什从小就认识他,安德烈还曾耐心地辅导她做数学作业,这是德罗什为数不多掌握得不太好的学科之一。如今,现年三十岁的诺布勒古是一名工程师。他们在图卢兹见了几次面,安德烈对德罗什展开追求,并承诺结婚之后,德罗什可以继续她的职业生涯,最终赢得了佳人的芳心。德罗什说:"他太聪明了,知道无论如何不能阻止我做我想做的事。"

他们于1942年结婚,但在德罗什-诺布勒古的坚持下,他们婚后一直分居,直到战争结束。德罗什说:"我们还在从事抵抗活动,这太危险了。你永远不知道第二天自己会在哪儿,也不知道你会在谁面前暴露自己。我的许多战友被驱逐出境了。我不想把他置于危险之中,我不能做这么愚蠢的事。"

战争后期,诺布勒古加入了法国内务部队(FFI),这是一支由夏尔·戴高乐将军领导的自由法国抵抗力量。随着巴黎和法国其他地区的解放，FFI被组织成轻型步兵部队，并成为自由法国军队的重要兵员补充。

战争即将结束时，这对夫妇终于能够团聚在一起。德罗什-诺布勒古对于婚姻和孩子都有合理的规划。她回忆道："我告诉他，我正在工作，所以以后再考虑组建家庭……停战后，我决定要个孩子，于是我们有了一个儿子。"1946年，德罗什的孩子出生，她给自己的儿子取名为亚兰，以纪念当年的亚兰·傅尼叶之友协会，并选了她在这个文学协会的九位同事做她儿子的名誉教父或教母。

安德烈·诺布勒古是个安静而谦逊的人，在他和德罗什五十七年的婚姻中，他始终站在精力充沛且热情外向的妻子身后，支持她所做的一切。德罗什职业生涯后期在卢浮宫的同事吉耶梅特·安德勒-拉诺埃（Guillemette Andreu-Lanoë）说："他鼓励并全力支持德罗什从事的事业，帮助她克服在工作中遇到的困难和阻碍，这充分表明了他是那个时代为数不多的拥护女权主义者，这在当时是十分难得的。"德罗什-诺布勒古决定将自己的姓与丈夫的姓氏结合起来——这在20世纪40年代的法国女性中是十分特立独行的——由此可见，她从一开始就决心保留自己的身份。

据卢浮宫前馆长亨利·卢瓦耶特称，安德烈·诺布勒古是他妻子的"王夫"[1]。最终，诺布勒古也参与到德罗什的事业中，他努力提升和扩展自己在博物馆安全方面的专业知识，并在卢浮宫和法国其他国家博物馆担任了多年的技术安全顾问。

德罗什-诺布勒古十分忙碌——无论在事业还是在个人生

1　即女王的配偶。——译者注

活上，在战后的几年里，她几乎没有时间从事战前她最喜欢的工作——在埃及进行实地考察和挖掘。她在20世纪40年代末只回过埃及两次，都是为了短暂地进行研究工作。每次她抵达开罗时，都会明显有种不安感。

对埃及来说，战争年代既煎熬又混乱。和以往一样，开罗永远处于风暴的中心，是英国在中东军事总部的大本营。北非战役就是在埃及策划和指挥的，此外，希腊和克里特岛战役、入侵叙利亚和南斯拉夫游击战等战役皆是如此。事实上，正如历史学家艾伦·奥尔波特所说，多年来，开罗一直是"大英帝国的军事首都"。

1940年末，英国军队在埃及邻国利比亚与意大利军队对战，并在初期取得了一系列胜利。但当德国将军埃尔温·隆美尔率领他的非洲军团匆忙赶来解救意大利人时，英军的胜利顷刻间化为乌有。德军仅用了十天时间就收复了英军在三个月内占领的几乎所有地盘。1942年初，隆美尔率领他的军队继续进攻，横扫埃及，在不到十天的时间里，德军向前推进了三百五十英里。隆美尔凌厉的攻势被温斯顿·丘吉尔称为"一级灾难"，对英国来说，这的确是一场步步逼近的战略性灾难，因为这场灾难还威胁到了英国对中东石油的开采以及对苏伊士运河的控制。

与此同时，埃及官员对英国在埃及发动的战争没有任何发言权。因为早在1936年，两国就签署了一项协议，虽然这项协议终止了英国对埃及的军事占领，但也一如既往地让英国人钻了一个空子：如果英国开战，那么于1936年接替其父福阿德国王的法鲁克国王有义务在战争期间将埃及的港口、机场和领土的控制权移交给英国。

1939年9月，英国对德国宣战，该"协议"随即生效。但是，时年二十二岁的法鲁克国王和他的政府顶住了英国要埃及立即向德国宣战的压力，并暗中阻挠"协议"生效进程。他们坚称，埃及人民将反对英国的这一举措，并指出，由于食品——特别是面包和糖等——供应量短缺、价格飙升，已经发生了相当大的公众骚乱。随着战争的不断升级，食品短缺情况愈加严重，动乱加剧。苏伊士港的工人们将食品短缺的情况归咎于英国人，并举行了短暂的罢工，开罗大学的学生举行了几次示威，他们举着标语牌，高呼"隆美尔万岁""打倒英国人"。

英国当局怀疑，法鲁克国王和他的总理跟学生们一样，都认为若德国和意大利在中东取得胜利，将会终结英国对埃及的控制。1942年初，隆美尔的进攻对英国造成了极大的威胁，于是英国决定采取行动予以反击。2月初，英国向法鲁克国王发出最后通牒：责令埃及政府在2月4日前罢免其现任总理，并任命一名亲英的官员接替其职位，否则就会迫使他退位。

四日晚些时候，英国当局仍没有收到国王的任何消息，于是在英国著名作家詹姆斯·莫里斯所称的"帝国最后的虚张声势"中，英军派坦克驻扎在埃及王宫前，并派遣一支大约六百名士兵的军队举着冲锋枪将王宫包围。一辆装甲车和一辆载着英国大使迈尔斯·兰普森爵士的劳斯莱斯汽车，强行穿过宫殿的铁门。六名英国军官拔出枪，解除了埃及警卫的武装。一进王宫，身高6.5英尺、体重250磅的彪形大汉兰普森便立即向年轻的埃及国王宣读了一份事先准备好的声明。声明中指责法鲁克国王和他的大臣拒绝任命亲英的政府官员，助纣为虐，罄竹难书。兰普森习惯性地称法鲁克国王为"男孩"，他宣布"陛下不适合再占据王位"，然后递给他一封退位信，并命令他签署。这位心性软弱的国王面对兰普森的威胁立即屈服，恳求英方再给他一次机会，并承诺会罢免现任总理，然后任命英国属意的人接任。当晚深夜，兰普森写道："今晚的行动到此为止，但我不得不承认我很享受其中。"

几十年来，西方政府一直在对阿拉伯国家的领导人指手画脚，但大多数埃及人和阿拉伯世界的其他人有一个共识，即兰普森对法鲁克的羞辱实在有些出格了，令人无法接受。国王并不是什么道德典范，恰恰相反，他好逸恶劳、贪赃枉法、贪图享乐，出了名的腐败无能。在他统治埃及的六年里，尽管他在埃及人当中声望一落千丈，但他依旧是埃及的国王，而英国人对埃及国王的侮辱引发了埃及全国上下的愤怒。

时年二十四岁的贾迈勒·阿卜杜勒·纳赛尔和他在埃及军队的战友们对此心情最为沮丧。纳赛尔是一名乡村邮政职员的儿子，曾在埃及皇家军事学院学习过三年。一位历史学家将这座学院形容为"强烈的埃及民族主义的摇篮，其中还夹杂着对学院英国军事顾问的深深憎恨"。纳赛尔上尉身材高大、肩宽体阔、谈吐得体、博览群书，是埃及军队中的后起之秀。从军事学院毕业后，他进入陆军精英研究生参谋学院进修，学成后回到军事学院担任教官。

对纳赛尔和与他同时代的人来说，英国是困扰埃及的所有问题和矛盾的幕后黑手。1936年，他在给一位朋友的信中写道："用你所能召集的一切力量来反对他们。"法鲁克的屈从令纳赛尔悲愤不已，他希望军队能奋起反抗埃及的占领者，并发誓要为捍卫埃及的荣誉和尊严奋斗终身、死而后已。他身边永远不缺拥护者，其他几十名军官也踊跃加入这一秘密反抗团体。一听到有秘密反抗组织在暗中活动，法鲁克国王立即给这些潜在的反叛分子传递了一条信息，一方面感谢他们的支持，但另一方面则勒令他们返回各自的岗位，不得擅自行动。纳赛尔等人虽服从了命令，但他们内心的愤怒依旧没有平息。作为回应，纳赛尔成立了一个由他和军事同僚组成的地下组织，起名为自由军官组织。在该组织十四名创始成员中，有一位名叫安瓦尔·萨达特的人，比纳赛尔更具煽动性。

德国对埃及的威胁引发了英国对法鲁克国王的镇压，但德国的入侵行动最终还是以失败告终。1942年7月，隆美尔企图攻入开罗，但在开罗以西一百五十英里的阿拉曼被英军阻挡住了进攻的脚步。这是德意志非洲军团有史以来最接近埃及首都的一次进攻。

贾迈勒·阿卜杜勒·纳赛尔上校

几个月后，隆美尔率领的部队在第二次阿拉曼战役中被英国第八军团击败，而在"火炬行动"中，盟军攻入法属北非。1943年春，盟军将德国和意大利从中东彻底驱逐出去，轴心国军队在"二战"的其他军事战场上也屡战屡败。

1945年，三方冲突最终结束。此时，埃及公众要求政府摆脱英国控制的舆论压力再次升级。1948年，英国终止了对巴勒斯坦的托管，但拒绝对埃及采取同样的政策。于是埃及公众民怨沸腾，矛盾进一步加剧。英国从巴勒斯坦撤军后，新成立的联合国将该地区划分为两个国家，一个由阿拉伯人控制，而另一个由犹太人掌权。于是新的犹太国家以色列宣布独立，随后包括埃及在内的五个阿拉伯国家派遣军队迅速袭击了犹太领土。

法鲁克国王和他的政府认为如果以色列战败，那么埃及就能从中分一杯羹，获得部分领土。而此时的埃及军队既没有充分训练，也没有提前做好准备，而且武器陈旧、装备落后，但政府还是将这样的一支军队派上了战场。结果当然是一败涂地：一盘散沙的埃及军队被以色列人打得落花流水。而纳赛尔率领的一个旅是为数不多表现出色的部队之一，该旅在加沙附近的费卢杰地区被以色列军拦截并包围，但纳赛尔的部队拒绝投降，并坚持作战，一直到上级下令停火。

纳赛尔和他的秘密组织对法鲁克国王背叛军队的行为感到愤怒，于是他们将驱逐国王及其亲信列入了他们自战争以来一直策划的起义的第一目标。

1948年初，克里斯蒂亚娜·德罗什-诺布勒古抵达开罗，此时以色列和几个阿拉伯国家之间尚未开战，距离战争还有五个月。

即便如此，这座城市依然笼罩着一种令人紧张不安的气息，令她忍不住想要逃离。

她回到卡纳克古建筑群附近的挖掘现场，1940年初的时候，她一直在那里进行挖掘工作，可惜后来被傲慢自大的法国同事亚历山大·瓦里尔毫不留情地关闭了。战争结束后，经常与瓦里尔合作的同事——同样傲慢的克莱门特·罗比雄，接手了此地的挖掘工作。

德罗什-诺布勒古在那里完成了她于1940年开始的项目之一：将猎鹰头人身的战争之神——门图的神庙中一扇约六十英尺高的门上冗长的象形文字铭文复制下来。她让罗比雄搭一个脚手架，好让她可以接触到门的顶部和高处。罗比雄答应了，但脚手架搭得摇摇晃晃——她不得不借助晃晃悠悠的梯子才能爬到顶端。德罗什回忆说："每天爬梯子都冒着很大的危险，当时天气很冷，狂风呼啸。我必须十分小心，因为脚手架上没有护栏。"几年后，她向一位采访者描述当年的场景，记者问她为什么罗比雄丝毫不在意她的人身安全。她的回答简短又意有所指："看得出来，他有点儿反女权主义。"

晚上，会有一名埃及工人在脚手架上站岗，以防止搭建脚手架的木材被当地的拾荒者偷走。德罗什回忆起她第二天早上到达现场时的情景："我正准备爬上脚手架，祈祷它能撑住，别散架，这时我发现前一天的守卫不见了，换了另一个新面孔。"于是她问那名男子，昨天的守卫去哪儿了。那名男子从口袋里伸出右手给她看，只见那人的右手缺了拇指。

德罗什一下子认出了这个人。他是1940年在挖掘现场干活的工人之一。那年他正试图移动一根沉重的砂岩柱，突然柱子倒下来，压碎了他的拇指。就像在埃德夫一样，德罗什负责挖掘现场的伤病护理，她对这名男子进行了急救，然后立即将他送往医院。

此时，这名男子告诉他，昨天的那个守卫是小偷，如果他没有被替换掉，就会偷走脚手架上的木板。"那样的话，你就会摔倒，"他说，"你救了我，我怎么能让你摔断脖子呢？你的救命之恩我一辈子都会铭记在心的！"后来德罗什回忆说："埃及人永远怀着感恩之心。如果你尊重他们，不伤害他们的尊严，他们就会对你全心全意，让你无可指摘。他们是最忠诚、最值得信赖的朋友。"

在埃及的整个时间里，德罗什-诺布勒古都深切地关心着她周围的当地人。在埃及的工作结束后，她回到了家，回归家庭，也回到了卢浮宫，不禁为她的朋友和他们国家的未来而深感担忧。

到了1951年，埃及民众的愤怒已临近顶点，一触即发。三年前，英国从埃及撤出了部分军队，但仍留下了一万名士兵来守卫苏伊士运河。1950年，两国政府开始就1936年签下的协议进行重新谈判。该协议授予英国有在运河驻扎军队的权力，时间截至1956年。埃及人想让英国人赶紧离开，但被英国拒绝。谈判持续了很久，仿佛看不到尽头。终于在1951年10月11日，埃及政府的耐心消耗殆尽，埃及总理单方面废除了该协议。

英国声称不接受埃及单方面终止协议，并且宣布这是违法的。"二战"差不多已经结束，但"冷战"随之而来，于是英国便以此为借口继续保持对运河的控制。他们坚信运河是英国至关重要的生命线。英方称，最重要的是，他们不仅要保护运河，还要保护整个中东免受他们所谓的迫在眉睫的苏联威胁。为了强调这一点，他们向运河区增派了八万名士兵——是1936年协议允许派军人数的八倍。

这一消息迅速在埃及民众中引起强烈反应和愤怒情绪。数千名工人在运河区举行罢工，反对英国的所有公司；数百名年轻人加入了所谓的"解放游击队"，即对驻扎在运河区的英国军队进行游击战的准军事组织。随着双方伤亡人数的不断增加，埃及政府似乎已经无力控制这种迅速蔓延的混乱局面了。

1952年1月25日，运河区英军指挥官向伊斯梅利亚镇的警察发出最后通牒，要求他们交出驻地，离开城镇，因为他们怀疑运河区的警察中有些人加入了反抗英国的游击队，进行了针对英国人的游击行动。英军的要求被运河区的警察断然拒绝，于是英国派出了一个营的士兵在六辆坦克和装甲运兵车的陪同下，袭击了警察局，结果造成了四十多名埃及人死亡，其中大多数是警察，另有七十余人受伤。

第二天，数以万计的埃及人走上开罗街头，开始了埃及现代历史上最暴力的城市暴动。暴徒们游荡在城市各处，他们杀人、抢劫，并且纵火焚烧了数百座建筑，其中包括办公大楼、酒店、商店、俱乐部以及其他一些欧洲人，尤其是英国人所有或者经常光顾的地方。谢菲尔德酒店起火，托马斯·库克旅行社、巴克莱银行、赛马俱乐部、英国航空公司办公楼、英国文化协会以及法国商会也陷于熊熊烈火之中。从远处望去，整个开罗仿佛都在燃烧着。埃及政府并没有出手去控制这场暴乱，最终这场浩劫夺走了七十六人的生命，其中九人是英国人。由于无法应对日益严重的社会危机，1952年1月至7月间，埃及内阁进行了四次改组。

一直到了7月，纳赛尔和他的自由军官组织此时规模已经扩大了数倍，但一直保持相对低调和平静。他们力劝埃及人加入反对英国的斗争，其中一些人帮助训练游击队战士，但他们并没有过多参与到实际的战斗中。现在，随着开罗权力真空的加剧，纳赛尔受到了来自组织内部和外部的双重压力，要求他立即采取行动。

1952年7月22日，纳赛尔意识到时机已到，决定出手。他和组织里的其他领导人一致呼吁大家"清算殖民主义并铲除支持殖民主义的埃及叛徒"，并命令组织里所有成员，以及他们指挥的军队立即进入戒备状态。第二天一早，他们的军队占领了邮局、电台、陆军总部和其他战略中心，以及所有进出城市的桥梁。当天晚上，他们包围了王宫。

在政变发生的几个月前，纳赛尔的一些同僚力劝他将法鲁克国王逮捕，然后对其进行审判并处决。但这一建议被纳赛尔拒绝。相反，他给法鲁克国王写了一封信，要求其退位，国王欣然答应。几个小时后，国王和他的妻子带着二百多件行李乘坐皇家游艇流亡意大利，途中他们受到了二十一响礼炮的欢送。

政变几乎兵不血刃，纳赛尔决心以后也这样。起义军几乎没有遇到任何抵抗，局势明朗之后，开罗各处都举行了庆祝活动，人们拍手相庆，高呼支持起义军，感谢他们驱逐了令人憎恶的法鲁克国王，令其政府下台。最终，埃及人在几千年的王权统治后，第一次当家作主，完全掌控了自己的国家。

国王刚一离境，纳赛尔和他的手下就将注意力转向了那些在政府官僚机构担任高官的英国和法国公务人员。所有这些人立即被解雇，其中也包括德罗什的导师——艾蒂安·德里奥东神父，他担任埃及文物局局长的职务已经十六年了。

纳赛尔为了进一步强调他消除英国掌控和影响的决心，下令将开罗最大的公共广场伊斯梅利亚广场改名为解放广场。曾经俯瞰这座广场的一个庞大的英国军营也在政变前不久被拆除。

将埃及文物局里的法国人驱逐的这一事件在法国的埃及学界引起了轩然大波。法国人在埃及负责考古工作近百年，要终止法国在埃及的考古及其影响可谓难上加难。法国的埃及学家们也担心这种天翻地覆般的剧变会让其他西方国家钻空子，趁机参与到未来的挖掘项目中。

对埃及人来说，将自己本国的文物掌控在自己手中是当务之急，且不容置疑。几代人以来，法国、英国、德国以及其他西方国家对埃及珍贵文物的掠夺一直是殖民主义的象征，也是令埃及人痛彻心扉的伤口。因此那些为埃及独立而斗争的人决心要结束这种殖民主义。

碰巧的是，第一个掌管埃及文物局的埃及人并不是专业的埃及学家。这位名叫穆斯塔法·阿梅尔（Mustafa Amer）的人是一位著名的地理学家和史前学家，被誉为"埃及地理研究的精神领袖"。现年五十岁的阿梅尔在开罗大学创建了地理系，在他的指导下，这个地理系以研究自然世界和人类活动之间的关系而闻名遐迩。这是一个包括考古研究在内的广泛地理学概念，与大学的考古系是各自独立的。

开罗大学（Cairo University）成立于1908年，已成为埃及人走向上流社会的摇篮。这座大学培养出了无数埃及的知识分子和专业人士，并且数量还在不断增加，包括考古学家、教育工作者、工程师、律师、记者和其他白领阶层——其中许多人被新成立的政府招揽，授予职位。由于之前英国当局反对为埃及人提供任何形式的公立高等教育，因此这所大学最初只是一所小型私立学校。

1925年，英国给予埃及"准独立"权三年后，它才成为一所公立大学。

由于拥有高等学位的埃及人太少，无法担任院长和教授，因此该大学最初不得不依靠法国和其他欧洲国家的学者来填补这一空白。然后埃及学生被送到欧洲大学接受进一步教育和培训，他们中的一些人在国外获得了高等学位之后，再返回埃及，在该大学和其他教育机构任教。

穆斯塔法·阿梅尔就是其中之一。1917年，他从开罗的一所师范学院毕业后，于1921年在利物浦大学获得了地理学硕士学位。他很喜欢在英国的时光，尽管他认为从事地理研究是源于埃及民族认同感的内在要求和需要，但他也坚信国际团队合作的重要性，并认为来自不同国家的地理学家应该携手合作，前往埃及和阿拉伯世界其他地区进行联合探险。

阿梅尔认为，在埃及学领域，国际合作尤为必要，也很重要。他和政府里的其他人都想要创建一个与法国人在开罗建立的东方考古研究所媲美的埃及研究机构。在埃及的古代神庙、陵墓和其他古迹遗址受到洪水、自然腐蚀以及现代工业化威胁之际，建立这样一个由埃及人自己管理的研究中心便成为一件刻不容缓之事。

阿梅尔想从西方招募一名埃及学家来帮助他们建立新的研究中心。但是由于政府禁止非埃及裔在政府任职，他一直在琢磨该如何让自己的目标实现呢？答案来自联合国教科文组织（UNESCO）——一个成立了九年的联合国机构。

1945年4月，联合国在旧金山成立，其目的是防止未来再次爆发战争。七个月后，来自四十五个国家的代表聚集在伦敦，成立了一个联合国的分支机构。这个机构名叫联合国教育、科学及文化组织,简称联合国教科文组织(UNESCO),其主要目标是"通过教育、科学、文化和交流,促进各国之间的合作",为国际和平与安全做出贡献。这个联合国机构的总部设在巴黎。

起初,教科文组织的首要任务是帮助修复和重建在战争中受损或被毁的欧洲大教堂、博物馆、历史遗迹和其他艺术文化瑰宝,该任务由联合国成员国捐款资助。但教科文组织很快扩大了其关注范围,将重点延伸到对世界各国的"书籍、艺术作品、历史和科学遗迹"的保护上,其中包括非洲、亚洲和中东地区的古迹遗址。

1954年,埃及政府在阿梅尔的建议和强烈要求下,请求联合国教科文组织协助埃及创建新的研究和文献中心。具体来说就是,埃及政府官员要求该组织指派一名西方考古学家作为联合国教科文组织特派团团长,负责监督埃及研究中心的建立。

于是联合国教科文组织询问埃及政府愿意接受哪些考古学家作为候选人,结果克里斯蒂亚娜·德罗什-诺布勒古的名字名列榜首。但当德罗什第一次听到这个消息后,她拒绝了,因为她要照顾家庭,她的儿子还小,只有八岁,而且她也不想长时间与丈夫分隔两地。联合国教科文组织锲而不舍,再次询问她,被她再次拒绝。

正在此时,她应召与一位法国政府的高官会面。没想到这位官员竟然是她的老朋友——人类博物馆抵抗组织的老战友马塞尔·亚伯拉罕,也是德罗什儿子的名誉教父之一。亚伯拉罕对她大声吼道:"在战争期间,你满怀热情和活力,可如今你那些激情都哪去了?我真不明白你是怎么想的,过去你不是一直支持国际合作的吗?怎么现在面对帮助埃及朋友的这种专业性任务,你却狠心拒绝了呢？这个任务你必须接下。至于你的儿子，你的丈夫和母亲会好好照顾他，不会让他缺少家人关爱。"

德罗什最终做出了让步，但她明确表示，她的这个职位只是临时的。在埃及工作期间，她只负责建立研究中心，建成之后她就回国。然而，事实证明，她在埃及的使命将会让她与埃及这个国家以及那里的文物古迹紧密相连，与她牵绊三十多年，并将她带到世界各地。这项任务也标志着她作为一名主要专注于博物馆策展、教学和学术写作的学者的平静生活结束了。

第十章

『奥兹曼迪亚斯，王中之王』

德罗什-诺布勒古被任命为联合国教科文组织特派团团长的消息犹如一颗炸弹投到了以男性为主导的埃及考古界。这位四十岁的法国女性是有史以来第一批受命担任考古领域领导职位的女性之一。但这并不是引发埃及考古界如此强烈震惊的原因。他们之所以如此惊讶,更多的是因为德罗什和联合国教科文组织打算将埃及打造成埃及学的主要研究阵地,使埃及人成为埃及学研究的主要参与者。一个多世纪以来,始终是西方埃及学家告诉埃及人该怎么做,而如今他们的霸权地位正在被削弱。

德罗什和与她共事的埃及人之间一直保持亲密的关系,这种情况长期以来一直令她的一些男性同事深感困扰。与大多数的男性同事不同,德罗什会说阿拉伯语,并且众所周知,她素来对埃及工人关怀备至,尊重他们,并且平等地对待他们。但当德罗什参与和领导新研究中心的创建这一消息传开后,她的同事们愤怒不已,并爆发了强烈的抗议,他们警告她:"你绝对不能把我们的研究方法教给他们,不然的话,我们就不再是发掘现场的主宰者了。"

同样令人惊讶的是,埃及向来是个重男轻女且以穆斯林为主体的国家,但没想到他们的政府官员竟然请求联合国教科文组织派遣一位女性担任领导职位。德罗什在书中写道:"当时,一个女人在埃及几乎没有任何出人头地的机会。我该如何让男人们听从于我呢?更别说他们中的许多人年纪都比我大多了。他们会尊重我吗?"

答案很简单,她说:"我能赢得他们的尊重,因为我尊重他们,并且对他们友好相待,我从不允许自己像我的许多同事那样对他们言语随便。在我看来,如果仅仅因为埃及人与我们不同,且他们属于一个明显不如我们发达的国家,就轻视他们、贬低他们,简直令人不可思议。而西方人对于第三世界国家的人总是缺乏尊重和礼貌，这种做法令我深感震惊。"尽管她没有提到，但她的确跟埃及人有许多共同之处，比如受到男性埃及学家们的鄙视和排挤，把她视为局外人。

埃及新政府对妇女地位的看法比埃及社会大多数人更具有前瞻性，这样也有助于提高埃及女性的地位。纳赛尔上台后，他承诺所有埃及人，无论男女，都能过上有尊严的生活，并且他将推行全面改革，为国民的教育、医疗保健和就业提供保障。埃及新宪法明确要求男女机会平等。在未来几年里，妇女将被赋予选举权、和男性同工同酬以及获得养老金的权利。此外，女子可以和男子一样上埃及的大学。在政变后的第一次议会选举中，就有几名女性成为竞选候选人，并最终有两位当选。

尽管如此，埃及的父权文化基本上依旧没有改变：男性仍被认为是毋庸置疑的权威，而大多数女性也接受了这种社会准则和教条，将自己禁锢在家里，只一心照顾家人。虽然德罗什得到了埃及政府和官方的支持，但她心里很清楚，她必须小心行事。

1954年末，德罗什回到开罗，她惊讶地发现自己所身处的国家已与从前截然不同，变得十分陌生。德罗什的反应与获得诺贝尔文学奖的埃及小说家纳吉布·马哈福兹(Naguib Mahfouz)如出一辙，这位小说家对纳赛尔政变后整个埃及突然且翻天覆地的变化感到十分震惊："一天早上，我们醒来之后突然发现，我们国家过去的一切都消失不见，荡然无存了。"

德罗什首先注意到的不同之处就是日常生活中的一些小细节。比如电车上的女性专用车厢已经不见了，罩在女性头上的黑色面纱也不像以前那么常见了。伊斯兰复兴主义宗教组织——穆斯林兄弟会曾一度强烈要求纳赛尔下令让所有埃及女性都必须头戴面纱，但被纳赛尔坚决拒绝。

另外街上的男子也都不戴塔布什帽了。塔布什帽是一种平顶无檐红圆帽，通常装饰着黑色流苏，这种帽子在政变前非常流行。一个多世纪以来，无论政府官员、军官、神职人员、富商还是其他社会精英都戴这种帽子，因为这是有身份、有地位、有教养之人的象征。但对纳赛尔来说，塔布什帽却象征着压迫和剥削，因此他一上台就禁止埃及人再戴这种帽子。

另一个不同以往的是，埃及农民们不再赤脚走在街上了。新政府颁布法令强制要求埃及人穿凉鞋或其他鞋类，以防止人们足部严重感染，因为这种病症已经困扰了许多埃及人。不遵守规定的人会被罚款。

整个埃及社会其他方面也发生了很多变化，比如土地改革，这是革命的主要核心之一。1952年之前，埃及的大部分肥沃土地归少数富有的埃及家族所有。这些土地主要用于种植棉花，因为棉花是埃及的主要出口作物，也是埃及最大的收入来源。用一位历史学家的话来说，大多数埃及人没有文化，也没有土地，他们以种地为生，"终日辛苦劳作，却食不果腹，生存难以为继……过着几近于奴隶的日子，看不到尽头。"纳赛尔掌权后不久，他便下达法令，个人拥有土地的面积不得超过208英亩，并且将富人手中的多余土地收走分给那些世代耕种土地的农民。他带领的新政府还建立了农业合作社，限制土地租金，并制定了务农者的最低收入标准。

但最合纳赛尔心意的项目，也是他认为代表纳赛尔政权最高成就和荣耀的政绩，是在卢克索上游的城市阿斯旺建造一座巨大的新水坝，以取代1902年建造的一座用于疏散和调节尼罗河洪水的旧堤坝。到了1952年，这座旧的水坝已经远远达不到日益紧迫的农业和工业需求，无法为其提供足够的水源和电力。在纳赛尔的计划中，新的阿斯旺大坝将成为世界上最大的堤坝，它不仅可以调节尼罗河的洪水，促进农业发展，还能为埃及一半的人口提供电力。大坝形成的水库将向南绵延近300英里，一直延伸到邻国苏丹。

1902年的旧水坝对埃及南部的许多文物和遗迹造成了巨大的破坏，其中包括位于阿斯旺正南方尼罗河上的菲莱岛上著名的伊西斯女神神庙。菲莱岛上的这座神庙建于公元前3世纪，被誉为尼罗河明珠。自旧的水坝建成后，这座神庙每年长达九个月被洪水淹没，导致整座神庙以及神庙里精美的浮雕和壁画遭受了严重损坏。法国著名小说家皮埃尔·洛蒂（Pierre Loti）在其著作《菲莱之死》中对这一情况予以强烈谴责，并称之为"古埃及的象征性死亡"，同时呼吁埃及团结起来捍卫他们的古迹遗产。

但仍处于规划阶段的阿斯旺大坝将会给这些古迹带来更加灾难性的后果。因为一旦大坝建造完工，菲莱岛将会完全被淹没，努比亚地区的许多其他遗址和文物也在劫难逃。努比亚是埃及南部、苏丹北部的一个地区，大坝建成后，这一地区的大部分面积将被水库里的水吞没。濒临被水淹没的古迹遗址无数，其中包括神庙、堡垒、祭庙、清真寺、陵墓和史前壁画等等。然而，最著名的受灾建筑是壮观的阿布辛贝神庙。这座神庙是三千多年前由拉美西斯二世下令建造的。他所统治的年代是法老历史上最辉煌的时期。埃及政府表示，尽管失去这些古代的瑰宝令人遗憾，但却是不可避免的。"我们还剩下什么？"一位正在参与大坝建造规划的年轻工程师说道，"为了拯救未来，我们只能淹没过去，不然我们还能怎么办呢？"

当纳赛尔努力为建造大坝寻找国际资金时，德罗什正专注于帮助纳赛尔实施他的宏伟计划——建立与法国东方考古研究所比肩的埃及研究机构。埃及政府希望新的研究所有朝一日能成为在国际上首屈一指的埃及学研究中心，并将其命名为古埃及艺术与文明史文献研究中心（简称CEDAE）。

德罗什提出了一个大胆的计划：开启一系列对埃及各处古迹遗址的调查，并尽快公布调查结果，然后在此基础之上建立埃及学国家档案。新的研究中心还将与埃及文物管理委员会（即原先的埃及文物局）密切合作，负责对古迹进行监督和保护，并对非埃及考古学家的挖掘许可申请提供意见和建议。

尽管这项艰巨的任务将由德罗什来领导，但她很清楚自己的处境有多么微妙。她知道，她必须向埃及合作方明确表示，她与他们是相互合作，她在此工作是以合作伙伴的身份，而不是他们的老板。幸运的是，她和五十五岁的穆斯塔法·阿梅尔建立起了融洽的关系。阿梅尔的儒雅有礼和聪明睿智令德罗什十分欣赏，两人意气相投，惺惺相惜，因此在CEDAE正式成立后，阿梅尔辞去了文物管理委员会的职务，成为新研究中心的埃及首席官员，与德罗什密切合作。

在过去的三十年里，有数百名埃及年轻人在开罗大学接受了考古学的教育和培训。但由于始终难以冲破西方埃及学家在实地勘察和挖掘方面的控制，许多（甚至是大多数）想进入考古领域的埃及学者发现自己只能从事学术研究或进入埃及博物馆和文物局等部门工作。

古埃及艺术与文明史文献研究中心（CEDAE）的成立旨在为新一代的埃及裔埃及学家提供一个他们大多数的前辈们从未有过的机会——对他们本国的古代遗址和古迹进行深入彻底的调查和研究，甚至包括进行挖掘工作，以便让他们更全面透彻地了解自己的古代文明，并更好地保护他们自己的古迹和文物。根据德罗什和阿梅尔的计划，CEDAE将会让年轻的埃及学者与资深的西方考古学家相互结识，两两配对，一起合作进行为期三个月的考古勘察。联合国教科文组织将为这些勘察小组提供资金，以便让他们掌握最现代的考古学科学技术和方法。

随着研究中心的计划循序渐进地发展，德罗什和阿梅尔每周都会与埃及教育部长举行会议，因为文物管理被归在教育部长的职责范畴内。埃及的教育部长名叫卡迈勒·艾丁·侯赛因（Kamal Eddin Hussein），他曾是一名军官，也是纳赛尔最亲密无间的助手，同时也是1952年政变的领导者之一。侯赛因对考古学了解不多，德罗什和阿梅尔竭尽全力让他明白这个研究中心有多么重要。后来德罗什回忆道："我们让他一点点地接受我们的想法，以及我们如何实施和拓展这些想法。所需资金全部由联合国教科文组织提供，这一点可帮了我们大忙。"

1955年1月，两人合力完成了报告，概述了古埃及艺术与文明史文献研究中心（CEDAE）的目标和运作方式。同年5月，联合国教科文组织与埃及政府签署协议，正式宣告研究中心成立。但是阿梅尔和德罗什在中心正式成立之前就已经开始了行动。新大坝的建设迫在眉睫，他们得分秒必争，一刻都不能耽误。

五个月前，阿梅尔获得了联合国教科文组织的许可，允许该研究中心将其首次考察和研究的重点放在努比亚受到洪水威胁的遗址和文物上。与此同时，他说服侯赛因派遣一个实地考察团前往该地区，在文物和古迹被摧毁之前开始对其进行记录。德罗什后来写道："在艺术和历史的角度来看，努比亚的这些宏伟建筑很有可能被吞噬，这显然是很可怕的。但当时，唯一可行的补救措施就是在它们消失之前对其进行仔细地研究，除此之外，我们无能为力。"

珀西·比希·雪莱最著名的一首诗歌里有这样一句话："我是奥兹曼迪亚斯，万王之王，盖世功业，敢叫天公折服！"奥兹曼迪亚斯是古埃及第十九王朝的第三位法老拉美西斯二世的希腊名字，拉美西斯二世的统治时间约为公元前1279—前1213年。

雪莱于1818年创作了《奥兹曼迪亚斯》这首诗歌，灵感来自大英博物馆广为宣传的拉美西斯巨型花岗岩雕像的残像。这座雕像原先伫立在位于底比斯的拉美西斯神庙外。这座拉美西斯的头部残像巨大，约8英尺×6英尺，重量超过七吨。雕像的其余部分和另一座跟它一样的雕像已支离破碎，残破不堪，散落在神庙周围。

雪莱的这首诗歌讲述的是一个关于名声和权力的简短故事，以给人警示。诗歌中指出奥兹曼迪亚斯的强大帝国早已消失：

"此外无一物，但见废墟周围，
寂寞平沙空莽莽，

伸向荒凉的四方。"[1]

雪莱的观点无疑是正确的。但令人怀疑的是，拉美西斯二世，可以说是埃及最声名显赫的法老，是否会殚精竭虑、费尽心思地担心数千年后的未来。对他来说，拥有至高无上的权力才是最重要的。雪莱的诗准确地描述了拉美西斯的心态：他认为自己无所不能，并决意让所有人都承认这一点。

拉美西斯统治埃及六十七年，是埃及君主中在位时间最长的，当时的古埃及正处于权力和繁荣的巅峰。在他统治期间，埃及的领土绵延一千多英里，从地中海延伸到努比亚，其中大部分属于现在的苏丹。

事实上，这位鼎鼎有名的法老英俊无俦，强壮健硕，精力充沛；他红发、鹰鼻、高颧骨，下巴刚毅，仪表不凡，惊为天人。他一生中共有八位妻子，而且子嗣众多——生了至少上百个孩子，无论是妻子还是子嗣的数量都超过历史上任何一位法老。另外他还有无数妃嫔，许多后代是他后宫的妃子生下的。

与拉美西斯的生育能力和军事实力不相上下的，是他为自己建造纪念圣地的热情。他为自己建造的神庙、雕像、方尖碑和其他建筑不计其数，遍布整个王国。每当他取得军事胜利时，人们就会在这些纪念建筑里举行庆祝仪式，向这位法老以及埃及众神致敬（和其他法老一样，他被奉为在世活神）。这场声势浩大的建筑热潮始于他二十岁出头登基之时，并持续了好几十年。

如今，以他的名字命名的纪念圣地比其他任何法老都多，甚

---

[1] 摘自《奥西曼提斯》，王佐良译。——译者注

至在他死后三千多年，这种状况仍在继续。1955年，纳赛尔下令将在古城孟菲斯一座神庙外发现的一尊古代拉美西斯雕像恢复到三十五英尺的原始高度，并将其放置在开罗火车站前的广场中央，并将该广场更名为拉美西斯广场。这座不朽的雕像是乘客们走出火车站时第一眼就看到的东西，如果这位举世闻名的法老在天有灵的话，一定会欣喜若狂。

维多利亚时代的游记作家阿梅莉亚·爱德华兹在她1877年的旅行指南《尼罗河上游一千英里》中写道："我们现在知道了，有些法老的确是比拉美西斯二世更伟大的征服者。但我们相信，作为一名统治者，没有哪个法老比拉美西斯二世更优秀。有他在，其他人都黯淡无光……我们似乎很了解这个男人——能感受到他的存在——也能听到在空气中回荡着他的名字。对于他的面容，我们再熟悉不过，就像对亨利八世或路易十四那样耳熟能详。"

拉美西斯的纪念圣地遍布埃及各地，但他对努比亚格外偏爱。努比亚位于埃及南部，如今则横跨埃及和苏丹边界。这里是包括埃及在内的地中海国家与非洲中心地带之间的边界区。"努比亚"这个词意思是"黄金"——这个词用得恰如其分，因为这里蕴含着丰富的资源，是埃及最珍贵的金属、木材和各种其他矿产的主要产地。

努比亚是整个非洲贸易帝国中最早开展贸易也是持续时间最长的地区，同时也是通往非洲大陆内陆的门户，向埃及输送了该国梦寐以求的许多其他财富，比如乌木、铜、象牙、鸵鸟羽毛和奴隶等。近三千年来，埃及和努比亚之间的尼罗河走廊是连接非洲以及地中海沿岸的唯一安全贸易通道。

迁移后的阿布辛贝大神庙

另外努比亚人也是出名的勇猛好战。他们与埃及人之间总是冲突不断。在埃及中王国时期（约公元前2040—前1640年），法老们开始向努比亚扩张。在扩张过程中，他们沿尼罗河建造了一系列的堡垒，以保卫埃及边境，同时也保护至关重要的贸易通道。拉美西斯二世和其后来的统治者们则继续沿用这一策略。

在拉美西斯漫长的统治期间，他下令在努比亚的七个不同地点建造神庙，所有这些都是为了让人们看到埃及的强大实力和统治力量。但在这些神庙当中，最重要的一座无疑是阿布辛贝神庙。这座神庙堪称古代最强大震慑力和敬畏感的终极化身。神庙位于尼罗河第二大瀑布北边的峭壁上，此处悬崖高耸陡峭，瀑布飞流直下，激起千万朵浪花，水雾蒙蒙，如云似雪，溅起的水花拍击着岩石，仿佛要将岩石击碎。

当古代的游客们沿尼罗河一路北上时，首先映入眼帘的便是这座气势宏伟的神庙——超过一百英尺高的恢宏建筑仿若嵌在岩石峭壁上，在他们的头顶若隐若现。神庙的入口两侧有四尊巨大的坐像，每尊坐像都有将近七十英尺高，这几尊雕像都代表拉美西斯本人。只见这几个巨人雕像都威严肃穆地并排坐着，头戴王冠，双手放在膝上，眼睛凝视着东方。在他们的脚下凿刻着一些小雕像，看起来像是玩具一样，这些小雕像代表这位法老家族里的重要成员：他的母亲、儿子、女儿等，其中最重要的一位是他的第一任妻子，也是他最心爱的妻子奈菲尔塔利（Nefertari），她的雕像也最为精致，身材修长优雅，臀部曲线性感，凹凸有致。

拉美西斯一生中女人众多，但据说只有奈菲尔塔利是他的真爱。显然，两人在拉美西斯成为法老之前就已成婚，并育有至少六个孩子。奈菲尔塔利美貌绝伦，在一幅出土的纸莎草卷轴中，她被形容为"看上去犹如盛世年华里一颗冉冉升起的晨星，璀璨夺目。她肌肤胜雪、顾盼生辉、皓齿朱唇，美艳不可方物"。

阿布辛贝第二神庙比大神庙要小得多，造型更简洁，也更精致，里面供奉着奈菲尔塔利和爱与美之女神哈索尔。古埃及时期为纪念法老妻子而建造的神庙只有两座，这座神庙就是其中之一。它的正面伫立着六尊雕像，入口两侧各有三尊，每座雕像都笔直地站着，看上去像是从悬崖里走出来的一样。这些雕像代表着拉美西斯和奈菲尔塔利。最与众不同的是，这几尊雕像大小相等。但是从传统上说，当雕刻法老和其配偶并肩而立的雕像时，王后的身高永远不能超过法老的膝盖。他们孩子的雕像也在其中，与父母在一起。他们的女儿站在奈菲尔塔利身旁，他们的儿子站在拉美西斯身边。神庙正面还刻着铭文：奈菲尔塔利，太阳为汝而升起。

德罗什写道："尽管拉美西斯是地上之神的化身，但他也是个男人。在小神庙里，人们可以感受到这位法老对妻子深深的爱意。"她还讲述道，在整座神庙的内部，"有一种难以形容的魅力，仿佛被所有的神和女神福佑，整座神庙都萦绕着一种女性的优雅和青春气息。壁画上男性君主年轻英俊，身材修长挺拔，引人注目，大多数画面是他在献花"。神庙的柱子上、墙壁上，甚至在最里面的祭坛里，到处都有拉美西斯和奈菲尔塔利的名字，用阿梅莉亚·爱德华兹的话说，他们两个人"紧密结合，不可分离"。在神庙外部的墙上，有一段据说是用这位伟大的法老本人写的象形文字刻成的铭文，上面写道："拉美西斯，真理的坚信者，阿蒙的宠儿，这座神圣的居所乃特为他所爱的王后奈菲尔塔利建造。"

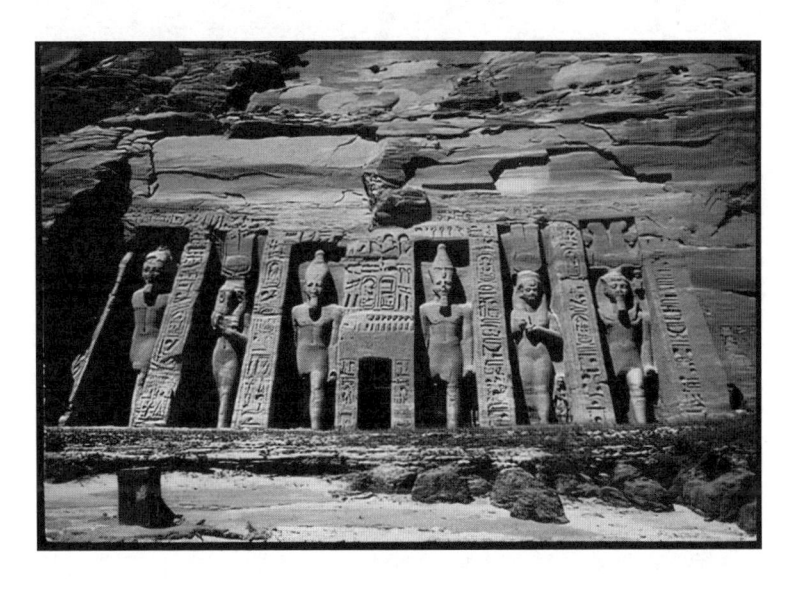

阿布辛贝的哈索尔和奈菲尔塔利神庙

相比之下，在法老的大神庙里，无论是大殿还是十五间内室，都没有这样深情款款的爱的誓言。相反，整座神庙充斥着男性的刚毅气质和威严气魄。高大的立柱大厅里矗立着八座巨大的拉美西斯雕像，每座雕像都约三十五英尺高。大多数内部墙壁上雕刻着绘画，最初都是用鲜艳的颜料绘制的，描绘了拉美西斯击败埃及境内诸多敌人，并将胜利呈给众神的画面，当然众神当中也包括被奉为神的他自己。

迁移后的拉美西斯巨型雕像矗立在神庙内

阿布辛贝神庙群的建造一部分是为了纪念公元前1275年埃及与其长期劲敌赫梯人进行的一场声势浩大的战役——卡迭石战役（Battle of Kadesh）。几个世纪以来，位于现在叙利亚西部的卡迭石城（今译为加第斯）一直处在埃及和赫梯人之间的冲突旋涡中。公元前1275年，在位仅四年的拉美西斯被迫组建军队，向卡迭石进军，准备对抗几乎是他军事实力两倍的赫梯大军。最后这场战役以僵局告终。十六年后，双方之间又进行了几次小规模冲突，之后这两个强大的对手同意签订一项条约，约定互相尊重对方的领土，并建立防御体系，避免相互攻击。在拉美西斯余下的统治时间里，这项条约一直持续着，被认为是世界上最早的和平协议。

但在拉美西斯看来，事情可并非如此，他是个真正的编谎大师。在他的阿布辛贝神庙内部墙壁上，描绘着这样一幅画面：他向众神祈祷，给予他力量，使他比任何人都更加强大。被众神赋予力量后，他几乎以一己之力赢得了这场战役，获得了伟大的胜利。根据他的说法，他们所向披靡，敌人毫无抵抗之力。在神庙内雕刻的象形文字上可以看到，法老宣称："我发现我的内心变得更强大了，心中盈满喜悦。我想要做的一切都成功了……我发现敌人的战车一看到我的战马冲向他们就四散逃窜。他们没有一个人敢跟我对战。他们一看到我就心惊胆战，手脚无力，连箭都射不出去。"

在神庙大殿的一面墙上，雕刻着巨大的浅浮雕壁画，画中以电影史诗般的恢宏场景，讲述了这场战斗的故事。墙上雕刻了一千多个人物，面积足有 57 英尺 ×25 英尺。画中描绘了向卡迭石城大步行进中的拉美西斯大军，被俘的赫梯间谍以及对这些人的酷刑折磨，全速前进的战车，陷入肉搏的双方士兵，当然还有凌驾于所有人和所有一切之上的盖世英雄——拉美西斯二世法老本人。他站在战车上，弯弓射箭攻击敌人的堡垒，然后追赶逃跑的赫梯人军队，并将其中的一些逃兵碾死在他的车轮之下。

阿布辛贝神庙的内部装饰也十分华丽，令人惊叹。但在拉美西斯在世期间及其死后的几个世纪里，只有少数人被允许进入这里，其中主要是大祭司及为数不多的几个宗教权威。随着时间的推移，这些神庙逐渐被废弃，最终几乎全部被沙土吞没。直到1813年，瑞士探险家约翰·伯克哈特无意中发现了从沙土中露出的大神庙顶部檐壁的雕刻纹饰，才让这座宏伟的神庙群得以重见天日。五年后，神庙挖掘工作才正式开启。

但是，即便这座震惊世人的神庙群被剥开面纱，露出真容，也没有吸引多少游客前来。金字塔、帝王谷和卢克索郊外的神庙等古迹都距离开罗不远，但阿布辛贝神庙群和努比亚地区的其他圣地则不然，它们距离首都开罗足有五百多英里。如果从开罗去这里的话，路程漫长且崎岖难行，所以很少有游客或考古学家愿意大老远跑到这里来。但如果有人前来参观，他们一定会不虚此行。阿布辛贝神庙群的景象会令他们永生难忘，阿梅莉亚·爱德华兹就是其中之一。

1873年爱德华兹沿着尼罗河游览两岸风光，在阿布辛贝神庙群遗址逗留了十六天，花了大量时间对神庙群进行探索，无论是其雄伟外部还是雕梁画栋的内部，她都仔细观察了一番。相比于下令建造圣地的法老，她似乎对建造这些神庙的雕塑家和工匠更为钦佩和敬畏。她在书中不遗余力地对这些匠人们大加赞赏："他们来到一座陡峭的山崖，就像泰坦巨人一样开山凿石，仿佛把巨石当成樱桃核一样精雕细刻，留给后人无限惊叹，令后世之人觉得与先人相比，自己竟然是这么羸弱渺小，自愧不如。他们手持粗笨又原始的工具，竟然创造出如此巧夺天工的惊世杰作，可以说是那个时代的米开朗琪罗。"

每当黎明的第一缕曙光洒向大地时，爱德华兹就会被大神庙外的四尊巨大雕像的壮观景象迷住。每天早上，在游艇上的她都会早早醒来，欣赏她口中的"每日奇景"。在黎明到来之前的灰暗中，那一张张巨人雕像的脸庞显得肃穆而威严，用她的话说是"呆板又吓人"。但随着晨曦初现，天空逐渐变亮，巨人雕像那冷峻的面庞仿佛被曙光抹上了一丝红晕，仿若有了鲜活的生气，随着红晕不断加深，有一瞬间，他们看上去竟然容光焕发，像是在微笑，变得和之前迥然不同。紧接着，太阳升起，阳光普照大地。那笑容只持续了不到一秒钟，转瞬即逝。过了一会儿，山河大地便在阳光的照耀下变得清晰起来。那几尊巨型雕像——又变回原先的巨像了——在灿烂的阳光下平静且冷漠地坐着。每天早上，爱德华兹都看到那几个巨人兄弟从死气沉沉到焕发生机，然后又从生机勃勃变成冰冷的石像。爱德华兹几乎要相信，迟早有一日，当曙光乍现时，古老的魔咒会被打破，那些巨人们会骤然站起身，朝众人开口说话。

在二十多年前的一次尼罗河之旅中，弗洛伦斯·南丁格尔（Florence Nightingale）同样被日出时阿布辛贝神庙的巨人雕像所震惊。南丁格尔后来被誉为现代护理事业的开创者，但当年她还是一位家境富裕的年轻英国女子，陪同友人游览埃及。她也为这些壮观的雕像而惊叹："它们是我见过的最威严壮美、最震撼心灵的杰作，是智慧与灵魂的结合和升华，令我永生难忘。"这些巨大的雕像看上去有种难以形容的优雅，一种她从未见过的静美与安详。后来她说，她的这次阿布辛贝神庙之旅，犹如进行了一次灵魂的洗礼。当她和她的同伴们离开神庙时，"我们的眼里充满了夹杂着沙粒的泪水"。

事实证明，爱德华兹所说的"每日奇观"并非偶然出现。对古埃及人来说，太阳是一个神，在与黑暗和混沌的力量进行了一个又一个夜晚的战斗之后，他每天早上都会回来。于是按照拉美西斯的命令，建造神庙的工程师和建筑师们在皇家天文学家的帮助下，寻到了每天太阳升起时，都能照射到神庙正面的地方，使代表拉美西斯的巨型雕像每天都能沐浴到早上的阳光，这不仅象征着整个世界的周而复始，也象征着神化了的法老生生不息。

尽管这一景象令人惊叹和震撼，但法老的工匠和工人们的技术和造诣更加令人钦佩和折服。他们对大神庙进行了定位，确保每年有两次，当太阳从河对面的山顶升起时，会有一束光穿过神秘的入口，直射入神庙黑暗的内部，一直照进位于神庙后面的祭坛。在神圣的祭坛里，有四位坐在宝座上的神——神化了的拉美西斯，以及受埃及人供奉和膜拜的三位神：黑暗之神卜塔、众神之王阿蒙，以及太阳神拉·赫拉克提。当阳光射进祭坛时，会同时照亮其中三位神——拉美西斯、阿蒙和拉·赫拉克提——独留卜塔永远处于黑暗之中。

就像爱德华兹和南丁格尔一样，德罗什也被阿布辛贝的奇观迷住了。就在她作为新研究中心顾问抵达埃及几周之后，她脑子里一直萦绕一个想法：她必须说服埃及人"不要听信古迹遗址的消失是不可避免的说法，不要让埃及这些用沙石堆砌而成的荣耀和辉煌化为乌有"。当世之人必须拯救这些稀世瑰宝，以留给子孙后代。但她不知道该如何把这个梦想变成现实。

1955年1月，德罗什仍在开罗，她完成了创建CEDAE的工作报告，这时她听说联合国教科文组织总干事卢瑟·埃文斯（Luther Evans）将要来开罗并会逗留几天。德罗什没有跟任何人商量，冲动之下给埃文斯传了一条信息，请求他在埃及短暂逗留期间，能抽出一天时间去阿布辛贝看一看。然后，她去拜访了公共教育部部长卡迈勒·艾丁·侯赛因,请他为埃文斯安排这趟旅行。

一开始,侯赛因把德罗什的请求当成了个玩笑,认为她提出这个请求的真正原因,并不是想请联合国教科文组织的总干事欣赏恢宏的神庙,而是她想亲自去看看。德罗什被侯赛因傲慢的态度激怒了,她毫不客气地回击道:"部长先生,我相信你没有完全明白我为何向你提出这个请求。我到这里不是来玩儿的,我要是想去感兴趣的神庙或圣地,根本不需要找什么理由或借口。况且我早在1939年就去过阿布辛贝了,而且是自费去的!"侯赛因的态度立刻软了下来,用安抚的语气回应道:"Malesh, malesh(好了,好了),别误会。我只是在跟你开个玩笑!"最后,他同意了为埃文斯安排旅行,但前提是德罗什得真能说服埃文斯前去。可德罗什是一时冲动之下给对方发出的邀请,之后才发现自己对于接近这位"重要国际组织的尊贵领导"感到万分紧张。

作为一名美国人,埃文斯是个十分复杂且有争议的人。他身材高大魁梧,出生于得克萨斯州一个山区的农场。跟与他同时代的林登·B.约翰逊一样,他们都有得克萨斯人特有的质朴幽默。同时埃文斯也很会用这种幽默来缓和紧张局势,并与对方达成共识。然而,他的成名不是来源于政治,而是在学术界。事实上,埃文斯是一名著名的政治学家,曾在斯坦福大学获得博士学位,随后在达特茅斯大学和普林斯顿大学担任教授,并在富兰克林·罗斯福总统任期的白宫为总统的助手哈里·霍普金斯工作。1945年,他被任命为美国国会图书馆馆长,他上任后立即对图书馆进行了大规模扩建,并扩大藏书规模。

埃文斯是一位坚定的国际主义者,在决议成立联合国教科文组织的伦敦会议上,他是美国代表团的成员。他还策划和参与了美国国会图书馆的许多事务，特别是1952年他负责起草了一项建立普遍版权条例的公约。同年，他当选为联合国教科文组织总干事。

然而，尽管埃文斯作为一名联合国组织的行政人员而备受赞誉，但他也有阴暗的一面。作为一名狂热的反共主义者，他对约瑟夫·麦卡锡于20世纪40年代末和50年代初在华盛顿进行的针对共产主义者的政治迫害表示强烈支持。在国会图书馆，他成立了一个忠诚调查委员会，以调查图书馆里的现任员工和潜在员工对共产主义和同性恋的看法。不少人因为政治倾向或性取向而被解雇或被迫辞职。他还阻止并拒绝授予威廉·卡洛斯·威廉斯美国桂冠诗人称号，因为威廉斯有左翼政治信仰。埃文斯刚作为联合国教科文组织总干事走马上任时，便解雇了该组织里的七名美国雇员，因为他们拒绝接受美国政府的忠诚度调查，埃文斯的这一举动引起轩然大波。

而德罗什是一名坚定的左派，所以当时她根本没有意识到埃文斯的背后有令人不快的一面。不管怎样，随后她在侯赛因的办公室与埃文斯见面，在给他介绍情况时，从未提到这一点，反而热情洋溢地描述了阿布辛贝神庙濒临危机一事，并竭力劝说他亲自去看看那些神庙。当得到埃文斯的欣然应允时，德罗什喜不自胜。

在陪同埃文斯和埃及官员们前往阿布辛贝的同时，德罗什还说服埃及当局安排了一架小型飞机载着他们一行几人在神庙前的尼罗河上空低空飞行了一圈，这样埃文斯就可以清楚地看到那几尊巨大雕像的脸庞。在参观过程中，德罗什可以看到这位联合国教科文组织的总干事"跟她一样被这些神庙深深吸引"，并对"创造这些神殿的伟大先人，就像对欧洲大教堂的无名建造者一样"充满敬畏。当埃文斯从神庙里走出来时，说道："这些实乃不朽之作，必须得到保护。我们必须采取行动，务必要让它们留存下来，令其流芳百世。"

德罗什对总干事的回应感到万分激动。但联合国教科文组织却没有采取任何行动以对总干事的话表示支持。很快德罗什就明白了，尽管埃文斯的事务议程上有很多重要项目，但拯救神庙并不在其列。多年后，德罗什在信中承认："我当时尚未意识到，（拯救神庙）将是个大卫与歌利亚式的项目，也没有意识到我将会遇到无数几乎无法跨越的艰难险阻。"

第十一章

苏伊士运河之灾

埃文斯参观了阿布辛贝神庙之后，德罗什－诺布勒古也回到了卢浮宫继续自己的工作，但她脑子里还是不断翻涌起她那个堂吉诃德般不切实际的想法。1955年5月，就在创建开罗研究中心的正式协议签署几天之后，她决定公开自己的想法。

她选择的场合是一场国际会议，会议的主办方是与联合国教科文组织密切合作的国际博物馆理事会，出席会议的是各个博物馆的馆长和诸多文物专家。德罗什力邀穆斯塔法·阿梅尔也参加这次会议，两人一起给与会的众人概述了努比亚地区古迹遗址濒临消失的危机，以及制定拯救计划的紧迫性。德罗什在讲话中说道，古代神庙不应被简单地看作是埃及的财产，而应被视为是全人类文化遗产的一部分。

德罗什认为自己和阿梅尔说得很好，有理有据，但听者当中有许多人显然并不赞同。总的来说，大家倒是普遍表示出同情之心，但态度并不怎么积极。一些人说，尽管从理论来说，德罗什他们提出的想法不错，但从技术上说，这是不可能实现的。另一些人则说，他们所在的机构眼下有更重要的事情需要关注，所以她和阿梅尔必须接受神庙消失的现实。

德罗什对此感到既意外又震惊，于是毫不保留地发泄出自己的愤慨之情。她在会议上问众人："你们在这里大声呼吁国际合作，特别是东西方之间的合作，嘴上说得头头是道，难道都是夸夸其谈，只说话不办事吗？原来这就是你们的办事原则——光张嘴不干事，只会耍嘴皮子！"

她的直言不讳令在座的众人哑口无言。最后，六十八岁的法国国家图书馆馆长朱利安·凯恩起身发言。凯恩是法国最受尊敬的学者之一。他是犹太人，在战争期间被维希政府解除了图书馆馆长的职务，并被纳粹押送到了布痕瓦尔德集中营，差点儿死在那里。此时，他转向众人，泰然自若地说："她说得对。我们该有所觉悟，认清事实，以她为榜样，或者至少说些鼓励的话来支持她，然后做些我们力所能及的事情来帮助她。"

德罗什非常感激凯恩的支持，在之后的几年里，凯恩对她的拯救行动给予了极大的帮助。而就在这时，另一个更为重要的盟友出现了。会议结束后不久，联合国教科文组织首席律师——一位名叫汉娜·萨巴（Hanna Sabba）的埃及人对德罗什说："我认识一个人，我觉得他能被你的论点说服，并被你的话说动，为你提供帮助。他是个理想主义者，而且才智超群，最重要的是，他天生是个行动派。如果你的计划合理、切实可行，哪怕是最大胆、最有风险的项目，他也有能力去实施。"萨巴所说的那个人就是联合国教科文组织副秘书长——勒内·马厄（René Maheu）。而他的这些性格特征和脾气秉性听起来跟德罗什本人很像。马厄一生都是个桀骜不驯的人，他素来藐视惯例，无论走到哪里都能挑起争议，这一点可谓远近闻名，与他的两位好朋友西蒙娜·德·波伏娃和让-保罗·萨特如出一辙。

1929年，时年二十一岁的波伏娃是巴黎高等师范学院的学生，与二十四岁的马厄坠入了爱河。马厄和波伏娃一样，在巴黎最负盛名、对学生最万里挑一的高等教育学院之一——巴黎高等师范学院——学习哲学。波伏娃被马厄金发碧眼的帅气容貌、"带着羞怯的优雅"、充满讥讽的智慧以及享受生活乐趣的态度所吸引，尤其是他那迷人的笑声，更是令人无法抗拒。"当他大笑出声的时候，就好像他突然来到了一个陌生的星球，对发现的惊奇又滑稽的事物感到欣喜若狂。"

巧合的是，马厄也同样迷上了波伏娃。两人几乎所有空闲时间都在一起。此时学校的另一位哲学系学生，同时也是马厄的好友——萨特，请求马厄把波伏娃介绍给他认识，但遭到马厄的严词拒绝。

和萨特一样，马厄是一位坚定的理性主义者，也是个毫不墨守成规的人。他反对法国社会中大多数人都珍视的东西，比如教堂和军队。但令波伏娃懊恼的是，至少在那个时候，马厄在他生活的某个方面始终坚持自己的底线和规则。当时的马厄已经结婚了——娶了一位比他大五岁的贵族。尽管他对聪慧又貌美的波伏娃情真意切，但不会跟她上床。"最令我幸福的人是马厄。"波伏娃在日记里写道。但最终，萨特把她从马厄身边夺走了。后来波伏娃说："我需要萨特，但我爱的人是马厄。我爱萨特，是爱他给我带来的满足，而我爱马厄，是爱他这个人。"尽管他们三个人年轻时感情错综复杂，纠葛不断，但他们余生中仍然保持着友好的关系。

离开巴黎高等师范学院后，马厄在科隆大学教授哲学，他在那里亲眼看到了纳粹主义在20世纪30年代初兴起。后来，他在伦敦的法国学院任教，随后又在摩洛哥的一所中学任教，整个战争年代马厄都是在北非度过。再往后他成为戴高乐在阿尔及利亚的自由法国政府的情报官员。马厄在摩洛哥和阿尔及利亚这两个法属殖民地生活了很长时间，这使他成为坚定的反殖民主义者和支持这两个国家独立的拥护者。

1945年，马厄回到巴黎，加入了联合国教科文组织。与此同时，他的个人生活仍然像肥皂剧一样多姿多彩。战争期间，他爱上了自己在摩洛哥任教时的一位名叫娜丁·查沃的女学生。虽然他并不想与自己的妻子离婚，但战争结束之后，他还是把查沃接到了巴黎。多年后，查沃在接受萨特和波伏娃的传记作家采访时回忆道："他是位非常令人激情澎湃的老师，所有的女孩都爱上了他。"查沃成为马厄的终生情妇，并生下了他的第二个儿子。他对任何人都忠贞不贰的日子显然已经结束了。查沃说："他总是有外遇，桃花运不断，跟他在一起就像赌博一样。"

不知道德罗什是否知晓马厄复杂又多彩的私生活，即使知道，她也从来没有公开提到过。在汉娜·萨巴建议德罗什找马厄寻求帮助后不久，她和马厄以及各自的配偶在汉娜·萨巴家举办的午餐会上第一次见面。这位联合国教科文组织官员很有魅力，他既成熟稳重又活力四射，尤其是他对努比亚神庙所处的困境十分关注，这一切都给德罗什留下了深刻的印象。

"跟我说说你的事吧。"两人被介绍认识后，马厄对德罗什说。德罗什满怀激动地答应了，当她说完之后，马厄问了她几个尖锐的问题，然后说："我是站在你这边的，但很遗憾，我现在无法帮你做什么。因为我刚刚被任命为联合国教科文组织驻纽约的代表。等我回来后，请与我联系。我向你保证，你说的这件事我不会忘记的。"

马厄被调任之前，曾是卢瑟·埃文斯的副手，但两人始终合不来，无论是政治上还是个人方面。埃文斯是个健谈且朴实的美国人，在大多数问题上是保守派；而马厄是位圆滑老练且精力充沛的法国人，而且是个社会和政治上的激进派。所以埃文斯总是看他不顺眼，于是调他去美国任职，把他赶出巴黎。马厄告诉他的朋友们,他被流放了,但他保证一定会回来。

可究竟什么时候回来呢?尽管德罗什对马厄的支持感到欢欣鼓舞,但她也担心马厄赶不及在阿斯旺大坝开始建造之前回来,那样的话,她几乎不可能组织起任何有效的行动来拯救神庙了。1955年春季和夏季的大部分时间,德罗什都待在巴黎,与丈夫和儿子在一起。同时也就保护埃及古迹的重要性进行了一系列讲座,包括给卢浮宫学院的学生们做讲座。后来,德罗什说:"当时别人都认为我太过天真,看不到现实。人们会说:'她竟然想把山移走!这也太异想天开了吧!她是傻瓜吗?'"

夏末时分,德罗什回到开罗,在新建的文献和研究中心发起了对临危古迹遗址的首次实地勘察和探险。在过去的十七年里,德罗什结识了许许多多来自不同国家的考古学家,并与他们合作。现在,她要求其中一些考古学家来埃及,对初选进勘察探险小组的年轻埃及学者的工作进行监督。她联系的所有考古学家们都同意加入。

她还联系了芝加哥大学东方研究所所长约翰·威尔逊(John Wilson),问其是否可以借用该研究所的一位摄影师。东方研究所被公认为是美国在中东和近东考古研究领域最负盛名的研究机构,特别是在埃及的研究工作,该研究所在卢克索设有专门的机构——芝加哥中心。

德罗什坚持让一名摄影师加入勘察探险团队,因为她决心使用最现代的技术来记录团队对神庙古迹研究的细节,这就是其中的一个例子。过去,她和其他埃及学家会手写复制或描摹那些象形文字铭文、壁画和雕刻。他们一手拿着铅笔,一手抓着素描本,一边写写画画,一边在摇摇晃晃的脚手架或梯子顶端尽力保持平衡。这是一项缓慢、复杂且艰苦的工作,通常需要几个月甚至几年的时间才能完成。

而这一次,德罗什没有那么多时间,研究中心必须在大坝建设开始之前完成努比亚古迹文物的记录工作。在第一次勘察中,他们对阿布辛贝大神庙的内部各个空间进行了详细记录,东方研究所的摄影师拍摄了数百张讲述卡迭石战役的巨大壁画的照片。德罗什评价说:"摄影师做得简直无懈可击,这些照片能帮助我们今后绘制出几乎与原壁画一模一样的复制品,连最小的细节也能完美再现。"

这些照片是在一艘停泊在尼罗河的船上的一间小小临时暗室里冲洗出来的。那艘船是研究中心从文物管理委员会那里借来的,用作团队的工作基地。与此同时,教科文组织还委托建造了一艘装有空调的大型驳船,该船将于两年后完工。这艘驳船不仅能容纳之后组建的几个勘察小组,还能容纳技术设备和最先进的实验室,包括一个仪器精密的照片冲印室。

在接下来的一年里,德罗什频繁往返于巴黎和开罗之间,一部分时间用于管理卢浮宫埃及馆和卢浮宫学院的教学,一部分时间负责监督埃及研究中心的工作。1956年10月,一支由意大利、法国和波兰考古学家以及一群年轻的埃及人组成的新勘察探险小队将前往努比亚最大的独立神庙——卡拉布萨(Kalabsha)神庙——进行为期三个月的文献记录工作。

在陪同队伍前往神庙之后,德罗什回到了开罗。在过去的几个月里,她越来越担心埃及的政治局势,并且担心政局不稳会影响研究中心的工作。埃及与英国和法国的关系已经严重恶化,甚至到了完全破裂的边缘。出于保护的目的,她给团队中的外国考古学家们申请了联合国的通行证,该证件能保证让他们在发生冲突或战争时可以畅通无阻地返回祖国。在经历了战争并目睹了战争导致的浩劫之后,德罗什热切地希望历史不要重演。

自从纳赛尔掌权以来,他已经成为三个国家——英国、法国和以色列的头号敌人。所有这些国家在不同时期都曾认真考虑过要暗杀他。然而,在此期间,这位埃及领导人既没有试图表示抗议,也没有采取任何侵略性的行动来予以反击。事实上,他还曾积极努力与英国和以色列寻求和平之路。

以英国为例,1952年军官政变后,纳赛尔并没有立即命令其军队将英国人驱逐出苏伊士运河,而是同意恢复与英国政府就撤军问题进行谈判。1954年10月,两国达成协议,英国军队将在1956年6月前全部撤离,但可以留下数百名英国平民承包商来维护运河的运营。

至于以色列,尽管纳赛尔反对以色列建国,但他仍尽力避免两国公开冲突,甚至批准在埃及和以色列人之间建立秘密沟通渠道。纳赛尔的一位最亲密的伙伴说,在其执政的早期,"纳赛尔从未关闭过与以色列和平的大门。事实上,他一直把大门敞开着"。

但这些努力,或其他类似的努力都不足以安抚他的对手。对他们——特别是对美国来说,纳赛尔的问题有两个:其一,他坚决不向他们卑躬屈膝。其二,他在阿拉伯世界有非凡的声望。纳赛尔非常独立,而且长期以来一直拒绝与任何非阿拉伯国家结盟——无论是共产主义国家还是西方国家。

而法国和英国则对他的骄傲、鲁莽感到震惊。这两个殖民大国都没有意识到一个事实,即随着他们的诸多前殖民地和保护国如今纷纷要求独立，他们的帝国已摇摇欲坠，即将崩塌。1954年5月，胡志明领导的越南民主主义力量在奠边府战役中击败了法国军队，从此法国失去了越南。同年11月，阿尔及利亚民族主义者发动武装起义，反对自1830年以来一直控制着这个北非国家的殖民统治者。

这场起义是由一个名为阿尔及利亚民族解放阵线（FLN）组织策划并发起的。该阵线领导人艾哈迈德·本·贝拉要求阿尔及利亚脱离法国而独立。决心留住阿尔及利亚的法国政府对纳赛尔支持叛乱分子感到愤怒。纳赛尔不仅同意让本·贝拉流亡埃及，允许贝拉的游击队在那里进行训练，还试图说服联合国谴责法国，支持民族解放阵线。一年多来，法国总理居伊·摩勒及其政府一直在考虑如何对埃及领导人对阿尔及利亚的政策施加惩罚。根据美国驻巴黎大使的说法，摩勒"几乎对纳赛尔产生了病态的执迷"。

但与英国首相安东尼·艾登及其政府中的一些人对纳赛尔的全面紧盯不同，摩勒对他的专注相对温和。1954年，埃及和英国就英国撒军日期达成一致之后，纳赛尔希望两国关系能够缓和，变得更加友好，并增加合作。艾登和他周围的人则不然，他们对失去运河的军事控制感到愤怒。他们认为运河是他们国家的生命线，尤其在石油方面。因为英国的大部分石油来自波斯湾，这些石油通过管道传送，然后运送到船只经由运河运输。尽管英国仍然是运河区公司的主要股东，但根据艾登的说法，英国军队撒离该地区意味着被纳赛尔"扼住了咽喉"。

尽管从运河撒军是激起艾登愤怒的直接原因，但其中还有更大、更多的不满情绪使他的怒火烧得更盛：英国对全球力量的掌控正迅速减弱。就在50年前，大英帝国还是世界历史上最大的帝国，控制着世界四分之一的面积。然而，到了1948年，大英帝国开始衰落，当时英国放弃了对印度的控制。众所周知，印度是帝国皇冠上最重要的一颗宝石。到了20世纪50年代中期，大英帝国受到了前所未有的严峻挑战，全球各地掀起了反对殖民统治、要求独立的浪潮，其中包括塞浦路斯、马来亚和肯尼亚等英属殖民地。

由于无法接受英国作为世界强国的日子已经结束的事实，英国政府对纳赛尔和埃及政府表示强烈的愤慨和恼怒。英国人普遍的想法是：这些东方佬竟敢站起来反抗我们？尤其是对艾登来说，这也是对他个人的极大羞辱。在"二战"期间和接下来的十年里，艾登大部分时间担任温斯顿·丘吉尔的副手，直到1955年4月，他成为英国首相。但对他来说，并没有什么政治蜜月期。他上任后不久，英国经济就开始恶化，物价上涨，通货膨胀持续不断，国家陷入经济衰退。艾登政府因处理危机不力，而受到民众强烈批评，民众对他的支持率直线下降。

帝国的衰落、经济的低迷、声誉的一落千丈，这位陷入困境的首相认为导致这一连串问题的罪魁祸首就是纳赛尔。据一位知情者称，在讨论整个阿拉伯世界的反英骚乱时，艾登"描绘了一幅令人惊心的画面，那就是如果我们的石油供应被切断会发生什么。我们不得不忍辱负重，讨好埃及总统纳赛尔，这一切都是为了'石油，石油，石油'"。

有一次，首相大人听到他的一名属下提到了纳赛尔这个名字，忍不住大喊起来："我恨不得把他碎尸万段！"下属说，如果没有可以替代纳赛尔的人，那么就不能毁掉他。艾登咆哮道："但我不想要替代他的人！埃及出现无政府状态也好，发生骚乱和暴动也罢，我一点儿也不在乎！"

与此同时，以色列也有自己的理由想要除掉纳赛尔，让埃及继续保持软弱。由于纳赛尔在阿拉伯世界广受欢迎，以色列领导人担心他会将阿拉伯人团结起来，形成一支统一的力量，对以色列这个新建立的犹太国家的生存构成威胁。与摩勒和艾登一样，以色列总理戴维·本-古里安本人也对纳赛尔心怀恨意。一位以色列记者说："本-古里安从一开始就无法忍受纳赛尔……一位年轻的阿拉伯领导人在阿拉伯世界横空出世……他的崛起和成功激励着新一代阿拉伯人……这是一种新的泛阿拉伯民族主义，本-古里安想要将其摧毁殆尽。"

本-古里安是以色列的主要开国元勋，也是以色列建国前十五年的主要政治领袖。他是一位坚定的军事强硬派。他坚信，为了生存，以色列这个羽翼未丰的国家必须与周围的阿拉伯国家保持战争状态。因此他主张从阿拉伯国家手中夺取更多领土，扩大以色列的边界。他强烈反对与阿拉伯国家领导人，特别是与纳赛尔进行任何和平谈判。他认为这样的谈判将会是削弱以色列力量并导致以色列毁灭的第一步。

自从纳赛尔在埃及掌权起，本-古里安就决心挑起纳赛尔的怒火，刺激他发动战争。因为他知道埃及军队无法与以色列军匹敌。以色列煽动挑起战火的地点是加沙地带，这里是埃及和以色列之间贫瘠的无人区，1949年两国达成停战协议，将加沙地带划为两国的边界。

此时的加沙处于埃及的军事控制之下，这里生活的主要是居住在难民营的巴勒斯坦难民。由于被拒绝在以色列或埃及定居，许多年轻的难民加入了阿拉伯游击队。他们偶尔会对以色列进行小规模的袭击。作为报复，以色列军队对难民营的攻击力度远大于阿拉伯人的袭击，经常会造成数十人伤亡。尽管纳赛尔向联合国提出抗议，但并没有采取任何行动，这种以牙还牙的冲突仍在继续。

1955年，以色列火力升级。2月23日，几名阿拉伯游击队成员跑到特拉维夫郊区，杀死了一名以色列平民。五天后，以色列政府发动了"黑箭行动"，对加沙的埃及军营进行了大规模突袭，造成三十六名埃及和巴勒斯坦士兵死亡，二十九人受伤。美国驻开罗大使馆的一名官员称，以色列的突袭是"彻彻底底的暴行"，联合国安理会也一致对以色列的行径予以强烈谴责。

这次突袭行动是由时任以色列国防部长的本－古里安下令进行的。1954年初，他辞去了以色列总理一职，由他的长期助手摩西·夏里特接任。摩西·夏里特能说一口流利的阿拉伯语，对于阿拉伯人进行和平谈判保持着更加开放的态度。在"黑箭行动"之前，纳赛尔也倾向于与以色列和谈。因为他知道自己的军队永远无法击败以色列人，因此他拒绝对以色列的武装袭击予以回应，并宣布反对将加沙等边境地区变成战场。1955年初，他首先迈出了一步，答应与夏里特政府展开秘密和平会谈。

不过由于"黑箭行动"，以及以色列在开罗秘密搜集情报的间谍行动被发现，和平的曙光在来临之前熄灭了。1954年，以色列军事情报部门启动了一个由埃及犹太特工组成的潜伏小队，负责在埃及的邮局、剧院、图书馆和其他公共场所引爆炸弹，并将责任嫁祸给反对纳赛尔的埃及人。这一行动的目的是通过制造暴力事件和紧张不安的气氛来破坏纳赛尔的政权。然而，在第一次启动爆炸后，埃及政府就发现了以色列的这一阴谋，并捣毁了这个小队，处决了该小队的几名头目。

策划爆炸，紧接着又对加沙进行突袭，这些行动标志着中东历史上的一个重要转折点。最终夏里特辞职，本－古里安再度出任总理，并在总理的位子上一直待到1963年。从此，以色列恢复了对加沙的袭击。到1956年3月，以色列对埃及和叙利亚分别发起了四次大规模袭击。

努力试图避免公开冲突未果后，纳塞尔决定不再寻求和平之路。以色列凭借其军事优势耀武扬威，留给他的回旋余地小之又小。于是他得出一个结论，他必须保卫自己的国家免受以色列的袭击，但要做到这一点，他需要外界的帮助。埃及军队并不比1948年阿以战争结束时强大多少，军队仍缺乏足够的训练，而且急需现代化的武器和装备。

尽管自纳塞尔上台以来，埃及一直试图从西方购买武器，但收效甚微。他曾与法国人讨论购买武器的可能性，但被告知，作为交换，他必须终止对本·贝拉和阿尔及利亚叛军的支持，但被纳塞尔予以拒绝。1954年，他得知法国刚刚与以色列人签署了一项秘密协议，其中包括向以色列出售法国最现代化的战斗轰炸机——"神秘"战斗机。

不过纳塞尔最大的挫败是未能说服美国向他出售武器。尽管他是一位坚定的民族主义者，但他一直对美国心存钦佩，毕竟美国战胜了英国，脱离英国的统治获得了独立，并且反对英法的殖民主义政策。小时候，纳塞尔就喜欢美国电影——这种喜好在他成年之后也一直延续。他最喜欢的电影是弗兰克·卡普拉的《生活多美好》。

在发动政变前的几年里，纳塞尔因反对英国的控制和法鲁克国王而在美国驻开罗大使馆赢得了美名，拥有不少崇拜者。其中就包括一支美国中央情报局特工队伍。他们与纳赛尔会面了几次之后，确定了让纳赛尔成为取代埃及现政府的接管者。显然，美国并没有直接参与埃及军官们的叛乱，但在叛乱爆发的两天前，纳赛尔通知美国大使馆，政变即将发动。据报道，一名美国驻开罗使馆的武官说："只要你不是共产党，那你就放手去夺那个位子吧。"

从那以后，纳赛尔一直在暗中寻求与美国达成武器协议。特别是在1950年2月以色列突袭加沙的埃及军营后，这种努力变得更为迫切。驻开罗的美国中央情报局倾向于向埃及出售武器，但由狂热反共的国务卿约翰·福斯特·杜勒斯领导的国务院却并不那么通融。和法国一样，杜勒斯也提出了出售武器的交换条件，即作为交换，埃及必须加入该地区的军事联盟，其目的是打击苏联和其他共产主义势力在中东和近东的影响。

尽管纳赛尔公开表示反对共产主义，但他决意保持独立，不参加包括美国在内的非阿拉伯国家的联盟。他质问美国，埃及面临的是以色列对埃及控制的领土持续不断的袭击，这才是埃及真正的危险，哪有工夫去想象共产主义的威胁呢？

纳赛尔的传记作家赛义德·K.阿布里希写道："美国人……本可以采取一些措施来减轻纳赛尔的恐惧，但他们什么也没做。"与此同时，"以色列人给了他们一个又一个羞辱性的打击……他们把他逼得太狠了，他没有别的选择，只能做出回应，否则就会失去对他来说最珍贵的东西——他与他的人民的地位和尊严"。

此时的纳赛尔开始相信，美国政府和英国、法国政府一样，并不真正关心埃及和埃及人民的福祉。在他看来，美国对他的政权是认可还是拒绝，完全取决于他是否去屈从美国在中东的计划和利益。既然纳赛尔不会屈服，那么他相信保持埃及的弱势地位和处境，是符合美国利益的。

美国拒绝了纳赛尔购买武器的请求后，纳赛尔决定另谋他法，并通知美国驻开罗大使，告诉对方他正在考虑与苏联接触。毫无疑问，纳赛尔反对共产主义是诚心诚意的：埃及共产党是非法的，而且当苏联早些时候试图扩展与埃及的关系时，纳赛尔就明确拒绝了。但他告诉美国大使，他现在别无选择。

1955年9月，纳赛尔和捷克斯洛伐克的共产党政府联合宣布双方达成了一笔数额巨大的武器交易。事实上，捷克是苏联的前沿，因为苏联控制着这个国家以及东欧大部分地区。不出所料，这一消息无疑表明埃及向西方展开了一面鲜艳的红旗，美国政府向纳赛尔派遣了特使，恳求他取消交易协议。但纳赛尔拒绝做出让步和妥协。

对西方政府来说，纳赛尔的举动无疑是个晴天霹雳。作为第一个从共产主义集团购买武器的非共产主义国家的领导人，纳赛尔打破了西方对阿拉伯世界武器销售的垄断，并在很大程度上破坏了西方建立阿拉伯反共联盟的计划。在他们看来，纳赛尔做得太过火了，现在甚至连美国也开始准备对付他，因为之前美国对纳赛尔的容忍程度远高于英国和法国。

尽管杜勒斯和美国国务院从未像美国中央情报局和其他美国政府机构那样对纳赛尔热情高涨，但由于纳赛尔之前曾旗帜鲜明地反对共产主义，因此这位国务卿此前一直都对纳赛尔的中立立场、社会主义信仰和支持阿尔及利亚反政府武装视若无睹、不予理会，但现在则不同了。

国务卿杜勒斯比艾森豪威尔政府里的其他任何人都更执着地

反对共产主义，并坚信必须把所有地方的共产主义都连根拔除。至于中东和其他地区的其他潜在威胁，比如伊斯兰宗教激进主义等，在他看来并不损害美国的利益，因为这些运动被认为是反对共产主义的堡垒。在杜勒斯看来，纳赛尔已然不在反共产主义阵营里了。

埃及和捷克公开宣布两国的武器交易之后，杜勒斯愤怒至极地宣称，埃及的做法"正在危害其作为自由国家的独立性"。很快，美国就明确表明，美国政府认为这项武器协议威胁到了美国在整个中东的地位，特别是损害了美国和其他西方国家在石油方面的利益。

与此同时，美国和其他西方国家官员决心要阻止纳赛尔与苏联进一步接触。在武器交易公开后不久，苏联暗示苏联政府可能会为新的阿斯旺水坝建设提供资金。为了防止这种情况发生，1955年12月，美国和英国政府提出为该项目提供七千万美元的援助，同时世界银行将为其提供两亿美元的贷款。而大坝的总成本估计约为十三亿美元。

尽管他们同意了这次冒险之举，但美国人和英国人对此都感到不满。1956年上半年，随着埃及和西方关系的逐渐恶化，两国开始认真地重新考虑对策。杜勒斯已经采取措施控制纳赛尔，威胁要停止美国的粮食援助计划，并终止埃及的最惠国贸易地位，除非纳赛尔停止在西方和共产主义集团之间游移。这些举动得到了美国的亲以派和反共主义团体的支持，他们都强烈反对以任何方式援助埃及。1956年5月，纳赛尔认可以共产党领袖毛泽东为领导的政权为中国的合法政府，从而令本就紧张的局势更加严峻。一位美国国务院官员说："对杜勒斯来说，（埃及）对中国政府的承认几乎具有一种宗教意义，距离对魔鬼的崇拜只差一步之遥。"

美国国务卿再也容忍不了了。1956年7月19日，他宣布美国将撤回为阿斯旺大坝提供资金的提议，理由是埃及为购买捷克的武器而担负了巨额债务。杜勒斯说，这导致了"埃及的经济疲软和滑坡"。尽管杜勒斯说他是代表艾森豪威尔总统发言，但事实上，他的这番言论并没有事先征询总统的意见，这一举动是他擅自决定的。而此时的总统刚做完腹部大手术，正在医院接受治疗。

杜勒斯的发言几乎让所有人都备感惊讶：他的政府同僚、美国的盟友，尤其是纳赛尔本人，更是猝不及防。尽管纳赛尔意识到美国政府对他向共产主义国家示好感到十分不满，但他认为，他对西方资助修建大坝的依赖平衡了他从共产主义集团获得的军事援助，并证明了他完全是中立的。他从未想过美国会取消其承诺。杜勒斯宣布决定的第二天，英国政府便紧随其后。纳赛尔恳求世界银行单独完成这笔交易，但该银行主席也退出了。

建造大坝对纳赛尔来说意味着一切。他认为新大坝对埃及的现代化和工业化发展至关重要，同时也是其政权的最重要目标。他对杜勒斯的决定感到震惊，随后便勃然大怒。历史学家阿丽克斯·冯·藤泽尔曼写道："他认为这是一种蓄意的冷落和怠慢，是对埃及尊严和抱负的政治挑战。"纳赛尔对美国大使说："你们这些家伙要杀了我，我所能做的就是保护自己。我告诉你，我们不会让你们得逞，不会被你们杀死的。"

纳赛尔得出了一个结论，他别无选择，只能进行报复——为了他和他的国家的荣誉，为了他和国家所受的伤害而复仇。并且在复仇的过程中，他要找到办法为修建大坝筹集资金。对他来说，可行的解决方案只有一个：将苏伊士运河国有化。苏伊士运河是西方控制埃及资源的终极象征,也是最终被西方人抢入囊中的巨额收入来源。

7月26日,在杜勒斯宣布决定一周后,纳赛尔通过广播宣布,他将"以人民的名义"收回运河控制权。就在他讲这番话时,埃及军队拔枪冲进运河区公司总部,并取得了控制权。最后一批英国军队在一个月前已从运河区撤出,因此埃及军队在没有遭到任何抵抗,也没有造成任何伤亡的情况下,迅速占领了运河区。

尽管英国和法国提出抗议,但纳赛尔将运河区公司收归国有并不违法。作为一家私营公司,它受埃及的法律约束,只要埃及政府向股东提供经济补偿,公司就可以收归政府接管。其他国家,包括"二战"后的英国,也在自己的国家对铁路和其他提供公共服务的公司进行国有化。纳赛尔明确表示,在声称拥有运河区公司所有权的同时,他并不打算限制运河的航行或使用。他决不让自己给敌人留下任何可以攻击他的借口,同时,他还下达指令,允许国际航运航只继续在运河自由航行。

然而,对安东尼·艾登和他政府中的其他人来说,纳赛尔的这一举措是否具有合法性无关紧要。他们标榜自己是西方在中东利益的守护者,因此他们认为运河的国有化尽管在阿拉伯世界赢得一片叫好,但显然是对美国和其他西方国家对该地区控制的公然藐视。赛义德·阿布里希指出:"(纳赛尔的这一举措)是自20世纪以来,阿拉伯国家领导人首次向西方国家发起的挑战。"更有甚者,一些西方官员甚至认为最终纳赛尔将会成为这场博弈的赢家。

最初,英国和该公司的另一大股东法国使出浑身解数,试图让埃及难以运营运河。他们的伎俩包括撤出所有负责引导船只通过运河狭窄河道的欧洲领航员,企图使运河交通出现瘫痪。他们希望以此证明埃及人没有独自管理运河的专业知识和能力，但这次他们的阴谋失败了。埃及人完全胜任管理运河的工作，运河上的交通量不但没有减少，反而有所增加。

对于英国和法国领导人来说，解决办法只有一个：入侵埃及，夺回运河，除掉纳赛尔。正如当时在开罗的中央情报局特工迈尔斯·科普兰所说，他们决心向世界证明："他（纳赛尔）一个狂妄自大的愣头青，还想要大摇大摆地在太岁头上动土，真是不自量力。"

1956年是希特勒将莱茵兰重新军事化二十周年，艾登很快将苏伊士运河比作莱茵兰，并将纳赛尔比作希特勒。"我们都知道法西斯政府的那套行事方式，"他宣称，"我们都清楚地记得，向法西斯主义屈服的代价是什么。"慕尼黑协议和绥靖政策的教训被错误地用在后来的国际危机上，这不是第一次，当然也不是最后一次。希特勒对英国的安全和生存构成了真正的威胁，但纳赛尔并没有威胁到英国。

在运河被占领的第二天，艾登曾寻求获得内阁批准，对纳赛尔进行武力示威。四天后，英国首相告诉艾森豪威尔总统，他正在考虑立即对埃及采取军事行动。艾森豪威尔听到这一消息感到十分震惊，并明确表示反对其采取如此激进的方式，特别是此前纳赛尔已经向联合国发出信号，表示他愿意让埃及和使用运河的国家代表就共同运营运河的可能性进行商议和讨论。

而法国自1955年6月以来，一直在与以色列官员举行秘密会议，讨论除去纳赛尔的办法，甚至包括暗杀。以色列也一直在考虑先发制人，率先对埃及发动战争，夺取加沙地带和蒂朗海峡，即埃及和沙特阿拉伯之间的狭窄海上通道。这一想法得到了法国的支持，并鼓励以色列采取行动。

1956年10月22日，英国也加入了这个阴谋集团，同意与以色列和法国合作，对埃及发动战争。根据最高绝密计划，以色列将入侵埃及，并声称此举是为了铲除埃及控制的位于西奈半岛的阿拉伯游击队恐怖分子基地（事实上当时并没有这样的基地，后来以色列人也承认了这一点）。然后，英国和法国将会公开谴责以色列的袭击，随后宣布，英国和法国将作为维和人员介入战局，将双方作战人员分开，以保护苏伊士运河。在这种情况下，运河就会被置于国际控制之下，纳赛尔的政权将会被推翻，被一个更加合作的埃及政府取而代之。

艾登似乎身处在另一个现实当中。他确信美国会支持这一绝妙的行动，尽管艾森豪威尔曾特别警告他不要采取任何军事行动。美国总统愿意在外交政策等许多方面听取国务卿杜勒斯的意见和建议，但就战争方面而言，艾森豪威尔明确表示一切得听他的指挥。而他绝不会支持攻击纳赛尔。

在艾森豪威尔总统的指示下，杜勒斯警告艾登，美国政府强烈反对任何形式的袭击，当然也包括这次行动。这位国务卿还说，艾登认为的苏伊士运河正处于危险之中，这种说法显然不是真的。埃及人并没有干扰运河的航行，在埃及的英国、法国以及其他外国国民的安全也根本没有受到任何威胁。

但英国、法国和以色列无视这些警告，最终于10月29日对埃及发动了袭击。以色列伞兵被空投到西奈半岛中部，而以色列战斗机对埃及数十个目标进行了轰炸，其中包括军事基地、机场和其他军事设施。与此同时，法国的战斗机也在一旁支援以色列，以防埃及的反击。在随后的几个小时和几天的时间里，英国和法国的战机加入战斗，在运河区的两个城镇——塞得港和福阿德港上空低空飞行，并投掷燃烧弹，以破坏或摧毁埃及的工厂、商店、学校和民房住宅。数百名平民抱着孩子跳入运河中以躲避空中的轰炸。

纳赛尔亲自指挥埃及军队进行防御，他命令他的军队在西奈半岛与以色列人作战。叙利亚和约旦领导人提出派遣军队增援，但被纳赛尔拒绝了。他告诉约旦国王侯赛因，约旦必须保护好本国的军队。11月2日，他下令击沉苏伊士运河中的四十多艘船只，从而封锁了苏伊士运河，切断了通往欧洲的石油供给路线以及去往近东和亚洲的主要航线。

如果之前袭击埃及的三个侵略国真的相信国际舆论会接受他们发动袭击的理由，那么很快他们的想法就落空了。谴责之声迅速席卷而来，而且声势浩大。英国报纸《观察家报》称："全世界都认为，此次行动，英国和法国政府扮演的不是警察的角色，而是暴徒。你不能因为担心自己的贸易利益会受到别国损害而对别的国家肆意轰炸。"与此同时，美国也对这三个入侵埃及的国家公开予以谴责，并要求他们立即撤出埃及领土。

苏伊士运河危机处于即将升级为一场大战的边缘。美国官员迫切希望这场冲突能尽快解决。不仅如此，对埃及的袭击还会将"冷战"的紧张局势升级到"二战"结束以来的最危险境地。支持埃及的苏联向英国和法国发出了威胁，并暗示如果他们不结束入侵，苏联就会进行武力干预。包括美国驻莫斯科大使查尔斯·波伦在内的一些官员将这一信息解读为苏联有可能会使用核武器。显然，由于美国、英国和苏联都拥有核武器库，世界陷入了一个前所未有的危险时期。

艾森豪威尔总统以美国的经济影响力为武器，最终迫使英国放弃了对埃及的进攻。由于这次袭击行动,英国陷入了令人绝望的经济困境。英镑出现挤兑,甚至面临破产,需要国际货币基金组织的贷款来拯救。但英国必须从埃及撤军,否则艾森豪威尔不会允许批准给英国这笔贷款。艾登别无选择,只能服从。11月7日,英国接受了联合国的停火协议,法国和以色列紧随其后。

在联合国的监督下,驻扎在埃及的最后一批英国和法国军队最终于1956年底撤离。但以色列军队仍留在西奈半岛,直到1956年3月才被迫离开。一个月后,苏伊士运河重新通航。

虽然苏伊士运河战争持续了不到两周的时间,但其后果影响巨大且持久。据估计,这场军事冲突夺走了三千至四千人的生命,其中75%是埃及人,大多数是平民。此外,这场冲突还造成了巨大的经济损失——不仅埃及经济损失惨重,失去了大量的基础设施、民房和其他财产,而且令英国、法国和欧洲其他大部分地区也付出了沉重代价,这些国家因运河封锁而遭受了巨大经济损失。

由于苏伊士运河惨遭浩劫,法国和英国的国际声望和国际地位也遭受沉重打击,尤其是英国,从此一蹶不振,再也无法恢复元气。报道苏伊士战争的英国记者詹姆斯·莫里斯当时写道:"塞得港被炸得支离破碎,面目全非,这是对大英帝国最后一次展现其威严雄风的痛苦纪念。码头远处,沉船的烟囱和桅杆堵住了帝国生命线的所有通道,仿佛是对帝国最后的嘲讽。未来的历史学家很可能会说,大英帝国在苏伊士运河陨落,因为在那里,英国的帝国雄风荡然无存了。"

在同意停火两周之后,安东尼·艾登的情绪和身体都崩溃了,于是他去了牙买加,并在那里长期休养。1957年1月,在他上任仅二十一个月之后,便辞去了他政治生涯中一生都梦寐以求的职位。而居伊·摩勒继续担任法国总理五个月之后也辞职下台。他的政府对苏伊士运河危机的处理，加剧了法国政府与法国军队之间的内部矛盾。这种矛盾导致了在1958年阿尔及利亚问题上出现更大的危机，并最终导致法兰西第四共和国的崩塌。

以色列的这次军事入侵使该国与埃及和其他阿拉伯国家之间的裂痕加深，但以色列从苏伊士运河撤军后，却对此毫无悔意。以色列最后是在威逼胁迫之下才放弃了以色列军队在西奈半岛占领的土地。但在占领期间，以色列人绘制了那片领土的地图并拍摄了照片，以应对未来与埃及的冲突。因此随着岁月的推移，两国之间发生冲突的可能性越来越大。

至于纳赛尔，则被埃及和其他阿拉伯国家以及第三世界的其他大部分国家奉为英雄。他不仅为埃及保护了苏伊士运河的安全，还给统治埃及人民长达一个多世纪的西方殖民主义者沉重的打击，让他们受到了惨重的教训。

英法在苏伊士运河战争的失败造就了另一个大赢家——美国。英国和法国在中东和北非的影响力一落千丈，从而留下了一个权力真空，而这个真空很快被美国填补上了。在苏伊士运河战争发生几个月之后，美国开始取代欧洲的几个殖民大国，成为这些地区的主要经济和军事霸主，如同美国对东南亚和太平洋地区的统治一样。为了防止共产主义在中东蔓延，艾森豪威尔政府企图鼓动阿拉伯国家，特别是沙特阿拉伯领导人挑战纳赛尔，继续坚称纳赛尔受制于苏联。

在这些复杂的地缘政治影响下，德罗什寻求拯救努比亚神庙之路的前景愈发渺茫。更何况，在苏伊士运河危机期间，她被软禁在开罗，然后被驱逐出境。她该怎样才能达成心愿,实现目标呢？

第十二章

「这些古迹属于所有人」

转瞬之间，德罗什－诺布勒古就成了埃及这个国家不受欢迎的人。要知道埃及的古代历史和文化从小就是德罗什生活的中心。苏伊士运河战争开始时，她正在开罗酒店的房间里避难，而此时英国和法国的战斗机正从她的头顶呼啸而过，准备飞往首都之外朝那里的燃料贮存库投掷炸弹。她不敢相信自己的国家正在对埃及发动战争——在她看来，这是一件既愚蠢又大错特错的事。

埃及人一向热情好客，而现在他们却对西方人怀有深深的敌意。对德罗什来说，这种情绪的转变是毁灭性的。多年来，她一直与跟她一起工作或相识的埃及人保持着友好而亲切的关系，从挖掘现场的工人到政府官员和开罗的知识分子，与她无一不相处融洽。而现在，一切都化为乌有。后来她写道："这种徒劳无益的侵略，在不到几个小时的时间，就将法国150年来在埃及收获的所有利益都毁之殆尽。"

袭击发生之后，埃及政府立即切断了与英国和法国的外交关系。居住在埃及的英国人和法国人被限制在酒店和家中，并且不允许埃及人与他们有任何接触。11月初，德罗什和其他法国和英国公民被驱逐出境，包括穆斯塔法·阿梅尔在内的几位与德罗什最亲密的埃及朋友不惜违抗命令前来给她送行，这令德罗什非常高兴。

她向聚在她周围的朋友们深情告别，然后登上了一辆载着她和其他英、法公民的巴士前往亚历山大港，不知何时才能再次和这些朋友们相见。当巴士驶出时，法国和英国战斗机从他们头顶呼啸而过，准备去执行另一次轰炸任务。德罗什至今仍记得那辆巴士的埃及司机当时愤恨地紧咬牙关，抬头望着天空，但始终一言不发地继续前行。第二天黎明，她和数百名其他西方撤离人员在港口登上一艘小型汽艇，被送往美国海军第六舰队的一艘军舰上，而此时法国和英国的战斗机的炸弹纷纷落在军舰附近。两天后，他们抵达了那不勒斯。

当德罗什最终到达巴黎时，她发现自己又被排斥了——这次排斥她的人是自己同胞。她认为法国和英国的入侵是"非法干预"，但大多数法国舆论却对英、法的这一行为表示支持，并将冲突归咎于纳赛尔和埃及人。德罗什说："我告诉那些人，埃及人热情而善良，他们也有尊严，而且对法国人十分友好，是我们冤枉了他们。但我很难得到那些人的理解，法国人根本不相信我，即使是那些见多识广的朋友，也不相信我说的话。"那一刻，她感觉孤立无助，没有一丝归属感。

然而，一个多月后，德罗什看到了柳暗花明。1956年12月底，联合国教科文组织收到埃及文物管理委员会的电报，电报上说，尽管埃及文物机构不再欢迎来自与埃及断交国家的专家，但愿意为德罗什破例。事实上，埃及文物管理委员会希望德罗什能在联合国教科文组织的资助下重新出山，继续与埃及文献和研究中心合作。

德罗什被这个诚挚的邀请感动——而且非常心动。尽管这次的挑战难度比以前大得多，但她迫切希望这个羽翼未丰的研究中心能取得成功，并且她也想通过接受埃及有关方面的邀请来表明她对英、法、以三国入侵埃及的反对和不满。但是，她告诉联合国教科文组织，没有法国政府的准许，她无法回到埃及。当她走进外交部时，她发现她并没有想象中的那么孤立无援，她的观点还是有人支持的。"别犹豫，"外交部的一位官员对她说，"事实上，我们希望你这么做。"

在接下来的两年里，尽管埃及似乎已经完全将西方拒之门外，但德罗什成了为数不多的获准进入埃及的西方人之一。当她回到开罗时，她发现在她离开埃及的两个月里，这里已经失去了往日的繁华，不再像以前那样熙熙攘攘，充满国际化的气息。现在的埃及汽车少了很多，开罗的街道上车水马龙的景象也消失了，路上也不会再传来夹杂着十几种外国语言的鼎沸声。

除了英国人和法国人，开罗的大多数其他西方人——包括希腊人、意大利人和比利时人，也纷纷离开了。西方游客也不再受欢迎。如今，街头报刊亭只提供阿拉伯语读物，而不再像以前一样售卖各种语言的出版物。"这个国家似乎陷入了沉睡，"德罗什说，"仿佛又回到了千年来缓慢的节奏中。"

埃及政府扣押了大多数在该国经营的英国、法国和犹太人开设的公司，包括银行、餐馆和一个英国—埃及合营的油田，此外还有天然气、烟草、水泥、制药和磷酸盐企业。其中大部分企业被转成了埃及国营部门或公司。如今与西方的商业接触和交易已十分少见，少数获准在埃及工作的外国公民，其活动也受到了极大限制。

尽管德罗什向来喜欢迎接挑战，但在这一时期她所面临的困难尤其令人难以想象。她在埃及的生活受到限制，再加上身兼数职，这让她几乎没有时间与家人在一起。除了开罗文献和研究中心的工作以外，她还是卢浮宫埃及馆的负责人和卢浮宫学院的考古学教授。每隔几周，她就会从巴黎飞到开罗逗留几天，监督努比亚临危文物古迹的勘察和研究工作进展。暑假期间，她在勘查现场又待了好几个星期。

与此同时，距离阿斯旺大坝的开工日期——1960年初——也越来越近了。苏联向埃及提供了大笔贷款，用来建造大坝，派遣了数百名工程师来帮助设计大坝，并且还派了技术人员和重型机械来进行实际工作。

随着努比亚文物古迹面临的危险越来越近在咫尺，德罗什和研究中心承受的压力也越来越大。由于埃及把与其断交的国家都列为黑名单，它无法再招募法国和英国的考古学家来监督勘察工作。但她的外国同行有很多，其中有不少是她的朋友，所以她可以招募其他西方国家的顶尖考古学家来帮助她。传奇人物雅罗斯拉夫·切尔尼接到了德罗什的电话，他们在代尔麦地那一起共事过，并成为亲密好友。尽管切尔尼是牛津大学的教授，但他是土生土长的捷克人，因此有资格在埃及工作。

当德罗什专注于招募更多的外国专家来埃及实地勘察时，她遇到了另一个棘手的问题：那就是法国东方考古研究所正面临生存的威胁。在该研究所工作的法国人被驱逐之后，IFAO及其总部穆尼拉宫一直处在联合国的保护之下。可一旦停火协议生效，这种保护就不再有效。德罗什刚一回到开罗时，就有一位埃及朋友警告她说，埃及政府计划拆除法国东方考古研究所，并将穆尼拉宫改成一所学校或军事医院。

德罗什惊恐不已：如果失去这座研究所，那将是国际埃及学的灾难。后来她回忆说："我连续两个晚上都没睡着觉。这一决定意味着，这座研究所里独一无二的图书馆将会永远从这个世界上消失。这些书最终会散落一地，被不择手段的二道贩子买下。而我们那台印刷了数千个象形文字和其他字符的印刷机，他们已经开始把它从地板上拆下来了。"由于德罗什代表的是联合国教科文组织，所以她不能公开阻止埃及政府的这项计划，但她说服了法国政府聘请律师，尽力阻止埃及政府的行为。她还联系了几位西方国家的驻开罗大使，来帮助说服埃及政府。唯一同意德罗什请求，肯出手帮忙的是加拿大大使，他与法国人聘请的律师一起，制定了一项协议，该协议允许IFAO继续运营，并保留穆尼拉宫作为该研究所的总部。

但就在德罗什帮助拯救东方考古研究所的时候，她以往在法国同事那里无数次遇到的性别歧视再次出现——这一次歧视她的是现任IFAO负责人。这位负责人在苏伊士危机之后被驱逐出埃及，回到了巴黎。她从巴黎的朋友那里听说，这位负责人曾与法国和联合国教科文组织的诸多官员及领导接触，试图破坏德罗什的声誉和工作。据说，此人对联合国教科文组织总干事说，在目前情况下，他对埃及政府竟然将考古工作交给一个法国女人来负责表示十分讶异，觉得匪夷所思。

不久之后，德罗什收到了卢浮宫馆长乔治·萨勒斯的消息，他说IFAO负责人要求他下令让德罗什回到巴黎，并且让德罗什"老老实实待在博物馆干好自己的分内事，以免因法国公民与敌人——即纳赛尔和埃及政府合作而让法国蒙羞"。不过萨勒斯向德罗什保证，他已经将此人赶出了办公室，并要求他停止散布诽谤之词。不过他是否听从尚不可知，但不管他的造谣生事、恶语中伤持续了多久，都不会对相关的法国官员产生任何影响。

在处理这件事和所有其他问题的过程中，德罗什并没有放弃尽全力拯救努比亚神庙的愿望。自回到埃及以来，她多次呼吁埃及和联合国教科文组织官员考虑采取行动拯救古迹。然而，这一愿望仍未实现。多年后，德罗什回忆道："这就像在沙漠里传教一样，有人不断告诉我：'你这纯粹是在浪费时间。何必要这么做呢？

这些甚至都不是法国的古迹。'这种话我听过很多次了。可一个人因为不是埃及人就对埃及的古迹不管不顾,那岂不是太愚蠢了吗!我是作为世界公民为属于世界的瑰宝而战,也是为了人类的荣誉而战。"

然后,突然间,一个强大的新盟友出现了。

1958年,纳赛尔政府成立了一个部门来监管埃及文化事务,其中也包括保护埃及的文物。被选为新文化部部长的是萨尔瓦特·奥卡沙(Sarwat Okasha)博士,他是将军之子,他本人之前也是一名军官,曾是纳赛尔领导的1952年政变的组织成员之一,至今仍是总统最信任的顾问之一。

时年三十七岁的奥卡沙在他的军队同僚中一直是个异类。作为埃及贵族的后裔,他还是一名学者,对西方文化,特别是贝多芬、莫扎特和其他古典作曲家的音乐十分喜爱。政变之后,他被任命为埃及驻巴黎大使馆武官,同时在索邦大学攻读博士学位,撰写了关于黎巴嫩诗人纪·哈·纪伯伦的论文。德罗什-诺布勒古在巴黎见过他。后来她才知道,20世纪50年代初,也就是奥卡沙在巴黎任职期间,埃及和以色列就有可能进行的和平谈判进行了秘密协商,奥卡沙是重要参与者。

奥卡沙能说一口流利的法语,他和德罗什一样,对法国和埃及两国外交关系的破裂感到不安。他对德罗什说:"没有什么能破坏我们两国之间牢固建立并保持多年的重要的文化联系。"他也为努比亚神庙即将遭到破坏而深感担忧,但当德罗什提出要拯救神庙时,他一再驳斥德罗什的想法,认为这不切实际,并指出纳赛尔政权着重的是展望未来,而不是缅怀过去。保护埃及的民族遗产并不是纳赛尔政治议程上的重点。

然而，1958年末，就在大坝开始施工的一年多前，奥卡沙突然醒悟。而催化剂则是美国驻埃及大使雷蒙德·A.黑尔和纽约大都会艺术博物馆馆长詹姆斯·罗里默访问埃及。罗里默曾与卢浮宫的雅克·若雅尔有过合作，两人共同追查被纳粹抢走的犹太人拥有的艺术品。自1927年他从哈佛大学毕业后不久就来到了大都会博物馆工作，他整个博物馆生涯都在大都会博物馆度过。在他二十多岁的时候，他主持了该博物馆中世纪藏品的大规模扩建，帮助说服小约翰·D.洛克菲勒资助并建造了大都会修道院艺术博物馆。这座修道院艺术博物馆俯瞰曼哈顿上城的哈德逊河，是博物馆珍贵藏品的新家。博物馆建成之后，罗里默随即成为该博物馆的策展人。

作家罗伯特·M.埃德塞尔形容罗里默"像一只斗牛犬：身材矮小、体格健硕并且不怕挑战"。这位精力充沛且雄心勃勃的馆长想要什么东西便会想尽办法得到。他在与奥卡沙的会晤中明确表示，他希望埃及政府允许他购买一两座即将被大坝淹没的神庙。他提出建议，既然埃及无法保护自己本国的古迹，那不如把它卖给有能力保护它的国家。

"你瞧瞧，克里斯蒂亚娜，这是多么大的羞辱啊！"在与罗里默和黑尔会面的第二天，奥卡沙仍处在震惊之中，他朝德罗什大发雷霆："我宁可让神庙永远沉入水中，也不会卖掉它们！"作为回应，德罗什重申她以前多次提起的请求："这些古迹属于我们所有人。它们是你们文明的精髓，也是我们文化的根源。我们不能让这一巨大而珍贵的遗产消失。我们还没有完全将这些文物古迹解密，我们不能剥夺同时代人拥有这些古迹的权利，更重要的是，我们不能剥夺子孙后代继承全人类共同遗产的权利。"

贾迈勒·阿卜杜勒·纳赛尔和萨尔瓦特·奥卡沙

奥卡沙问他们该如何拯救这些古迹，德罗什回答说解决方法只有一个：联合所有的力量，与联合国教科文组织合作，联合发起拯救神庙行动。她说："与联合国教科文组织合作，即让埃及与世界所有其他国家合作，这是能够让悲剧结束的唯一机会，并且将会开创一场前所未有的文化运动。"奥卡沙立即表示同意。几年后，他回忆起自己"被有可能遭受的可怕损失而搅得心神不宁。

我认为文化部有责任制定并实施计划，拯救濒危的文物和古迹。当务之急是为我们的子孙后代保护好国家的瑰宝，于是当年我便下定决心让不可能的事情变成可能"。

在奥卡沙身上，德罗什终于找到了跟她一样充满热情、精力充沛并且有紧迫感的人。后来，担任卢浮宫埃及馆负责人的克里斯蒂安·齐格勒回忆说，德罗什－诺布勒古"非常有活力，但也很辛劳：她想把所有事情都在一分钟内搞定"。奥卡沙也是一样，德罗什说："当他做出决定之后，便会扫除一切艰难险阻，坚持到底。"

这种干劲和决心在埃及政府的官员中是极为罕见的。事实上，所有的政府官僚机构都以惰性懒散著称，但埃及的官僚机构办事速度尤其缓慢，这早就是众所周知的了。《纽约客》报道称："埃及人既自负又困惑地注意到，他们的官僚机构是世界上历史最悠久的，早在7世纪阿拉伯人带着剑和《古兰经》来到这里的三四千年以前，埃及人就开始制定繁文缛节了。"

德罗什将奥卡沙拉到了自己的阵营里，并给他鼓起了干劲儿。如今在她的这支新生的"特种兵队伍"里，已经有了三大主力。机缘巧合的是，三年前曾承诺支持她的联合国教科文组织官员勒内·马厄结束了在纽约的"流浪"，刚刚返回巴黎。1958年初，马厄成功游说了联合国教科文组织执行委员会，选择了一位名叫维托里诺·韦罗内塞（Vittorino Veronese）的意大利律师担任该组织的新任总干事，接替马厄的死对头卢瑟·埃文斯。同年晚些时候，韦罗内塞——这位"二战"期间著名的反法西斯活动家、倡导社会和经济公正的积极拥护者，任命马厄为联合国教科文组织的副总干事。

1959年1月初，德罗什建议奥卡沙给马厄打电话，讨论双方建立伙伴关系的可能性。碰巧，马厄此时正在埃塞俄比亚首都亚的斯亚贝巴逗留，他同意在返回巴黎的路上顺道在开罗停留。奥卡沙到机场接他，然后开车送他去办公室，双方商讨了近三个小时。两人之间立即建立了友好而融洽的关系，当马厄起身准备离开时，奥卡沙"确定找到了盟友"，他拿起一本皮埃尔·洛蒂的书《菲莱之死》，说他希望"我们可以一起续写一篇后记，名字叫作《菲莱的复活》"。

勒内·马厄（右）于1968年在阿布辛贝大神庙前接受采访

离开埃及前往巴黎十二小时之后，马厄打电话给奥卡沙，维托里诺·韦罗内塞也跟马厄在一起听着电话。联合国教科文组织秘书长表示全力支持这次拯救行动，并承诺等他们一收到埃及政府的正式请求，并提供有关拯救古迹项目范围的详细信息，他就把关于这次拯救行动的报告提交给 UNESCO 的执行委员会。

随着德罗什的梦想越来越有可能成为现实，她和奥卡沙不得不扫清第一个重要障碍：获得埃及总统纳赛尔的同意。在埃及摆脱了非阿拉伯国家的控制和影响之后，对于与非阿拉伯国家在这个项目上合作的想法，纳赛尔会做出何种反应呢？为了减少建造大坝造成的损失而开展一项大规模行动，纳赛尔会为此而恼怒吗？要知道建造这座大坝是他政权的核心要务。

然而，德罗什和奥卡沙在计划他们的战略时，还留了一张王牌。尽管纳赛尔政府并不十分重视埃及的民族遗产，但他的确因为这些古迹遗产与古埃及的联系而感到骄傲和自豪，并且他还指出这场革命标志着自法老时代以来，埃及这个国家首次真正由埃及人统治和管理了。纳赛尔还曾指出埃及在古代时期的世界霸主地位，拥有至高无上的权力，并且认为古埃及在当时世界的影响力，与现代埃及对阿拉伯世界的影响力可以说不相上下。他决定在开罗火车站前摆放一尊巨大的拉美西斯二世雕像，就反映出他对埃及先辈的认同和共鸣。

尽管如此，奥卡沙还是花了好几个月的时间才获得纳赛尔的批准。总统对奥卡沙关于拯救法老时代这些无价遗迹的重要性论点给予了积极肯定的回应。但是他也怀疑，在当前"冷战"局势更加紧张、不少西方大国强烈反对埃及以及其他发展中国家民族主义抬头的形势下，提议进行国际合作是否可行。奥卡沙保证道，他和德罗什寻求的国际合作只严格限制在文化领域——他们会尽可能地远离政治问题。

他向纳赛尔概述了他们所构想的计划细节。拯救行动将由联合国教科文组织和埃及文化部联合监督,埃及承担三分之一的费用。作为资助神庙搬迁的回报,埃及还将允许其他国家进入努比亚地区进行考古挖掘,并允许这些国家保留他们发现的出土文物的一半。最后,埃及政府将从自己的储备中向捐款最多的国家赠送一批文物,其中包括被拯救的四座努比亚小神庙。那份由埃及人和联合国教科文组织专家给出的拯救名单里,共列出了二十多个古迹建筑。

如果纳赛尔同意他们的意见,奥卡沙和德罗什提出的优厚条件将标志着埃及做出了非同寻常的转变。三十多年来,埃及一直不愿让外国考古学家分享他们在那里进行考古发掘的成果。事实上,纳赛尔也想借此来表达他愿意让外国人回到埃及。最终,在1959年4月,总统签署了这项拯救计划。

奥卡沙和当时在埃及的德罗什快马加鞭将具体计划落实在纸上。纳赛尔批准计划后的第二天,德罗什就准备启程前往巴黎,奥卡沙希望她亲手将他们概述埃及提议的信函递交给联合国教科文组织。此时的奥卡沙急得团团转,他和德罗什可以起草信函,但必须用法语。可他们找谁把信函打出来呢?他的文化部里没有会说法语或者会写法文的秘书,而且文化部的打字机只能打出阿拉伯字母。

"我来吧。"德罗什对他说。奥卡沙惊讶地看着她,说道:"你?你愿意帮我吗?你会用打字机吗?"德罗什笑了。在埃及,她从文献与研究中心的年轻埃及学者那里观察得知,埃及男人都不会打字。因为他们认为这样做有失他们的身份。所以他们从来不学打字。"别担心,萨尔瓦特,"德罗什说,"人人都在家打字。这点事对我来说一点儿都不难。"

但她在哪儿能找到有罗马字母而不是阿拉伯字母的打字机呢?碰巧,奥卡沙有个小奥利维蒂便携式打字机,那是他在意大利短暂担任埃及大使卸任后从意大利带回来的。他从办公室的柜子里拿出了那台打字机,放到一张大桌子上,说道:"你就在这儿打吧,用伏尔泰那样优美的语言写下我们的要求。我就在外面的客厅里,你如果有什么需要就叫我。"

德罗什在这封致维托里诺·韦罗内塞的信里正式要求教科文组织与埃及文化部一道开展一次国际救援行动,为濒临毁灭的古迹遗址进行大规模勘察和研究,以及为神庙和其他文物的迁移筹集资金,并获得科学和技术援助。德罗什在信中详细列出了埃及人向潜在投资捐助者提供的优厚报酬,并建议联合国教科文组织国际专家委员会管理这次行动筹得的资金和分配。

她打字时,听到客厅里的留声机播放着轻柔优美的古典音乐。几分钟后,奥卡沙打开门往里看。"我希望你不要介意,"他腼腆地笑着说,"不过我想播放这首我非常喜欢的音乐。希望它能激发你的灵感,让你更放松。"德罗什回以一个灿烂的笑容。后来她回忆说:"伴随着维瓦尔第的《四季》,我们积极地迈出了拯救努比亚古迹的第一步。"写完这封信后,奥卡沙立刻拿着信冲进了纳赛尔的办公室请他签字。几个小时后,德罗什便带着这封信前往巴黎,那天是 1959 年 4 月 4 日。

同年 6 月,联合国教科文组织执行委员会授权韦罗内塞与埃及政府协商,制定正式的拯救行动计划,并派遣专家前往努比亚评估情况，决定抢救文物是否可行。他们的调查结果必须及时提交给联合国教科文组织，以便在11月举行的教科文组织年会上做出最终决定。

德罗什凭借她一贯的热情和执着，开始了她和她领导的文献和研究中心要承担的艰巨任务，为这次调查进行筹划和准备。在她的主持下，法国国家地理研究所（负责收集法国地理信息的国家机构）的一个工程师小组在埃及空军提供的飞机上拍摄照片，对努比亚的文物古迹进行空中调查。与此同时，文献和研究中心已经派遣了多个小组对数百座临危的神庙、陵墓、祭堂、堡垒、铭文和雕刻品进行实地勘察和记录，这些凝结了"六种文明"和文化成果的人类瑰宝，正面临毁灭的危险。

那年夏天，德罗什还负责组建了一个由联合国教科文组织资助的国际专家委员会，对努比亚地区进行调查，并由该委员会决定这次行动的最终命运。因此德罗什很清楚让该委员会成员相信这些文物价值及其毁灭的严重性有多么重要。

带着德罗什和她的团队提供的研究文件和初步专业技术报告，委员会成员于10月份在开罗会合，开始为期十天的努比亚之旅。委员会的成员包括来自不同国家的考古学家、地质学家、博物馆官员、艺术史学家、建筑师和其他相关领域的专家。领导该委员会的是在世界享有盛名的美国考古学家约翰·O.布鲁，他是哈佛大学皮博迪考古与民族学博物馆的负责人。尽管布鲁并不是埃及学家（他的专业是美国西南部的美洲原住民史前史），但他之所以被选为该委员会的领导人，是因为他具有在所谓的"抢救性考古学"——在濒危遗址的抢救和保护方面的专业知识。

专家组的人很快就发现，他们的尼罗河之旅并不是一次令人舒心愉悦的短途旅行。当天的天气十分闷热，气温超过32摄氏度。这条河每年一度的洪水还没有消退，神庙和其他古迹周围的地面经常被水淹没，因此委员会成员们不得不踩着泥泞的土地艰难地走到目的地。

作为他们的导游，德罗什想让他们忘掉眼前的不适，沉浸在这些古老的遗迹和建造它们的先人令人惊叹的历史长河中。吉耶梅特·安德勒-拉诺埃说德罗什有"超凡的同理心和共知感，她知道如何把拉美西斯二世起死回生，就好像她前一天还跟这位法老喝了一杯一样"。

在贝特瓦里小岩石神庙里，她讲述了这座神庙是如何在年轻的拉美西斯二世统治初期建造的——这是他在位时建造的一系列神庙建筑群中的第一座。在神庙的露天式前院里有一面浅浮雕壁画，上面雕刻着法老与敌人作战的画面，法老手持弯弓，拉着战车的马的缰绳系在他的腰间。在圣殿祭坛里，德罗什指着一个雕塑讲解道，这是尼罗河女神阿努克特（Anuket），还有治疗和生育女神伊西斯（Isis）在给还是婴儿的拉美西斯喂奶。

他们来到了另一座拉美西斯时代建造的瓦迪斯布瓦独立式神庙（几个世纪后被改建成基督教教堂），德罗什解释了拉美西斯的几位妻子和孩子的雕刻画是如何制作的——先是涂上灰泥，然后用《耶稣降生》和《最后的晚餐》一样的湿壁画技法完成绘制。她还带领一行人参观了在拉美西斯统治时期一千年后建造的神庙，比如宏伟的卡拉布萨神庙，这座神庙于托勒密王朝的末期开始建造，直到罗马皇帝奥古斯都统治时期才建造完工。而后，与之形成鲜明对比的是，德罗什又带着大家参观了建造于奥古斯都统治时期如珠宝般珍贵而小巧的丹铎神庙，里面供奉着伊西斯和奥西里斯（Osiris）神。

一行人最后参观的才是这趟尼罗河之旅的重头戏——阿布辛贝的两座神庙。德罗什和埃及人在此之前对这次考察之旅的最后几天进行了极其周密的计划。奥卡沙乘坐军用直升机赶到阿布辛贝与众人会合，并且明确表示在他们考虑保护的所有文物中，阿布辛贝神庙是重中之重。

当看到委员会的成员们一看到阿布辛贝神庙就立即被吸引住了的神情，德罗什-诺布勒古顿时松了一口气。神庙周围盛开着野生的含羞草，正在这时，几只正在阿布辛贝神庙前的尼罗河岸边沙地上晒太阳的鳄鱼，发觉有人走近，立即滑入了水中。在大神庙里，德罗什带领众人逐一参观每个空间，并详细讲解墙上的雕刻，还特别邀请他们欣赏后殿墙上的全景雕刻壁画，领略"雕刻师们用他们的凿子和刻刀讲述卡迭石战役的惊人技艺"。当看到"这幅伟大的古代石雕惊世之作将众人完全征服"，德罗什感到如释重负。

当然，她还确保让众人在黎明时分看到了大神庙的正面。从停泊在神庙前的船上，他们看着冉冉升起的太阳突然从河对岸悬崖上的一个缺口出现，并向四个守护着神庙的巨人投射出第一缕阳光。德罗什后来回忆道："那四尊雕像从朝阳中显露出来，在那一瞬间仿佛复活了一般，随后就传来了鸟儿在清晨欢快的鸣叫。"

对于委员会的许多成员（即便不是大多数）来说，这是一次超凡的体验和经历，并证实了德罗什一直以来所坚持的观点：阿布辛贝神庙与这里的环境浑然天成，已经融为一体。拉美西斯二世和他的建造者们特意把神庙建在太阳每天都会照到的地方，令代表拉美西斯的巨大雕像每天都能如此精彩地复活，这象征着这位化身为神的王永生不死,也象征着这个世界生生不息。

德罗什说,阿布辛贝即将遭受的破坏是难以想象的,如果决定要保护这里的古迹,就不能像委员们看到的大多数其他文物那样,将它们连根拔起,然后带到别的地方。这些古迹必须被安置在同一个地区,尽量将其转移到更高的地方。

委员会同意德罗什的观点,并列出了二十四座需要保留的神庙和其他文物,而阿布辛贝神庙被列在了首位。此外,委员会还讨论了可行的救援方案,包括建造一座土石坝,以保护它们免受新水库的侵蚀。委员会在给联合国教科文组织总干事的报告中称,这些古迹的消失将是"世界无法弥补的损失",并敦促联合国教科文组织向国际发出呼吁,号召世界各国拯救"努比亚的历史、考古和艺术遗迹,因为这是人类文化遗产的一部分"。

这份由埃及政府联署签字的报告于10月被联合国教科文组织执行委员会受理,随后于1960年1月获得该组织大会的一致批准,工程将与阿斯旺大坝同月开工。在不到一年的时间里,德罗什作为一名女性,从不遗余力地孤身奋战,到如今终于成功发起了一场大规模的国际救援行动。

为了让公众舆论为这一呼吁做好准备,联合国教科文组织和埃及政府为来自美国和其他国家的大批记者举办了为期十天的濒危文物参观之旅。因为他们的支持被认为是即将开展的活动取得成功的关键。事实证明,这次邀请记者的参观之旅取得了圆满成功,国际媒体,特别是美国和欧洲的媒体上,刊登了大量关于努比亚神庙面临迫在眉睫的危险的报道。

然而,尽管媒体普遍赞同拯救古迹的想法,但其中一些报道对实现这一目标的可能性表示怀疑。即便方法是可行的,但能否筹集到足够的资金来实施这一计划呢？《时代》杂志在一篇标题为"溺水而亡"的报道中指出，拯救行动所需的预估成本可能高达令人心惊的一亿美元。该报道援引一位不愿透露姓名的联合国教科文组织发言人的话，他对这项行动"持怀疑态度"，"因为正如他所说，唯一的补偿是'一些无价的历史宝藏，这也许并不足以吸引所需的资金'"。

就连芝加哥大学东方研究所所长约翰·威尔逊——公认的对拯救古迹行动最为关心的美国支持者——也对拯救计划能否实施表示怀疑。几十年后，威尔逊在回忆录中写道："尽管我们永远不会公开承认，但不得不说努比亚拯救行动在最初是很不被看好的。"

第十三章

历史上最大规模的文物发掘工程

1960年1月9日，埃及总统纳赛尔站在俯瞰尼罗河的悬崖顶上，按下了一个按钮。几秒钟后，震耳欲聋的爆炸震得周围的岩石荒地不停颤动。这位埃及领导人引爆了存放在半英里外的十吨炸药，这标志着阿斯旺大坝的建设正式开启。随后，在一大群埃及官员和外国政要的见证下，巨大的推土机清理爆炸后留下的巨大花岗岩瓦砾堆，同时发出尖锐刺耳的声音；随着雷鸣般的发令枪响，拯救努比亚古迹免受大坝水库淹没的战役也正式开始。

两个月后，即1960年3月8日，法国文化部长兼法国最著名的作家、学者安德烈·马尔罗（André Malraux）出现在巴黎联合国教科文组织总部大会的参会者面前，宣布大规模的拯救行动正式开启，全世界的人齐心合力、势必要打赢这场战役，拯救神庙古迹。马尔罗说道："这是人类历史上第一次，所有国家，包括一些正在秘密或公开进行战争的国家，都要团结起来，拯救不属于他们本国的文明遗产。"

马尔罗的讲话是联合国教科文组织此次重大项目正式开始的重要内容，可谓意义非凡。苏伊士运河危机爆发四年之后，法国在外交上仍与埃及关系疏远，但在此期间，法国的政治局势却发生了戏剧性的转变。1958年，阿尔及利亚战争推翻了前法国政权，也就是自1946年建立起来的法兰西第四共和国。随后在法国新总统戴高乐的领导下，法兰西第五共和国成立。1959年，戴高乐成立了一个独立的文化部，由马尔罗负责。

在联合国教科文组织发出呼吁的几周前，勒内·马厄曾要求德罗什联系马尔罗，看看他是否会出席拯救行动启动仪式。在当时，要求一名法国高级官员参与到与埃及合作的项目中，这似乎是一个非常大胆的想法。但事实证明，戴高乐正在寻找改善两国关系的方法，而马尔罗则急切地想要对建立国际文化合作表示支持。因此马尔罗不仅同意在会上发言，甚至还同意主持会议。

马尔罗称努比亚的拯救行动是"一个气势宏大又魄力十足的计划"，他说，感谢这次拯救行动，让"世界第一次宣称艺术是与人类密不可分的"。他继续说道："那些将埃及带出史前黑暗的力量，如今已荡然无存。但这种力量造就了这些伟大的历史文明瑰宝的诞生，这些无价的历史古迹和文物，清晰地告诉我们，建造这些宏伟古迹的工匠们有着如沙特尔教堂的建造者们一样的精湛技艺，和与伦勃朗相媲美的绝世才华。而如今这些瑰宝正面临被毁灭的危险。"

会上还宣读了纳赛尔致大会的一封信，信中的内容与马尔罗所强调的艺术和文化成就的普适性相呼应，信中写道：

> 在我们内心深处，我们清楚地知道，如果人类能够进步，那是因为他们能够保护世世代代创造的文明不被遗忘……人类是一个不可分割的整体，构成它的任何部分都不能相互分离。因此，我们呼吁联合国教科文组织和世界各国拯救这部分属于全人类的文化遗产。

这是埃及总统首次公开承认，尽管埃及政府的首要任务是经济发展，但也认识到了保护埃及文化遗产的重要性。现在他表示愿意与其他国家合作，无论是阿拉伯国家还是其他国家。

不出所料，联合国教科文组织的呼吁登上了世界各地媒体的头版头条，数十个国家的普通民众开始源源不断地捐款。纽约市一所高中的学生们举行了一场旧杂物义卖会，为拯救埃及神庙筹集资金。法国波尔多市的一位教会女清洁工也寄来了钱,在一封信中说道:"我一生都在为养育我的女儿而辛苦干活,赚钱供她上学,把她培养成才,现在她结婚了,而且生活幸福,有工作,有家庭,也有了孩子。所以我把我一周三顿饭的饭钱寄给你们,因为即便我这辈子没机会自己去亲眼看到这些努比亚神庙,我也希望我的孙儿孙女们能去看看。"

同样还有一位来自法国,名叫伊薇特·索瓦吉的十二岁女学生,她把她存钱罐里的钱寄给了联合国教科文组织,并在信中说道:"这样努比亚美丽的神庙就不会消失了。"萨尔瓦特·奥卡沙被她的举动深深感动,于是他邀请伊薇特和她的母亲前往埃及让她们亲眼看到她想要拯救的神庙是什么样子——毫无疑问,这个故事成了为拯救古迹行动带来的额外的宝贵宣传。后来,这位埃及文化部长自豪地回忆道:"人人都在关心和谈论埃及和努比亚,几乎无人不知,无人不晓。"

在巴黎,德罗什又一次得到了一笔意外的捐赠。按照计划,她要上英国的一个电视节目,宣传拯救神庙的行动,当时她正乘坐出租车前往机场,与秘书谈论这一件事。当出租车到达机场时,司机拒绝要她的车费,说是把出租车费捐给拯救神庙行动。

此次拯救行动从一开始,就是以德罗什、奥卡沙和勒内·马厄为三大主力。三人几乎参与了此项行动的各个方面,包括与政府、个人和公共组织以及全球各国公民的沟通和交流。在开展行动的早期,奥卡沙尤为活跃。为了对此次行动进行游说,他多次前往欧洲、美国和日本等地举办埃及文物展览,这是近一个世纪以来埃及文物首次离开本国,被送往国外进行展览。奥卡沙的举动曾遭到埃及政府其他官员的强烈反对,其中一些人坚决反对与西方进行任何合作。奥卡沙说："那是一段极其艰难的时期。"但纳赛尔始终支持他。

第一次展览名为"埃及艺术5000年",展览地为比利时,因为之前比利时承诺会为保护神庙捐助大量资金。该展览在联合国教科文组织的埃及古迹拯救行动正式启动后不久在布鲁塞尔开幕,并且取得了巨大成功,其他国家也都争相加入。后来,埃及文化部相继在华盛顿、纽约、巴黎、伦敦和世界其他主要城市举办了以伊斯兰和科普特艺术节为特色主题的展览,随后还举办了图坦卡蒙国王墓葬品文物展览。作为宣传活动的一部分,奥卡沙也获得了几位欧洲加冕君主的支持,特别是比利时的博杜安国王、瑞典的古斯塔夫国王和丹麦的弗雷德里克国王等。他还会见了诸多外国驻埃及大使,争取他们国家的支持。而埃及驻世界各国的大使们也在他们所在的国家做着同样的事。

勒内·马厄也积极为此次行动多方奔走,对联合国教科文组织里的八十三个成员国政府官员轮番进行游说。协助他的还有其他几名联合国教科文组织工作人员,其中包括二十八岁的UNESCO国际行动委员会主席萨德鲁丁·阿迦汗（Sadruddin Aga Khan）王子。1937年,阿迦汗三世的儿子萨德鲁丁才五岁,在一艘船上结识了德罗什,还跟她一起玩耍。那时的德罗什乘坐客轮前往埃及准备执行她的第一次考古任务。后来萨德鲁丁从哈佛大学毕业,他的室友中有一位是后来的美国作家兼杂志编辑乔治·普林普顿。两人一起为《哈佛讽刺》撰文,萨德鲁丁还为普林普顿著名的文学杂志《巴黎评论》提供了最初的创刊资金。

与他同父异母的哥哥——浪荡公子阿里·阿迦汗不同,萨德鲁丁英俊潇洒且温文尔雅,毕生致力于国际公共服务事业。他称自己"一只脚踏在东方,一只脚踏在西方"。他拥有法国、伊朗和瑞士国籍,精通法语、英语、德语和意大利语,还会说一点儿波斯语和阿拉伯语。他的第一项国际任务就是拯救努比亚古迹行动,并且很快他就成为该项目最有力的说客和筹款人之一。1965年,联合国任命他为难民事务高级专员,在随后的十二年里,他一直担任这一职务。

萨德鲁丁·阿迦汗大部分时间在美国筹集资金,而马厄和其他联合国教科文组织官员则将重心放在了西欧,其中有两个国家——联邦德国和意大利——最早提出愿意最大限度地提供帮助。而这两个国家在"二战"期间都是轴心国,并且自"二战"之后它们都成为民主国家,同时竭尽全力想要提升本国在战后的国际声誉,愿意主动承担在国际社会中应有的责任。所以这两个国家对此次拯救行动如此积极合作,或许并非巧合。联邦德国提出的建议最为直接和大胆:其政府表示,他们将支付卡拉布萨神庙的迁移费用,并自行承担相关的所有工作,而不是像其他国家政府那样承诺为整个拯救古迹行动提供资金。德国最大的建筑公司豪赫蒂夫将承接相关的工程任务。

在"二战"期间,豪赫蒂夫与希特勒和纳粹有着密切的联系。该公司帮助建造了元首举行政党集会的纽伦堡体育场,以及希特勒在巴伐利亚阿尔卑斯山的山顶住所、他自杀时所在的柏林地堡,以及德国从荷兰到瑞士的防御链——齐格菲防线。豪赫蒂夫还建造了许多德国战时的军备工厂,强征了数千名的劳工,其中许多人死于饥饿和身体虐待。

战争结束多年后,该公司承认了自己的道德罪行,并加入了一项全国性的企业倡议,为被强迫的工人及其后代予以赔款和补偿。它还为德国和美国的犹太组织建立了一些社会中心、养老院和其他机构。该公司在战后的官方业务主要专注于埃及等发展中国家的建设项目。

意大利参加此次联合国教科文组织牵头的行动背景也跟德国类似。该国最密切参与此次行动的是汽车制造企业菲亚特，其创始人乔瓦尼·阿涅利在"一战"前就已与贝尼托·墨索里尼联手。菲亚特公司为墨索里尼的法西斯党提供资金，作为回报，菲亚特获得了生产军用车和其他设备的巨额政府合同。当意大利与纳粹德国结盟后，菲亚特也向德国人提供战争物资。与此同时，阿涅利的孙子兼继承人詹尼·阿涅利（Gianni Agnelli）作为坦克指挥官在俄罗斯和非洲前线为墨索里尼而战。1943年，意大利改变立场加入盟军，詹尼也紧跟形势，加入了由美国将军马克·克拉克指挥的意大利部队。

1958年，菲亚特总裁奥雷里欧·佩切伊离开公司，创立了意大利工程咨询公司，这是一家专注于为第三世界国家社会和经济发展项目提供服务的工程咨询公司。该公司由菲亚特和其他三家意大利大公司作担保。当埃及在苏伊士运河危机后结束了与西方大部分国家的接触时，佩切伊看出这对意大利工程咨询公司来说是个机会，并相信公司努力改善意大利南部贫困和落后地区条件的经验对埃及政府很有价值。事实证明，他的预测是正确的。纳赛尔对佩切伊公司的援助表示欢迎，该公司的首要任务是帮助埃及夺回埃及在意大利的棉花市场。意大利工程咨询公司还准备了一个项目——开发超过十五万英亩的沙漠。由于新建的阿斯旺大坝会释放大量蓄水，这些沙漠将会被改造成农田。

1960年夏天，豪赫蒂夫的工程师对卡拉布萨神庙进行细致勘察，试图找出最佳办法移动这座如巴黎圣母院大教堂一般大的神庙建筑。而与此同时，意大利工程咨询公司的工程师则正在勘察阿布辛贝神庙，以确定如何在不严重损坏建筑结构的情况下，将这些精致的砂岩古迹建筑从悬崖上移走。在这个酷热难耐的夏天，意大利人在阿布辛贝并不孤单。来自法国和其他几个国家的工程公司也派遣人员赶赴古迹遗址现场，所有人都在争夺参与历史上最大考古救援行动的机会。

虽然联合国教科文组织的此次行动最重要的目标是拯救濒危的古迹，但还有一个次要目标——对努比亚的大片土地进行考古勘察和发掘，因为这些土地最终也会被大坝的蓄水吞没。实际的救援行动需要持续几年时间。不过，对于联合国教科文组织的次要目标，立即可以展开，而且事实证明，从一开始，它就迈向了巨大的成功。

二十多年来，随着埃及对西方考古挖掘持越来越敌视的态度，埃及南部和苏丹北部的考古工作几乎全部陷入停滞，然而这片备受阳光炙烤的地区蕴含着大量的文物。只有开罗文献研究中心的勘察小组是个例外，他们是为数不多可以进行考古挖掘的队伍之一，该小组在德罗什的带领和监督下，不分昼夜、无论寒暑在该地区的各个地方进行勘探和考察，争取尽可能多地了解这些濒危古迹的具体细节和情况。

然而，随着联合国教科文组织向全世界发起呼吁，来自近二十个国家的四十多支探险考察队——分别代表着大学、博物馆和其他组织——开始纷纷涌入该地区。之所以引起这么大的反响，原因主要有几点，比如在20世纪60年代初，外国考古学家如果想要在埃及进行考古工作，努比亚是唯一的选择，因为其他地区的挖掘工作都被埃及文物机构叫停了，外国人只能对即将被淹没的地区进行考古勘察。不过对考古学家来说，更令人信服的原因是埃及和苏丹提供的优厚条件：他们挖掘的文物一半会归他们所有，另外，努比亚地区考古工作完成后，他们还获准在埃及其他地区进行考古发掘，更不用说，对于拯救古迹行动做出巨大贡献的国家，埃及政府还会赠送给他们四座小神庙和其他文物作为感谢和奖励。芝加哥大学的约翰·威尔逊指出："以前考古挖掘者从未得到过如此优厚的待遇和条件。"他因世界各国考古学家积极踊跃的反应而感到十分欣慰和高兴。

"这真是前所未有的情况，尤其是这件事发生在一个历史上素来与世界各国没有太多合作的国家。"威尔逊后来写道。

> 从传统上说，考古学家历来都是与世隔绝的人。他们不习惯改变从容不迫的节奏，承担一个有最后期限的仓促项目。另外，这种紧急项目的资金也不在国家、大学或博物馆的预算中。然而，他们还是来了，而且丝毫没有表现出以前考古圈里那种狭隘嫉妒的传统迹象。他们相互拜访，交流有关问题和技术的信息，以取得共同的成功。

威尔逊还补充道："实地考古领域还从未出现过如此团结一致、群策群力、携手共进的和谐景象。"

尽管约翰·威尔逊没有提及这一点，但德罗什凭借其将埃及和西方考古学家聚集在一起为古埃及艺术与文明史文献研究中心

（CEDAE）进行勘察的开创性工作，已经为埃及加强国际合作奠定了基础；随着努比亚救援行动的开展，它已经发展成一场全球性的运动。可以说，在埃及工作的外国考古学家们有史以来第一次不仅考虑自己的利益，也把埃及的利益放在了心上。

现在整个努比亚已经成为一个巨大的考古基地，CEDAE研究总部的大船，也不再是停泊在尼罗河岸边的唯一船只。德罗什在1961年写道："如今，在河上行驶15到20英里都找不到一艘船的情况已经不可能出现了。"河道上的船只随处可见，每一艘船上都载满了物资，这些船是西班牙、意大利、奥地利、美国、波兰、瑞士、联邦德国、荷兰、捷克斯洛伐克、瑞典、比利时、英国、南斯拉夫、法国和丹麦等众多国家考古队的研究基地。

这些考古勘察队在德罗什和CEDAE的指挥和调度下，对数十个重要考古遗址进行了勘察、绘图和记录，并使用现代方法对每一座古代建筑和装饰的最微小细节都进行了收集和汇编，其中一项新技术是摄影测绘，德罗什在开罗研究中心任职初期就采用了这项技术。摄影测绘需要将许多二维照片进行数字重叠，以制作三维模型。通过比对从至少两个不同位置拍摄的照片，研究人员便可以确定相交的"视线"，从而产生目标点的三维坐标。地理学家利用这项技术在地形图上绘制等高线。考古学家则利用它来制作大型复杂遗址的三维模型。所有外国考古队都有其勘察地区和相关古迹的摄影测绘图，这些测绘图是由法国国家地理研究所与埃及武装部队联合完成的。

在这项行动头两年的工作即将结束时，几乎所有将被淹没的古迹遗址都被进行了彻底的勘察和研究，开罗研究中心将勘察行动中得到的数千份复制文本和完整建筑图纸悉数保存了下来。

努比亚救援行动的考古学家们正在进行的是人类历史上最大规模的考古发掘项目。这些考古学家们分布在尼罗河下游流域各处——所有人都在对这片区域的神庙、陵墓、防御工事、岩石表面以及古代教堂和清真寺遗迹进行测量、勘察和考古挖掘。英国记者汤姆·利特尔写道，随着大坝建设工作的展开，考古学家们轮番上阵，"夜以继日、争分夺秒地对古迹进行记录和保存，把神庙变成了研究和文献记录的电影工作室"。考古学家们要对整个努比亚近二百平方英里的地区进行考古勘察，如此大规模的挖掘行动是前所未有的。

多亏了考古勘察队的努力，人们越来越意识到这一相对未开发地区蕴含着巨大的考古资源和财富，不仅仅包括生活在努比亚的本土居民，还包括在那里朝代不断更迭往复的各种古老文明——从法老时代的埃及人，到托勒密时期的希腊人，还有后来的罗马军团、基督徒，最后是穆斯林。正如安德烈·马尔罗所说："努比亚是我们人类历史的发源地。"

无数人为这些考古发现激动不已，其中就包括三十一岁的杰奎琳·肯尼迪(Jacqueline Kennedy)，她是新当选的美国总统约翰·F.肯尼迪的妻子。这位第一夫人曾收到了一期联合国教科文组织的杂志，名为《教科文组织信使》，其中对努比亚地区的考古发现进行了一些概述，她在给丈夫的备忘录中写道：

> 苏丹人认为尼罗河的第二瀑布是通往古代世界的门户。希腊的所有文化和知识都发源于那里，然后顺着尼罗河从埃及传播给希腊本国人。埃及人拥有令人惊美的遗产——听起来那里就像南美洲的阿兹特克和印加。而

现在这些遗产都被掩埋和遗忘了，如今的人们都认为非洲只是一个充满原始部落的大陆……

最令人兴奋的是，我原认为世界上所有的古迹遗址都被人类探索过了——特洛伊、迦太基、巴比伦、阿兹特克等等。考古学家们除了研究博物馆里已有的藏品以外，已经没有什么可做的了。但是现在，一切都变了，如果我是个年轻小伙子，我一定要成为一名考古学家，去那个地区做考古研究。

杰奎琳·肯尼迪所说的——"如果我是个年轻小伙子"——很能表明她的心理。她似乎从来没有考虑过像她这样的年轻女性也能怀有同样的理想和目标。她显然不知道，至少在那时，已经有一位法国女考古学家在埃及工作二十多年了。事实上，这次考古行动就是在这位女考古学家的监督下进行的。而这次行动令考古界对古代和中世纪努比亚的研究取得了重大突破和深入理解。

德罗什后来写道："也许对外行人来说，这些科学研究的结果并不都是那么令人震惊，或者也不一定是传说中的法老宝藏。但从考古学的角度来说，所有的发现都同等重要。长久以来，人们一直认为，以前我们关于古代努比亚的探索已经足够彻底，没什么可研究的了。但现在，我们在此地区的古迹遗址又有了无数新的发现，为我们对努比亚的研究提供了更丰富的资源和认知宝库。"这与第一夫人所说的对于考古新发现的兴奋和激动倒是十分呼应。

在这些发现中，有相当多的证据证实了努比亚的史前文化，而这方面的课题，考古学家们之前从未彻底地调查研究过，并且这些证据也修正了业界关于努比亚在尼罗河流域早期发展的所有观点。日内瓦大学和芝加哥大学东方研究所组成的联合考古探险队在阿布辛贝附近发现了一处旧石器时代遗址，其中包括一个之前从未被挖掘过的墓地以及一系列石器。与此同时，来自法国斯特拉斯堡大学和民主德国洪堡大学的研究小组发现了新石器时期长颈鹿、大象、河马和鸵鸟的岩石雕刻及绘画，这表明干旱的努比亚沙漠曾经是一片肥沃的草原，有许多种类的动物生活在这里。

然而，此次古迹救援行动中最引人注目的发现是努比亚和埃及历史的末期——即公元4至7世纪拜占庭统治时期的大量文物。当时的皇帝君士坦丁将基督教确立为拜占庭帝国的官方宗教，拜占庭的基督教传教士于公元6世纪来到努比亚和埃及传教，劝说当地人民改信基督教，而当时埃及人仍是伊斯兰教和其他埃及神的狂热信仰者。然而不到一个世纪的时间，努比亚大部分地区的人就变成了基督徒。

这一发现是由一队波兰考古学家在埃及和苏丹边境的法拉斯（Faras）镇发现的，该镇在其三千多年的历史中大部分时间是一座大都市。在法老时代，法拉斯是北努比亚的首都，但其影响力和权力的顶峰出现在拜占庭统治时期，当时这座城市是该地区基督教文化的中心。

1961年，由卡兹米尔斯·米哈沃夫斯基——1938年在埃德夫挖掘项目中，德罗什的老上司兼导师——带领的波兰团队在一座17世纪伊斯兰堡垒的墙壁下开始挖掘一个巨大的土石堆。米哈沃夫斯基认为这个土石堆里可能有一座埃及神庙。不过他和他的团队最终发现的不是埃及神庙，而是一座保存完好的长方形中世纪基督教大教堂遗迹，里面有160多幅壮观的壁画。这一挖掘工程耗时四年，波兰团队成功地揭开了基督教在努比亚历史上一个鲜为人知的篇章，并抢救出许多这一时期的艺术珍品。没有人怀疑法拉斯这座城市蕴藏着如此价值连城的拜占庭宝藏。

这座建于8世纪的长方形大教堂是用砖和石头建造的。400年后，当努比亚北部完全处于穆斯林统治之下后，这座教堂便被遗弃了。幸好这座巨大的建筑全部被沙子包裹住，覆盖在墙壁上的壁画大多数生动、细腻，鲜艳依旧，看起来和刚绘制时一样新鲜。这些壁画堪称努比亚现存最好的基督教艺术画作，壁画上描绘了《旧约》和《新约》中的许多场景，包括耶稣诞生和耶稣受难，还有圣母玛利亚、大天使米迦勒、使徒和一些圣徒的肖像，其中还有一幅迷人的玛丽母亲圣安妮的画像，画像中她以食指按在嘴唇上，这是示意默祷的意思。

波兰考古团队花费了四个挖掘季拯救这座大教堂——每个挖掘季持续五到六个月，最终成功地抢救出120幅壁画，以及各类青铜器、陶瓷和其他文物。其中66幅画作，包括圣安妮的画像，目前收藏于华沙国家博物馆，其余则收藏在位于喀土穆的苏丹国家博物馆。

米哈沃夫斯基和他的队员们及时完成了他们的工作。他们刚把最后一个装有壁画的箱子运送出去，新建水坝释放出的水就开始将他们挖掘的区域淹没，瞬间将这座古老的大教堂遗迹吞噬殆尽。

毫无疑问，努比亚的古迹救援行动最伟大的成就之一就是此次大规模考古行动所发现的古迹和文物的丰富性和多样性。而另一个重要成就是来自不同国家考古探险队的参与者所展现出的卓越团队合作精神。参与此次考古发掘行动的美国考古学家兼人类学家威廉·Y.亚当斯写道："从科学进步持久性的角度来看，这种跨学科合作、相互交流和促进可能是努比亚古迹救援行动中所有成就中最重要、也最影响深远的成就。考古勘察和挖掘团队汇集了来自各个领域的专家，比如史前学家、文化史学家、文字学家、人类学家和其他专家，他们之前在欧洲、亚洲、非洲、北美和南美的许多地区都有过丰富的经验。从这种利益和见解相结合的行动中，人们对努比亚地区、努比亚民众及其历史有了新的了解。"

卡兹米尔斯·米哈沃夫斯基站在圣安妮壁画前
该壁画是他带领的考古队于20世纪60年代初在努比亚发现的

努比亚古迹救援行动还作出了另一个重要贡献：为世界各地的年轻考古学家提供了进行实地考察的机会。约翰·威尔逊说："在1930年至1960年的艰难岁月里，那些刚刚起步的人很少有机会在自己的专业领域工作。在考古学中,书本学习很难取代真正的'考古实验室'——即每天在考古挖掘现场揭开新的谜题。"

杰奎琳·肯尼迪认为,几乎所有的新手考古学家都是男性,这一点没有错。但也有几个明显的例外,比如二十四岁的丹麦公主和一位二十二岁的开罗大学埃及学专业毕业生。

丹麦王位继承人玛格丽特(Margrethe)公主加入由瑞典、丹麦、挪威和芬兰这四个斯堪的纳维亚国家组成的考古探险队,在苏丹最北部地区进行考古勘察。在四年的考古工作期间,该小队记录了数千幅岩画,挖掘了约四千二百座坟墓,以及许多定居村落、堡垒和教堂。

高个子、金发碧眼的玛格丽特参加了第三挖掘季的考古工作,对于这位王室公主来说,参加努比亚的野外考古工作绝非她的业余爱好。她是一位认真严肃、知识渊博的考古学家,斯堪的纳维亚团队的其他成员对她一视同仁,其中包括该团队的瑞典负责人托里尼·塞韦-瑟德贝里(Torgny Säve-Söderbergh)博士。"她和我们其他人一样,是一位非常活跃的考古学家,"塞韦-瑟德贝里说,"她的工作对探险队很有价值。"

玛格丽特公主从小就痴迷于考古,并追随其外祖父瑞典国王古斯塔夫的脚步。古斯塔夫年轻时曾参加过世界各地的考古发掘活动,如今也是努比亚古迹救援行动的狂热支持者。玛格丽特十几岁的时候,跟她的外祖父花了几个夏天的时间,观察并参与罗马附近伊特鲁里亚人定居点的挖掘——这是一个由瑞典研究所资助的项目。后来,她在剑桥大学吉尔顿学院学习史前考古学,并获得了该学科的学位证书。

尽管她的王室职责令她无法专门从事考古事业,但1972年接替父亲成为君主的玛格丽特从未失去对考古事业的热情。2010年，丹麦国家博物馆举办了一场名为"丹麦女王玛格丽特二世与考古"的展览，详细介绍了她一生对考古事业的热爱，甚至为展览参观者准备的音频指南，都是由时年70岁的玛格丽特本人亲自编写和录制的。

丹麦公主玛格丽特在努比亚挖掘现场，1963年

法伊扎·海卡尔（Fayza Haikal）对努比亚的考古行动同样充满热情，她是开罗本地人，在努比亚大规模发掘行动开始时刚刚获得埃及学学位。海卡尔的出身和家庭背景在很多方面都与德罗什相似。她有一位睿智开明的父亲，他鼓励女儿们追求梦想，这在埃及是罕见的。"生女儿不一定是灾难。"他开玩笑地说——这是一个很好的态度，因为他有五个女儿。

海卡尔的父亲是一位文学学者兼律师，获得了索邦大学的法学博士学位，活跃于埃及政界，也在政府任职。他于1937年担任教育部长，后来担任埃及参议院议长。他把女儿们送到开罗的法国国际学校学习，因为他想让她们接受国际非宗教教育。海卡尔精通法语和英语，后来她告诉她的父亲她想学习埃及学，于是她的父亲带她去埃及的几个考古遗址参观，随后她考进了开罗大学。

她说，正是在这所大学里，"我发现了我作为埃及人真正的根在哪里"。她是大学里最出类拔萃的学生，1960年毕业时，她获得了奖学金，毕业第二年在英国攻读研究生。在她离开埃及之前，她一直在开罗的CEDAE工作，检查考古勘察小组成员的研究报告，以确保在报告发表之前没有任何错误。

但海卡尔并不满足于办公室的工作。最重要的是，她想做的是"去努比亚亲眼看一看那些古迹，为记录和保存它们作出自己的一份贡献。这才是真正有挑战的事情"。当时，如果年轻的埃及女性远离家人独自生活，并与男性同事打成一片，这在社会上是不可接受的。但她"不断争取"，最终她的家人和CEDAE的上级同意了她的请求。

海卡尔是文献研究中心派出的第一位进行实地考古工作的女性。她加入了阿布辛贝神庙的考古团队，在那里她被指派复制大神庙里的巨大卡迭石战役壁画上雕刻的文本。几年后，她说道："我可以自豪地说，我为女性埃及学家在努比亚工作铺平了道路。当我去了英国之后，接替我工作的人是我的一位女性朋友，而此时埃及女性离家远行，从事野外实地考察工作已成为常态。"

海卡尔的整个职业生涯在不断取得突破。在牛津大学学成之后，在德罗什的导师之一雅罗斯拉夫·切尔尼的指导下，她成为第一位获得埃及学博士学位的埃及女性。随后她帮助在开罗的美国大学建立了埃及学专业。她是埃及最著名的女性埃及学家，培养了许多当今埃及顶尖的古文明研究专家。

第十四章

白宫里的拥护者

到了1961年，抢救濒危神庙的工作已在井然有序地进行。埃及率先自行移走了一些较小的古迹建筑。那些被指定为将来当作礼物赠送给捐款最多国家的古迹建筑都被拆除了，拆下来的石头和柱子被存放在尼罗河的一个大岛上，直到确定归属之后，再被运走。那些被用作赠予的古迹建筑中包括塔法（Taffa）神庙和德波（Debod）神庙，塔法神庙是一座古罗马建筑，建于恺撒大帝奥古斯都统治时期，里面供奉着伊西斯神；德波神庙是托勒密时代的建筑，里面供奉的是阿蒙神。德波神庙的南北两侧墙壁上雕刻着托勒密王朝的法老向阿蒙神和其他众神献祭的画作。

还有一座罗马时期的小型神庙——喀尔塔西（Qertassi）神庙，也已被埃及工人拆除，并重新安放在尼罗河西岸的一座小山上，距离新大坝以南不到一英里，与卡拉布萨神庙相邻。卡拉布萨神庙是被迁移走的第一座，也是最大的一座大神庙。

德国人需要拆除和运输一座如大教堂一般大小的神庙，他们面临的是前所未有的艰巨挑战。而与之相比，拯救较小的文物和古迹就简单得如同儿戏了。从一开始，人们就对这次拯救古迹行动感到时间紧迫且压力巨大。卡拉布萨神庙位于阿斯旺以南约三十英里处，靠近河岸，大坝建成后这座神庙将成为首批被尼罗河淹没的古迹之一。卡拉布萨神庙也是由恺撒·奥古斯都下令建造的，是努比亚最雄伟的独立式建筑，长400英尺，而相比之下，足球场长度才230英尺。整座神庙由一个入口通道、一个圆柱状的庭院、一个多柱大厅和一个内室组成。神庙外面围着厚厚的外墙，东侧有一个石头搭建的码头通向尼罗河。

卡拉布萨神庙因一位考古学家所说的"海量的文字"而闻名，此外还有雕刻在神庙内壁上的色彩鲜艳的浮雕壁画。最著名的浮雕壁画之一是打扮得像埃及法老一样的奥古斯都，向伊西斯、奥西里斯、荷鲁斯和努比亚神曼杜利斯献祭。1902年第一座阿斯旺大坝建成后，卡拉布萨神庙建筑群和菲莱一样，每年有九个月被半淹没在水中，导致壁画上曾经艳丽多彩的颜色大幅褪色。

负责搬迁这座神庙的是位于开罗的德国考古研究所所长汉斯·斯托克。斯托克年轻时就立志成为一名神父和考古学家，就像德罗什－诺布勒古的导师艾蒂安·德里奥东神父一样。但就在他即将成为耶稣会会士之前，他决定不当神父了。他在柏林的埃及博物馆做了研究助理，后来在"二战"期间他被征召入伍加入国防军。由于他的语言能力——精通法语、意大利语和希腊语——他没有被派往前线，而是成为一名军事翻译官。战争结束后，他不再与纳粹有任何联系，并重新开启了他的考古事业。

经过豪赫蒂夫公司的工程师和斯托克领导的考古学家团队的仔细研究，他们决定将卡拉布萨神庙一块块拆除——总共有一千六百多个砂岩块，有些重达二十吨。由于每年只有在7月、8月和9月几个月的时间里，这座神庙的下半部分才会高于水位，因此这项本就艰巨的工程变得更加复杂。

1961年8月，在争取到了搬迁神庙的合同后，豪赫蒂夫公司决定将开工日期定在11月，那时这座神庙有一半将会被水淹没，他们要通过驳船上的起重机将神庙的上半部分拆除。但那年的洪水水位特别高，因此整座神庙都被淹没在水下，这种状态一直持续到第二年的5月。由于损失了这么多时间，这项工程变得异常艰难，一排排满载石块的驳船在工地和神庙的新位置之间来回穿梭，光单程运输就需要四个小时。这些拆下来的神庙建筑石块被运到原址以北三十英里的新址，然后工人们将这些石块从驳船上卸下，用卡车运到一个存放区，以待在新址进行重新施工搭建。

参与这项工程的施工人员大约有450多人，其中大部分是埃及工人。搬迁神庙工程分两班轮换，每天24小时不休，白天的平均温度在33到50摄氏度之间。一位观察员写道："很难想象这种天气情况下，一小部分的德国技术人员和考古学家是如何忍受下来的，更不用说那些在烈日炎炎下还在干活的埃及工人们。尽管天气酷热难耐，而且这种闷热在晚上也丝毫没有减弱，但很少有人敢冒险下到尼罗河里游泳，因为水里有细菌，很容易传播疾病。"除此之外，毒蛇、蝎子和蜘蛛也是一直存在的威胁人性命的危险因素。

施工人员还面临着许多额外的挑战，比如在第一块石头卸货之前，他们需要在新址附近建造一个新的港口，还有道路。根据斯托克的说法，卸货是一项特别艰巨而困难的任务，他称之为"沉重、劳累且具有危险性的劳动……在恶劣的环境条件下，按照严格的时间表，日复一日地在悬崖和沙丘之间辛苦往返，汗流浃背"。

尽管困难重重，卡拉布萨神庙的重建工作还是于1962年10月开始，并于转年10月顺利完工，将这块巨大拼图的最后一块圆满拼成，而且与原址的神庙分毫不差。第一次大型古迹建筑救援行动就取得了空前的成功，这让德罗什和努比亚古迹救援行动的其他组织者们终于放下了心，大大松了一口气。然而，这种安心和宽慰只是短暂的，因为他们刚刚得知，另一座大神庙的迁移问题现在成了一个巨大的问号。

在卡拉布萨神庙搬迁工程进行得如火如荼时，德罗什前往开罗参加了由考古学家、工程师和埃及官员们出席的会议，讨论如何拯救阿玛达神庙。阿玛达神庙是努比亚最古老的神庙，建于公元前14世纪中期，由法老图特摩斯三世下令建造。图特摩斯三世是一位作战英勇的国王，在其执政二十年里领导了十七次军事战役并且都取得了胜利，从而开创了埃及迄今为止最大的帝国。他的儿子兼继任者阿蒙霍特普二世最终完成了这座神庙的建造工作。

阿玛达神庙的七个大殿里雕刻着一系列重要的象形文字铭文。其中一块刻在圣殿祭坛的后墙石碑上，该铭文中描述了阿蒙霍特普发动了攻向亚洲的血腥军事行动，最终埃及取得了胜利，法老带回了敌军首领的尸体并挂在底比斯的城墙上，以此警告任何愚蠢到妄想挑战其无上权力和力量的人。

但阿玛达神庙最至高无上的荣耀还是在于其巧夺天工的构造和色彩鲜艳的浮雕壁画。在努比亚的拜占庭时期，这座神庙曾被用作基督教堂，神父在浮雕上涂上了灰泥，掩盖了原浮雕上雕刻的图特摩斯和阿蒙霍特普相互拥抱并向各种埃及神献祭的画面。覆盖于壁画的灰泥封住了壁画上的艳丽色彩，直到20世纪初才被考古学家们发现其鲜艳多彩的真颜。

在开罗的会议上，大多数与会者似乎都赞成采用迁移卡拉布萨的方法，一部分一部分地拆解阿玛达神庙。但如果他们这样做的话，那些精美的浮雕就会被破坏。经过多番激烈的争论，人们一致认为，只能让这座神庙埋葬在水里，除此之外别无选择。但德罗什对此坚决反对。她说："在我看来，这跟犯罪没什么不同。"

就在她提出反对之后，另一位与会者表示，如果保留这座神庙的话，保持壁画的完整性就得寻找别的办法，而且需要极高的成本，可预算中没有足够的资金来支持。德罗什摇了摇头。后来她回忆道："仿佛我的声音被另一个陌生的声音取代，那声音带着一个母亲看着孩子即将被淹死时的痛苦。只听那声音开口说道:'法国将接管阿玛达神庙!立即接手!'"

一名埃及官员指出,法国已经做出承诺为阿布辛贝神庙的拯救工作捐助大量资金。但德罗什把这名官员的担心抛在一边。她说,她不仅会找到额外的资金,还会找到工程师和其他工人完成大部分在座的与会者认为不可能完成的任务。事后,德罗什回顾说:"我突然插手干预的确有些愚蠢,但我认为这么做是必要的,因为我们必须保护这座神庙不被破坏。"

回到巴黎后,德罗什和其他人咨询了两位富有创造力思维的工程师,他们想出了一个巧妙的解决方案——将整个神庙从岩石地基上拆除,然后在铁轨上用液压设备将其移动到高于原址270多英尺的新位置。这个办法要分三个阶段进行:首先用钢带支撑神庙,并在其下放置一块铁板;然后用足够厚的石头基脚将其从岩石地面上整体脱离开来;最后用铁轨把它运上将近两英里的陡坡。

此次迁移行动的预估成本和这个计划本身一样令人瞠目:3200万法郎,也就是65万美元(相当于现在的620万美元)。从来不会被轻易吓倒的德罗什后来也承认:"那份报价把我吓坏了。"她从哪儿弄到这么大一笔钱呢?她知道法国的经济官员肯定会拒绝她,理由是政府已经承诺提供100万美元来拯救阿布辛贝神庙了。在财政上,法国已经到了极限。于是她最终做出一个决定,孤注一掷,最后一搏——向法国总统戴高乐本人发出最后的呼吁和恳求。

她约好时间与总统见面。在约定的日子,她驱车前往爱丽舍宫。当她把车停在附近的街道下车时,一场突如其来的暴雨把她淋得湿透了。她到达戴高乐的办公室时,衣服已经湿透,头发滴着水,所有这些"让本就担心紧张得要命的我,更加忧心忡忡,害怕事情不会进展顺利"。

起初,她的担心似乎是合理的。因为众所周知,戴高乐素来脾气暴躁,说话刻薄,不留情面,更何况他已经知道了德罗什自作主张,轻率地给出了承诺。当德罗什走进他的办公室时,他立刻从办公桌旁站了起来。戴高乐总统身高六英尺五英寸,比身高只有五英尺的德罗什高出了许多,令人望而生畏。"你怎么敢在没有我国政府授权的情况下让法国参与此事!"他怒斥道。

德罗什愣了一下,才做出回答。她记得 1940 年 6 月 18 日,戴高乐通过伦敦的英国广播公司向法国人民讲话,敦促全国人民抵抗德国人,反抗菲利普·贝当元帅领导的维希政府,当时维希政府是法国的合法政府。她抬头看了他一眼,回答说:"那您呢——您在 1940 年 6 月 18 日的讲话征得贝当政府授权了吗?没有!因为您觉得当时的情况需要您站出来表明立场。而我正是这么做的。"

戴高乐直直地瞪着她,目瞪口呆。然后,戴高乐对着她做了一件极为罕见的事:他笑了。"你赢了!"他说。于是大笔一挥,批下了这笔资金。

1964 年 12 月 12 日,经过多年的规划和准备工作,用钢带固定并安装在混凝土梁上的阿玛达神庙从其下方的岩石土壤中被分离出来。然后,它被放置在三条铁轨上,开始沿着陡峭的山丘向安全地带攀登。神庙的移动由巨大的液压千斤顶提供动力,每天只移动几英尺,迁移 1.6 英里需要十六个月的时间。这座神庙的迁移进程十分缓慢,当它在轨道上缓慢前进时,已经压过去的铁轨被抬起,然后再次放在它的前面。

正如戴高乐所承诺的,法国确实为这座神庙的搬迁和重建提供了援助资金，最终这座神庙被安置在悬崖的新位置，俯瞰着阿斯旺大坝建造后形成的巨大新湖。

除了阿玛达神庙的抢救外，德罗什还面临着一系列其他挑战。其中一个是古迹救援行动中烦琐冗长的决策过程，以及做出决定和完成任何事情的令人难以忍受的缓慢。进程缓慢主要是由于联合国教科文组织及其成员国政府的官僚机构做事拖延，德罗什和此次行动的其他领导人却不得不与这些组织和官僚机构的人打交道。

联合国教科文组织设立了大批的委员会来处理此次古迹拯救行动的各个方面——其中包括一个国际行动委员会，各种荣誉委员会，由工程师、考古学家和其他专家组成的咨询和控制委员会，主要侧重于筹资的教科文组织成员国国家委员会等等。这些委员会中能起到有效作用的其实很少。1962年，埃及政府在一份报告中抱怨说："人们的精力都耗费在大量的委员会审批和报告过程中，而努比亚的文物古迹恐怕还没来得及拯救就已经被淹没了。"埃及人也被自己政府倦怠懒散的官僚主义折磨。

联合国教科文组织和埃及政府之间就哪一方实际负责努比亚古迹救援行动的问题不断发生冲突，这就使得救援行动执行起来愈加困难。一开始，联合国教科文组织只在埃及人、UNESCO成员国政府和从事实际救援工作的国际专业人员之间发挥中介的作用。但随着时间的推移，联合国机构越来越多地参与到此次行动的组织和实施工作中，这对埃及当局来说是一个越来越难以忍受的痛点，因为他们坚持认为，埃及作为一个独立国家必须得到国际承认，并被视为此次行动的领导人。有一次，埃及人争论道，联合国教科文组织和其成员国一样，应该从自己的预算中为此次古迹救援行动提供资金捐助，但联合国教科文组织拒绝了这一要求。而德罗什夹在这两方中间，在整个救援过程中，她经常被叫去负责平息双方的不满。

在处理自身内部冲突的过程中，联合国教科文组织和埃及官员面临着另一个棘手的问题：一些成员国不愿按照之前的承诺，提供特定金额的资金作为拯救神庙的捐款。最初，联合国教科文组织提议，其成员国必须参与此次救援行动，每个国家要根据其每年为教科文组织的运营提供的资金数额按相应比例捐款。例如，提供联合国教科文组织三分之一资金的美国将被要求支付此次行动三分之一的费用。但当该组织要求其成员国同意该提议，并在八年内分期支付款项时，却遭到了包括美国在内的几个国家的强烈反对。

另外也有人质疑从私人那里筹集资金的问题。此次古迹救援行动应该专注于针对公众的宣传活动，还是向企业、基金会和富人进行更有针对性的募捐呢？对公众募捐持怀疑态度的人指出，尽管寻求学童和其他公民私人捐助的小额捐款是为了创造和维护良好的公共关系，但不可能募集到所需的巨额资金。而向潜在的大数额捐助者发出呼吁似乎也没有那么奏效。因为在 20 世纪 60 年代，富人赞助艺术的理念还没有流行起来。原因很简单：对文化事业的捐赠没有税收优惠。

当时极其紧张的政治气候也令救援行动的执行雪上加霜。尽管德罗什和此次行动的其他支持者坚持认为拯救神庙是一个文化问题，而不是政治问题，但其他人并不赞同这种看法。德罗什在执行此次行动过程的早期就发现了，在一些国家，人们仍然对纳赛尔和埃及怀有强烈的敌意，因此不愿意做任何有可能帮助到他们的事情。

一天晚上，在伦敦的一次晚宴上，她请求大英博物馆埃及馆的负责人支持联合国教科文组织的拯救古迹行动。但对方反驳道："不，你不可能从我这里得到任何帮助。那些人已经把我们的军队赶出了埃及。除非他们跪下来求我原谅，否则我绝对不会伸出援手帮他们！"

当德罗什出现在英国广播公司的一个电视节目中讨论这场拯救古迹的行动时，一位著名的英国考古学家带着一丝傲慢的口吻问她，是否真的有必要拯救这些努比亚圣地呢？德罗什被对方的态度激怒了，粗鲁地问他如果卢瓦尔河谷的城堡消失或威斯敏斯特教堂被淹没了，他会有何感受。第二天，伦敦一家报纸在一篇报道中愤怒地问道："这个想把我们国家历史文化古迹给淹没了的法国女人是谁？"

在巴黎，一个法国代表团来到德罗什位于卢浮宫的办公室，抗议她参与这场拯救古迹行动，因为他们的公司被埃及政府没收充公了。该团队领导人问道："你为什么要为一个夺走我们财产的国家奔走呼吁，寻求帮助？我们不仅会对你们的请求不理不睬，而且会公开反对我们的政府为这个项目提供援助资金！"

然而，尽管这些抗议对她来说很尴尬，但与她在跟美国官员打交道时感到的不适和愤怒相比，这些反抗根本算不了什么。随着美国陷入"冷战"政治，艾森豪威尔政府在其坚定的反共政策的指导下，坚决反对给埃及提供任何帮助，因为纳赛尔接受了苏联对建造阿斯旺大坝的援助。

美国驻埃及大使 G. 弗雷德里克·莱因哈特在开罗的一次大使晚宴上，对德罗什用带侮辱的语气表明了自己对埃及的立场。晚宴进行到一半时，莱因哈特突然对她喊道："诺布勒古夫人，有没有人说过你愚蠢又鲁莽？你怎么能把联合国教科文组织及其所有成员国拖入一个毫无事实根据的荒唐事情上来？"莱因哈特坚称，阿斯旺新大坝永远不会完工，美国会阻止它建造的进程，他的国家永远不会为德罗什所推动和呼吁的救援行动捐款。德罗什后来写道："不管我如何言辞激烈地回应，他都不予理会，我被这种过激的言论惊得目瞪口呆，不知道该说什么，或者该做什么。"

四十年后，德罗什仍然对那次晚宴，以及她与美国当局发生的其他冲突感到愤怒。"美国人最差劲儿了！"她对一位采访者说，"他们太可恨了，想尽一切办法阻止我，还给我贴上了疯女人和骗子的标签，不负责任地把联合国教科文组织拖入了进退两难的境地。我恨不得约翰·福斯特·杜勒斯赶紧死，而那位美国大使莱因哈特先生竟然说我变态，脑子有问题。这些没脑子的牛仔对待埃及人和纳赛尔态度极其恶劣。"

虽然美国在 1960 年 1 月与联合国教科文组织其他成员国一道对拯救努比亚神庙的想法予以支持，但这并不意味着美国愿意为这个项目提供任何资金。艾森豪威尔政府拒绝提供任何资金是该项目组织者面临的一个关键问题，他们迫切需要美国作为联合国教科文组织最大的捐助国参与到该项目中。因为如果没有美国的帮助，这次拯救古迹行动成功的可能性很小。

然后相当于奇迹的事情发生了。1960 年 11 月，民主党总统候选人约翰·F. 肯尼迪以微弱优势击败副总统理查德·M. 尼克松，成为艾森豪威尔的继任者。尽管当时他们还没有意识到这一点，但此次古迹拯救行动的领导人最终在白宫有了一位拥护者——新总统的妻子杰奎琳·布维尔·肯尼迪。

在接下来的三年里,杰奎琳·肯尼迪将成为拯救神庙行动的关键参与者之一,并且成为唯一对古迹拯救行动及其结果产生重大影响的女性。从表面上看,杰奎琳和德罗什直到十四年后才真正见面,而且两人之间似乎没有什么共同点。德罗什活泼外向,从小就相信她可以做任何她下定决心要做的事情,从来没有想过要隐藏她的能力和实力,并且性格率直、才智过人。相比之下,杰奎琳则害羞而矜持,从小就相信妻子和母亲身份是她唯一可以或者应该渴望的角色。从表面上看,她默许了这句格言,尽管内心深处她也在反抗。"杰奎琳接受了命运给她安排的生活,做了所有别人对她期待的事情,"她的堂兄约翰·戴维斯回忆道,"她优雅的外表很符合传统,但却掩盖了她内心对独立的强烈渴望。"尽管她需要数年时间才能活出自我,并对世界产生影响,但这些种子早已在她在德罗什的家乡上大学的那段岁月就播下了。

1949年,杰奎琳·布维尔前往巴黎读大学三年级,那时的她就爱上了法国。她为自己继承了来自父亲一方的法国血统感到深深地自豪。她从小就喜欢法语,甚至模仿夏尔·戴高乐将军的名字,给自己的法国贵宾犬取名为高利(Gaullie)。她在巴黎的时光满足了她对法国所有的想象,甚至比她想象的更美好。最重要的是,法国的一切使她绽放出了智慧的光芒——她沉浸在艺术、文学、诗歌、历史以及法国文化和生活的方方面面,从那时起,这些就成了指引她的一种无形力量。

她后来写道:"这是我一生中最幸福最快乐的一年。我明白了渴望知识是人之天性,不必为此而感到羞耻,也不必像之前那样一直压抑和隐瞒这种渴望。"她的传记作者之一芭芭拉·利明写道："她非常喜欢和珍视自己在法国的生活，即在与他人（包括男性）打交道时，她不必隐瞒自己有头脑、有自己主见的事实。"当时德罗什在索邦大学和卢浮宫学院任教，而杰奎琳也曾在那里上课。然而她们两人却没有任何交集。和法国考古学家一样，杰奎琳·布维尔小时候第一次听到图坦卡蒙国王的宝藏被发现的消息时，就立即对埃及文物着了迷。几乎可以肯定的是，她经常去卢浮宫的埃及馆参观，在那里驻足了许久。不过，在那段时间里，她的课程和其他活动几乎完全集中在欧洲艺术史和法国文学上。

到了20世纪50年代初，她开始与约翰·肯尼迪约会，这位年轻的马萨诸塞州参议员之所以能够吸引她，原因之一是他们都热爱书籍和历史。他们两个都是喜欢读书的人，几乎每天读书从不间断——杰奎琳主要阅读法国历史和古典文学类书籍，肯尼迪主要阅读美国和英国历史类的书。杰奎琳在白宫的社交秘书利蒂希亚·鲍德里奇说："她不仅想为自己，也想为她的丈夫了解历史。他们在历史方面的知识非常丰富，可谓旗鼓相当，彼此都想在历史问题上难倒对方。"他们的女儿卡罗琳后来写道，她的父母都认为读历史并不是为了追求学问，而是"与你最希望见到的最迷人的人相聚"。

在他们两人结婚最初的几年，约翰·肯尼迪在参议院外交关系委员会工作，杰奎琳由于精通法语，无论是在书面上还是口语交际上，都十分流利，因此对她丈夫的工作提供了很大帮助。阿尔及利亚冲突和法国在法属印度支那遇到的重重麻烦都是20世纪50年代初期和中期的主要外交问题，杰奎琳为她的丈夫翻译和总结了几本关于这些主题的法语书籍。在与杰奎琳结婚之前,约翰·肯尼迪几乎没有接触过艺术，但在杰奎琳的指导下，他对艺术产生了浓厚的兴趣，尤其是绘画、音乐和雕塑。他开始经常光顾纽约麦迪逊大道上一家古董商店，这家商店专门出售古罗马、希腊和埃及的文物。在他们十年的婚姻生活中，他从那家商店买给妻子许多礼物。在他们的最后一个周年纪念日，约翰·肯尼迪给杰奎琳准备了一大堆文物供她挑选。她后来说："我看得出来他最想让我选择的礼物是那个（古埃及）手镯。那个手镯样式非常简单，是纯金的，被打造成蛇形……我看得出来他很喜欢。"杰奎琳最终也的确选了这个手镯。

历史学家小阿瑟·M.施莱辛格表示，当肯尼迪夫妇入主白宫时，艺术已经成为他们两人生活的中心。曾担任白宫顾问的施莱辛格说："杰姬在艺术上的见识广博和慧眼独具，激起了总统的好奇心以及天生的审美品位。"

从上任的头几周起，肯尼迪就将支持艺术作为其总统任期内的固定宗旨之一。正如施莱辛格所说："他认为艺术不是一个国家生活中的消遣，而是一个国家发展目标的核心……他一直在寻找机会来表达自己对艺术的关注和关心。"他的妻子杰奎琳也是如此。肯尼迪就任总统后不久，杰奎琳就宣布计划将白宫打造成"展示美国最优秀音乐、诗歌和艺术的舞台"。但她对艺术的兴趣远远超出了美国本土的范围。

在她的丈夫肯尼迪成为总统几周后，她给肯尼迪发了一份很长的备忘录，要求他重新考虑美国在资助努比亚古迹救援行动上的立场。她写道，她读了很多关于这件事的文章，并提出了一系列论点，解释为什么努比亚的宝藏应该被保存下来，以及为什么美国有义务尽自己的职责。

总统将妻子的备忘录转交给了一位年轻的助手理查德·古德温（Richard Goodwin），让他"采取可行的行动"。29岁的古德温毕业于哈佛法学院，是肯尼迪的助理特别顾问，并且还是一位经验丰富的华盛顿老兵。在成为白宫工作人员之前，他曾是最高法院大法官的法律助理，帮助揭露20世纪50年代电视问答节目丑闻的国会调查员，以及肯尼迪总统竞选的演讲稿撰写人。此人性格热情、精力充沛，而且有些不拘小节，嘴里永远叼着根雪茄。

古德温很快发现，杰奎琳·肯尼迪并不是唯一打算说服总统及其工作人员支持努比亚救援行动的人。1961年春天，一个由联合国教科文组织特使组成的代表团——成员包括萨德鲁丁·阿迦汗以及两位著名的美国考古学家：约翰·威尔逊和哈佛大学的约翰·O.布鲁——来到美国，游说白宫资助努比亚救援行动。

在与古德温的一次会议上，代表们称，美国撤回援助纳赛尔建造阿斯旺大坝的承诺，对美国在发展中国家，特别是非洲国家的声誉产生了极为不利的影响。联合国教科文组织代表宣称，虽然美国声誉已然受损，但至少可以通过帮助拯救神庙扳回一城，如果美国政府决定为拯救努比亚神庙提供帮助，那将是朝着正确方向迈出的一大步。相反，如果美国不参与救援行动，将加剧埃及和非洲大陆其他国家对美国的厌恶和反感，认为美国对他们的福祉漠不关心，从而严重损害美国的国家利益。约翰·威尔逊说："世界其他国家和地区都在期待美国在这场救援行动中发挥积极的作用。我们不应该让自己孤立于世界之外。"

古德温对代表们表示，他对此问题已经进行了一些研究和调查，并对他们的拯救行动表示认可和支持。约翰·威尔逊和其他代表都很高兴。古德温后来写道："我很清楚，如果没有美国出手相助，这些古迹就会被毁——不仅仅是阿布辛贝古迹遗址，还包括大量的雕像、神庙和其他文物。我毫不怀疑这场古迹救援行动的正确性和必要性。但我不太确定肯尼迪是否会同意向国会申请拨款。"

在肯尼迪的科学顾问杰罗姆·威斯纳的帮助下，古德温制作了一本大大的剪贴簿，里面装满了阿布辛贝神庙和其他濒危古迹的照片，以及国际专家关于为什么应该保存这些古迹的意见摘要。他在椭圆形办公室将剪贴簿呈交给总统，肯尼迪一边翻阅浏览，古德温一边给他详细讲述这些文物和古迹有多么独特和无价，并解释说这些古迹和文物不仅属于埃及，而且属于全世界。

"说得很好，"肯尼迪回应道，"但当我向鲁尼索要数百万美元来拯救埃及沙漠中央的一堆岩石时，你认为鲁尼会说什么呢？"他指的是纽约民主党众议员约翰·J.鲁尼（John J. Rooney），他是众议院负责对外援助拨款小组委员会的主席。"我知道他会说什么，"肯尼迪继续说道，"他会说，'杰克（约翰·肯尼迪的昵称），你肯定是疯了。整个美国都找不出一个埃及选民。'"

古德温后来写道："我不会和总统大佬讨论政治。当然，鲁尼也不会想太多，不过他是肯尼迪的忠实拥护者。"于是，他告诉总统，埃及愿意将一些较小的神庙赠予那些为努比亚救援行动慷慨捐款的国家。"想象一下，总统先生，"古德温激情澎湃地说，"拿破仑只把一座方尖碑带回了巴黎，[1]你可以把整个圣殿带到华盛顿！"肯尼迪盯着他的助手看了一会儿，古德温认为他可能表现得有些

1　巴黎协和广场的方尖碑是埃及总督1833年送给法国的礼物，见本书引言部分。此处疑为古德温有误或故意这么说。——编者注

过了。然后总统向后靠在椅子上微微一笑，说道："那我们就试试看吧。"

虽然古德温所描述的他与肯尼迪的会面很生动有趣，而且结果圆满，但他并没有完整地说明肯尼迪决定改变美国在拯救埃及古迹问题上的立场背后的原因。总统之所以这么做可不仅仅是为了赢得一座埃及馈赠的神庙。

在1960年的总统竞选期间，肯尼迪指责艾森豪威尔政府任由苏联军事实力不断增强，同时却使美国军事力量变得脆弱，甚至威胁到美国自身的安全。然而，尽管他承诺对共产主义采取更强硬的态度，但他也希望摆脱仅仅依靠军事手段的做法。他想要做的是发展新的外交手段，以应对正在竭力摆脱殖民统治的中东、非洲和亚洲国家。

艾森豪威尔政府完全以共产主义的视角来看待这些不结盟国家的国家事务——比如阿斯旺大坝的建造，他将这些国家及其人民仅仅视为资产或武器，而不考虑他们的利益。肯尼迪认为，这样的关注无疑就相当于"公开邀请"苏联充分利用第三世界国家对美国的不满情绪，使他们更加团结起来。他说，不管你愿不愿意相信，"不可避免的民族主义革命浪潮正在席卷旧的殖民秩序"，除非美国学会与之共存，否则苏联将赢得"冷战"。

肯尼迪就任总统之后，特别强调与埃及和纳赛尔发展友好关系。历史学家道格拉斯·利特尔写道，与那些批评纳赛尔的人不同，这位美国新总统并不认为"阿拉伯世界最重要的民族主义者要么是克里姆林宫的走狗，要么是尼罗河上的希特勒。在他眼里，（他）看到的是一位像他自己一样精力充沛的年轻领导人，对他来说，中立主义或现代化等实际考虑远比意识形态或宗教教条更为重要"。

肯尼迪积极寻找办法吸引埃及和其他第三世界国家，使其摆脱与克里姆林宫结盟的诱惑，肯尼迪政府利用的武器之一便是他们推行的所谓"软外交"，即在没有武力威胁的情况下说服其他国家与美国建立合作关系，主要通过支持这些国家自主权和倡导人类价值观的重要性，来赢得他们的好感，并与之建立友好关系。杰奎琳·肯尼迪是实施这一方针的关键人物。

1970年在《纽约时报》的一篇长文中，作家苏珊·希恩的观点与公众对第一夫人的印象和看法相一致，她写道，杰奎琳"从不假装自己对国际事务感兴趣"，也乐于"扮演一个相对不谙世事的角色……她是个很有审美倾向的交际花"。而利蒂希亚·鲍德里奇反驳道，这并不是真的，她说她的老板实际上"对外交事务非常感兴趣"。肯尼迪夫妇的密友、宇航员约翰·格伦也同意鲍德里奇的观点，他回忆道："每当有关于远东、中东、苏联或任何其他国际事务话题的讨论时，她都对各国情况非常了解，而且能在各种场合的对话和讨论中坚定地表达出自己的观点和看法。不过她从未公开过这一点，这跟大多数人对杰奎琳的看法并不一样。然而，在幕后，一旦你摆脱了大众对她的固有印象和评价，你就会看出这一点来。"历史学家惠特尼·沃尔顿也表示，杰奎琳·肯尼迪"以第一夫人的身份积极参与国际外交事务"。

约翰·肯尼迪的女儿卡罗琳·肯尼迪在她父亲担任总统几十年后写道："我的父母认为美国应该以国家的理念为先导，而不仅仅是以经济或军事力量为先导。他们认为，艺术和文化是重要的统一和文明元素，可以作为'软外交'的一种手段，给国家带来巨大的好处。我母亲明白，历史是世界各地人民的骄傲，在美国也是如此。她让我父亲相信，像埃及这样与我们有政治分歧的国家，美国可以通过协助这些国家保护他们的历史古迹和文化，向其表示善意，从而建立友好关系。"

2013年，建筑历史学家兼评论家露西娅·阿莱斯将20世纪60年代苏联人和西方人在埃及的斗争比作"一道名副其实的铁幕，将尼罗河流域整齐地划分为东西方集团"。她说，他们的武器是各种工程项目。在尼罗河下游，苏联工程师正如火如荼地建造阿斯旺大坝。而在上游，西方考古学家和工程师们正在争分夺秒地调查和拯救数十座价值连城的古迹遗址，抢在大坝的蓄水将其淹没前，将这些遗产保留下来。1961年，美国终于加入了这场战斗。

同年4月4日，肯尼迪总统在妻子的敦促下，向国会发出信息，请求立即拨款400万美元用于努比亚救援项目，并宣称"协助拯救这些古代文明的历史遗迹免遭破坏符合美国的利益"，这是"国际合作的一部分，这项救援工程赢得了全世界人民的关注和同情。我建议我们应立即通过联合国教科文组织与其他国家一道合作，否则这些历史古迹和文物的毁灭将在科学和人类文化史上造成无法弥补的损失。通过贡献自己的力量对历史文明进行保护，我们自己的文明也会更加丰富，并得到进一步提高"。

总统补充道："美国代表着人类最新的文明之一，而且长期以来一直非常重视对历史文化的研究，并且也十分关心和保护人类在艺术和思想方面的伟大成就。我们对古埃及文明也有着特殊的兴趣，因为我们自己的许多文化传统源于古埃及文明，我们与生活在尼罗河流域的人民有着深厚的友谊。"

肯尼迪明确表示，他认为这400万美元是对努比亚救援行动的首付款，这是他计划在未来进行的一系列资金拨款中的第一笔。最初的拨款将用于支付其中三座较小神庙的救援费用，以及美国考古探险队进行勘察和发掘工作的费用。

他说，一旦救援计划最终确定，他将建议为菲莱（Philae）神庙的救援提供资金。他补充说，现在谈论阿布辛贝古迹救援还为时过早，因为目前还不清楚这些古迹将如何被拯救。但他暗示，一旦做出最终决定时，美国会立即加入，为救援行动提供资金。

事实证明，肯尼迪对约翰·鲁尼回应他的请求的预测是正确的。在美国，民众对帮助埃及拯救神庙的意愿并不十分强烈，而国会的总体反应也不温不火，包括鲁尼在内的一些议员对这一想法表示了强烈的反对。

然而，肯尼迪在此次计划中使用了一个秘密武器——他的妻子——来拉拢鲁尼这位国会议员。多年后，杰奎琳说，鲁尼"一直反对给外国人钱"，但她经过坚持不懈的游说，最终还是使他在拯救努比亚神庙这件事上改变了主意。"是我说服了他。"杰奎琳骄傲地说。理查德·古德温说，正如他所预测的那样，鲁尼告诉总统："杰克，你肯定疯了，但如果这是你想要的，那么我会试试看。"于是他向一些民主党同僚施加了压力，最终使这项法案勉强通过，在众议院和参议院都是仅以几票的微弱优势险胜。

由于美国同意参与，教科文组织总部和埃及方面的人员都拍手庆贺。如今，拯救大部分古迹的资金以及进行挖掘和勘察工作的资金都得到了保证。但一个主要问题仍然存在：拯救阿布辛贝神庙的资金还远远不够，而阿布辛贝神庙才是古迹救援行动的核心，也是最大的工程挑战。然而几个月过去了，拯救阿布辛贝神庙的希望似乎越来越渺茫。

第十五章

危急时刻

到1962年初，嘀嗒作响的时钟几乎成了定时炸弹。阿斯旺大坝的建设工程已经进行了两年，但拯救阿布辛贝神庙的计划仍没有确定下来。如何在不造成严重破坏的情况下，从包围它们的悬崖上挖出整座神庙巨大的外墙和内室，然后再将它们抬高到不受洪水侵蚀的新位置上，将神庙恢复到原来的样子，这真是一个令人难以想象的挑战。尽管到20世纪60年代，工程技术已经取得了长足的进步，但救援团队的许多专家严重怀疑，面对这么多的难题，能否将其一一攻克。

然而，这些困难并没有阻止一大批人的踊跃尝试。来自世界各地的工程师、建筑师、其他专家和自称的专家向联合国教科文组织提出了不少未来派巴克·罗杰斯风格的救援建议。一位美国建筑业高管建议在神庙下面建造混凝土驳船，等待水库水位上升使其漂浮起来。而一些方案则主张将神庙留在水下。一位来自英国的电影制片人和一家现代主义建筑公司提出的解决方案最为巧妙，不过方法有些牵强。制片人建议在水下建造水泥墙，将神庙封闭起来，这样一来就能将水库的浑水与围墙里清澈的过滤水分隔开来。游客们还可以穿上潜水装备，在神庙周围游泳。而那家建筑公司则建议在神庙周围建造一个巨大的水族馆——一个有隧道和竖井的水坝状结构，游客可以从顶部进入，然后乘坐电梯下降到水下的三个弯曲通道，以便可以从不同方位和角度参观神庙。尽管这两项提议都受到了公众的极大关注，但联合国教科文组织和埃及官员都认为这两项提议完全不可行，因而予以否决。

德罗什完全被淹没在联合国教科文组织工程师和其他专家委员会之间无休止的激烈讨论和争辩中，而最终方案将由委员会来确定。经过数月的辩论，委员会成员得出结论，只有两项提案——

一项来自法国，另一项来自意大利——在技术上是可行的。

第一个是由法国的柯尼贝利亚公司提出的，该公司也呼吁建造一座堤坝，但在他们的方案中，神庙将保留在地上，还在原址不变，但得在原址前面盖一个反溢水池。柯尼贝利亚公司是专门建造薄壁混凝土大坝的，他们的具体设想是在神庙周围建造一个240英尺高的半圆形水泥结构墙，以阻断水库的水进入神庙。游客将从水库乘船抵达，然后在大坝顶部下船，在那里他们可以鸟瞰整座神庙。然后，他们可以沿着堤坝内坡上的一系列小路走到神庙脚下。

这个大坝综合建筑的设计效果图非常令人惊叹，但却未能显示出该项目的一个主要元素：位于神庙后面的一个精心设计的泵站，因为需要用泵持续抽吸从大坝薄薄的混凝土外壳中渗出的水。联合国教科文组织和埃及当局在进行了大量辩论后，以修建这座大坝的费用巨大，还另需花费昂贵的永久性维护费，而且神庙水泵如果出现故障，整座神庙就会被毁为理由，对该方案予以否决。

他们对意大利的方案更感兴趣，这个方案的价格同样令人咋舌，但其极端大胆的计划吸引了大家的兴趣。该计划要求砍掉神庙上方的悬崖顶部——超过二十五万吨的岩石。然后，神庙将用三个延伸的切口从悬崖上被切断，并在下面用钢筋混凝土板将其与悬崖拆离。一旦迈出这一步，神庙将被包裹在一个巨大的混凝土盒子里，然后由数百个液压千斤顶组成的联合网格装置将神庙顶起二百英尺，每次升高十六分之一英寸，然后将神庙重新安置在已经被削平的悬崖顶部，使神庙可俯瞰整座水库。

仅大神庙一座建筑的重量估计就有二十五万吨，而混凝土箱和小神庙的总重量约为十万吨。这种非同寻常的力量考验以前从未尝试过。事实上，这个项目的每一个元素都是实验性的。然而，尽管一次升高近三十五万吨岩石的风险十分惊人，该提案还是获得了联合国教科文组织委员会大多数成员的认可。一位成员将其描述为"考古界有史以来提出的最大胆、最巧妙的工程方案之一"。

很少有人关注委员会里的少数反对者，这些反对者注意到提案中对巨大的液压千斤顶联合网格装置将如何运作的问题描述甚少。反对者指出，这个方案的神庙建筑效果图和包围它们的混凝土盒子的确引人注目，但方案中提到的液压千斤顶却几乎看不见踪影。多年后，萨尔瓦特·奥卡沙承认："尽管这一现代技术壮举看起来很神奇，但在批评者看来，这个办法十分不切实际，根本无法实现。"

同时人们也担心这样一个耗资巨大又费时费力的项目能否及时完成。最初的工作——拆除神庙、建造混凝土盒子、安装千斤顶——预计至少需要三年的时间。而与此同时，新的阿斯旺大坝水库的水位计划于1964年秋天开始上涨。尽管遭到不少人的反对，联合国教科文组织还是在1962年6月10日宣布选择了意大利的提案。曾担任意大利工程项目地质顾问的瑞典工程公司（VBB）被选中监督该项目。

当时，最直接的担忧是如何筹集阿布辛贝项目所需的巨额资金，据估计该项目至少需要花费8000万美元（约为今天的7.62亿美元）。联合国教科文组织执行委员会建议，在埃及政府投标之前，为该项目的第一阶段提供资金，以保护埃及免于承担金融负债。最初的资金将来自意大利和埃及两国的银行发放的3050万美元贷款。

但是，尽管联合国教科文组织在1961年先后两次发出筹款呼吁，但筹集到的资金仍然不足，无法为贷款提供担保。随着他们的焦虑加剧，该机构官员决定恢复之前令其成员国强制缴款的想法，并且缴款可以在二十年内分期偿还。时任联合国教科文组织总干事的勒内·马厄和他的团队在1962年10月的联合国教科文组织年会之前对该组织的成员进行了大量而密集的游说。尽管包括意大利、荷兰和瑞典在内的一些国家同意了这一计划，但联合国教科文组织的主要成员——美国、英国、法国和苏联——都表示坚决反对。他们宣布强制缴款将开创一个危险的先例，并辩称在这个项目上花费这么多钱是错误的，尤其是拯救阿布辛贝神庙的办法不会只有这一个，还可能有别的成本更低的方法。所以最终贷款的提案未能获得大会的批准。

令萨尔瓦特·奥卡沙愤怒的是，埃及最大、也是最具影响力的报纸《金字塔日报》发表了一篇报道，指责拯救阿布辛贝古迹的国际行动正陷入困境，受到多重危机的困扰，前景未卜。奥卡沙回忆道："我赶紧发表声明对新闻报道的内容予以否认，但直到今天，我都无法理解媒体蓄意捏造这种破坏性负面报道的原因。"即使几十年后，他也相信《金字塔日报》的报道是虚假的。然而，尽管联合国教科文组织大会对融资提案的拒绝是救援行动中一个极大的挫折，但同时也是一个关键的转折点。随着尼罗河水位开始稳步上升，对于那些看起来吸引人但不切实际的方案，已经没有人再无休止地讨论下去了。如果要拯救阿布辛贝神庙，就必须立即做出基于现实、切实可行的选择和决定。

大约六个月前，奥卡沙秘密委托制定了一项拯救神庙的替代方案，以防法国和意大利的计划失败。该方案由VBB开发，这家瑞典公司之前被选中监督意大利提案的实施。VBB提出的方案预计费用为3600万美元，不到其他提案成本的一半，该方案计划将神庙的正面和内部切割成块，并在海拔更高的位置进行组装。不过神庙巨大的雕像和正面的其他元素可能会受到无法弥补的破坏，人们对此深表担忧，但也别无选择，最终埃及政府和联合国教科文组织选择了实施该计划。

此时，救援行动的组织者不得不加快速度筹集资金。美国再一次成为关键，但结果并不乐观。自1961年肯尼迪总统提供了援助资金后，现在努比亚古迹救援行动再次陷入困境。

在20世纪60年代初，美国对历史古迹保护几乎没有任何兴趣，更不用说亲自参与了。据《华盛顿邮报》报道，当时的历史古迹保护"既不是公共政策问题，也不属于美国建筑和房地产开发考虑的范畴"。当时历史遗产保护法并不存在。在"二战"后的几十年里，美国的重点是建设新的，而不是拯救旧的。在那个时代，建筑师和城市规划者对拆除旧的城市建筑和社区毫不愧疚，无论它们的历史多么悠久和丰富，都得为高速公路、办公楼、体育场和新住房腾出空间。至少可以说，为了拯救阿布辛贝这样的外国古迹而想要争取美国公众舆论的支持，从而影响国会向努比亚古迹救援行动提供资金，这种想法令美国民众觉得很荒谬。即便在那些看似拥护者的成员——美国埃及学家和美国主要博物馆的负责人中，也有不少人对此态度冷漠，甚至有些人对于提供资金援助表示强烈反对。

约翰·威尔逊是为数不多的支持救援行动的著名美国埃及学家之一。1960年末，美国的诸多考古学家、人类学家和博物馆馆长齐聚一堂举行会议，讨论他们对联合国教科文组织开展的努比亚古迹救援行动该作何反应。会上，约翰·威尔逊公开表示对该行动的支持。威尔逊本人对这项救援行动非常关注。他写道："这将是有史以来最大的国际文化合作，也是其他国家处理类似危机的试验田。我们中的一些人认为，如果我们回避了这一次的挑战，那我们就愧对于交托给我们研究的古埃及文化遗产。"但许多与会者并未能理解和认同他的观点，这令他感到非常震惊。一些与会者对这些神庙是否值得保存表示怀疑。其他人则认为拯救这些古迹是根本不可能做到的。还有一些人认为，考古学家和其他学者已经对这些古迹和文物进行了充分的研究，因此不需要保存。

此外拯救阿布辛贝神庙的利弊也是美国媒体争论的热点。尽管努比亚救援行动在美国报纸和杂志上都刊登了相当多的正面报道，但也有不少人对美国帮助拯救神庙的想法提出了强烈批评。一些反对者宣称，如果美国向埃及提供资金援助，就应该把钱花在提高埃及人的生活水平上，而不是花在很少有人能看到的文物古迹上。其他人则认为，根本就不应该对国外提供援助。

联合国教科文组织在一份关于在美国筹集私人资金困难重重的报告中指出："让富有的美国人或基金会为外国文化项目提供援助，这个问题十分复杂。凡尔赛宫、沙特尔大教堂、帕特农神庙或雅典博物馆等历史建筑的修复拨款很容易就从被考虑的名单中划掉。"报告的作者补充说，乐善好施的家庭和团体更倾向于为离家更近的项目捐款。梅隆家族专注于为匹兹堡的市政项目捐款。洛克菲勒家族向联合国或林肯中心捐赠了大笔资金，主要是因为他们是纽约人，其次是因为他们已经在欠发达地区开展了不少人道主义或技术援助项目。福特基金会也是如此。"

与此同时，约翰·威尔逊坚持认为，援助问题并不是非此即彼的概念。他写道："如果将努比亚救援行动的费用与资助饥饿儿童的成本相比较，那么争论可能会无休止。然而，作为辩护，我们也可以说，精神的价值——人类多年来的伟大艺术成就——远不是金钱可以衡量的。"

《纽约时报》首席艺术评论家约翰·卡纳迪对此也持同样的观点。当关于拯救阿布辛贝神庙值与不值的争论刚刚开始时，卡纳迪就倾向于支持这样一种论点——即这些神庙只是"一个巨大的新奇事物，由一个寻求公众关注的、不怎么重要的法老建造的"。但是，"一部分出于责任感的驱使，一部分出于好奇"，他和妻子最终还是决定前往埃及，亲眼去看一看，亲自去判断这些神庙的价值。不过他们并不是唯一这样做的人。

讽刺的是，媒体每天如潮水般对濒危努比亚文物古迹的大量宣传，在全世界掀起了前往努比亚旅游的热潮，而在过去几十年里，几乎没什么游客到访该地区。旅行社和旅游局与航空公司合作，推广前往埃及和努比亚的旅行。一家意大利公司每天为游客提供往返阿布辛贝的水翼船运输服务，而桨轮汽船则速度更慢些，也更悠闲。

载着卡纳迪夫妇前往阿布辛贝的汽船在凌晨三点到达，直接停泊在神庙前。卡纳迪回忆道："我和妻子被寂静惊醒，然后上了岸。在月光下，我们穿过沙滩，来到外墙上如哨兵一般巨大的雕像前。"他被巨大的雕像以及它们所展示出的威严和力量所震惊，认为它们是"埃及艺术中为数不多的极具冲击力的作品之一"。在接下来的一个小时左右的时间里，这对夫妇在大神庙黑暗的内部游览，用手电筒照着神庙的柱子和墙上技艺超凡的浮雕壁画。卡纳迪称其拥有"无与伦比的开阔性、生命力和创造性，超越了我们所见过的所有埃及艺术品"。

后来，在他为《纽约时报》撰写的一篇专栏文章中，他坦诚地说，在那个月明之夜，他一看到阿布辛贝，就立即"爱上了"它。他说："人们对于保护神庙争论不休，提出了各种各样的论点，但唯独有一点最令我惊叹、最令我印象深刻，也最令我信服——事实上整座神庙以及神庙内部墙壁上的浮雕画在美学上可谓巧夺天工，在埃及艺术品中至少能位列前六，能让人深刻感受到艺术家无与伦比的创造力。"

卡纳迪承认，有不少人质疑，在这世界上用这么多资金可以做很多其他的事情，而花巨资去保护一座古代神庙是否应该和值得。但是，他认为："这种类比并不成立。'无价'一词并不意味着'十分昂贵'，与价钱无关。阿布辛贝神庙的无价是纯粹意义上的无价。从美学上讲，它的确是一件至高无上的艺术瑰宝。"

他补充道："确实，阿布辛贝的消失受到直接影响的只有每一代人中的少数人，因为他们再也见不到它了。但事实上，它会间接影响到数百万人，因为只要这个世界存在，他们就是这世界的一部分。我们的历史遗产无处不在，如果阿布辛贝被毁，这种人类的遗产就会永远消失，再难挽回。"

早些时候，在美国关于这些神庙命运的辩论中，约翰·威尔逊和其他几位积极参与此次救援行动的美国考古学家多次建议埃及当局同意在美国展览图坦卡蒙国王陵墓中的宝藏。宾夕法尼亚大学考古与人类学博物馆馆长、举办展览的主要倡导者弗勒利克·雷尼告诉萨尔瓦特·奥卡沙，这可能会对说服美国公众支持努比亚古迹救援行动产生很大影响，从而便会影响国会对救援行动提供资金的决定。

奥卡沙回忆说："我承认，我对于是否到美国举办展览举棋不定，因为这位年轻法老的宝藏自1922年被发现以来就从未离开过埃及，而且其中有许多文物十分脆弱。然而，对资金的迫切需要超越了一切犹豫和怀疑。"

得到了纳赛尔的批准后，图坦卡蒙墓中的三十四件小文物于1961年的11月被送往美国，分别在美国的十五个城市进行为期十八个月的巡回展览，其中一些文物是在法老的木乃伊旁边被发现的。这些文物中包括一把黄金匕首并配有浮雕图案的刀鞘，一个微缩木乃伊石棺，真正容纳法老木乃伊尸体的石棺比这个更大，这个微缩石棺是按照精确比例仿造的复制品。另外还有黄金打造的连枷和镰刀等等，这些都是法老王的重要墓葬品。此外，还有许多其他的黄金制品，其中许多黄金物品上镶嵌着青金石和其他宝石，还有珠宝和雕刻镶嵌的雪花石膏杯、雕像和其他物品。

奥卡沙曾建议，为了给古迹救援行动筹集资金，要在举办展览的博物馆收取入场费。然而，雷尼拒绝了这个想法，他说这位少年国王曾经拥有的宝物和艺术品已不再属于他，而且博物馆展出的物品无论数量和质量都不足以向人们证明收费入场是合理的。不过他后来承认，这是"我担任博物馆馆长生涯中犯过的最大的一次错误"。

1961年11月3日，杰奎琳·肯尼迪在华盛顿国家美术馆为此次展览揭幕，她的丈夫约翰·肯尼迪政府的许多政治要员和社会人士出席了展览。杰奎琳后来在一份声明中说："能看到这些美丽的东西真是令人难以置信。我记得我小时候曾读过关于法老陵墓被发现的文章，这些文物是我当时最期盼有朝一日能亲眼看到的。"

在展览开幕仪式上，萨尔瓦特·奥卡沙向美国第一夫人呈上了纳赛尔赠送的礼物——一尊拥有四千年历史的石灰岩雕像，名叫"迈步的男子"，高三十一英寸。肯尼迪夫人显然非常感动，她命文化部部长将其纳入此次展览中，以便让美国公众参观欣赏，他同意了。展览结束后这尊雕像被归还给白宫，肯尼迪总统将其安放在椭圆形办公室的书架上。[1]

杰奎琳·肯尼迪和萨尔瓦特·奥卡沙在华盛顿特区国家美术馆欣赏图坦卡蒙墓中的小金人，1961年

---

[1] 1963年肯尼迪去世后，他的妻子保留了这座雕像的所有权，并将其放在她位于纽约第五大道的公寓里显眼的位置用以展示。如今这座雕像被收藏在波士顿的肯尼迪总统图书馆里。——作者注

第二天，当图坦卡蒙展览向公众开放时，华盛顿寒风呼啸，冷得吓人，但这并没有阻止成千上万人的热情，他们耐心排队好几个小时才被允许进入博物馆参观。经营着美国国家美术馆的史密森尼学会[1]负责人 S. 狄龙·雷普利说："这是我们历史上（迄今为止）最受欢迎的展览。"雷普利在 1963 年提交给国会的一份报告中指出："（此次展览）总出席人数超过 130 万，几乎等同于纽约洋基队所有主场棒球比赛的总出席人数。作为卡西·史丹格尔[2]的远房表亲，我无意以任何方式诋毁我们国家的体育，但这次展览让我们与图坦卡蒙法老有了一次近距离的接触，足以永远消除美国人对古代民族的艺术和历史不感兴趣的固有印象和看法。"

埃及文物巡回展览到了下一站——弗勒利克·雷尼博物馆，上一站首都出现的排队人潮再次出现。雷尼回忆道："每天都有许多人排队，队伍都排到了好几个街区之外。"面对如潮水般的人群，他在欣喜之余也不免感到难掩的沮丧和懊悔。三十多年后，他在自己的回忆录中写道："我仍然为我们当年所做的决定而后悔，一想到我们因此而遭受的损失，我就不寒而栗。那是我有生之年犯过的最大的错误。"

尽管巡回展览走过的每一个城市都有破纪录的人群前来参观，但这次展览并没有给努比亚救援行动带来直接的好处。濒危的神庙和古迹的照片和其中宝藏的目录也作为展览的一部分被展出，但没有引起太多关注和讨论。一些博物馆确实收取了入场费，但收入都归博物馆所有了。

---

[1] 史密森尼学会是美国一系列博物馆和研究机构的集合组织。——译者注

[2] 卡西·史丹格尔（Casey Stengel, 1890—1975），美国职业棒球手和球队经理。1949—1960年任纽约的洋基队球场经理。——编者注

萨德鲁丁·阿迦汗王子在给联合国教科文组织其他官员的一份备忘录中指出,尽管"这次巡回展览在文化层面上取得了巨大成功,但在资金方面绝对没有给我们带来任何好处,尽管展览的一部分目的是筹集资金"。联合国教科文组织和埃及政府曾打赌,此次展览至少能筹集到2000万美元的援助,其中一部分来自私营企业,其余部分来自国会拨款。他们很快发现,那些国会议员们并不愿意帮忙。

到了1962年春天,自1961年初肯尼迪总统获得了国会对神庙援助资金的批准以来,华盛顿的政治气候发生了巨大变化。在过去的一年里,美国和苏联之间的紧张局势升级,导致了1962年秋天古巴导弹危机和核战争的威胁。与此同时,肯尼迪一直寻求改善美国与埃及的关系,这不仅引起了以色列的强烈反对,也引发了美国在中东的两个亲密盟友——沙特和约旦的强烈抗议。约旦认为纳赛尔对阿拉伯民族主义的呼吁是"对他们自己传统政权的致命威胁"。

埃及总统继续接受苏联的援助并强烈反对以色列,这就使得华盛顿本就强烈反对纳赛尔的情绪更加高涨。面对这些政治阻力,1961年支持努比亚古迹救援行动的国会议员现在也都转变为持观望态度。那些在1962年国会中期选举中寻求连任的人变得尤其谨慎。

在1962年的一份报告中,联合国教科文组织里一位游说华盛顿的高级说客指出,参议院中三位最坚定支持救援行动的参议员——阿肯色州的J.威廉·富尔布赖特、密苏里州的斯图尔特·赛明顿和俄克拉何马州的麦克·蒙罗尼曾起草了参议院授权援助神庙的法案——可现在他们几个人都吓坏了。这位说客说道:"参议员富尔布赖特更关心的是他的连任,而不是支持一项可能被他的政敌用来反对他的行动……参议员赛明顿也不像以前那样愿意支持我们的计划了。蒙罗尼过去对我们很有帮助,而现在也在竞选连任。在与我们委员会的成员进行了长时间的交谈后,蒙罗尼同意承担责任,但条件是这项行动必须尽可能安静地进行,不要在俄克拉何马州公开宣传,因为那样有可能会影响到他。"

国会晦暗不明的前景与教科文组织和埃及政府内部面对危机而日益紧张沉重的气氛恰好遥相呼应。1962年末,联合国教科文组织发出了一项新的捐款呼吁,也是迄今为止最令人震惊的一次。呼吁中指出,该组织目前迫切需要资金来开展拯救阿布辛贝神庙的行动。只有二十个成员国提供了新的捐款,但这些捐款远远不足以支撑该项目的第一阶段所需费用。呼吁中也明确强调,时间不等人,错过了就再也来不及。如果其他成员国不迅速做出反应,这些神庙将永远消失。该呼吁中从未提及美国的名字,但很明显,救援行动成败的关键就在于美国的是否参与。

要想在华盛顿取得成功,救援行动的组织者必须得到白宫的全力支持。幸运的是,他们在首都的最重要盟友决定重新加入战斗。距离杰奎琳·肯尼迪第一次在幕后对拯救神庙行动施以援手,已经过去将近两年的时间了。从那时起,她就成为一份不可忽视的力量,而巴黎再次在她的思想转变中发挥了重要作用。

第十六章

第一夫人出手相助

1961年5月，在约翰·F.肯尼迪就任总统四个月后，他携他的妻子前往法国进行他们的首次海外国事访问。在此之前，杰奎琳·肯尼迪在美国一直是一个颇有争议的人物。多年后，她回忆说："我是杰克的累赘。"

她的优雅气质和对时尚的兴趣、对法国所有事物的热爱，以及对参加竞选和其他公共活动的不适，都使她在入主白宫的头几天成为人们讨论的热点话题。她曾对一名记者说："我遇到的问题是，我是一个外来人，这在美国生活中是一件非常困难的事情。"在另一次采访中，她承认道："人们把我的缺乏自信认为是傲慢，把我不愿在公众场合露面视为……我在看不起其他人。"一些人认为，她是一位总统夫人，而且是一位不符合传统定义和印象的第一夫人。

然而，在巴黎，一切都发生了变化。从抵达巴黎的那天起，杰奎琳·肯尼迪就以她的美丽、优雅、对法国文化和历史的了解以及一口流利的法语深深地迷住了法国人。在凡尔赛宫为肯尼迪夫妇举行的盛大国宴后，一家法国报纸宣称："短短几个小时的时间，女王就再次统治了那里。"据负责保护第一夫人的特勤局特工克林特·希尔称，法国总统戴高乐"（在晚宴上）目不转睛地看着她，我敢说，其他出席宴会的客人——无论男女也都难以将目光从她身上移开"。有人警告说，戴高乐性格冷漠疏离，很难与他交谈，而杰奎琳充当了他和肯尼迪之间的翻译。这位脾气暴躁的法国领导人后来称杰奎琳是肯尼迪"闪亮耀眼且知书达理的妻子"。肯尼迪的高级助手之一肯尼斯·奥唐纳说她"令戴高乐心情愉悦地与她的丈夫谈笑风生，聊了许久还意犹未尽，使戴高乐跟肯尼迪相处比跟其他外国元首更轻松自在……私下里，肯尼迪称赞杰奎琳帮助自己与戴高乐建立了轻松而亲密的关系"。这对夫妇结束法国访问时,肯尼迪本人也注意到了妻子的受欢迎程度,他在新闻发布会开幕时面带困惑的微笑,并发表了以下声明:"我觉得我应该不用做自我介绍了。我就是陪同杰奎琳·肯尼迪来巴黎的那个人。"

法国和美国媒体都对杰奎琳的表现大加称赞,认为在打造一个更具同情心、更全新的美国形象方面,她与总统所起到的作用同等重要。据《华盛顿邮报》报道,肯尼迪夫妇成功地"修复了近年来两国之间由于争吵和误解而模糊的关系,重新让两国的联系活跃起来"。美国全国广播公司(NBC)新闻部制作了此次访问的纪录片,里面说道,杰奎琳·肯尼迪在国外的吸引力使她成为"冷战"的有效武器和美国的象征。

《纽约时报》的夏洛特·柯蒂斯写道,第一夫人"在美国这个认为自己是世界上唯一的国家、英语是世界上唯一语言的国家里,她表达出了想要努力去理解外国和外国人民的意愿,尽管在实用主义政治、核试验和'冷战'等冷酷的形势下,她仍表现出自己对艺术和美的敏锐感知力和追求。可以说她是在当前这个从众时代里为数不多的拥有独立精神的女性之一"。

小阿瑟·M.施莱辛格后来说,由于杰奎琳对法国的成功访问,"人们曾经对她看不顺眼的地方——非传统的美丽、非美国的优雅、对法国时装和法国食物的偏爱——不再是她的减分项,而成了加分项"。

事实上,杰奎琳·肯尼迪在巴黎的成功不仅令其他人对她的印象大为改观,同时也提高了她的自我形象,帮助她获得了更多的自信心,也让她对自己的权力和影响力有了更多的感触,所有这些都对她今后作为第一夫人的生活产生了巨大影响。在这方面,她最重要的指导者之一是法国文化部长安德烈·马尔罗，杰奎琳在访问巴黎期间与他建立了深厚的私人关系。

马尔罗是法国最著名的文学巨匠，杰奎琳十几岁时就对他崇拜备至。也就是在那时，她读到了马尔罗的第一部小说《人类的命运》[1]。这部小说于1933年获得了法国最高文学奖龚古尔文学奖，并使马尔罗迅速引起了国际关注。五年后，继之前的那本讲述发生在1927年中国上海那场失败的共产主义起义事件的书之后，马尔罗又出版了新小说《希望》，这篇小说讲述的故事是基于他在西班牙内战期间与反法西斯部队并肩作战的经历。

卡罗琳·肯尼迪曾形容她的母亲是一个"真正的浪漫主义者。她以戏剧性的方式生活"。十八岁的马尔罗更是如此，他既是一个知识分子，又是一个实干家，遇到过各种危险，经历过无数艰难险阻，依然坚韧不拔，不屈不挠。除了在西班牙战绩显赫之外，他还在法属印度支那挖掘古代宝藏，在沙特阿拉伯和也门寻找失落的城市，在"二战"期间的法国抵抗运动中被盖世太保抓获并逃脱。用《纽约时报》的话来说，马尔罗是"命中注定的浪漫之人"，他潇洒而富有魅力，黑色的头发，深绿色的眼睛，还有"浅色的拿破仑式眉毛"。

在杰奎琳前往巴黎之前，她曾告诉法国驻华盛顿大使的妻子妮可·阿尔方，她来到法国唯一最想做的事就是与马尔罗见面，也许在一些公开活动中还能坐在马尔罗旁边。最终她如愿以偿，更让她喜出望外的是，马尔罗自愿当她的导游，进行长达数小时的巴黎文化景点之旅。在此期间，两个人都为对方的魅力而着迷。

---

1 也译作《人的境遇》。——译者注

几年后，她对施莱辛格说："他语速很快，就像是以每小时九十英里的速度越过了一条令人难以置信的障碍赛赛道……他让你的思维来回跳跃。他是跟我交谈过的人里最迷人、最魅力四射的男士。"

杰奎琳·肯尼迪和安德烈·马尔罗在巴黎，1961年

她与马尔罗的谈话，主要围绕着马尔罗在艺术和文化遗产对一个国家生活重要性这个问题上的看法。据利蒂希亚·鲍德里奇说，马尔罗成为她最重要的文化导师："她认真聆听他的话，并给他写信。马尔罗是她巴黎之行最大的收获。"他们之间瞬间就建立起融洽而友好的关系，两人无话不谈，即使后来杰奎琳回到白宫，两人也经常保持联系。他们经常通过外交邮袋交换信件，1962年5月，

她和肯尼迪为马尔罗举办了白宫国宴——这是极不寻常的事情，因为通常只有政府首脑或在位君主才能获得这一殊荣。但由于戴高乐明确表示，他并没有计划前往美国以回应肯尼迪夫妇的访问，于是杰奎琳说服白宫官员邀请马尔罗来白宫做客，她后来表示，希望马尔罗的访问"能引起人们对艺术重要性的关注"。

在肯尼迪担任总统时期，白宫的国宴往往十分盛大，而且众星云集。但接待马尔罗的晚宴是最令人难忘的。杰奎琳作为第一夫人邀请了一大批美国顶级文化人物：如抽象派画家马克·罗斯科和弗朗茨·克莱恩；编舞家乔治·巴兰钦和艾格尼丝·德米尔；作曲家伦纳德·伯恩斯坦；剧作家田纳西·威廉斯、桑顿·怀尔德和阿瑟·米勒；作家索尔·贝娄、阿奇博尔德·麦克莱什、埃德蒙·威尔逊、罗伯特·洛威尔和帕迪·查耶夫斯基。最令人惊讶的来宾是隐居的查尔斯·林德伯格和他的妻子安妮·莫罗·林德伯格——她是一位才华横溢的作家，杰奎琳非常喜欢她的书。但对她来说意义最大的客人是法国出生的作家、史密斯学院教授让娜·莎蕾，她曾负责杰奎琳在法国的大三留学项目。杰奎琳后来告诉一位朋友："我迫不及待地想带她去见马尔罗，然后对他说：'这就是那个教会我爱法国胜过一切的女人！'"

一年后，马尔罗对华盛顿的访问以及他与第一夫人日益增长的友谊，导致他做了一件更了不起的事情：法国政府同意将世界名画《蒙娜丽莎》运到美国展览，这是法国最珍贵的画作首次被允许运送出境。1968年，当马尔罗的回忆录在美国出版时，他将这本书献给了杰奎琳。马尔罗的继子阿兰回忆道："这一举动是带有个人目的的，是为了向全世界表明，杰奎琳是他的朋友，也是他所崇拜的人。"

杰奎琳·肯尼迪在白宫为安德烈·马尔罗举行的晚宴上与他交谈，1962年

马尔罗在很多方面影响了第一夫人的想法，其中之一就是马尔罗倡导政府应该支持艺术和其他文化的追求和发展，肯尼迪夫妇对此也有同感。与法国和世界上其他一些国家不同，美国政府从未在资助国家剧院、歌剧院或其他文化机构方面做过什么事情。

杰奎琳对罗得岛州民主党参议员克莱本·佩尔说，她是艺术的狂热支持者，她已经与马尔罗讨论了要创建一个新的内阁级联邦文化机构的想法，就像他在法国领导的文化部一样。她的丈夫也同意认真考虑这件事。杰奎琳的多年好友薇薇安·克雷斯皮说："她一直对美国政府舍得在五角大楼投入数十亿美元，却连文化部都没有而感到震惊，从不定期资助博物馆到没有教育电视台——所有这些都困扰着她。在这方面，她对杰克的影响很大。她并不想让别人知道这件事，也没有为此而想要博得任何名声，但她确实与杰克讨论过这些事情。"

甚至在肯尼迪当选总统之前，他就在妻子的斡旋下，支持在华盛顿建立一个国家文化中心。杰奎琳·肯尼迪写道："在别的国家，其首都几乎都有剧院、歌剧院和音乐厅。但我们的首都却缺少一个足够的文化设施。现在，我们终于可以在华盛顿为表演艺术家们提供展示的舞台了。"尽管该项目在1958年就获得了国会的授权，但一直处于休眠状态，直到肯尼迪上任后，在他妻子的敦促下，政府才启动了一场大规模的筹款活动，并按照建筑师爱德华·达雷尔·斯通的设计计划建造施工。该文化中心于1971年竣工，并被命名为约翰·F.肯尼迪艺术中心，这是该市唯一一座缅怀这位罹难总统的纪念建筑。

虽然建立联邦文化机构和国家文化中心的提议需要酝酿相当长的时间才能有所结果，但杰奎琳·肯尼迪相信她内心深处考虑的另一件事情肯定会带来更直接的回报——历史文物保护和修复。甚至在她搬进白宫之前，她就已经开始考虑翻修公共建筑的计划，将其重新打造成展示美国顶尖家具、绘画、雕塑和其他文物的最佳场所。在选择修复对象时，她深受托马斯·杰斐逊和詹姆斯·门罗担任总统时期白宫家具风格的影响——因为这两位总统之前都曾担任过美国驻巴黎大使，因此他们在任期间，喜欢用法式家具和其他法式元素装饰总统官邸。

杰奎琳·肯尼迪在整修白宫方面的工作为她带头拯救和保护附近的另一处重要历史遗址——拉斐特广场周围的社区起到了催化剂的作用。该社区与白宫之间只隔着一条宾夕法尼亚大道。皮埃尔·朗方——华盛顿最初的城市规划设计者，称拉斐特广场为"总统公园"，因为其周围是一片优雅的19世纪房屋，其中包括多莉·麦迪逊在其丈夫去世后居住的小宅邸。

20世纪50年代末，艾森豪威尔政府制定计划要将这些历史建筑夷为平地，取而代之的是比白宫高出许多的现代风格政府办公楼。同样要被拆除的还有白宫旁边宾夕法尼亚大道上的旧行政办公楼，这座办公楼以其华丽的门廊、柱廊和法式孟萨屋顶[1]而闻名。

在约翰·肯尼迪成为总统后，他邀请了一位多年的密友——画家威廉·沃尔顿帮助他制定拯救拉斐特广场的计划。沃尔顿曾是《时代》杂志的一名记者，也曾在欧洲报道过"二战"。他机智敏锐、说话强硬，还曾担任肯尼迪夫妇的艺术和历史保护非官方顾问。然而，他和肯尼迪为拯救广场而绞尽脑汁，到头来却是白费力气。1962年春天，负责管理联邦政府建筑和房地产的总务管理局，准备开始拆除这些房屋。

就在此时，杰奎琳·肯尼迪采取了行动。她在给一位朋友的信中写道，当美国的历史建筑被"拆除，然后用糟糕而丑陋建筑取而代之"时，她再也坐不住了。"一想到这件事，我就惊惶不安，于是决定发出最后的呼吁。"然而，沃尔顿清楚地记得，杰奎琳与他和肯尼迪的会面，与其说是发出呼吁，不如说是对这种做法毫不留情的斥责，并坚决地予以干预。"她直接告诉我们，'你们这些胆小鬼需要帮助，我要插手干预。那些想要拆毁历史建筑的人还没有开始行动，趁他们还没动手，拯救这些建筑还来得及。'实际上，如果没有杰奎琳，我们根本无法将广场保留下来……她让我们坚持下去，并且跟我们说，只要推土机没动，我们就有望

---

1 孟萨屋顶也叫作复折式屋顶，一种双重斜坡的四边形折面屋顶，由法国建筑家孟萨所创。——译者注

成功，所以绝不能放弃……她真是把我们指挥得团团转，把我们逼得够呛。"

在杰奎琳跟沃尔顿和总统谈话后不久，总务管理局局长伯纳德·布廷接到了白宫的电话，"要求停止一切拆除行动"。随后，他们制定了替代方案，以拯救这些房屋，并在其后面建造新的、不引人注目的政府建筑，新建筑外墙用的是红砖而不是混凝土。多亏了政府的拯救行动，拉斐特广场被指定为国家历史地标区，周围的旧行政办公楼也包括在其范围内。

根据布廷所说，杰奎琳·肯尼迪"是真正值得称赞的人。一切都要归功于她，她的想法、想象力、鼓舞人心的力量以及与人合作的能力，都无与伦比。她能让你心甘情愿为她效力，甚至肝脑涂地也在所不惜"。然而，杰奎琳并不想让自己受到公众的关注。就在公布广场新计划的新闻发布会开始之前，她还跟布廷强调，决不能对外提及这件事有她的参与。"记住，做这些事情的人不是我，"她在他耳边轻声说，"是总统。是总统，伯尼[1]。"

最终，第一夫人最为关心的拉斐特广场被保留了下来。在此次拯救行动中期，她写信给威廉·沃尔顿说道："也许拯救旧建筑并使新建筑与旧建筑和谐统一，并不是世界上最重要的事情——当然如果你在等着即将袭来的炸弹，那就另说了。我认为我们总是在等待炸弹袭来，但事实上炸弹永远不会来的。所以保护历史旧建筑，并建设美观的新建筑，是很重要的事情。"

随后，她再次以安德烈·马尔罗的思想和工作方针为标杆，继续向前推进，呼吁政府通过立法，为美国各地被视为国家重要

---

[1] 伯纳德的昵称。——编者注

遗产的历史建筑和场所提供保护。作为法国文化部长，马尔罗在20世纪60年代初就帮助法国制定了这样一项法律。

1966年，毫不夸张地说，正是由于杰奎琳的游说，国会批准了《国家历史保护法》，该法案在半个多世纪以来拯救了许多美国历史文化遗产的命运。国家历史保护信托基金会前主席理查德·莫说："杰奎琳·肯尼迪为这个国家的历史保护运动发声呼吁并亲自参与，作为第一夫人，她凭借自己的道德权威扭转乾坤，改变了现状，并对历史遗迹保护许下了永久的承诺。"她对美国历史文化遗产保护所起到的重要影响无人能及。

杰奎琳·肯尼迪在美国为保护国内历史遗产而竭尽全力的同时，也密切关注着阿布辛贝救援行动的进展。她已经与安德烈·马尔罗详细讨论了这件事。由于肯尼迪夫妇对努比亚古迹救援行动的重视，国务院——特别是负责教育和文化事务的助理国务卿卢修斯·巴特尔也一直在密切关注着努比亚的情况。

1962年6月，巴特尔刚被任命为助理国务卿，他就被告知肯尼迪夫妇——尤其是第一夫人，对拯救神庙行动极为重视，并且她希望尽一切可能为这场古迹救援行动提供帮助。起初，巴特尔对美国援助阿布辛贝一事并不热心。他后来说："我认为让援助阿布辛贝的计划在国会获得通过的可能性不大，尤其是救援行动初期提出的一些方案，比如用液压升降机将神庙吊起或令其漂浮在浮筒上等等，这些计划成本高得令人瞠目，简直荒唐可笑。"作为美国代表团团长，巴特尔在1962年联合国教科文组织大会上带头反对其成员国被要求强制性捐款的政策，同时也反对该组织最终选择意大利提出的拯救阿布辛贝神庙计划。

但随后巴特尔发现了另一个拯救计划——把神庙拆成块——他认为这个计划有望成功。他说："这个计划比其他拯救方案便宜得多，由于我们将支付大约三分之一的费用，所以拯救计划非常重要。"与其他拯救方案相比，它还有一个额外的优势——其他拯救方案需要使用液压千斤顶和泵站等复杂的机械，因此必须进口并以硬通货（即美元）支付。相比之下，要想削减成本就需要雇用大量当地工人作为劳动力，而这些劳动力可以用当地货币支付——而美国国务院正是希望能尽量多地在埃及花费当地货币。

事实上，美国通过其"粮食换和平计划"积累了大量埃及镑，该计划以大幅折扣价格出售给埃及小麦和玉米等美国剩余农作物，使埃及政府能够负担得起。根据该计划的规定，埃及将以埃及镑购买美国粮食，而埃及镑只能用于埃及国内的经济发展项目。除了经济利益外，以依赖埃及工人为基础的成本削减计划对美国来说也是创造两国良好公共关系的绝佳手段。在两国外交关系紧张之际，美国决定用当地劳动力来帮助拯救阿布辛贝古迹，这将成为连接两国的文化桥梁和纽带。

但这一想法的唯一问题是，根据《480号公法》[1]而实行的"粮食换和平计划"，尽管政府并没有要求国会拨款，但任何将当地货币用于发展项目的政府提案，国会都必须予以批准。巴特尔后来说："在我看来，政府本应该有权更自由地支配外国货币，而不是像花美元那样，每一笔用款都得向国会证明其合理性。"

然而，国会议员们却对此有不同的看法。20世纪50年代末和

---

1 《480号公法》即《农产品贸易发展及援助法案》，是为美国处理剩余农产品的一项重要法案。——译者注

60年代初，随着美国与纳赛尔政府的紧张关系加剧，国会在埃及的拟议项目中设置了许多障碍，以至于美国持有的埃及镑数量激增，几乎没有机会花掉这些钱。

巴特尔希望能说服国会，劝说他们对像拯救阿布辛贝古迹这样的文化项目持正面看法，因为投资这样的项目，可以毫无争议地从《480号公法》积累的外币资金中支出1200万美元。但由于国内反纳赛尔的情绪依然强烈，他知道这将是一场艰苦的斗争。

1962年末，联合国教科文组织宣布了筹集足够资金拯救阿布辛贝神庙的最后期限——1963年春天。如果到那时还没有筹集到足够的捐款，那么拯救神庙行动将不得不结束，神庙注定要被上涨的尼罗河水淹没。

考虑到最后期限，杰奎琳·肯尼迪坐下来给她的丈夫写了一份三页单间距字体的备忘录。在过去的几个月里，杰奎琳一直在与她国际社交圈子里的几个朋友频繁通信讨论这个问题，其中包括马尔罗和菲亚特的总裁詹尼·阿涅利。杰奎琳在前一年夏天见过阿涅利，当时她和她的女儿以及妹妹李·拉齐维尔在意大利阿玛菲海岸度过了几个星期假期。她们在阿涅利和其妻子马雷拉拥有的游艇上待了一段时间，杰奎琳跟这对夫妇相识多年。

事实上，阿涅利早就参与了神庙拯救计划。当时菲亚特作为意大利工程咨询公司的一部分，在意大利提出的用液压千斤顶抬高神庙的提议中发挥了重要作用。这件事当时立刻引起了阿涅利的兴趣和重视，如果该计划得到联合国教科文组织的批准，菲亚特将协助参与开发液压千斤顶系统。后来即使意大利的提议被拒绝了，阿涅利仍继续为保护神庙而四处奔走游说。他向杰奎琳提供了大量的文献材料，包括《教科文组织信使》杂志的副本，该杂志刊登了关于该项目的多个故事，另外阿涅利还与杰奎琳就如何让美国参与拯救计划进行了讨论。

1963年1月初，肯尼迪总统收到阿涅利的电报，电报中请求总统支持拯救阿布辛贝行动。与此同时，杰奎琳向总统发送了她的备忘录，详细说明了为什么她认为拯救神庙至关重要，以及为什么美国应该作为国际伙伴参与到这一拯救行动中。她写道："阿布辛贝是尼罗河上最主要的神庙，没有什么能与之匹敌。"另外她还说，如果任由它被洪水淹没，无疑就等同于雅典帕特农神庙的毁灭。她接着据理力争道，援助神庙拯救行动将会为美国在"冷战"中与苏联的较量提供助力，并可以改善美国在世界其他地区的形象。

肯尼迪和1961年一样立即做出了回应，他再次叫来理查德·古德温，两人一起研究这个问题。古德温于1962年离开白宫，成为和平队[1]的一名官员，但后来他被临时调到总统的办公室。1月11日，他向肯尼迪发送了一份备忘录，称他"对阿布辛贝拯救行动进行了相当深入的调查"，并认为该项目是可行的，美国在埃及有足够的盈余资金来支付三分之一的费用。制定细节还需要五个月的时间，但在1963年6月，肯尼迪政府就承诺了要援助价值1200万美元的埃及镑用以拯救这些神庙古迹。

美国的承诺令阿布辛贝拯救行动重整旗鼓。得到了美国的资金保证之后，埃及和联合国教科文组织正式批准了采用将神庙拆解的方案，并同意埃及支付三分之一的费用，美国支付另外三分之一，其余资金来自其他成员国和私人捐款。

1　和平队是美国政府为在发展中国家推行其外交政策而组建的，派往发展中国家协助开展各类项目的年轻人组织。——译者注

为了筹集启动该项目所需的硬通货，埃及向科威特政府借贷300万美元，部分用于向将获得工程合同的公司支付首付款。最终赢得合同的是一个由六家工程公司组成的财团，该财团自称为阿布辛贝联合企业，其成员是来自德国、意大利、法国、瑞典和埃及的工程公司，几乎所有这些公司都参与了其他努比亚神庙的救援工作。负责拆除并重新搭建卡拉布萨神庙的德国公司——豪赫蒂夫公司担任该联合企业的主要发言人，并将全面负责整个工程。合同签署之后，联合国教科文组织总部和埃及文化部欢呼雀跃、喜不自胜，似乎一切终于步入了正轨。阿布辛贝拯救行动的工作将立即开始。

然而，两次灾难却在之后接踵而至。11月22日，肯尼迪总统在达拉斯遇刺身亡。三个月后的1964年2月，众议院拨款小组委员会出人意料地否决了肯尼迪总统承诺的为阿布辛贝拯救行动捐助价值1200万美元的埃及镑的提案，并且众议院全体成员拒绝重新考虑小组委员会的决定。拯救行动遭受了突如其来的沉重打击，几乎陷入瘫痪，神庙的命运再次岌岌可危。

肯尼迪的继任者林登·约翰逊总统的政府决定进行反击。政府将拟议的拨款视为对牺牲的肯尼迪的致敬，动员一切力量向国会施压，要求恢复拨款。首先他们把目光投向参议院。应卢修斯·巴特尔的要求，史密森尼学会会长S.狄龙·雷普利亲自向愿意考虑该项目的国家拨款小组委员会的每一位成员进行游说，告诉他们拯救阿布辛贝是"考古史上最重要的国际合作行动"。

1964年5月，在参议院小组委员会的听证会上，一些支持拨款的美国知名人士公开发表的声明，被记录在案。国务卿迪安·鲁斯克在声明中宣布，美国未能与埃及和其他国家一道拯救神庙，这将会对美国的外交关系产生严重的不利影响。参议员威廉·富尔布赖特也赞同这一观点，他说："如果阿布辛贝神庙因我们不愿花费价值1200万美元的外币而从世界上消失，那将是一场真正的灾难，直接导致我们国家的声望和影响力严重受损。"

著名建筑师爱德华·达雷尔·斯通更是直言不讳，他说："建筑是人类文化成就最持久的记录。如果为了区区这么一点儿钱，我们就袖手旁观，眼看着这一巨大的宝藏消失在尼罗河下，那么我们会遭到子孙后代的谴责，因为是我们的严重过失造成了如此惨重的后果。"

获得普利策奖的百老汇导演兼制片人约书亚·洛根反驳了反对美国介入的反纳赛尔和亲以色列者的论点。洛根说，对阿布辛贝的资助"既不是对纳赛尔的援助，也不是对埃及的援助，而是对我们自己的援助——对我们孩子的援助，对我们知识的援助，以及对世界人民的终极知识的援助……我亲眼见过阿布辛贝神庙的伟大。那是我一生中见过的最壮丽的风景、最激动人心的情感和文化体验之一"。

几个著名犹太组织和个人的声明进一步强化了洛根的论点，其中包括美国最著名的犹太倡导组织美国犹太委员会主席莫里斯·艾布拉姆斯。艾布拉姆斯称："委员会认为，这些古迹不仅属于埃及，而且属于全世界，是一笔巨大的文化财富。"作为约翰逊政府为阿布辛贝提供资金的主要发言人，卢修斯·巴特尔也发表了热情洋溢的证词，支持推翻众议院的决定。这位助理国务卿指出，根据肯尼迪的承诺，由于形势紧迫，埃及政府甘冒风险签署合同并启动了前期工作。他说："如果不是埃及方面敢于冒险，与阿斯旺水库水位上涨比拼速度的拯救行动肯定就失败了。"

巴特尔还指出，美国之前宣布拨款在埃及和世界其他各地都引发了民众巨大的热情和期盼，都相信阿布辛贝一定会被拯救。巴特尔辩论说："如果我们不履行之前的承诺，等待我们的将会是世界各国人民的强烈谴责和批评。近来，我们与埃及的关系有了很大改善，我们能够在中东发挥更有益的影响，使对方就我们至关重要的政策予以支持。我们需要维护和扩大这些成果。"他补充说，在政府看来，美国参与拯救神庙行动的政治重要性跟神庙本身在历史和文化上的重要性是同等的。

他提醒小组委员会，肯尼迪总统和他的妻子在拯救阿布辛贝方面有"很大的个人兴趣"，并指出总统本人在他去世前的几个月里多次联系他，询问国会审批这笔资金的情况。

当参议员们开始质询巴特尔时，大多数人明确表示，他们仍然对拯救古迹行动持怀疑态度，小组委员会主席、阿肯色州参议员约翰·麦克莱伦就是其中之一。他告诉巴特尔，他对拨款请求"并不太感兴趣"，并进一步解释道："我认为不能每次世界上出了什么事，都让美国来买单。"一些参议员表示，他们认为美国已经向埃及提供了太多的援助，而其他人则认为关于神庙搬迁的费用，埃及政府理应出得更多才合理。

来自路易斯安那州的保守派民主党参议员艾伦·埃伦德也对援助古迹救援行动不感兴趣。尽管如此，在与巴特尔的交流中，他突然给这位助理国务卿和拯救神庙行动的其他支持者提供了一线生机。他说，还有另一种方式，可能获得政府寻求的埃及镑。

埃伦德向巴特尔讲述了《480号公法》中一个隐秘晦涩的章节，叫作库利条款，该条款允许美国政府从其在外国的本币账户向私营公司提供资金，用于这些国家的业务发展和贸易扩张。这位参议员说，使用这种方法的主要优点是，如果库利闲置资金在当地货币账户的存储时间超过三年，那么使用该账户里的资金则无须得到国会批准。

巴特尔惊讶得不知所措。他从来没有听说过这项规定，他在国务院的同事们也没有听说过。还令他感到惊讶的是，埃伦德"并不是个多么热爱文化的人"，却准备出手帮助他们。巴特尔对通过库利条款获得这笔钱的可能性表示怀疑，但埃伦德告诉他，这是他唯一的选择。埃伦德说："我不会给你别的建议，因为我相信你原先的提案不会得到众议院批准，毕竟那个提案之前他们已经拒绝了。"参议员麦克莱伦对此也表示同意，并告诉巴特尔："我认为众议院不会拨款的。如果你真的感兴趣，我认为你应该进一步将库利条款研究一下。"

巴特尔的确研究了——并发现埃伦德所说的一切都是真的。在国务院根据该条款提出价值1200万美元的埃及镑拨款申请之前，他特意拜访了众议院小组委员会主席、众议员约翰·鲁尼，当初的拨款申请就是被他拒绝的。巴特尔回忆道："鲁尼说他对古迹救援行动并不感兴趣，但也不会反对。我有一种感觉，他知道这对肯尼迪夫妇有多重要，这就是为什么他毫不反对就接受了拨款提案。"

在一定程度上，多亏了艾伦·埃伦德和约翰·鲁尼，美国终于兑现了为阿布辛贝救援行动提供三分之一费用的承诺。当这场救援行动最终结束时，除了美国，另有其他五十多个国家也参与了救援行动。继美国和埃及之后，捐款最多的国家分别是法国（100万美元）、意大利（85.6万美元）、印度（58.8万美元）、瑞典（50万美元）、南斯拉夫（22.6万美元）、阿尔及利亚（10.5万美元）；

还有加纳（4.6万美元）、玻利维亚（7000美元）和厄瓜多尔（1000美元）。英国仍然对苏伊士运河危机事件感到愤怒，最初断然拒绝为该项目捐款，但这一举动随即在国内和世界各地引起民众愤慨和骚动，最后英国政府改变了立场，向该项目捐赠了21.3万美元。

阿布辛贝救援行动在全世界引发了一场漫长而激烈的斗争，然而在此期间以及之后，很少有人知道杰奎琳·肯尼迪在这场战斗中发挥的关键作用。如果没有她的支持，以及在幕后给她的丈夫施压，肯尼迪总统很有可能不会对古迹救援行动施以援手。

杰奎琳从未公开谈论过自己为努比亚救援行动所作的贡献。但据她的女儿说，她对自己所取得的成就感到无比自豪，她告诉卡罗琳，她拯救阿布辛贝的举动对她来说就像她重新装修白宫一样重要。

第十七章

『加油，宝贝！』

经过多年的曲曲折折和一系列看似无休止的挫折和阻碍后，阿布辛贝古迹的救援工作终于做好准备要开始了。救援资金已经到位，相关合同都已经签署，工人也在招募中。然而，要将一座三千年的历史遗迹拆成数千块石头，人们对于这个大胆的决定还是心存不安和焦虑。

如今时间不等人，而这个计划显然是综合了政治和经济上的考量之后，唯一可行的解决方案，但其中仍存在着一个不可回避的问题：神庙能在被拆成一块一块后，确保不会受到严重的损坏吗？许多专家认为答案是否定的。

要知道，砂岩是一种非常脆弱且易碎的岩石，在尼罗河流域发现的这种岩石尤其如此。这种岩石是由石英颗粒组成，这些石英颗粒只是靠微弱的黏合力胶结在一起，因此很容易出现裂缝和裂痕。早在1963年5月，联合国教科文组织的一个专家小组就写道，他们"一想到要让他们推荐一个项目，把这些珍贵无比的神庙拆成块，随后把这些'块'在另一个地方重新组装起来，他们也会感到痛心疾首，难以接受"。一些著名的考古学家发表声明说，他们认为拆解神庙是一种万吨级的破坏行为，是"令人绝望的解决方案"。据估计，如果按照这一计划实施的话，多达三分之一的砂岩可能会被毁。

就连将要担任阿布辛贝联合公司项目经理的德国建筑工程师沃尔特·尤雷卡也认为，没有选择意大利提出的拯救神庙方案是一个错误。尤雷卡告诉一位记者："我们每个人都会忠诚地为这个项目尽自己最大的努力，但前提是我们必须秉承工匠精神和理念。我只能说，将神庙以整体的形式迁移到更高的地方，才是对其建筑者们最大的公平，符合他们宏达的愿景。"

那些参与拆解神庙项目的人已经同意，将神庙分割成尽可能大的部分。但联合国教科文组织和埃及当局以及合同公司当时都不知道，这一前所未有的拆卸和重新组装行动将如何运作。例如，他们还没有确定如何对神庙的外墙和内部进行如承诺所言的最低程度的切割，也没有确定如何将砂岩固定在一起，使其不会破碎。

负责总体工程的豪赫蒂夫公司之前曾成功地将卡拉布萨神庙拆除并搬迁重建。但那座神庙与现在他们所面临的挑战截然不同。毕竟卡拉布萨神庙是一座独立的神庙，而阿布辛贝神庙有一部分是嵌在悬崖里的，与悬崖连为一体。拆除一座建筑的墙壁是一回事，而拆除一座巨大的神庙前巨型雕像复杂的面部和身体则是另一回事。

从一开始，负责建筑工地现场的德国监工卡尔·西奥多·麦克尔就明确表示，无论他的工人多么小心谨慎，大家都必须清楚，拆除神庙是一项危险的实验。"我们会在可利用的时间内采取一切可行的预防措施。"他说，"实际上，我们可以在几乎没有风险的情况下进行拆除工作，但要达到这一目标的话，我们得需要两年多的时间。那样的话，我们还不如干脆现在就收拾行李走人算了。因为在1966年8月15日前，我们必须全部离开现场。"

正如麦克尔所言，该项目启动得太晚了，这意味着它现在正与尼罗河水位的上涨抢时间、抢速度。从1964年春天阿布辛贝神庙拆除工作开启到阿斯旺新大坝第一阶段施工结束，只有几周的时间，届时河水水位便会开始上升。

1964年夏天，当每年一度的洪水到来时，上涨的水位将大大高于旧阿斯旺大坝之前的正常高水位线。到当年冬天来临前，尼罗河的水位将达到海平面以上410英尺的高度，比阿布辛贝小神庙的底部高十六英尺,比大神庙的底部高出四英尺,这将给这两座神庙带来灾难性的毁灭。

德罗什和努比亚救援行动的其他策划者在对阿布辛贝神庙救援行动尽力奔走和筹措,但在这之后,他们在救援行动的具体实施问题上几乎没有任何发言权。在他们亲临工程现场的过程中,他们只能在一旁看着专家们就如何施工做出关键而痛苦的决定。

由于六个月内肯定会有洪水袭来,阿布辛贝联合公司的当务之急是在神庙周围建造一个八十二英尺高的临时屏障——围堰,以阻挡侵蚀神庙砂岩的河水,并保持大坝和工地之间的地形干燥。围堰的建造始于1963年11月,当时还没有签署所有合同。而即使有了围堰,也无法阻止一定量的水渗透到多孔的努比亚砂岩中,因此还必须安装强大的泵站来应对渗漏问题。

围堰的建造实行一周七天、每天二十四小时持续施工,每天有三个施工组十二小时轮班,这三个施工组部分施工时间是重叠的。一位工程师指出:"我们一分钟都不能耽误。"1964年秋天,就在他和他的同事们以为围堰已经完工的时候,异常高的洪水迫使他们将围堰抬高到比原计划又高出几英尺。到那年年底,尼罗河的洪峰距离围堰的顶部只有几英寸。水渗透速度快得吓人,以至于施工队不得不在神庙周围挖出三条排水隧道,另有二十五台水泵每小时吸走七十五万加仑的水。瑞典考古学家托里尼·塞韦－瑟德贝里在该项目中发挥了重要作用,他说:"围堰是救援行动成败的关键,不过令人欣喜的是,围堰及其排水系统经受住了考验。"

随着围堰建造工程波澜曲折地展开,阿布辛贝神庙救援行动的时间也在流逝。在短短两年多的时间里,拆除神庙并将其转移到安全地带的目标必须完成。这是一项几乎难以想象的艰巨任务，为了完成这项任务，组织者召集了来自十几个国家的近两千名工程师、考古学家、建筑师、测量师、行政人员、工匠和其他工种的专业人员。

豪赫蒂夫公司负责掌控总体工程，而瑞典工程公司VBB负责监督工程作业。切割和重组工作由总部位于米兰的建筑和土木工程公司——英波基洛公司负责，该公司的工人来自意大利阿尔卑斯山的卡拉拉大理石采石场。正如英波基洛公司的一位高管所说，意大利的大理石工匠做这种工作是再适合不过的了，他们"对石头有着深刻的了解，几乎一辈子都在劈山凿石，跟石头打交道"。此外，施工现场还有由工程师、考古学家和建筑师组成的两个国际委员会担任顾问工作。埃及政府也在施工现场有自己的代表，一名常驻工程师和他的工作人员，还有埃及文物管理委员会的几名考古学家。

1964年春天，最初来到阿布辛贝参与救援行动的人员约有一千人，而且工种也五花八门。一位德国主管当时表示："在我看来，没有一个建筑工地像阿布辛贝项目这样，施工管理层得负责协调这么多人、这么多工种的作业。有时，会有数百人同时作业。当然，由于这些人来自不同的国家，说着不同的语言，施工过程也变得更加复杂。"管理如此复杂的行动和如此多样性工种的工作人员，实在令人头疼，再加上在这样一个偏远而又贫瘠的地方，工作和生活都异常艰苦。毕竟神庙周围除了沙漠什么都没有。在一年中的大部分时间里，这里酷热难耐，气温高达49摄氏度，而且没有一个阴凉处可以遮阳。"天气太热了，"一位年轻的德国工程师回忆道，"我有时觉得自己都快要被热死了。"

由于急于建造围堰，所以为施工人员建造一个小型现代定居点的计划被推迟了一年多，他们被迫住在尼罗河上的游艇以及神庙附近的帐篷和棚屋里。工地监管人员警告他们不要远离施工现场，因为生活在该地区的贝都因部落的人对外国人不友善，可能会伤害他们。20世纪50年代末，德罗什与开罗调查研究中心负责人穆斯塔法·阿梅尔一起勘察阿布辛贝神庙时，后者随身带了一把左轮手枪。他告诉德罗什，该地区到处都是贝都因部落的人，他们常常袭击附近的村庄和外国游客。"他说得没错，"德罗什回忆道，"一天晚上，我突然听到了几声枪响。原来是穆斯塔法刚刚驱赶走了几个非常可怕的贝都因人，他们企图非法闯入我们的小船。"

在项目刚刚开始时，那些在阿布辛贝工作的人几乎完全与外界脱节。无线电和电话通信时断时续，而运往现场的货物运输速度慢得要命，令人倍感痛苦和煎熬。所有的物资供应——从食物、饮用水、燃料到建筑材料和重型机械——都必须经由尼罗河运输。阿布辛贝距离最近的主要城市阿斯旺约175英里，乘船到达那里最多需要三十个小时。大多数机械和其他设备——推土机、压缩机、气动锤和钻机、起重机、车辆和大量其他大型物品——都是通过海路从欧洲运来的。从那里运到埃及需要五个月的时间，然后从660英里外的开罗运到阿布辛贝需要四至六周的时间。

库存备件是一个尤其棘手的问题。一位机械工头说："无论我们手头有多大的库存量，你想要的零件却总是短缺。从欧洲获得替代品至少需要三个月的时间。要想知道在阿布辛贝工作方式是怎样的，去工地问问那里的人就知道了。他们肯定会跟你说：'一切都得靠自己的即兴发挥和发明创造。'"

工程开工时，这些刚刚来到阿布辛贝的人还不知道，就在他们到达之前不久，俯瞰尼罗河岸边的斜坡上还坐落着一片片努比亚村庄，这些村落里有一幢幢白色的圆屋顶大房子，墙上装饰着色彩鲜艳的几何图案，还有圆拱形的屋顶和庄严的内院。每一座房子都各不相同，大多数五彩斑斓充满了活力。在房屋后面，是每年都会被洪水淹没的肥沃田地，洪水退去后留下了一层厚厚的沉积物，滋养着土地，翠绿色的田野为这里的居民带来了丰收和喜悦。然而在20世纪60年代早期和中期，随着河水水位越来越高，河岸及其周边的村庄和田地最终被洪水吞噬。

由于洪水，聚居在埃及和苏丹的数万努比亚人被迫离开他们祖先生活了好几个世纪的村庄，搬到了一百多英里之外的内陆。托里尼·塞韦-瑟德贝里说："努比亚人之间基于共同的文化传统和语言，有一种强烈的民族团结感。努比亚人对祖国有着深深的依恋，所以要让他们永远离开故土是不可想象的。"

然而，这些人被迫离开了他们热爱的故土和生活，大规模迁移，背井离乡。对德罗什来说，也是一个不小的打击。因为在她执行CEDAE勘察任务时，她经常来到该地区，也认识了这里的不少人。她与附近村庄的一位年长的努比亚酋长关系特别亲密，每次回到这里她都会去看望他。每次德罗什来，这位酋长都会穿着衣袂飘飘的白色长袍，头戴白色头巾，在前门迎接她，举起双臂表示欢迎。他们一边喝茶，一边吃着椰枣和蜂蜜蛋糕，谈论彼此自上次见面以来的生活，他还把德罗什介绍给了他的一大家子人，其中包括一个在伦敦当医生的儿子。

在她最后一次来这位酋长的家拜访时，酋长悲伤地谈道，"他心爱的努比亚即将消失，他即将北迁，远离这条平静而伟大的河流"。但就在他和家人离开之前,他说,他们计划在这里为他的小女儿举办婚礼——"这是我们被迫离开故土之前的最后一个盛大仪式。"他邀请德罗什参加婚礼,德罗什欣然接受了。作为贵宾,德罗什在婚礼前被带到新娘的房间祝贺她结婚,并随后欣赏了努比亚人的传统歌舞。

当努比亚人终于不得不全部搬走时,德罗什感觉到自己有义务将"努比亚人被迫远离生之养之的故土,迁移他乡"的历史记录下来。她参与了法国纪录片《努比亚1964》(*Nubie 1964*)的拍摄,该片展示了村民们泪流满面地收拾好自己的行囊,无奈地登上驳船,开始新的未知旅途,过上新的并不向往的生活。除了家庭用品外,他们还带走了家里养的鸡和驴等牲畜,甚至带走了老房子里的新刷漆的百叶窗和门,但却不得不狠心留下了家里的狗和其他宠物。

他们的人生与尼罗河交织在一起,他们中的大多数人很难适应远离尼罗河的生活。埃及的努比亚人被重新安置在阿斯旺以北约三十英里的一片贫瘠、多岩石、新月形的土地上,这片土地需要数年的耕作才能种植出足够的作物。政府为他们建造的房屋与他们世代居住的宽敞房屋截然不同。新的房子又小又窄,根本挤不下一家子人,更不用说那些经常在他们心爱的河岸相聚在一起的大家族了。

令人悲伤的是,埃及当局和联合国教科文组织官员似乎更担心阿布辛贝的命运,而不关心因新建的阿斯旺大坝而流离失所的努比亚人的命运。

人们对这两座神庙格外关照,在实际切割开始的数周之前,就对其进行了初步的保护工作。他们先是挖了一条沟渠，用于将洪水和神庙分隔开，然后清除沟渠里的大石块和碎瓦砾，再将五千卡车的沙子堆积在神庙的外墙上，以确保在从悬崖上清除岩石时，保护神庙免受落石和其他掉落物体的影响。当沙子被堆到大神庙前的巨人胸口时，悬崖顶上的自卸卡车开始将更多的沙子洒在他们的头和王冠上。卡车卸完沙子后，神庙正面唯一可见的就只有最上面的带状雕刻纹饰，上面描绘了圣猴迎接清晨的阳光的画面。施工队还在雕带上方建造了一个带顶的木结构来保护它。远远望去神庙仿佛披上了沙色的裹尸布，看起来和1813年瑞士探险家约翰·伯克哈特首次发现它们时几乎一模一样。

阿布辛贝大神庙于1964年开始被拆除

与此同时，工程师们在沙子中建造了铝制隧道，以便让工人能够进入神庙内部开始工作。所有的内室都搭建起了密密麻麻的钢制脚手架，以防止当从悬崖凿掉与神庙连接的岩石时，墙壁、天花板和柱廊会倒塌。当挖掘机开始挖出神庙上方和后面的岩石时，回荡在神庙内部的噪声震耳欲聋。

最终，总共有近30万吨的岩石从神庙周围被移走。为了到达神庙最里面房间的天花板，挖掘机不得不在距离悬崖顶部近190英尺的地方进行挖掘。示波器被安装在神庙内部以测量振动值。当振动值过高时，最后6万吨岩石必须由工人使用气动锤人工移除。他们继续挖掘，直到外部的岩石与神庙的天花板和墙壁仅相距约2.5英尺为止。由于一下子摆脱了三千多年来一直依靠的悬崖壁支撑，神殿略有弯曲，但有了神庙内部脚手架的支撑，使得神庙的整体结构依然完好无损。

然后就到了最困难，也是最危险的部分——拆除神庙外墙和内部。根据合同条款，神庙的雕像、内墙、天花板和外墙将被切割成约一千一百块，每块平均重20至30吨的石块。为了确保砌块在重新组装时，看不到脆弱的砂岩外墙和内墙上的切割痕迹，工程师们决定将切口的宽度限制在不超过四分之一英寸——这项任务需要工人切割时具有极其严格的精细度和精准度。

在围堰建造和初步工作完成期间，负责切割作业的人员就用各种锯——链锯、圆盘锯、线锯和手锯——进行了测试，并比较了各种锯切过程，最后决定切割外墙和室内岩石时只使用小型手锯。最常用的两种是螺旋锯（一种形状像螺旋的线圈）和诺维罗锯——它有一个十三英寸的刀片和金刚石锯齿。

随着切割测试的进行，埃及技术人员开始对这些石头进行加固，使其能够承受拆卸、转移到储存地点和重新组装的严酷考验。化学家们也进行了数百次测试，以确定合适的加固材料，然后他们与修复师和其他专家一起，决定使用一种环氧树脂，这种树脂的黏合力比砂浆强。埃及团队在阿布辛贝花了七个月的时间为神庙的外墙和内部表面注入树脂，确保让树脂填充每个表面空洞和裂缝，以防止坍塌。

当最初的加固工作完成后，意大利采石场工人接管了接下来的工作。其中一位工人说，他们一辈子都致力于切割和搬运石头，"我们了解石头，就像了解我们自己一样，我们知道石头什么时候会断裂"。他们用链锯切割石头，在天花板和墙壁连接的内部房间的岩石中斜切约三英尺半深，以缓解天花板正上方的岩石被移除时产生的应力。

另外的一些石头切割工人分成两队，用手锯在彩绘天花板上刻下几英寸深的凹槽。他们的工作条件异常艰苦。狭窄的室内温度从未低于38摄氏度，有时甚至高达65摄氏度。这些人都戴着护目镜和口罩，以抵御无处不在的厚厚尘埃，但其中一些人选择不戴防护装备，因为他们戴上防护装备看不清东西。他们蹲在天花板下的脚手架上工作，一位来访的《国家地理》撰稿人看到这一幕，便联想起米开朗琪罗在为西斯廷教堂的天花板作画时，估计也是忍受着如此艰苦的工作环境。这位撰稿人写道："然而，这些人对他们的工作所带来的极度不适几乎毫不在意，没有表现出任何担忧。他们唯一在乎的是切口的宽度。如果他们的切口比合同规定的最大宽度细一条发际线，或者细整整一毫米，那么他们就会觉得这是对他们艰苦工作的最好回报。"

石头切割工人们凭直觉行事，有时会偏离蓝图，因为他们觉得计划中要求的特定切割位置正位于石头的薄弱点。"这些人能感觉到石头的灵魂，"一位负责切割的意大利工程师说，"如果有一块石头碎了，他们都会痛心地流泪。他们像魔鬼一样工作，但像天使一样温柔地触碰这些石头。"

内部切割完成后，工人们在每个切割末端的特殊钻孔里插入钢钉，以示意在另一侧移除外部岩石的工人们应该在那里进行切割，使其与内部切割的石头相连接。当使用重型设备的挖掘机从神庙外面挖到距离神庙内部三十一英寸以内时，便立即停止作业，改由切割工人接手。在切割砌块的背面时，意大利人使用了电锯，这种锯的切割范围要大得多，但这并不重要，因为砌块的背面是永远看不到的。当后面的切口与前面的切口相遇时，石块就会松动。

另一个关键的决定是，要确定一旦石块与岩石分离，如何移动石块。由于石头的易碎性，不可能使用千斤顶、吊索、皮带以及其他起重设备。最终的决定是在砌块上钻孔，并插入用树脂胶结的钢制提升螺栓。然后，用起重机的滑车钩住螺栓，并将其提升到安全的地方。等砌块被放下后，立即在其表面涂上一层保护性物质，以防止它们在运输和储存在临时存放区时破裂。而内墙的雕花砌块则用亚麻布条包裹住，以防止其边缘碎裂。

大约五百名工人夜以继日地工作了九个月，才完成了切割作业。用一位观察员的话来说："拯救阿布辛贝所花费的人力和心血并不亚于3000年前建造它时所花费的艰辛和努力。"

这项工作的第一次关键考验发生在1965年5月21日上午。春日的高温已经达到了至少38摄氏度，但这并没有阻止数百名在工地现场的工作人员聚集在神庙的前面和侧面，见证这一里程碑时刻——这是阿布辛贝联合公司成功与否的最初标志。一位当年的在场者回忆道:"当时每个人心中都只有一个念头:当重达30吨的石块被举起时,那些所有的计算和实验都会被证明是有效的吗?还是印证了切割计划的反对者们所说的那些卡桑德拉式的言论[1]才是正确合理的?"

项目经理卡尔·西奥多·麦克尔站在挖掘坑的边缘,而首席工程师瑞典的卡尔·弗雷德里克·沃德则俯卧在悬崖顶上。来自意大利的皮诺·卢卡诺是直接负责拆除工作的部门负责人,他不安地沿着大神庙正面的岩石山脊来回走动,埃及常驻考古学家安瓦尔·舒克里博士则站在围堰顶部目不转睛地看着。

这四个人——以及现场的其他人——目光紧紧凝视着悬崖北端岩石上的一个狭窄切口。在沃德团队里的一名工作人员示意下,在挖掘坑中工作的推土机操作员关闭了引擎,其他工人也放下了风锤和电钻。全场鸦雀无声,紧张气氛显而易见。

围观者们看着一个用钢丝固定在悬崖和围堰上的起重机将滑车转向悬崖顶部的微小切口。一位观察者写道,突然,缺口变大,变成了一条裂缝,"就好像山在无声地张嘴打哈欠一样"。一块巨大的石块从悬崖上卸下,起重机操作员将滑车连接在插入石块的钢筋上。围观的人们屏住呼吸,沉重的石块在深蓝色的天空中几乎一动不动地盘旋着。"加油,宝贝,加油!"一名旁观者低声说道。

操作员动作极其缓慢,弄得人提心吊胆,最后滑车将重达十一吨的石头往下放了一百多英尺,然后轻轻地将其放在一辆铺着沙子的低架拖车上。直到这时,人群中才爆发出热烈的欢呼声。在饱受了长年累月的极度质疑之后,这座神庙的第一块砌石成功

---

[1] 指无人相信的凶事预言。——译者注

地从保护了它数千年的悬崖岩石上被取了出来。当它以蜗牛般的速度被带到储藏区之前，它就有了自己的名字：GA1AO。字母和数字表明了它的确切位置——位于大神庙正面上方的最顶部。一个多小时后，第二个砌块被放到拖车上，运到悬崖后面的堆场，远离尼罗河上涨的水位。

在进行拆卸作业的第一周，一名记者来到施工现场，对其装配线的精准度感到惊讶。他写道："任何人参观建筑工地，看到这项工作进展得井然有序，犹如上了发条的钟表一样，一定会有这样的一种印象：即参与该项目的公司除了切割和拆除构成神庙的岩石外，仿佛从未做过别的什么事情。"

拆除工作的顺利进行反映了阿布辛贝无数专家和工人之间的团结与合作，尽管他们的职业和国籍各不相同，但大家都相互配合。由于该项目的独特性，需要所有参与者之间的密切合作，每个人都在自己的专业领域充分发挥能力与特长并与他人分享。

大多数在阿布辛贝工作的人在刚到达这里时，都对神庙的历史和文化重要性知之甚少，或者一无所知。但没过多久，他们中的大多数人就对完成一项几乎没有人认为能实现的壮举产生了巨大的热情。一位意大利作家指出："面对着尘土飞扬的巨大神庙石块，他们呼吸着古老历史的气息，而这古老历史的遗迹正面临被水冲毁的危险。面对如此紧迫而严峻的挑战，他们不可能不去做些什么。"这种共同的奉献精神让他们将自己融入了一个紧密团结的救援行动队伍中——这是一次国际合作的实验，并取得了显著的成功。

到了1965年，参与救援行动的工作人员生活终于有了改善，他们不用像项目刚开始那样忍受艰苦的环境和简陋的生活条件。船屋和帐篷都不见了，取而代之的是一个从沙漠中变出来的小镇，这里为大家提供了大多数文明社会所需的便利设施，比如现代化的房屋——其中一些还带有花园。令人感慨的是，这些房屋与被淹没的努比亚村庄颇为相似，都设有内庭院和穹顶形圆屋顶，这些都有助于隔热。

另外这个现代化的小镇里还设有自助餐厅、俱乐部、电影院和体育设施，包括游泳池、网球场和地滚球场，当然医院、净水厂和发电站也是必不可少的。为数不多的当地特色之一则是邮差收寄邮件时陪伴在他身边的努比亚驴。

在第一个砌石从悬崖上被拆下来的那天，有三千多人住在阿布辛贝，其中大约一千九百人是工人，剩下的是工作人员的妻子和孩子。外国工程师、建筑师和其他专家可以带上他们的家人，许多人也这样做了。此外，在耗时四年时间的项目进行期间，还有几个新生儿出生了。（据报道，至少有两三个孩子的中间名是拉美西斯或奈菲尔塔利。）然而，这座小镇虽然设施齐全，但唯一缺少的就是学校。住在这里的孩子们说着各种语言：德语、瑞典语、英语、法语、意大利语、阿拉伯语、西班牙语和波兰语等等，不是只有一两位老师就能应付得了的。因此在阿布辛贝救援项目进行期间，学龄前的孩子们只能进行函授教育。

尽管该地区有着八英里长的道路，但唯一铺设的大道是连接作业现场和主堆场的大道。其中一名工程师说："确保阿布辛贝的石头平稳通行比确保人顺利通行要重要得多。"随着时间的推移，这里建成了一个临时机场，两架小型飞机每天在阿斯旺和阿布辛贝之间飞行，运送人员、邮件、备件和其他所需货物。

二十六岁的卢西亚诺·帕奥利是意大利石头切割工人团队中最年轻的成员。五十多年后，他回忆说："晚上下班后，我们会和小镇里的其他人聚在一起——瑞典人、法国人、德国人、英国人，哪儿的人都有。我们一起喝啤酒、游泳，或者我们向他们展示如何打地滚球，他们则教我打网球。我们还打过排球。我和那里的每个人都相处得很好。这是一个非常温暖的社区，所有人都为一个共同的目标而努力，这是令我永远难以忘怀的。"他表示在阿布辛贝工作的一年是他一生中最开心的经历之一。

刚从大学毕业的年轻埃及工程师麦德哈特·阿卜杜勒·拉赫曼·易卜欣对他在阿布辛贝工作的四年有着同样的感受。他说："我会安排外国和埃及工程师在周五前往纳赛尔湖。我们与德国人、瑞典人、法国人和其他各国的人建立了深厚的友谊，并持续了一生，到现在我们也仍旧保持着联系。"

大家经常举行各种活动，通常是工地某项工作圆满完成的庆祝活动。1965年5月第一批砌石被拆卸下来就是值得庆祝的事情之一。但是，尽管当晚的狂欢很热闹，大家都兴高采烈，但参与狂欢的人敏锐地意识到，更多棘手的挑战即将到来。

特别令人担忧的是，那些更复杂、雕纹更精美的砌石可能会遭到破坏。例如，那些雕刻成拉美西斯雕像并守卫着大神庙立柱大厅的柱子，或者描绘了卡迭石战役的浅浮雕画。但最终这些也被顺利吊走了。1965年8月12日，夜幕降临，大神庙的第一块天花板被拆除。在其漫漫的历史长河中，坐在圣殿里的拉美西斯和其他三神的雕像第一次可以在夜晚眺望月亮和星星了。

当神庙的内部被拆除时，前装卡车开始从神庙的外墙清除厚重的沙子。接下来是最困难，也是最大胆的行动：拆卸大神庙前巨大的巨人雕像。毫不奇怪，第一步，卸下法老的头颅——这也是人们最为担心的。这些雕像表情庄严肃穆、平静中透着一股神秘，是阿布辛贝的标志性形象。所以必须确保雕像的面目不受到损坏，这一点是最为重要的。

奈菲尔塔利的雕像从大神庙的正面被抬到安全的地方，1965年

工程师、考古学家和石匠花了无数个小时讨论如何做到这一点。他们都倾向于将头部整体切割并吊起，但根据工程师的计算，雕像头部的重量将远远超过机械可承受的最大重量——三十吨。

于是他们最终决定先卸下雕像上的王冠，然后切割下雕像的脸，将它们从耳朵之间取下。

10月15日，巨型雕像的第一张脸按计划被切割下来，这项艰巨的任务交给了两位最有经验的石头切割工人来完成。两位工人都明白，这是他们的团队在整个项目中面临的最大挑战，他们必须使出浑身解数，付出超常的耐心和毅力。从中午开始，在炽热的阳光下，他们连续工作了十七个小时，并毫不停歇地锯了一整夜。他们身上满是灰尘和汗水，在耀眼的泛光灯下，他们缓慢且有条不紊地切割着——当遇到薄弱区域时，他们偶尔会偏离雕像脸上画的蓝色引导线。

第二天黎明，他们终于完成了任务，疲惫地爬下脚手架。不久之后，起重机操作员收到了他期待已久的信号，把滑车移向雕像的面部，一大群工程师和工人站在下面的地面往上看，每个人的脸上都流露出疲惫和紧张。起重机嗡嗡作响，滑车触碰到雕像的脸，之后这位法老十九吨重的脸开始与身体分离。一位目击者回忆道，当它被清理干净并悬挂在吊绳上时，它就慢慢地在空中旋转，"呈现出转瞬即逝的各种表情——从忧郁到温和，而从前当太阳每天升上天空时，随着阳光的缓缓移动，雕像的面部表情是始终不变的"。

然后，就像之前的数百块砌石一样，雕像的脸部被轻轻地放在一辆铺有沙子的拖车上，以平稳而缓慢地被运到堆场。在那里，和其他的砌石一样，雕像面部的背后被标记了一系列字母和数字，以确定它被重新组合时的位置，并用草席覆盖，以保护它免受沙尘暴的侵扰和太阳的高温。每一块砌石都要时常检查，必要时要往里面注入更多树脂，使其在被储存的几个月内持续加固。

1966年4月16日，拆除工作开始六个月后，神庙的最后一块砌石被拆除并运到堆场里，比原计划提前了两周完成。没有一块石头丢失或遭到严重损坏。更重要的是，在与尼罗河水上涨比拼速度的竞赛里，他们取得了胜利。

在前往新地点的途中，拉美西斯雕像的脸被慢慢放到了地面，1965年

在接下来的几周里，阿布辛贝联合公司撤离了建筑工地，原来神庙所在的地方如今只剩下两个巨大的洞。起重机被移到神庙的新位置，以便执行重新组装神庙的艰巨任务，同时围堰最上面的一排钢桩也被拆除。围堰上的一些岩石和沙子被运到新址上方的顶部，稍后将用于重建神庙上方的山丘。

1966年8月下旬，推土机推倒了围堰的其余部分，纳赛尔湖的水开始涌入。纳赛尔湖是为新阿斯旺大坝而建造的快速蓄水的水库。湖水涌入后，首先消失的是挖掘坑，随后是被掏空的悬崖。很快，渔民们就在淹没了圣地的水中搜寻鲇鱼。三千多年前曾举行过数十场盛大的法老仪式和游行的地方最终不复存在了。

实际上，在拆除行动开始之前，新址上的施工就已经开始了。神庙的新址位于一个高原上，距离神庙的原址只有十分之一英里，但高出二百多英尺，距离海岸近七百英尺。推土机和其他土方设备在浇筑钢筋混凝土基础和墙壁之前，从高原顶部移除了数吨岩石，以平整基底。

1966年1月，当工人们完成了大神庙巨型雕像身体部分的拆卸工作之后，他们在新址铺设了基石，并安装了起重机开始重新组装雕像，这就相当于搭建一个巨大的"乐高"建筑。该项目的监督人员已经将施工计划进行了详细的安排，每一个细节都没有遗漏，甚至每一块石头的去向都一清二楚。最重要的是，这些神庙的重建方式和方向与原址完全相同，这样，当每年2月22日和10月22日太阳升起时，仍然会有一束光穿过大神庙的大厅，照到后殿的圣坛。

这些砌石被放进预先指定的位置之后，几名测量员和他们的助手便使用带旋转望远镜的仪器测量水平和垂直角度，仔细检查并且反复核查这些砌石的精确位置。他们下定决心一定要保证砌块放置的准确性偏差在一毫米以内，他们经常花几个小时对砌石进行微小的调整。

神庙的墙壁和天花板首先被重新组装起来，然后是神庙内部，工人们使用了在拆除过程中用于支撑和加固内室的相同脚手架。一旦内部砌块就位，专家们就开始对切口进行填充。砌块背面的宽切口是用水泥和水制成的砂浆连接在一起的，而内部砌块和外墙上的窄切口需要更为精确地填充，因此需要由技术更纯熟的专业人员来做。最终这项任务交给了埃及文物组织的专家完成，他们使用调整过颜色的沙泥，使其与他们正在处理的石头完全匹配。他们非常善于隐藏切除的部分，几乎不可能发现这些石头经历过切割、运输和重建等过程。

1966年9月14日，这一天是神庙修复的又一个高光时刻。因为在那一天，施工人员开始重新组装第一座巨型雕像，将其脸部与头部和身体的其他部分重新组合在一起。虽然面部的拆卸给施工人员造成巨大的压力，但在第一尊雕像修复成功的庆祝仪式上，每个人都怀着无比喜悦的心情享受这一胜利的时刻。

当铺着沙子、裹着法老巨脸的拖车抵达时，大约一千多人——至少是阿布辛贝小镇人口的一半——蜂拥到现场，激动地欢呼。起重机操作员小心地吊起了21吨重的脸部石雕像，使用的钢吊杆与将其从原址移走之前植入的钢吊条相同。为了防止它在重新与身体的其他部位融合在一起时出现身体向前倾倒的现象，工程师们在其背面安装了一个混凝土附属物。

这张脸和它的混凝土附属物在观众的上空缓缓升起，在另外两座位于最南端且已部分重建的巨型雕像上空短暂地盘旋，最后停在神庙入口正北方的一座雕像上。随后，它被小心地安装在法老的两耳之间和假胡子的上方。第一座巨型雕像被完整重建的景象让在场的每个人都着迷，尤其是那些在巨大的雕像上还覆盖着保护性沙层时就加入施工队伍的工人。这是他们第一次领略到他们帮助复原的神庙和古迹的神圣和威严。

拉美西斯巨型雕像被重新组装，1966年

几周后，所有的巨型雕像都重建完毕，它们的目光再次越过不断上涨的纳赛尔湖，望向东方的地平线。1966年底，供奉奈菲尔塔利的神庙重建工程竣工，与原址一模一样。六个月后，大神庙最上面刻有圣猴迎接太阳升起画面的雕刻纹饰被修复，随即整座大神庙恢复了往日的恢宏气势和辉煌景象。

尽管参与该项目的人都对此感到极大的宽慰，但他们还有一年多的工作要做，在此期间他们要重建神庙上方和周围的岩石。这些神庙十分脆弱，无法支撑即将建在天花板上的人造山丘的重量。为了减轻神庙建筑的负担，工程师们在神庙的顶部建造了两个巨大的钢筋混凝土圆顶，将应力转移到神庙外部区域，并在圆顶顶部和神庙天花板之间保持足够的空间，以便通风。数千吨的岩石和石块——其中大部分来自神庙的原址——被堆积在圆顶上，使新遗址看起来尽可能像曾经俯瞰神庙的悬崖。

到了1968年初夏，历史上最伟大的考古救援工作已经结束。在经历了所有的高压、质疑、反对和警告之后，专家们以惊人的方式赢得了与时间的赛跑。拉美西斯二世的神庙提前十八个月在新环境中安置下来，没有遭受任何重大损失或损坏。

四个月前的2月22日，工程师和考古学家在黎明时分聚集在阿布辛贝神庙面前，查看最后一道至关重要的障碍是否已经扫清。事实证明一切都完美无缺。当太阳从东方升起时，一束阳光从大神庙的入口处照了进来，照亮了内室，并深深地射进了后面的圣殿。光一进入圣坛，就照亮了坐在那里的三个人——拉美西斯、阿蒙和拉·赫拉克提——正如拉美西斯3200年前所设想的那样。

第十八章

『没人比她更坚定』

1968年9月22日，来自世界各地的五百多名政要聚集在纳赛尔湖畔，庆祝之前许多人声称永远不会到来的一天。宾客们坐在一个巨大的五彩斑斓的派对帐篷里，为阿布辛贝神庙的重新开放而胜利欢呼。

发起拯救阿布辛贝神庙和其他努比亚文物运动的女人——克里斯蒂亚娜·德罗什-诺布勒古提前一天来到阿布辛贝，查看一切是否顺利。在过去的十年里，自从她说服萨尔瓦特·奥卡沙加入几乎所有人都认为不可能成功的救援行动以来，她就下定决心确保救援行动顺利完成任务。芝加哥大学的约翰·威尔逊回忆道："她的声音很坚定，而且面对困难无所畏惧。如果没有她强烈呼吁拯救努比亚的古迹，我们当中的许多人可能早就自乱阵脚了。没有人比她更坚定。"

从项目规划到游说政府官员提供援助，再到监督努比亚的考古勘察，几乎在这项救援行动的每一个方面，德罗什都是不可或缺的。在盛大开幕庆典前的最后一天，她决心要确保任何细节都没有遗漏或疏忽。

几周前，奥卡沙安排了将几辆大型巴士经由驳船运往阿布辛贝。第二天早上，他们要在附近新建的机场迎接客人，并将客人们送往仪式现场。一些联合国教科文组织高级官员在一众政要当中显得尤为引人注目，其中包括联合国教科文组织总干事勒内·马厄和其主要筹款人之一萨德鲁丁·阿迦汗王子。来自五十个国家的大使和为古迹救援行动作出了贡献的其他主要官员也出席了会议；埃及政府的部长、参与救援行动的公司高管，以及国际上许多在艺术、文学等方面有造诣的艺术家和知识分子也都出席了此次仪式。来自世界各地的数十名记者将对此次活动进行报道。

德罗什在视察时,抬头凝视着她头顶上若隐若现的神庙正面,思绪又回到了三十年前,她第一次见到它们的时候,那还是在她完成埃德夫挖掘工作后不久。一切看起来都和当时一样——几座巨人雕像和他们脸上神秘的微笑;金色的沙子在两座神庙之间缓缓漂移;附近的含羞草灌木丛,散发着馨香的味道;周围甚至还有鸟鸣声,鸟儿们回到了重建的神庙,在外墙上雕刻的象形文字的深深凹痕中筑巢。

她的心里悄悄掠过一丝欣喜和兴奋。后来她告诉一位采访者说,这是一个"非常激动人心的时刻。我一直在谈论它,日复一日,太久了,以至于它变成了一种痴迷。现在它就伫立在这里,我甚至问自己是否在做梦。这简直是一个奇迹"。

然而,她的喜悦并没有持续太久。当她看到埃及政府在神庙前挂起的落成牌匾时,心中的那份欢喜就消失了。这是为了纪念神庙的重建而设立的,既是纪念国际合作的胜利,也是为了纪念阿斯旺大坝的建造,体现了埃及政府"确保埃及人民的幸福和繁荣"的宗旨。但德罗什注意到,有一句关键的话被遗漏了,牌匾上没有一句对联合国教科文组织的支持表示感谢和赞扬的话。

她不清楚这一遗漏是偶然的还是故意的。在过去的几年里,埃及政府和联合国教科文组织高层之间关于由谁全面负责该项目的冲突愈演愈烈。但与此同时,包括萨尔瓦特·奥卡沙在内的埃及官员在公开声明中也越来越直言不讳,称该计划的制定和监督的主要负责人是埃及政府。

勒内·马厄当天晚些时候到达了阿布辛贝,德罗什告知他牌匾上并没有提到联合国教科文组织。这位联合国教科文组织总干事对此非常愤怒。他对德罗什说:"如果在明天早上之前不把那句话加上，我会在开幕典礼之前离开。"德罗什说，如果埃及政府无动于衷的话，她会和他一起离开，但首先他们必须给奥卡沙一个纠正错误的机会。

埃及文化部长在开罗的文化部工作了一整天，直到当晚很晚才抵达阿布辛贝。马厄和德罗什把他带到牌匾前，指出遗漏之处。"他的反应比我们还激烈，"德罗什回忆道，"他说：'别担心，我会把它改正过来的。'"奥卡沙信守诺言改了牌匾，但是牌匾底部加上去的那句话——"这是通过与联合国教科文组织的合作而完成的"，很难被视为发自内心的感谢。

随着危机的解除，开幕仪式顺利举行。马厄和奥卡沙是主要的发言者，他们都强调了两个非凡成就之间的连续性：神庙的最初建造和将神庙从被毁灭中拯救出来。马厄的讲话是以直接向拉美西斯二世致辞的形式，他说："国王啊，我们来此是为了把我们的成就和造诣添加到你的伟大杰作中，以保护和维持你对永恒的追求。我们使用了你无法想象的方法，但始终牢记你的意图和传统仪式。我们挖开了山，拆掉了雕像、柱子和地下室的墙。然后我们在光明中重建了你在黑暗中挖掘的东西。你的祭司、建筑师、泥瓦匠、雕刻师、文士和工匠们，他们在执行将你荣耀神化任务时，所付出的努力并不比我们今天为保留你的尘世形象所做的努力更多。国王，来保护你在地球上存在的证明吧。如今在我们所有人的共同努力之下，你现在安然无恙了，准备好继续穿越数个世纪的旅程吧，每天朝着太阳升起的地方前行。"

奥卡沙作为东道主，代表纳赛尔及其政府欢迎前来参加开幕仪式的来宾。他称拯救努比亚神庙是"可完成的任务"，并回顾了八年前联合国教科文组织发出的呼吁。他说："当时没有人能预见到结果。没有先例可以指导我们。来自世界各国的人们从未被要求为了纯粹的文化目的而开展如此大规模的合作。"他补充道,大家对于呼吁的反应很令人吃惊和感动——"既直接又慷慨,让人暖心……在以前的任何项目中,东方和西方——种族、宗教和政治信仰截然不同的人——都没有从头到尾地一起合作,完成这样艰巨的任务,并最终取得成功。"

正如德罗什所预料的,奥卡沙的话既不完整,也不完全准确。许多人——有男人也有女人,从一开始就参与到救援行动中,而她本人就是活生生的证明。至少可以说,奥卡沙宣称大家立即响应呼吁,开展国际合作,特别是在捐款方面,各国都鼎力相助,纷纷慷慨解囊,这些都是夸大其词。而多年后,德罗什在接受记者采访时所说的话,才是真相:"我们在沙漠里'传道'多年,实际上大多数人一开始不想参与到救援行动中,是我们费尽心力才说服他们加入的。"

奥卡沙继续说道:"我们欠了太多人情,以至于说出任何一个令我们特别感谢的人的名字,对其他人来说都是不公平的。然而,我们亏欠大家太多,所以我必须说出其中一些人的名字,以表我们的感激之情,相信大家一定会体谅我的。"接着,他念了一长串人的名字,感谢这些人对古迹救援行动所做的贡献,其中排在首位的人是勒内·马厄和他的前辈——前联合国教科文组织总干事维托里诺·韦罗内塞。他说:"只有联合国教科文组织有资格和权威发出埃及政府所需的国际呼吁。我们对他们的亏欠和感激无法用语言表达。"

随后,他赞扬了萨德鲁丁·阿迦汗和其他联合国教科文组织官员和委员会成员,随后赞扬了捐款国政府、参与古迹救援工作的国际公司及其员工，以及对文物古迹救援做出贡献的各国博物馆和大学。在讲话接近尾声时，他简短地提到了德罗什，并赞扬她拥有"非同寻常的远见卓识""无限的能量""非常高的学术造诣"和"对埃及学的真正热爱"。但他在讲话中没有提到她在救援行动中所发挥的关键作用。

奥卡沙后来写了一篇关于努比亚古迹救援行动的长文，文章中他没有提到德罗什作为他的合作伙伴在项目开始时与联合国教科文组织接触的开创性作用。在他讲述中，整个救援行动的开展都是靠他自己完成的。在文章的一个脚注中，他只写了简短的一句话，赞扬了德罗什在勘察和记录神庙，以及拯救阿玛达神庙方面所做的工作。但他从未称赞她是发起这场救援行动并完成这场行动的三个关键人物之一。与之形成鲜明对比的是，救援行动的另一位关键人物勒内·马厄在这项工作圆满结束后，给德罗什发了一封发自内心的电报："取得了这样非凡的成就之后，我怎么能不想起你呢？你把我拉了进来，引导我，带我进行了我人生中最奇妙的一次冒险。"

几年后，当德罗什成为法国的知名人物后，有许多关于她在拯救神庙中发挥关键作用的新闻和广播报道。奥卡沙对其真实性提出疑问。托里尼·塞韦－瑟德贝里则反过来质疑奥卡沙否认她的重要性。塞韦－瑟德贝里从一开始就参与了努比亚古迹救援项目，他在瑞典考古杂志上撰文指出，当拯救神庙的想法第一次被提出时，奥卡沙和其他埃及当局的态度是"可怜的无奈……拯救二十多座神庙的任务如此艰巨，尤其是在这么短的时间内，每个人都或多或少感到无能为力"。塞韦－瑟德贝里说，是德罗什始终热情鼓励奥卡沙，并说服当局不要屈服，这才有了努比亚的今天。

直到现在，也没人清楚为什么奥卡沙如此坚决地拒绝承认德罗什的贡献。然而，有一个原因似乎比较合理：作为一名自由派、亲西方的官员，在一个其他成员几乎都是保守的民族主义者的政府中，奥卡沙觉得自己有义务淡化欧洲人，而且还是女性的作用和影响，也许就是这种观念影响了他当时的行为和想法。

德罗什是否对奥卡沙在公众面前对她的轻视表示在意，谁也不知道，因为她并没有表现出来。她从来没有公开批评过他，事实上，她在回忆录和其他作品中也总是把奥卡沙称为她的好朋友和好伙伴，为他们在拯救神庙游说和救援方面发挥了至关重要的作用。对她来说唯一重要的是阿布辛贝和其他文物古迹现在是安全的了。

2009年，联合国教科文组织在一个盛大的仪式上向德罗什致敬，这表明该组织对她在努比亚古迹救援行动中的作用给予了高度评价。联合国教科文组织总干事伊琳娜·博科娃（Irina Bokova）是被任命为该职位的第一位女性，她对德罗什说道："联合国教科文组织很自豪能与你共同奋斗。你与埃及和苏丹当局一起，为说服多个国家的政治家和决策者踏上这场规模空前的冒险征程而不懈奋斗，这将会永远被人们铭记。"

在德罗什漫长的职业生涯中，法国记者和其他认识她的人给她起了好几个绰号，比如"埃及学的女祭司"和"尼罗河夫人"等。但她更喜欢埃及同事给她的绰号——"Umm Simbel"——阿拉伯语中"辛贝之母"的意思。

德罗什并不是唯一因拯救了努比亚古迹文物而名声大振的人，参与拯救阿布辛贝的公司也在影响力和新业务方面受益匪浅，因为拯救阿布辛贝行动毫无疑问地被视为 20 世纪最辉煌的工程成就之一。例如，豪赫蒂夫公司因承担了这项看似不可能的任务，将其付诸实践并取得成功而在建筑业内获得了传奇般的声誉。

与此同时，意大利工程师和采石工人因在阿布辛贝项目上发挥的关键作用，而巩固了意大利战后作为建筑和工程强国的声誉。该国为其在拯救神庙方面取得的成就感到无比自豪，这些成就多年来一直成为意大利报纸的头条新闻。《我们的企业是如何拯救法老的》，这是 2006 年一篇意大利报纸文章的标题，文章刊登了一张半页篇幅的照片，照片上是一尊拉美西斯巨型雕像的头部被起重机吊起。

2019 年，意大利出版公司里佐利推出了一本图文并茂的精装画册，以纪念阿布辛贝获救五十周年。这本书是由意大利建筑和土木工程集团——萨利尼·英波基洛承销的，该集团接管了直接负责神庙重组工作的英波基洛公司。在这本书的引言中，该集团首席执行官彼得罗·萨利尼指出，该集团"为有资格写几页关于拯救阿布辛贝的故事而感到自豪"。

对埃及来说，此次拯救古迹行动也是一次胜利，因为此次行动不仅保护了该国遗产中的一个重要组成部分，而且努比亚地区也因吸引了大批游客前来，而获得了巨大的经济利益。此外，此次行动还展示了埃及对拯救其文化遗产的决心，并帮助该国提高了其在世界上的知名度和影响力，这在一定程度上要归功于埃及政府在拯救神庙的同时开展的一场声势浩大的宣传运动。

更重要的是，因努比亚救援行动而促成的国际合作有助于缓和埃及与几个西方国家，特别是与美国和法国之间的紧张关系。尽管英国没有在拯救阿布辛贝方面发挥积极作用，但最终也间接推进了英国政府与纳赛尔关系的回暖。

此外,努比亚救援行动的成功也为全世界在国际范围内保护珍贵的历史遗迹铺平了道路。作为参与拯救神庙的直接结果,联合国教科文组织采用德罗什和安德烈·马尔罗等人倡导的理念,引入了"世界文化遗产"的理念,宣布某些古迹或遗迹由于太过重要,所以不能仅被视为某个国家的遗产,而应属于全人类。

阿布辛贝获救四年之后,联合国出台了一项保护此类历史遗址的公约。联合国教科文组织的世界文化遗址保护行动,已成为其历史上最受欢迎并且最为成功的项目。该行动还成功地保护了多个世界文化和历史遗址,比如威尼斯及其潟湖的保护、巴基斯坦拥有四千年历史的摩亨佐达罗遗址的发掘——这是南亚保存最完好的古代城市定居点。此项行动还修复了印尼婆罗浮屠塔建筑群,该建筑群建于公元9世纪,被认为是世界上最伟大的佛教古迹遗址之一。

与此同时,在美国,阿布辛贝救援行动的另一位主要参与者也重新投入到文化保护的斗争中,纽约市成了她的新战场。1975年,杰奎琳·肯尼迪与其他历史保护活动家一起,为拯救备受人们喜爱的艺术地标——纽约中央火车站而参与了一场备受关注的斗争,因为一位开发商想将该地标拆除,在原址上建造一座办公大楼。

纽约市地标保护委员会拒绝了开发商的请求之后,该开发商上诉法庭,并赢得了纽约最高法院的有利裁决。于是保护主义者成立了一个名为"拯救中央火车站委员会"的特设小组,该小组的明星成员便是杰奎琳·肯尼迪。在中央火车站的牡蛎餐吧举行的新闻发布会上,她走到一排麦克风前,重复了她劝说约翰·肯尼迪和其他人拯救拉斐特广场和阿布辛贝神庙时说过的话:"如果我们不关心过去，就会没有意愿展望未来。我们总听别人说'已经太迟了'，或者'这是必然会发生的''这是不可避免的'，但我认为这些话都不是真的。因为我相信如果我们为一件事付出巨大的努力，并且坚持到底，不到最后一刻，绝不放弃，那我们一定可以成功。我知道这就是我们要做的事情。"

1978年，美国最高法院同意审理此案。同年6月，法庭做出了不利于开发商的裁决，维护了纽约市的地标保护法，最终拯救了纽约中央火车站。同时也防止了纽约市的其他历史建筑遭到破坏。

这是杰奎琳·肯尼迪个人的胜利，此后她相继帮助拯救了曼哈顿的其他地标建筑，比如公园大道上的圣巴塞洛缪教堂等。但是，杰奎琳·肯尼迪对这些成就的满足仍不足以消除她十年前遭遇的痛苦：那时她十分迫切地想要一件东西，以纪念她已故的丈夫在拯救阿布辛贝行动中所发挥的关键作用，但最终却未能如愿，那件东西便是埃及向美国承诺赠予的小神庙。

第十九章

丹铎神庙争夺战

早在阿布辛贝重新开放之前，埃及就兑现了承诺，将四座被拯救的较小神庙赠予那些为努比亚救援行动做出最慷慨贡献的国家，而在这些国家中，美国位居榜首。

1963年8月，就在肯尼迪政府刚刚宣布打算提供1200万美元用于拯救阿布辛贝后，白宫便召集了一个专家小组来讨论美国应该选择要哪座神庙。约翰·威尔逊和其他几位著名的美国埃及学家，代表总统的理查德·古德温，以及史密森尼学会和国务院的官员都出席了会议。

在讨论了各个神庙的特点之后，该小组决定选择丹铎（Dendur）神庙。该神庙于公元前10年由罗马人建造，当时恺撒·奥古斯都和他的军团占领埃及不久。据传说，丹铎神庙建在阿斯旺以南约五十英里的尼罗河西岸，以纪念当地一位努比亚统治者，因为这位统治者在罗马与埃及军队的战斗中站在了罗马人一边。这座神庙供奉的是这位努比亚统治者在河里淹死的两个儿子，以及埃及女神伊西斯。

丹铎神庙小巧、简洁、精致、优雅，包括一个外墙上雕刻有浅浮雕的圣坛，一扇大门和一条通往尼罗河的长石步道。1873年，阿梅莉亚·爱德华兹沿尼罗河而上游览时，立即被这座小巧精致的神庙古迹迷住了，称它看起来像"一个精致的玩具"，整座神庙萦绕着"浪漫的氛围"。

白宫召集的专家对此也表示赞同。在一份总结了委员会意见的报告中，委员会成员称丹铎神庙"小巧而完整，且保存完好，就像一颗璀璨的小宝石。它的美简单而直接，可以完美且直观地展出，参观者不需要进入就能一目了然。而且从外表上看，这座神庙精美别致，几乎完好无损"。

成员们的共识很明确：他们想要丹铎神庙，他们相信它应该，也一定会最终归属华盛顿。报告里称："如果将其在波托马克河上重组，那么固定平台可以重建，使其更接近原貌。丹铎神庙特别适合被安置在华盛顿，以作为美国与埃及友谊的永久纪念。"

当时迪克·古德温和肯尼迪夫妇都以极大的热情对选择丹铎神庙予以支持。"总统一直认为丹铎神庙应该被放在华盛顿，"他的妻子杰奎琳指出，"他希望这座神庙被安置在波托马克河岸，尽可能地还原和接近其在埃及原址的环境。"

然而，在古德温和肯尼迪夫妇不知情的情况下，参加会议的一位专家对神庙的最终落脚点有截然不同的想法。此人就是亨利·菲舍尔（Henry Fischer）——年约四十，且有些孩子气的纽约大都会艺术博物馆埃及文物馆负责人。菲舍尔毕业于普林斯顿大学，曾在宾夕法尼亚大学获得博士学位，并在耶鲁大学教授埃及学，1958年被大都会博物馆聘用。

菲舍尔对丹铎神庙早已熟悉。20世纪50年代末，在一次为期五天的尼罗河之旅中，他发现了这座神庙，并爱上了它。几年前，关于阿斯旺大坝建设对努比亚神庙构成威胁的消息已经传开，菲舍尔无疑意识到丹铎神庙也是处于危险之中的文物之一。如果美国被赠予一座小神庙的话，他希望大都会博物馆能得到丹铎神庙。因为这座神庙足够小，可以直接放在博物馆里，而且由于所有的装饰性雕刻都在外墙上，所以参观博物馆的游客不必进到神庙里面。

也许并非巧合，菲舍尔的埃及之旅和他发现丹铎神庙，是在大都会博物馆馆长詹姆斯·罗里默和美国驻埃及大使雷蒙德·哈尔于1958年底前往埃及会见萨尔瓦特·奥卡沙之前。那是一次引发了严重后果的访问，他们前往埃及目的是打算就购买一两座即将被毁的神庙与埃及方面进行谈判，结果非但没能如愿，还导致奥卡沙与德罗什联手，向联合国教科文组织寻求帮助，抢救这些古迹和文物。

在与古德温和其他人的会面中，菲舍尔并没有提及他之前对丹铎神庙的兴趣，但他明确表示，他强烈支持美国选择丹铎神庙，并称赞它简洁、小巧且具有历史意义。会议结束后，国务院通知埃及政府，美国选择要丹铎神庙，史密森尼学会已开始准备接收事宜。

然而，不久之后，发生了肯尼迪遇刺事件，随后众议院推翻了为阿布辛贝项目拨款的决定。由于美国没有履行协议，埃及暂时停止了将丹铎神庙的砌石运送到美国进行重新组装的计划。即便在第二年美国找到办法并实施了提供援助的解决方案之后，埃及政府也对赠予神庙一事只字不提。直到 1965 年 7 月，阿布辛贝项目已顺利进行，埃及方面才通知美国政府准备将这座神庙交给美国。

几年后，理查德·古德温描述了他是如何敦促 S. 狄龙·雷普利立即采取行动接收神庙的。古德温说，他告诉史密森尼学会理事，他应该打电话给美国国防部长罗伯特·麦克纳马拉，请他用海军舰艇将丹铎神庙的石头装载并运送到美国首都。古德温说："等史密森尼学会把它带到华盛顿，就有时间决定接下来该怎么办了。但雷普利却不愿这么做。"

与此同时，美国获赠丹铎神庙的消息开始成为全国各地的头条新闻，许多城市吵着要接收这座神庙。由于公众的兴趣日益增长，约翰逊政府推迟了接收神庙的行动，并任命了一个委员会来审议各个城市的接收申请。

政府的决定引发了记者们所说的"丹铎德比"。费城、巴尔的摩和波士顿都想要这座神庙,阿尔伯克基和凤凰城也是如此。加利福尼亚沙漠中的小镇印第奥在竞标中吹嘘说他们当地的气候和地形与努比亚相似,因此是接收丹铎神庙的最佳地点。另外两个候选城市——田纳西州的孟菲斯和伊利诺伊州的开罗则指出,他们与埃及的两座著名城市同名,仅凭这一点,就应该选择他们。

"丹铎德比"对报纸特稿作者来说是最火的话题和赚钱机会,但是最终,这些城市和博物馆根本没什么机会能与华盛顿和史密森尼学会抗衡。毕竟,如果没有约翰和杰奎琳·肯尼迪夫妇的干预,美国永远不会答应为拯救阿布辛贝神庙提供关键的资金。此外,在国会就为阿布辛贝拨款问题上争论不休之时,雷普利在参议院进行了一系列的游说,据报道,他的游说的确在一定程度上说服了一些参议员。

史密森尼学会还认为,丹铎神庙是埃及政府送给美国政府的礼物,这是两国政府之间的事情,就像种在潮汐湖畔的那些樱花树,原是几十年前日本政府赠送给美国政府的,还有俯瞰波托马克河的一座山上矗立着一座钟塔,那是荷兰在"二战"后为感谢美国援助而赠送给美国政府的。所以这些礼物都是国与国之间友谊的象征,没道理把别国赠送的礼物放在首都以外的地方。因此丹铎神庙凭什么要与众不同呢?

杰奎琳·肯尼迪是华盛顿事务的一位强有力的说客,她仍然沉浸在对已故丈夫的悲痛中,并将丹铎神庙视为对丈夫的纪念,因此她不遗余力地为将这座神庙转移到华盛顿而奋力斗争。在给审核申请委员会的一封信中,她在谈到肯尼迪时写道:"他的想法是,华盛顿拥有众多的雕像和纪念建筑,对游客的吸引力越来越大,因此这里理所当然是唯一适合安放丹铎神庙的地方……我相信你们也清楚,正是由于肯尼迪总统向国会传达了援助努比亚救援行动的意愿,才使得美国在努比亚项目中出了力,也因此才有了丹铎神庙这份珍贵的回赠。"

史密森尼学会在给委员会的信中回应了杰奎琳的呼吁,宣称将这座神庙放在华盛顿是"对将丹铎神庙带到美国的最大功臣的尊重,并实现其愿望,以纪念他对努比亚救援行动的浓厚兴趣和关注,将其视为国际合作的里程碑"。

与此同时,在纽约,亨利·菲舍尔并不相信华盛顿必然会赢得他梦寐以求的东西,于是他下定决心带领大都会博物馆发起一场自己的运动。他找到了博物馆新馆长——个性张扬的托马斯·霍温——为夺取丹铎神庙奋力宣传,做最后一搏。

三十五岁的霍温向来活力十足,而且能说会道,表现力强。当菲舍尔来找他时,他刚刚掌管了大都会博物馆。霍温是一位富有的百货公司高管的儿子,拥有普林斯顿大学的艺术史博士学位。七年前,他被詹姆斯·罗里默聘为大都会修道院艺术博物馆的策展助理,修道院艺术博物馆是大都会博物馆的附属机构,专门研究中世纪欧洲艺术和建筑。

1965年,他被任命为修道院艺术博物馆的首席负责人,但仅仅几个月后,他就被纽约新任市长约翰·林赛给挖走了,后者任命他为该市的公园委员会专员。尽管霍温对公园几乎一无所知,但他很快就成了该市众所周知的人物,因为他整天骑着摩托车从一个公园快速驶向另一个公园。他很善于宣传自己和公园系统,并成功地在周日关闭了中央公园的东、西两条车道,禁止汽车通行,还在那里发起了一系列公共活动,被称为"霍温的快乐时光",因此吸引了公众的极大关注。霍温上任不到六个月,罗里默就意外去世了。1966年的12月,霍温告诉大都会博物馆董事会成员,说博物馆"死气沉沉""岌岌可危""奄奄一息",并承诺他会扭转乾坤、改变现状,于是大都会博物馆董事会任命他为罗里默的继任者。

当菲舍尔跟霍温谈到丹铎神庙时,他字斟句酌,以迎合这位新馆长喜欢大胆冒险和戏剧性故事的偏好。霍温回忆道:"他恳求我拿出勇气来,将大都会博物馆历史上,也许是所有博物馆历史上最不寻常的一件藏品收入囊中——一座完整的古埃及神庙。"起初,霍温对此不以为然。

托马斯·霍温,1974年

在研究了菲舍尔给他看的丹铎神庙的照片后，他注意到这座神庙实际上并没有那么古老，并问菲舍尔，大都会博物馆是否真的需要引进一座建造于法老时期之后的神庙。菲舍尔平静无波地回答说："我估计除了这座神庙外，再没有其他完整的神庙能供我们选择了。而且这座神庙与几千年前建造的神庙整体形状结构相差不大。更何况还很漂亮。这一点你必须承认。"

霍温仍没有被完全说服。如果大都会博物馆争夺丹铎神庙并胜出，那么将不得不支付相当大的一笔费用将这些石头运到纽约并进行重新组装。他回忆说："当时我还是有些半信半疑，我告诉（菲舍尔）说，我对这样一个沉重的庞然大物并不感兴趣，我敢肯定这东西费钱费力，又不受欢迎，最终给我带来的只有悲伤和汗水。"

不过菲舍尔还是了解霍温这个人的。不管他是否想要这座神庙，霍温敏锐的竞争意识已经被激发起来。拥有大量艺术宝藏的大都会博物馆是纽约最重要的文化机构，正如霍温所说，这里拥有"与其规模和使命不成比例的实力"。在他的回忆录中，他的坦诚令人吃惊，他承认他之所以一心想当这座博物馆的馆长，并不是因为他"真的很关心这个机构"，而是因为他"想得到大都会艺术博物馆所拥有的声望和权力"。

一听到别的博物馆，特别是史密森尼学会也想要得到这座引人注目的神庙，霍温就深感厌恶。因为大都会博物馆长期以来一直看不上史密森尼学会，多年来双方总是你争我夺，互不相让，总想胜对方一筹。1962年，华盛顿国家美术馆被选为第一家展出《蒙娜丽莎》的美国博物馆，詹姆斯·罗里默派人偷偷去那里查看博物馆是如何悬挂达·芬奇的这幅杰作的，并观察公众的反应。罗里默的线人反馈说，当时博物馆的灯光非常糟糕，而这幅画挂得太高了，外面还罩着反光的防弹玻璃以作保护，所以参观者几乎看不见那幅画。后来，当这幅名画来到纽约展出时，大都会博物馆吸取"对手"的教训，将《蒙娜丽莎》完美地呈现给大众。

尽管霍温仍然担心丹铎神庙会让博物馆耗资巨大，也担心它是否真正具有极高的美学和历史价值，但他的好胜心已被挑起，一心想要得到它。他和菲舍尔准备向华盛顿委员会提交大都会博物馆想要丹铎神庙的竞标申请，他手下的策展人建议在申请书中强调，这座神庙对大都会博物馆的埃及藏品以及纽约其他类似藏品具有重要意义，但被霍温否决。他说："这座神庙是否对附近的其他埃及学中心具有重要性，对我来说无关紧要。"

霍温将这座神庙视为"纯粹的舞台布景"，他决定以最引人注目、最华丽炫耀的方式将其展示出来——也就是将其围在一个巨大的玻璃橱窗里。他没有咨询任何人来确定这个计划的可行性，而是直接让人做了一个神庙在夜晚的展示效果图。夜晚的神庙被巨大的玻璃罩起来，金色的砂岩在泛光灯下闪闪发光。渲染，即"纯粹戏剧性的舞台效果"，果然如他所设想的那样，这样营造出来的效果美轮美奂，令人惊叹。

与此同时，他发现自己有了一个可怕的"敌人"——杰奎琳·肯尼迪。这是在他试图邀请包括参议员罗伯特·肯尼迪在内的纽约知名政客为大都会博物馆游说华盛顿委员会时发现的。霍温找到罗伯特·肯尼迪寻求帮助，这位已故总统约翰·肯尼迪的弟弟让他去找他的顾问理查德·古德温谈谈。而古德温则表示，罗伯特很难支持大都会博物馆的竞标，因为杰奎琳·肯尼迪决心要将丹铎神庙带到华盛顿。

于是霍温决定打电话给肯尼迪总统的遗孀。然而，杰奎琳一接电话，他满脑子想对她说的温言软语都咽到肚子里去了。只听电话那端，杰奎琳声音嘶哑地怒吼说："我知道参议员在纽约有要履行的义务，还要面对选民，但我不在乎他们，我决不会让他写信把那座神庙放进纽约某个尘土飞扬的博物馆里。是杰克为美国赢得了那座神庙。如果没有杰克在关键时刻帮助埃及，这座神庙永远不会被赠予我们。我不想把它放在博物馆里。我不在乎你是否会用玻璃罩住它以作保护。我讨厌约翰逊在全国各地搞什么竞标。我只想把它放在华盛顿市中心，作为对杰克的纪念。"她怕自己的话没说清楚，特意重申了一遍："我不管什么大都会博物馆，也不在乎纽约或者鲍比的参议员职责，我只要把神庙放在华盛顿。"

霍温莫名其妙地说不出话来，不过他很快回过神来，语无伦次地说："谢谢你，肯尼迪夫人，谢谢你的坦率直言。"他回忆道，挂断电话后，他"在房间里气得跺着脚，差点儿口吐白沫"。然而，尽管被杰奎琳大骂一通，吓得够呛，但他比以往任何时候都更坚定地要为大都会艺术博物馆争取到丹铎神庙。即使是博物馆董事会的几名成员得知他的计划后，对此表示怀疑，也无法动摇他的决心，阻止他争夺神庙的行动。

随着大都会博物馆与史密森尼学会的对峙形成，战线已经基本清晰地划定了。霍温主要攻击对手的策略是声称丹铎神庙太脆弱了，在华盛顿潮湿的气候下无法在户外展出。两家博物馆都对神庙的砂岩样本进行了全面的测试，史密森尼学会报告称，神庙的石头由颗粒非常松散的石英组成，像海绵一样吸水。在测试了各种防腐剂后，博物馆的矿物学部门宣布，一种名为彭卡苏拉（Pencapsula）的物质能使砂岩显著硬化。史密森尼学会表示，如果神庙的石头经过彭卡苏拉处理，这座古代建筑就可以安全地竖立在波托马克河畔,而波托马克河岸将更接近尼罗河上的原生环境。

霍温则持相反意见。在委员会面前演讲时,他坚持认为,无论使用何种防腐剂,如果在户外安置丹铎神庙都会使其暴露在风和降水中,导致石头破碎,并致使神庙在短短二十五年内被毁。他认为,这种冒险并不值得,更何况他能提供更安全的处理办法。

他向该委员会的成员展示了两幅巨大的建筑效果图,一幅是白天,另一幅是晚上。效果图里描绘了这座神庙被放置在一个从地板到天花板的玻璃展示柜内,甚至从附近中央公园的婴儿车里都可以看到它,而且效果美轮美奂。在他的演讲中,霍温没有告诉委员们,他其实还不知道这个展示柜该如何建造。

正如他自己承认的那样,那天他在华盛顿的表现纯粹是作秀。他在回忆录中写道:"我甚至指责任何没有将神庙完全围起来的计划都是不负责任的,最后我向亨利·菲舍尔送上了一颗定心丸,我告诉他,我发誓如果将这座神庙安置在纽约,一定会大大加强埃及学的研究,并暗示如果这座神庙不交给大都会博物馆,那么这门学科将会停滞不前。最后,我对那些纯粹出于吸引旅游的原因想要得到这座宏伟建筑的城市,表达了我的轻蔑和不屑,并同时指责了对方的虚伪。"两周后,霍温收到了约翰逊一封信,批准将丹铎神庙赠予大都会艺术博物馆。赢得了这场争夺神庙的比赛之后,他现在必须想想该怎么处理赢得的奖品了。

1968年秋天,661个装有丹铎神庙砌石的巨大板条箱通过驳船被运到亚历山大港,然后装上货轮运往纽约。大都会博物馆将他们暂时安置在一个停车场里像乙烯基泡沫一样的帐篷里。后来,它们被转移到另一个停车场的一个钢制机库里,工作人员在那里将这些砌石精心清洁和维护，同时等待能容纳这座神庙的玻璃外墙展厅建造完成。

这个玻璃展厅的设计者是一位年轻且秃顶的爱尔兰裔建筑师，名叫凯文·洛奇，他的纽黑文公司刚刚受到招募，为整个大都会博物馆重新起草一份总体设计计划。洛奇是一个充满灵感的设计师，他曾在尼罗河流域待过一段时间，自职业生涯开始以来就深受古埃及建筑的影响。他在一次采访中说："对我来说，埃及建筑对我的影响远比希腊或罗马建筑更大。我对埃及风格更为了解。在我看来，希腊人后来用的一切都是埃及人发明的。"洛奇一眼就被丹铎神庙迷住了。"显然，这座神庙结构很简单，"他说，"但其中蕴含了许多建筑技巧和手法，反映出埃及建筑的极高水平和极大成就。在我们的文化中，你很难找到一座与之相匹配的建筑。"他决心"公正地对待这座神庙，始终牢记我们的责任是保护一件艺术品，尽可能让更多的人看到它"。

为了重现这座神庙在尼罗河上的原始环境，洛奇的设计是要在神庙前面建造一个倒影池，包括栈桥和码头。另外在神庙的后面设置一堵倾斜的石墙，象征着俯瞰埃及丹铎神庙的悬崖。洛奇被尼罗河流域"超凡清晰的光线"所吸引，于是他在玻璃展厅中采用点画纹玻璃天花板和面向中央公园的玻璃北墙上尽可能重现那种璀璨夺目的亮度。

他的设计还需要十年才能实现。霍温最初的挑战是筹集400多万美元来建造新的展厅。即使在最和平自由的年代，这也不是一件容易的事。更何况，由于1967年以色列与阿拉伯国家中的埃及、叙利亚和约旦之间爆发了六日战争，反埃及情绪高涨，因而使得这项任务变得更加举步维艰了。然而最终，霍温在阿瑟·赛克勒身上看到了救世主的影子,他是一位艺术品收藏家和慈善家,通过销售药品赚了不少钱,并积极致力于为中东带来和平。在赛克勒认捐这笔钱后,新的展厅立即开始动工,并以赛克勒的名字命名。展厅建造完成后,来自意大利的石匠们用埃及官员发来的照片、详细图纸和平面图作为指导,重新组装了这座神庙。

1978年9月,丹铎神庙向公众开放。这座神庙及其周围宽敞高阔、光线充足的空间立即获得了评论界和公众的一致好评,展出大获成功。一位评论家写道:"展厅的简单设计,就像一幅画上的一个最小框架,恰到好处地衬托出神庙的独特气质,却没有喧宾夺主。当人们进入展厅时,注意到的是神庙,而不是它所在的展厅。"另一位评论家写道:"丹铎神庙本身就是一件蕴含着悠久历史和传统积淀的不朽杰作,而建筑设计师凯文·洛奇创造了这样一个独特的'展示柜',它所起到的作用与这座小神庙一样令人惊叹。"丹铎神庙展出已近半个世纪,至今仍然是大都会博物馆最大的热门游览景点之一,也是无数大型活动——如古典音乐会、一年一度的大都会慈善晚宴等奢华派对的举办地。

尽管杰奎琳·肯尼迪因大都会博物馆得到了这座神庙而感到十分痛苦,但她最终还是与霍温化解了恩怨,握手言和,并在十多年后与霍温合作,在大都会博物馆举办了几场大型展览,其中包括一场关于18世纪和19世纪俄罗斯时尚的大型展览。除其他物品外,该展览中还展出了凯瑟琳大帝的婚纱、一件闪闪发光的白色舞会礼服和一件饰有天鹅羽毛的斗篷,这件礼服和斗篷的主人是俄罗斯末代沙皇皇后亚历山德拉。杰奎琳说服苏联官员将其纳入展览。

丹铎神庙

纽约大都会艺术博物馆

即便如此，失去丹铎神庙对杰奎琳来说仍然是心里的一个痛点——她几乎每晚都会想起这个痛点。1964年，她在第五大道的一栋高层公寓楼里买了一套顶层公寓，从公寓的窗户可以俯瞰大都会博物馆，博物馆扩建后，还可以俯瞰到赛克勒展厅。从窗户往下看，她可以看到那个提醒她永远得不到的东西——小小的丹铎神庙，被泛光灯照亮，在黑暗中闪闪散发着光芒。

第二十章 「一位文化巨人」

当德罗什－诺布勒古终于抽出时间写自己的回忆录时，她将回忆录起名为《伟大的努比亚人》。她在卢浮宫的一位继任者说："这一伟大的壮举是她职业生涯中最为非凡的一段冒险经历"，因此这个书名再适合不过了。但努比亚救援行动并不是她职业生涯中唯一的重大成就。事实上，就在她开始计划努比亚救援行动的时候，她还着手进行了另一个项目——在巴黎举办图坦卡蒙国王宝藏的大型展览，这反过来又引发了托马斯·霍温所说的"国际社会对图坦卡蒙国王的疯狂"。

她参与到这个项目始于1960年，当时一位名叫乔治·兰伯德的英国图书出版商寻求她的帮助，因为他想获得埃及政府的许可，为图坦卡蒙墓中发现的黄金面具和其他一些价值连城的文物拍摄彩色照片。自从霍华德·卡特在20世纪20年代发现这座陵墓以来，媒体上就再也没有关于其内容的照片了。兰伯德打赌，全世界的公众都会对新照片产生极大的兴趣，而且这一次拍摄的照片是彩色的。

当时，德罗什正在尽最大努力兼顾她拯救神庙的工作，和她作为卢浮宫埃及馆代理馆长以及卢浮宫考古学院教授的职责。但她对兰伯德所说的项目很感兴趣，并对将要拍摄这些照片的摄影师弗雷德里克·凯内特（Frederick Kenett）印象深刻。她回忆道："在我看来，由一位才华横溢的英国摄影师为英国出版商拍摄一位英国人发现的文物照片，这是非常公平的。因此，我决定向埃及文化部建言，为他们说几句好话。"

尽管凯内特拥有英国公民身份，但他实际上是一名德国犹太人，纳粹掌权时，他的家人把年幼的他送到了伦敦。"二战"快结束时，他加入了美国反间谍情报局，并对摄影产生了兴趣。战后，凯内特为各大博物馆、艺术杂志和其他出版物拍摄雕塑和文物的照片，因其拍摄的照片艺术感强，令人回味无穷而声名大噪。

当德罗什代表兰伯德和凯内特去找萨尔瓦特·奥卡沙时，奥卡沙告诉她，为了感谢她为拯救神庙所做的努力，他会尽自己所能。但他警告说，即使他能说服政府授予他们拍摄许可权，但"仍然会遇到很多棘手的问题和阻碍"。正如一家英国报纸后来所说，"闯入诺克斯堡[1]都比拍摄图坦卡蒙宝藏的照片更容易"。

1922年，这位少年法老陵墓的出土之日恰逢埃及民族主义意识高涨以及摆脱外国对其控制的决心日益增强之时。因此在发现文物的几周前，埃及文物局宣布将结束其长期以来允许外国文物发掘队和埃及政府平等分配文物的做法。文物局要将外国考古队挖掘过程中发现的所有文物都收为政府所有，然后由埃及政府决定将哪些文物移交给发现者。

在授予霍华德·卡特发掘权时，埃及文物局规定，如果发现完整的陵墓，那么陵墓里发现的一切都归埃及所有。如果陵墓已经被破坏者洗劫，埃及将保留陵墓中最有价值的文物，然后将其余的分给发现者。卡特发掘出图坦卡蒙的安息地后，文物局正式代表埃及收回了陵墓里的所有物品，这让这位探险家非常愤怒。但他的抗议和随后针对埃及政府的诉讼却毫无进展。

尽管许多图坦卡蒙的文物最终在埃及博物馆展出，但那里的负责人对这些文物采取了严密的保护措施。当兰伯德寻求德罗什帮助时，埃及政府明确规定任何一件珍品都不得被带出这个国

---

[1] 诺克斯堡是美国陆军装甲兵司令部所在地，美国装甲力量最重要的军事训练基地，另外美联储的金库也设在这里。——译者注

家[1]。因此，人们直接接触这些珍品的机会极为有限。

在兰伯德同意在博物馆内自费建造一个照相室之后，奥卡沙费了很大的劲，才得到上级批准，允许凯内特进行拍摄，但该馆收藏的一千多件文物中，他只能拍摄其中的大约一百件。对于摄影师来说，这次任务从头到尾都是一次噩梦般的经历。

首先，博物馆要求每件文物在从展示柜中取出并送到照相室的过程中，都必须由包括馆长在内的三名高级博物馆官员，以及一名军官和武装警卫亲自监督。而在实际拍摄时，博物馆的官员、警卫和藏品保管员也一直在目不转睛地盯着摄影师，监视着他的一举一动。

"障碍往往是出乎意料的——然后反复出现。"德罗什回忆说。她经常被叫到博物馆，以平息凯内特的"烦躁和愤怒"。有一次，凯内特被指控损坏了一件文物，但他向博物馆官员展示了卡特发现这件文物时拍摄的早期黑白照片，上面显示当时物品就已经损坏，从而证明了自己的清白。

凯内特最终完成拍摄任务之后（在他看来，耗时很长，并不算快），兰伯德带着底片去意大利洗印。用德罗什的话说，那些拍摄的照片"技术高超，美轮美奂"。

兰伯德需要有人为他心目中的书撰写正文，他追了德罗什数周，从法国追到埃及，又从埃及追到法国，决意要说服她接受这项任务。德罗什一再告诉他，她没有时间——她还有很多其他的事情要做，没办法一边忙这么多事情，一边写书。

---

[1] 直到1961年末，在奥卡沙的敦促下，埃及政府才将陵墓中的三十四件小型文物运往美国展览，以激发人们对努比亚救援行动的关注和兴趣。但埃及博物馆的官员并不希望将文物送出国展出。——作者注

德罗什虽然有些心动,但她也知道写这本书几乎是不可能的挑战。因为她必须描述图坦卡蒙的生活以及在他的陵墓中发现的宝藏,但除了他是法老这一事实之外,德罗什几乎对这位法老一无所知。具有讽刺意味的是:由于图坦卡蒙的墓室被发现,这位法老成为世界上最著名的古埃及化身,但事实上,他是一个神秘而模糊的历史人物,而且事实也证明,他只是法老历史长河里的一个小小涟漪。没有文献证据表明他出生在哪里,父母是谁,或者他在哪里以及如何死亡。根据对他的木乃伊的检查,他去世时大概十八九岁,除此之外,几乎没有任何线索,能够揭示他的个性或短暂统治时期的一些情况——就连在他的墓穴里也没有。一位历史学家写道:"放在他墓中的墓葬品只不过是笼统地证明了一个国王理论上和客观上的存在。但所有有关个人特征或者个性化的东西都不见了。"

但是兰伯德仍然坚持不懈要请德罗什写书,而德罗什的态度也有所软化。当德罗什发起拯救努比亚神庙的行动时,她已经表现出了自己愿意接受不可能任务的挑战。但这本书最吸引她的地方在于,她可以有机会讲述一个关于她特别热爱的历史时期和一位在这一时期的统治者的故事。第十八王朝动荡的最后几年,以及图坦卡蒙之前的一任法老——阿蒙霍特普四世,也被称为阿肯那顿,他是古埃及整个历史上最迷人也最具争议的王权掌握者之一。虽然许多埃及学家认为他是异教徒和独裁者,但德罗什认为他是法老中最有趣、甚至最有吸引力的人物之一,也许因为他和德罗什一样,是个离经叛道之人。

阿肯那顿于公元前1350年左右登基,他因试图推翻统治埃及一千多年的基本宗教传统而闻名于世。具体来说就是,他拒绝接受被本国人所崇拜的诸多神祇的存在，并坚信世上只有一位神——即埃及太阳神拉的另一种形态——他称之为阿顿，意思是太阳头上的圆盘。阿肯那顿的父亲阿蒙霍特普三世统治时期，已经开始提升太阳神的地位。但在阿肯那顿的带领下，这种提升和转变成为一场全面的革命，其影响令人震惊。正如一位历史学家所说："在人类有记载的历史上，第一次有人站出来向一神论迈出了重要的一步。"

为了否定和摒弃旧的宗教仪式和传统，阿肯那顿在尼罗河东岸的沙漠上建立了一座新的埃及首都，将其命名为阿玛纳（Amarna）。从那里，他派遣了多支工人队伍前往全国各地，以破坏和摧毁众神之王阿蒙以及埃及人所崇敬的其他数十位神灵的形象。他的目的不仅是要摧毁众神和女神的身体形象，还要削弱管控这些神庙的祭司的权力。

阿肯那顿的革命方式也延伸到了艺术和宗教。在他统治之前，法老及其王后，以及其他名门望族和杰出人物都以理想化的形式在绘画和雕塑中被展现出来。然而，在阿肯那顿的统治下，雕塑家采用了一种截然不同的风格，尤其是在描绘国王时——他们拉长了国王的头和四肢，扭曲了他的脸，他们笔下的国王有着像狭缝一样的眼睛、长长的鼻子和夸张的尖下巴。然而，对阿肯那顿最喜爱的妻子纳芙蒂蒂（Nefertiti）王后的描绘则更为接近现实。一个典型的例子就是那尊色彩鲜艳且著名的女王石灰岩半身像，这尊半身像将她描绘成一位优雅的美女，就像在现代杂志封面上的摩登女郎一样。她的脖子如天鹅一般修长而优雅，还有高高的颧骨、细长笔挺的鼻子、红色的嘴唇和神秘而迷人的微笑。尽管人们对纳芙蒂蒂知之甚少，但当这尊半身像于1912年被发现后，她便成为古埃及历史上最著名的人物之一。这座雕塑本身可以说是除了图坦卡蒙的墓葬面具之外最为闻名的埃及文物。

然而，尽管阿肯那顿对埃及宗教和艺术的巨大改变具有革命性，但这些变革并没有持续很久。在他死后，为诸多神和女神服务的祭司重新掌握了控制权，多神崇拜和传统宗教习俗开始死灰复燃，尤其在图坦卡蒙登基后，他被迫又把一切改回到过去的方式。在他成为法老不到十年之后，这位少年国王也去世了。

大约十五年后，埃及前军队首领霍伦海布（Horemheb）背叛了当时的统治家族，起兵反叛，第十八王朝结束。这被认为是古埃及历史上第一次军事政变。霍伦海布任命了另一位军官成为他的继任者，即第十九王朝的第一位统治者——拉美西斯一世。该王朝的第三位法老便是拉美西斯二世。

新王朝法老的首要任务之一就是消灭阿肯那顿和包括图坦卡蒙在内的短命继任者们存在的证据。于是阿玛纳的皇家建筑和神庙被拆除，阿肯那顿和他身边的王室成员的雕像和绘画也被摧毁。托比·威尔金森写道，随着正统观念的恢复，"他和他的所有追随者和继任者们都被从历史上抹去了，就好像他们从未存在过一样"。

然而，德罗什通过研究相关资料和文献，对阿肯那顿有了更多的了解，也有了跟别人不同的看法——相比于阿肯那顿之后的历任法老，以及大多数埃及学家来说，她对阿肯那顿怀有更多的同情之心。德罗什的许多同事强烈反对她在这个问题和其他问题上的反传统立场和观点，但德罗什对此并不以为意。用吉耶梅特·安德勒-拉诺埃的话说，有时会被她的同龄人指责为"过于相信自己的直觉，没有想好了再说"。德罗什强烈反对这种指责，并鼓励她在卢浮宫学院的学生"当你有切实且有根据的建议时，不要害怕表明自己的立场，不要害怕'亲爱的同事们'的批评……不要担心会扰乱原有的平静和舒适区"。

在解释她对阿肯那顿的看法时，她对一位采访者说："他们说他是异教徒或宗教分裂分子，但事实并非如此。他是一位真正的改革者。他试图通过简化埃及宗教来促进其发展。与其说阿肯那顿反对多神崇拜，不如说在他的理解和认知中，所有那些奇妙的长着动物头的形象都是单一神的不同表现形式。它们都是同一个造物主的投影；他们都受太阳照拂，太阳才是至关重要的力量。"她还说道："世上没有三十六个不同的神，如果唯一的神真的存在，那么他肯定不是每天跟我们握手的朋友。这就是阿肯那顿向我们传达的信息，而他是对的。"

德罗什最终还是抵挡不住兰伯德的强势恳求，答应写这本关于图坦塔蒙的书。她一边为努比亚古迹拯救行动频繁往返于巴黎和开罗之间，一边写作，详细讲述阿肯那顿统治的历史。在书中，她生动地为大家描述了这位具有革命思想的君主，以及他美丽的配偶和他的宫廷其他成员，还有他年轻的王室亲戚——不到十岁，还没迈入青少年，就成为法老的图坦卡蒙。

根据德罗什的研究，她也提出了一些关于图坦卡蒙的推测。这些推测与其他埃及学家的理论并不一致。例如，她的大多数同事认为图坦卡蒙是阿肯那顿的儿子，而她则认为两人可能是兄弟——二人都是阿蒙霍特普三世和他的妻子特雅（Tiye）王后的后代。著名的法国埃及学家克里斯蒂安·勒布朗（Christian Leblanc）说，德罗什"关于阿玛纳和后阿玛纳时期的理论，其中一些是很大胆的，并且有助于揭开图坦卡蒙本人及其统治的神秘面纱"。勒布朗曾是德罗什的学生，后来与德罗什密切合作，"他们还揭示了这位年轻法老宝藏的重要性"。

她的这本书以弗雷德里克·凯内特的照片为插图,书名为《图坦卡蒙:法老的生与死》,于1963年出版,出版后立即引起了国际轰动。《巴尔的摩太阳报》热情地评价说:"这本书就像宝藏一样,丰富多彩、绚丽华贵。读这本书,就像现代人站在开罗博物馆的图坦卡蒙展品前——感觉自己既渺小又穷酸,难以想象过去辉煌时代的奢华。"

这本书被翻译成二十二种语言,在几乎所有出版此书的国家都是畅销书。在美国,1963年10月的《国家地理》杂志展示了这本书中许多令人惊叹的彩色照片,包括图坦卡蒙的黄金面具,以及德罗什的一篇长文。这本书也被《每月读书会》评为最佳精选书籍。

当然,许多美国人听说过图坦卡蒙和他的文物,但大多数人从未见过它们的照片,而且在此之前更没有人见过它们的任何彩色照片。凯内特拍摄的照片美轮美奂,令人着迷,数十家美国报纸和杂志对这本书的评论都证明了这一点。一篇评论称:"这些珍品闪耀着瑰丽的色彩和丰富的细节,看起来比原作更令人惊叹。"一位评论家称:"这本书无论从哪方面看,都是一本伟大的作品,不看会后悔的。"另一位评论家在提到德罗什的文章时称:"作为一位顶尖的埃及学家,她将丰富的个人知识、观点、经验和写作技巧与兴奋感完美结合,使她的故事生动形象,栩栩如生。"

这本书对读者产生了重大影响,其中有一个来自英国的六岁男孩,名叫托比·威尔金森,长大后他回忆起自己幼时在家中的楼梯台阶上捡起这本书并仔细阅读时的情景。威尔金森说,这是"我第一次接触到古埃及的异域世界","那里的珠宝、黄金,以及国王和埃及诸神的奇怪名字,都令我惊叹不已",所有这一切都"仿佛在我心中种下了一颗种子,并在未来的岁月里茁壮地成长"。威尔金森后来在剑桥大学获得了埃及学学位,现在被认为是英国研究古埃及的主要权威之一。他之所以能取得如此之大的成就,跟这本书是分不开的。

另一位被这本书迷住的读者是戴高乐。这位法国总统在给德罗什的一封手写信中称:"你的书里蕴含着丰富的知识,也充满了多姿的色彩、兴趣和人性。非常感谢你,让图坦卡蒙的非凡生平得以再现,令他的形象和故事比以往任何时候都更引人入胜。请允许我向你致以最诚挚、最满怀感激的敬意和赞美。"

根据荷兰历史学家基斯·范德斯佩克的说法,1963年出版的德罗什和凯内特的书标志着公众重拾对图坦卡蒙的兴趣——这本书的吸引力为20世纪60年代末和70年代,在全球博物馆举办的图坦卡蒙宝藏展览取得惊人成功奠定了基础,而且这本书的影响力一直延续到今天。

到了1965年,尽管法国和埃及在苏伊士运河危机后尚未重新建立外交关系,但两国政府之间的非官方关系已经大大升温和改善,这在很大程度上是由于法国对努比亚古迹救援行动的热情支持。为了表示感谢,埃及总统纳赛尔主动迈出了非同寻常的一步,他授权首次在国外举办图坦卡蒙宝藏的大型展览。此次展览于1967年初在巴黎小皇宫举办,并由德罗什负责安排和策划。

当得到展览授权的最初兴奋逐渐退去之后,德罗什接下来就遇到了挑战——她要与埃及博物馆方面就将哪些文物被运往巴黎而进行谈判。在乔治·兰伯德与博物馆就弗雷德里克·凯内特对埃及博物馆的哪些文物进行拍摄与埃及当局进行你来我往的争论期间，德罗什一直处于观望状态，而现在她成了直接参与者。显然，她会遇到比兰伯德那位出版商更难对付的局面。在埃及当局看来，允许外国人拍摄这些珍贵的埃及文物已经够糟糕的了，一想到要把这些文物运出国进行展览，他们心里就更不痛快了。

根据纳赛尔的提议，德罗什可以从埃及博物馆的藏品中挑选出四十五件文物进行展览。但德罗什后来回忆说，她提出的几乎每一条建议，"在博物馆官员们看来，都得经过深思熟虑和激烈的讨论才能给出答复"。他们列举出各种各样的理由阻止那些珍贵的文物被带出埃及博物馆，比如他们提出某些文物价值太高，某些文物太脆弱，容易受损，无法承受运输途中的颠簸和碰撞等等。还有一些文物有可能会被参观文物的人误解，从而对图坦卡蒙和古埃及文化产生负面影响，比如埃及文物中有一根手杖，手杖的下部雕刻着两个男人的形象——一个亚洲人和一个非洲人，他们显然是被俘的囚犯，被锁在了一起。

正如德罗什所预料的那样，阻止将这些埃及珍品运出这个国家的，远不止埃及博物馆一家。由于埃及的民族主义情绪仍然强烈，媒体对埃及文物出国展览一事进行猛烈抨击，埃及文化部和萨尔瓦特·奥卡沙首先受到了指责和批评。一些报纸上的报道甚至暗示，奥卡沙计划将文物运出埃及后将其出售给西方博物馆和艺术品商人。

德罗什和埃及博物馆官员之间的拉锯战持续了将近一年。她告诉他们，她对那些能让她讲述图坦卡蒙及其时代故事的文物感兴趣，她会让公众了解这些故事，同时保证这些故事都是建立在广泛的学术和研究基础上的。她说："我想重现这位国王在作为王子时期成长的历史背景、他的加冕,以及他在宫殿里的辉煌生活,还有他的死亡,他为自己的永生做准备的过程,并向公众讲解一个鲜为人知的年轻法老将如何重生的故事。"

最后,两国政府就这些物品达成共识,并对相关文件进行签字和会签,确定各项章程。法国同意了埃及的请求,从卢浮宫派遣艺术修复师与埃及修复师一起合作,检查选定的文物,并为将这些文物运往巴黎的运输做准备。修复工作于 1966 年 7 月完成,文物的包装工作定于 10 月进行。展览定于 1967 年 2 月盛大开幕,一切似乎都在按部就班地进行。

然而,当德罗什带着那些包装工人前往埃及博物馆后,她发现事情并不像她希望的那样顺利。这年早些时候,萨尔瓦特·奥卡沙在与纳赛尔发生争执后辞去了文化部部长的职务,并被调到了埃及国家银行担任行长。当德罗什来到开罗时,奥卡沙已经又被调回了原来的职务。他表情严肃地向她问好,并递给她一份由大英博物馆文物保管负责人递交的报告。原来,这年夏天,这位负责人一直在开罗,在德罗什不知情的情况下,这名负责人被委派负责检查那些要被运往巴黎展览的展品。他告诉博物馆官员,这些展品中的五件珍品由于太过脆弱,无法运输。这五件文物中包括一尊真人大小的图坦卡蒙雕像,上面涂有黑色防腐香料,饰有金色饰品;一张打造成牛的形状的镀金大床;还有一尊立在纸莎草篮子上的法老小雕像,仿佛正在用鱼叉瞄准水中一个看不见的目标……

奥卡沙对德罗什说:"你可以从其他藏品中选择你想要的。但是对于这位负责人说的话,我无法提出反对意见。"他明确表示,埃及当局是在一年前聘请这位英国专家的,目的是请他就在阿布辛贝的砂岩块被切割前如何加固和强化提供建议。因此埃及当局对于那位负责人的专业知识非常认可，对他的话深信不疑。

对于这位大英博物馆的人说德罗什挑选的文物太脆弱无法运输这个说法，德罗什压根不相信。事实上，这是大英博物馆对卢浮宫的报复，因为第一次被授权举办图坦卡蒙宝藏展览的是卢浮宫，而不是大英博物馆。"英国人不高兴了，"德罗什说，"这些珍贵文物是英国人于1922年发现的，所以英国人理所当然地将这些文物当作阿尔比恩（Albion）[1]子孙的所有物，理应受英国人的保护。而如今，一个法国女人竟然要在她自己的国家展出这些文物，简直是厚颜无耻。但英国人忘了，他们当初断然拒绝了为拯救努比亚古迹提供帮助，这是无法改变的事实。"

纵观历史，卢浮宫和大英博物馆之间的矛盾由来已久，尤其是在埃及文物方面。他们的竞争可以追溯到近两个世纪前，1798年英国从法国人手中夺走罗塞塔石碑，并将其安放在英国的国家博物馆里。德罗什和她的英国同行约沃斯·艾登·斯蒂芬·爱德华兹（Iorwerth Eiddon Stephen Edwards），作为各自所在博物馆埃及文物馆的负责人，两人总是处于争论的关系中。

现年五十七岁的爱德华兹是英国最受尊敬的埃及学家之一，他于1933年获得剑桥大学东方语言一级优等学位，不久后前往大英博物馆埃及馆任助理主管。"二战"期间，他曾在英国驻开罗大使馆担任军事情报官员。战争结束后，他回到大英博物馆工作，并于1955年成为埃及馆的负责人。

---

1 阿尔比恩是英国最古老的名字，如今常用在诗中，是英格兰或不列颠的雅称。——译者注

爱德华兹在英国军队驻开罗服役的经历无疑影响了他的政治立场，于是在1956年苏伊士运河危机期间对英国军事入侵埃及表示大力支持。也正因如此，在德罗什请求他在努比亚古迹拯救行动中提供帮助时，他厉声对德罗什斥责道："不，你休想从我这里得到任何帮助！"

五年后，当德罗什写的关于图坦卡蒙的书出版后，两人再次发生冲突。在关于此书的广泛赞誉声中，伦敦《星期日泰晤士报》发表了两篇关于这本书的报道，第一篇文章发表后，转过来一周又发了一篇，而且都是匿名发表的。虽然这位——或者也许是两位作家对这些照片表示了赞许，但他们对德罗什关于图坦卡蒙及其生活的一些观点和结论有不同看法，比如她说的关于图坦卡蒙和阿肯那顿可能是兄弟而非父子的理论。这些文章声称德罗什的假设显然是错误的，还说她没有提供任何证据来支持这些假设。诺布勒古确信这两篇文章都是爱德华兹写的。后来德罗什在书里写道，她对这些批评之辞感到无比失望和愤慨，因为她的理论是她"根据我们所知道的少量历史记录进行极其细致地研究和谨慎求证"的基础上得出来的。

她决定给爱德华兹写一封信，问他是否知道这些文章是谁写的。在信中，德罗什说那个匿名者绝对不可能是个正人君子，因为君子会把自己的名字正大光明地标在自己的文章上；而且他也配不上埃及学家的名号，因为如果他"认真对待这个问题的话，会秉持认真严谨的态度对历史资料进行研究"，那么他就会发现德罗什本人所做出的假设很有可能是真的。爱德华兹沉默了许久，最后终于回信给德罗什。德罗什说他的回信"有些茫然困惑"，虽然对方不承认自己是这两篇文章的作者，但他不明白德罗什为何如此气愤，毕竟文章里的那些批评之言只是"banderillas"（斗牛时用的带装饰的小短标枪），对被攻击者只会有些刺痛，不会造成真正的伤害。

当德罗什明白了大英博物馆的阴谋诡计，企图阻止埃及方面向卢浮宫提供用于卢浮宫图坦卡蒙宝藏展览的那五件文物之后，她确信爱德华兹肯定也参与其中。于是她对这一决定提出上诉，称这些文物是她策划的展览必不可少的重要元素。后来她回忆说："我意志坚决地与他们周旋，一次次同他们争辩、澄清和恳求。"最后，博物馆的官员在其中的两件文物上做出了让步，修复了真人大小的雕像和牛形的大床。但其他三件，包括那个用鱼叉叉鱼的小雕像，仍然被禁止运出国。

德罗什不得不认输，于是选择了其他的文物来替代。当时，来自巴黎的包装专家们戴着白手套，小心翼翼地为这四十五件文物进行包装，为运输做准备。为了避免锤子或木槌造成的冲击，在包装较小的物品时，他们用螺丝而不是钉子来盖上板条箱的盖子。较小的文物由法国空军飞机运往巴黎，而其他又大又沉的物品，比如一尊十六英尺高的图坦卡蒙石英岩雕像，则用船运往马赛，运到马赛后，再装运到卡车上，由武装警卫护送着运往巴黎。

法国航空公司将这位法老著名的金色随葬面具空运至法国首都后，共和国卫队、文化部长安德烈·马尔罗、埃及驻法国大使、法国外交部长亲自到机场迎接，大批电视台记者举着摄像机对此进行了现场报道。

这些珍品被运到小皇宫的一个巨大的金属保险库里，在那里工作人员将包装打开并进行检查。与此同时，卢浮宫所有的工匠都行动起来，在展厅里准备用作展示文物的房间。大厅的地板经过加固，以支撑石英岩雕像和其他大型物品的额外重量，而房间的墙壁上则覆盖着阻燃的织物。

德罗什在精心策划和安排展览的过程中，借鉴了她过去三十年的考古经验，以解读在皇家陵墓中发现的那些壁画和文物的意义。许多埃及学家认为，墓室中发现的那些反映日常生活的绘画反映了已故王室成员的世俗生活，他们希望在死后这样的生活能继续存在，而德罗什则有不同的看法，她认为，这些绘画应该被视为是死者在穿越冥界之旅中所面临挑战的象征性图像。

克里斯蒂亚娜·德罗什-诺布勒古在为 1967 年卢浮宫展品开箱时检查图坦卡蒙的黄金面具

用收缩塑料薄膜包装的图坦卡蒙雕像，在前往巴黎展览的途中，1967年

例如，在她看来，墓穴里经常可以看到的一簇簇状如芦苇的纸莎草，让人想起了原始的沼泽地，在那里，死者的灵魂开始从死亡蜕变为新生；一幅描绘古埃及人狩猎鸭子和其他野禽的画面，象征着死者的灵魂正试图摧毁恶魔，因为恶魔阻挡了他通往来世的道路；而壁画中收割谷物和采摘葡萄的画面，则代表着死者向死神和复活神奥西里斯献上面包和葡萄酒。

1967年2月17日，在铺天盖地的报道和万众瞩目之下，被称为"世纪展览"的图坦卡蒙宝藏展在小皇宫隆重开幕。在前一天晚上举行的盛大招待会上,包括戴高乐和他的妻子在内的数百位名人得以一窥这些珍贵的文物。

德罗什-诺布勒古、安德烈·马尔罗和萨尔瓦特·奥卡沙参观1967年卢浮宫展览

在招待会的前一天,安德烈·马尔罗请德罗什带领戴高乐参观展览。德罗什吃了一惊,想请他换别人,心想马尔罗博学多才,又能说会道,陪同总统夫妇参观更为合适,但她只是心里想,没说出来。不过她也确实跟马尔罗说,总统只有二十分钟的参观时间,要想参观完展览中最出彩的几件文物,时间远远不够。作为回应,马尔罗问她:"你喜欢跳舞吗?"她被这个问题弄糊涂了,说道:"喜

欢啊。"

这位文化部长说："那你就知道在一个好的领舞者怀抱里是什么感觉了。无须多言，你尽管放手去做吧。"德罗什后来说，马尔罗的话是对的。当天晚上，她仿佛回到了三十多年前，那时候她还是学生，被要求上台发表公开演讲，介绍图坦卡蒙及其宝藏。当时她内心的紧张情绪和现在如出一辙。不过讲了几分钟之后，她对这个话题的热情压过了她心里的恐惧，就不怎么紧张了。

此时，身在小皇宫的她感受也是如此。从一开始，戴高乐似乎就沉浸在她关于这位少年国王的故事中，以及在他的陵墓中发现的各种珍贵文物的含义中。在参观之初，德罗什向戴高乐总统和他的妻子解释了埃及人是如何使用绘画和图像来阐释精神和抽象概念的。德罗什回忆道，戴高乐"似乎对法老文明的一切都很感兴趣，但他对埃及宗教的兴趣尤为浓厚"。这位总统向她提出了很多问题，二十分钟后，在展览的第二个房间里，他仍有很多问题要问。德罗什告诉他，二十分钟的参观时间已经到了，于是戴高乐转头看向站在他身后的一名助手，说他再待一个半小时。

在隔壁房间，墙壁上的缎面是青金石蓝色的，而青金石是很受欢迎的半宝石[1]，用于埃及皇家珠宝。在这个房间里展出的物品涉及图坦卡蒙的短暂统治，这又引发了戴高乐的一连串问题。他很好奇，想知道这位法老加冕典礼的各种细节，以及他发动战争的方式：他是亲自参战，还是派将军代替他？德罗什的反应很快，立即说道："他和您一样，将军，他也是军队的首领，亲自带领士兵参战。"

1　针对贵重宝石而言，相对贵重程度差一些的宝石就叫半宝石。——译者注

在灯光昏暗的皇家交谊厅里，各种金色物品在微暗的室内闪闪发光：一把镶有乌木和象牙的镀金扶手椅，用来承载法老的死后之旅；还有皇家权杖、一系列耳环和项链，以及其他璀璨夺目的物品。但令戴高乐最为震惊的是一尊真人大小的法老雕像，国王戴着假发，裹着腰布，穿着金色凉鞋，皮肤上涂着黑色防腐香料，这表明他已经进入了一个没有光的世界。戴高乐用探究的眼神仔细观察了这尊雕像长达一分多钟，然后转向德罗什说："他真的是一个看不见的神秘之人。"她后来写道："这正是我想要让人们联想到的。"

德罗什带领总统一行人走到下一个房间。房间里覆盖着绿色天鹅绒，还有一丛纸莎草，意在让人想起图坦卡蒙的灵魂所处的原始沼泽。戴高乐被法老的一尊小雕像迷住了，这尊雕像是一个赤裸的小孩，也是煤黑色的，正穿过这片沼泽地。在它的旁边，德罗什特意放了一个木制的摇鼓[1]，上面装饰着黄金和象牙，法老可以用它击退藏在纸莎草灌木丛后面的野鸭，而野鸭代表着试图阻止他离开沼泽炼狱的恶魔。

在展览的最后一个房间，整个空间被珊瑚红色包围着，暗示着冉冉升起的太阳，里面包含着宝藏中最珍贵的无价之宝——图坦卡蒙华丽的随葬面具，上面镶嵌着闪亮的黄金、青金石、玛瑙和绿松石。但是，德罗什很高兴地看到戴高乐似乎对一个半透明的莲花形状雪花石膏高脚杯更感兴趣。屋顶上的一个小聚光灯照在高脚杯上，使其看起来似乎有磷光闪烁。德罗什解释说，睡莲在黄昏时会合上花瓣，黎明时再次打开，是埃及的一个重要象征，

1　也叫叉铃，是古代埃及人使用的打击乐器之一。——译者注

它代表太阳在夜间下到阴间后每日重生。而法老就像太阳一样，其灵魂由死复生。

德罗什补充说，埃及的这一概念与基督教的圣祭礼几乎相同，在基督教的圣祭礼中，神父从圣杯中取出一个圆形的祭饼，看起来像太阳，代表基督的圣体和复活并将其高举。她说，这种仪式起源于古埃及。事实上，她解释道，基督教更多地源于古埃及的宗教传统，而非希伯来人的习俗。

戴高乐兴奋地点点头，表示同意她的观点。但当她进一步解释自己的理论时，虔诚的天主教徒伊冯娜·戴高乐对德罗什所说的异端思想表示不满。据德罗什说，法国总统转向他的妻子，说道："凡出口之言，必要经过深思熟虑，这句话我永远记在心里，'你也必须时刻谨记，亲爱的！'"

后来，德罗什听说，戴高乐对这个展览和他在参观展览时学到的东西非常着迷，以至于几个月后，他仍在跟他的内阁成员谈论这个展览。法国人似乎和他们的总统一样被这个展览深深吸引。据《时代》杂志报道，埃及文物在巴黎展览的四个月里，整个城市都"掀起了法老热"。展览开幕当天，数百人在小皇宫的入口处徘徊，身子都贴在了门口的玻璃门上。安德烈·马尔罗的副手雅克·若雅尔要求军方派遣一支共和国卫队到博物馆，以控制情绪兴奋激动的大批游客和参观者。

在接下来的几天甚至几周里，浩浩荡荡的人群排起了蜿蜒长队，队伍都排到了好几个街区之外。截至展览结束，到博物馆参观此次展览的人数已超125万人，使其成为卢浮宫历史上最受欢迎的展览。而像九十一岁高龄的前联邦德国总理康拉德·阿登纳这样的贵宾，博物馆直到深夜才能挤出时间请他进去单独参观。

1967年，卢浮宫展览开幕当天，大批人群聚集在小皇宫外

与此同时，图坦卡蒙成了巴黎这座城市里众人谈论的焦点。法国的新闻报纸和杂志上满满都是关于他的文章，各种标题，五花八门。比如《一位受迫害的君主短暂而悲惨的一生》《图坦卡蒙国王真的是个女人吗？》等等。据《时代》杂志报道，《快报》的一幅社论漫画把戴高乐画成法老的形象；巴黎顶级发型师亚历山大还为顾客推出了古埃及式样的发型和妆容，其特色是"用蓝色或黑色线条勾勒嘴唇和鼻子，还有几乎快延伸到耳朵的眼线"。

令德罗什最为高兴的是，在围绕展览的铺天盖地的宣传中，她让她的导师贝尔纳·布吕耶尔引起了人们的关注。布吕耶尔是代尔麦地那挖掘项目的负责人，在发现图坦卡蒙陵墓一事中也起到了至关重要的作用，只是此事几乎无人知晓。德罗什邀请八十七岁的布吕耶尔参加开幕式，并为他安排了几次新闻采访，布吕耶尔在采访中讲述了他是如何说服郁郁寡欢的霍华德·卡特不要放弃寻找图坦卡蒙的墓地，继续在最终发现图坦卡蒙陵墓的地区进行挖掘的故事。

巴黎的图坦卡蒙宝藏展览引起的强烈反响在国际上掀起了一股狂潮。几乎每个国家和其主要博物馆都想举办下一场展览。然而，没有人比艾登·爱德华兹更坚定地想要得到举办权。多年来，他一直试图说服埃及当局，既然图坦卡蒙的陵墓是由一位英国的考古学家发现的，那么大英博物馆理应头一个被授权展览其宝藏，但没有成功。

不过既然法国卢浮宫首先举办了展览，那么英国的大英博物馆理所当然应成为第二个举办展览的博物馆。但是他们必须先让英国政府不再拒绝为努比亚古迹救援行动提供帮助才行。20世纪60年代末阿布辛贝神庙得到拯救之后，另一个救援项目仍在进行——即菲莱神庙建筑群拯救行动。大英博物馆承诺，如果他们得到举办展览的授权，他们会将门票收入用于菲莱神庙救援项目，最终他们的请求得到了批准。

爱德华兹后来报告说，他对埃及的态度以及埃及是否有权保留和保存考古文物问题上的看法有了改变。爱德华兹说："我曾经一度认为，我们在申请举办展览一事上应该得到特别优待，因为毕竟这座陵墓是由英国考古学家发现的。但（一位埃及朋友的话）浇了我一盆冷水。他说，埃及老百姓可不是这么认为的。过去英国人被允许在埃及曾经最富庶的遗址上进行挖掘。他们之所以获得震惊世人的发现，完全要归功于埃及人的大度和慷慨，允许他们在那里进行考古发掘，这本身就是对他们足够的回报。"

对爱德华兹来说，图坦卡蒙宝藏展览是他职业生涯的巅峰，该展览于1972年举办,以纪念霍华德·卡特发现这座陵墓五十周年。据爱德华兹的一位同事说,他一心要把展览办好,决心要把它办得像巴黎展览那样成功,甚至比巴黎的更成功。但他却"让他的属下员工和各部门承受了巨大的压力"。而他本人自然也压力重重,在展览开幕前不久,埃及博物馆拒绝出借一件他梦寐以求的文物,这让他急得差点儿崩溃。

当伦敦《泰晤士报》和《星期日泰晤士报》的主编兼主席丹尼斯·汉密尔顿去卢浮宫拜访德罗什,从他那里,德罗什得知了这件事。汉密尔顿也是大英博物馆董事会的成员,他告诉德罗什,作为董事会成员,他想请德罗什帮他这个忙。但是,他也进一步补充道:"如果你不愿帮忙,我也会非常理解。"他解释说,爱德华兹特别想要一尊图坦卡蒙的小雕像,就是站在纸莎草篮子上,用鱼叉对准一个看不见的目标的那个。此时,德罗什一下子明白了,汉密尔顿为什么来找她。

埃及当局拒绝了爱德华兹的请求,并指出,由于大英博物馆的一位文物保护负责人的反对,之前他们也拒绝了将这件文物运往巴黎展览。因此,埃及当局回复说:"我们不允许将这件文物运往伦敦,除非你和德罗什女士协商,并得到她的许可。"

汉密尔顿叹了口气,对德罗什说:"我就是为了这件事来的,实在是没有其他办法了。"德罗什笑了笑,以作回应。德罗什说,她想让他知道,尽管大英博物馆之前提出了反对意见,但这尊小雕像足够坚固,可以适应巴黎的气候条件,不会产生任何不良影响,因此也足以适应英国的天气,"即使面对伦敦的潮湿的雾气,也没有任何问题"。她承诺会写信给开罗博物馆的官员,告诉他们"尽管当时我对于贵方将小雕像从我们展览文物的原始名单中删除的理由感到震惊,但如果把这件文物运送到英国展览,我不会提出反对意见"。

德罗什信守诺言,于是叉鱼手的小雕像被列入了借给大英博物馆的五十件文物之一。1972年3月29日,英国女王伊丽莎白二世为在伦敦举办的展览揭幕,此次展览大受欢迎,于是博物馆将展览延期至12月,总共吸引了160多万参观者,并为菲莱神庙的救援项目筹集到了近一百万英镑。与此同时,艾登·爱德华兹被英国君主授予了圣迈克尔和圣乔治勋章,以表彰他在外交事务中所做出的非凡贡献——对他而言,这是对英埃关系的表彰。由于展览的成功,以及英国为拯救菲莱古迹提供了大笔捐款,英埃关系得到了极大的改善。

在世界其他地区,图坦卡蒙热也丝毫没有降温的迹象。用托马斯·霍温的话说:"历史上没有一次艺术作品展览比图坦卡蒙宝藏展更受欢迎。"第三个被授权举办展览的国家是苏联,接下来是美国。理查德·尼克松总统急于改善美国与埃及的关系及其在中东的战略地位,因此在访问开罗期间,他向埃及总统安瓦尔·萨达特建议,如果允许在美国举办图坦卡蒙宝藏展览,将会对两国关系大有好处。萨达特同意了。

1976年11月17日,图坦卡蒙宝藏展在华盛顿国家美术馆开幕,从此开启了一场美国六座城市巡回展。前来排队参观的人围了博物馆一圈。展览每到一座城市,都会在当地引起巨大的轰动,芝加哥、新奥尔良、西雅图、洛杉矶和纽约,无一不是如此。到了20世纪70年代,图坦卡蒙宝藏展览无疑已经确立了自己的地位,作家梅雷迪思·辛德雷评论道,这位法老是"一位文化巨人"。

在接下来的三年里，美国人对图坦卡蒙的痴迷和狂热程度始终有增无减。埃及风格的珠宝、服装、家具、艺术和建筑风靡一时。喜剧演员史蒂夫·马丁的一首讽刺歌曲《图坦卡蒙国王》讲述了这位少年法老之旅在商业上的巨大成功，这首歌在《周六夜现场》上大受欢迎，销量超过一百万张，是1978年美国热门流行单曲之一。

图坦卡蒙宝藏展是美国有史以来最轰动、最成功的博物馆展览，每到一座城市，博物馆的门票几乎都瞬间售罄，所有展览城市博物馆的参观记录均被打破。不同年龄、不同背景的人们纷纷被图坦卡蒙吸引，前来参观，他们中的许多人以前从未在博物馆待过这么久。参观的人络绎不绝，无论严寒还是酷暑，无论下雨还是下雪，都阻挡不了人们的热情，人们宁愿排好几个小时的队，也要一睹图坦卡蒙的风采。

在芝加哥，菲尔德博物馆每天都会在北岸大道上空升起一面印有图坦卡蒙随葬面具图像的旗帜，以表示展览期间门票的供应情况：通常在中午之前旗帜就会降到半旗，这就意味着当天的所有门票都卖光了。正如《芝加哥论坛报》所报道的，这次展览是"文化的大满贯全垒打"。

这句话的真实性是毋庸置疑的。由于图坦卡蒙宝藏展览的成功，美国和世界其他各国的博物馆都发生了不可逆转的变化。一位学者写道，在这些宝藏展览举办之前，大多数艺术博物馆"像陵墓一样安静而沉闷"，只为文化精英服务。但随着图坦卡蒙的惊人人气，"博物馆变得像市场一样热闹，摩肩接踵、人头攒动，以至于博物馆不得不安排特别展，以确保支持博物馆的赞助人和常客能看到展览"。

每个举办展览的博物馆都收到了成千上万的会员申请。有时候，博物馆不得不限制接受申请人数，因为他们无法处理所有的申请。在吸引了如此多的新会员后，博物馆意识到他们必须继续迎合更广泛的受众，并更加积极主动地以各种方式与社区接触，发起创新性的新展览和其他公共项目，其中包括为学生们提供更多的学习和了解知识的机会。

图坦卡蒙展览也被证明是一笔巨大的财政收入，不仅为博物馆和博物馆所在的城市带来了数百万美元的收入，也为埃及带来了收入。安排此次美国之行的托马斯·霍温曾向埃及官员建议，允许美国大都会博物馆复制展览中的物品，然后在博物馆的礼品店出售，而不是只从展览的入场费中获得资金。埃及可以从他们的销售以及官方产品目录的销售中获得收益。

埃及政府同意了。事实上，这是一个极其明智的决定，因为这些礼品的销售为埃及带来了九百多万美元的收入。这些物品包括彩色画册、海报、手提袋和明信片，以及以图坦卡蒙为主题的爱马仕围巾，还有印有以猎鹰神荷鲁斯为主题图案的限量版利摩日瓷器盘子。这些收入将用来支付埃及博物馆的巨额翻修费用。

图坦卡蒙这位少年法老以另一种方式帮助了埃及，同时也让美国公众了解到埃及人民的古代历史，并在为结束埃及和以色列之间长期敌对关系的谈判进行之际，改善了埃及的形象。事实上，1978年9月，当成千上万的人涌向西雅图博物馆参观图坦卡蒙展览时，吉米·卡特总统会见了埃及总统安瓦尔·萨达特和以色列总理梅纳赫姆·贝京，讨论中东和平的框架问题。9月17日，埃及和以色列同意签署《戴维营协议》，从而结束了两国长达三十年的战争，并使两国建立了外交和商业关系。

三个月后，图坦卡蒙宝藏展览来到了此次美国巡回之旅的最后一站——纽约。自从大都会博物馆9月首次推出该展览的门票以来，纽约人的期待和兴奋情绪一直有增无减。为了应对应接不暇的电话，大都会博物馆不得不增加热线电话和接线员。

这座城市在20世纪初刚刚摆脱严重的金融危机，从濒临破产的边缘走出来。1975年，市长亚伯·比梅和纽约州州长休·凯里前往华盛顿，请求杰拉尔德·福特总统提供联邦援助。福特拒绝了他们的请求，引得当时著名的《纽约每日新闻》发表文章，标题为"福特对纽约说：去死吧"。

如今，随着纽约慢慢恢复生机，它需要一剂强心剂来振奋人心——图坦卡蒙正是他们需要的。尽管展览开幕当天下着大雨，但持票前来参观的队伍沿着第五大道排了二十三个街区，从大都会博物馆位于八十二街的入口一直延伸到五十九街，跟之前几个举办展览的城市一样，热闹非凡，足见展览的受欢迎程度。用一位作家的话来说，没有一个城市"比纽约更热情地拥抱图坦卡蒙"。

当地电视台新闻记者和当地其他媒体记者日常报道的热点话题，全都是纽约人有多么热切、多么渴望想要去参观展览。《纽约时报》在其"关于纽约"专栏中介绍了一位女性，她的丈夫在他们即将进入展览时开始胸口疼痛。在叫救护车送丈夫去医院之前，这位女士让博物馆官员承诺，一旦她丈夫的身体状况稳定，她可以重新排在队伍的最前面。一位不愿透露姓名的大都会博物馆官员告诉记者："参观图坦卡蒙展览现在成了这座城市里的人社会身份和地位的象征，甚至取代了性别。"

根据大都会博物馆委托进行的一项调查，该展览在纽约市停留四个月期间为纽约市带来了超过1.1亿美元的收入，其中包括博物馆参观者在城市酒店、餐厅、购物和交通上的支出。曼哈顿的每家商店似乎都在销售图坦卡蒙风格的商品，从珠宝到服装再到家居用品。在高档百货公司布鲁明戴尔百货店展示的商品中，有一个手提包，上面印着的纽约口号"I ♥ NY"是用埃及象形文字写的。

当时，托马斯·霍温已不再担任博物馆馆长。他在回忆录中写道："与'图坦卡蒙国王'谈判——充满了冒险、挑战和纯粹的乐趣——是我在大都会职业生涯的巅峰。后来，慢慢地、几乎不知不觉地，我对博物馆感到越来越厌倦了。"1977年6月30日，他离开了大都会博物馆。

他在那动荡的十年，终以两大功绩作为终结。而这两大功绩都与古埃及有关——一是得到了丹铎神庙，二是举办了图坦卡蒙宝藏展览。巧合的是，就在图坦卡蒙宝藏展览开幕前一个月，安置丹铎神庙的赛克勒展厅落成揭幕，参观法老宝藏的游客从楼上的阳台上就可以一窥神庙的风采。

但所有参观者几乎都没有意识到，如果没有一位法国女考古学家的努力以及她发起的拯救努比亚古迹行动，大都会博物馆可能永远不会有引人入胜的神庙，也不会有令人着迷的图坦卡蒙宝藏展览。

第二十一章　『令他们起死回生』

在巴黎举办图坦卡蒙宝藏展览的七年前，一位名叫克里斯蒂安·勒布朗的法国小学生坐下来给埃及总统写了一封信。在信中，他恳求纳赛尔不要让努比亚的神庙被洪水淹没。他的父母和兄弟们对这位十一岁的孩子提出的倡议印象深刻，但也提醒他，纳赛尔可能永远看不到他的恳求，所以不要指望会得到总统的答复。

几周后，克里斯蒂安收到了一个来自开罗的官方信封，里面有一封盖有埃及总统办公室印章的信。他得意扬扬地给父母看了这封信。纳赛尔的内阁总管向他保证，总统确实在与联合国教科文组织合作，一起努力防止神庙被破坏。克里斯蒂安·勒布朗回忆道："我的勇气最终还是得到了回报。"

克里斯蒂安对文物古迹的兴趣始于几年前，当时他和一些朋友开始探索一座12世纪城堡的废墟。这座城堡是分布在巴黎东部塞纳河畔马恩村附近乡村的众多中世纪城堡和修道院之一。当联合国教科文组织向全世界发出拯救努比亚神庙呼吁时，刚刚上完古埃及学课的克里斯蒂安立即开始行动。他在学校发起了一场筹款活动，将所得款项和自己的大部分积蓄一起捐给了联合国教科文组织，并写了一封言辞恳切的信，请求该组织务必要拯救神庙。

联合国教科文组织一位名叫扬·范德·哈根的高级官员回信说，他"非常感谢你们为努比亚拯救神庙行动声援的热情"，他说，这是"对我们不懈追求目标的宝贵鼓励"，还有几位拯救神庙行动的带头人，包括德罗什-诺布勒古、萨尔瓦特·奥卡沙，以及瑞典考古学家托里尼·塞韦-瑟德贝里等，也都给他回信了。

当努比亚古迹救援行动取得胜利时，正在上大学的勒布朗迷上了埃及学。但迷上埃及学的并不止他一人。20世纪20年代霍华德·卡特对图坦卡蒙陵墓的发现引发了许多人对古埃及的兴趣，而如今，由德罗什带领的拯救神庙行动的成功，以及后来图坦卡蒙宝藏展览在世界多个国家举办，这一切又跟当年一样，引发了考古学，特别是埃及学的学习热潮。20世纪60年代和70年代初，法国大批学生报名申请进入卢浮宫学院、索邦大学和其他高等教育机构学习考古和相关课程。对于许多人来说，德罗什是他们的第一位埃及学教授。

长期以来，卢浮宫各展馆的负责人在其学院担任教授成了一种习俗——德罗什也是如此，她在卢浮宫学院愉快地教了四十多年的课。"我生来就是一名教师，"她告诉一位采访者，"我一直喜欢教人们文物的历史，并让它们复活。"众所周知，她确实让古埃及学在课堂上变得生动起来，就像她的导师兼教授艾蒂安·德里奥东所做的那样。关于德里奥东，德罗什说他"可以将死者唤醒，可以把蠢人变成学者"。她的学生对她也有同样的评价和赞誉。

后来克里斯蒂安成了德罗什的学生，学习埃及考古学。他如醉如痴地听着德罗什讲述法老时代晚期，埃及祭司是如何让拉美西斯二世和其他几位国王的木乃伊免受盗墓者的洗劫和破坏的，他们将其藏在一个没有标记的坟墓中长达数千年。他回忆道："我真的被这部令人惊叹的史诗迷住了，我们就像看肥皂剧一样，每天追着看。"

在卢浮宫最受欢迎的课程中，德罗什每周的讲座最为火爆，每次都能吸引大批学生和公众来到学校洞穴般的礼堂，聆听她的讲座。据吉耶梅特·安德勒-拉诺埃说，德罗什经常用彩色幻灯片对埃及神庙进行分析和解说，"听她讲座的人，无论出生在哪个年代，都喜欢听她讲的内容"。

其中一位听德罗什讲座的人，名叫安妮-玛丽·卢瓦雷特

（Anne-Marie Loyrette），她毕业于著名的巴黎政治学院（即众所周知的巴黎政治大学），在完成学业后不久就嫁给了她的一位同窗，并接连生下了四个孩子。卢瓦雷特和她的丈夫后来共同创立了一间法国顶级国际律师事务所。他们的生活优渥，舒适温馨，但她想要更多。在她快三十岁的时候，她对考古学产生了浓厚的兴趣，于是申请入学，成了德罗什的学生。她被德罗什的课深深吸引，最终成为所在学校的野外考察队队长，并与德罗什成了十分亲密的朋友，同时也是德罗什考古勘察队的重要成员。

卢瓦雷特的长子亨利·卢瓦雷特（Henri Loyrette）同样很喜欢德罗什。卢瓦雷特一家住在塞纳河与卢浮宫的正对面，他们的孩子从小到大几乎大部分时间泡在卢浮宫里。20世纪50年代末，当亨利小时候刚开始参观博物馆时，他发现博物馆里既安静又沉闷。后来，德罗什出现在他的生命中，她发起并参加了拯救努比亚神庙的行动，举办了轰动一时的图坦卡蒙宝藏展览，还进行许多受人欢迎的考古学讲座。每当她开讲座的时候，几乎人满为患，根本找不到座位，只能站着听。

她为卢浮宫注入的能量，激发了卢瓦雷特对博物馆的热情，从而促使他萌生了要以当博物馆的馆长为自己职业生涯的想法。他说，德罗什是他的榜样。长大后，他成为一位研究19世纪法国艺术的学者，重点研究对象是画家和雕塑家埃德加·德加。后来亨利·卢瓦雷特如愿成为巴黎奥赛博物馆的一名展馆负责人，并成为该博物馆的馆长。2001年，他被任命为卢浮宫博物馆馆长，上任后，他以坚定的决心和魄力努力改变卢浮宫现状，不断开拓创新，并以此闻名。2009年《纽约时报》的文章中对他的评价是："十年前他凭借重大扩张计划、卫星特许经营权和建立新的合作伙伴关系等一系列闻所未闻的措施，获得了巨大成功。而如今，他在殚精竭虑地反复思考至少未来二十年卢浮宫的定位和宗旨。"

德罗什向她的学生们一再强调勘察和发掘工作的重要性，并将其看作考古学的重要组成部分，尽管学生们更感兴趣的是成为博物馆馆长而不是野外考古学家。在担任卢浮宫埃及文物馆代理馆长期间，她也将实地考察作为卢浮宫学院的课程之一。

她经常说："我们不能用公认的想法来看待埃及这个国家，我们要做的不是充当它的翻译，而是让它与我们对话。"她告诉她的学生，对他们来说，至关重要的是，要尽可能多地了解埃及和埃及人民，无论是现代的还是古代的。特别是，他们必须了解埃及地理位置的重要性，尤其是埃及如命脉一般的河流。"尼罗河给了埃及人一切——无论是文化，还是自然景观——所有的一切都发源于这条河。要了解这个国家，你必须亲自去埃及，站在尼罗河前观察。只有这样的景观才能培养出这样的埃及文明。你不需要任何人教你，你需要自己亲眼去看。"

自然是埃及人生活的重要组成部分，无论是当时还是现在，皆是如此。德罗什相信："大自然对他们说话。一朵盛开的花，一座山——一切都是神的恩赐。这不是迷信，而是客观事实……经过一生的学术研究，我得出的结论是，尽管埃及人性格简单、直率，但他们非常聪明。他们聆听大自然的声音，并且以自己的方式解读和理解自然，而且比我们理解得更透彻、更清晰准确。"她对她的学生们说："要想深入研究埃及文明，你必须开放思想和心态，尽可能接近埃及人的思维和理念。你越是试图理解事物的原因，你就离它们越近。所以你必须质疑，对事物要敏感，永远不要消极。"

从20世纪60年代末开始，德罗什每年都会带领考古发掘队伍前往埃及，其成员都是她挑选出来的最有前途的学生。团队去了几次努比亚之后，便将注意力转移到了古城底比斯，以及位于尼罗河西侧的陵墓和陪葬神庙。德罗什明确表示，考古发掘队的任务不仅是挖掘新的遗址，寻找新的发现，而且还是研究和记录已经发现的古迹建筑里的铭文和其他特征。

也许是受贝尔纳·布吕耶尔的耳濡目染，德罗什一直强调记录的重要性，即通过照片和手工抄录的方式，记录挖掘文物的每一个细节，因为许多文物在被发现后从未经过仔细检查。随着时间的推移，越来越多的文物在经历着物理性退化，因此这就更加迫切地需要将文物仔细记录下来。

在为期一个月的考古发掘任务中，她团队里的几名成员在帝王谷及其周边地区的山丘岩石上寻找古代雕刻的痕迹。其他人则在拉美修姆（Ramesseum）的废墟中进行考古工作，这是商博良为拉美西斯二世在尼罗河西岸的巨大陵庙建筑群所起的名字，离帝王谷不远。在拉美西斯二世为纪念自己而建造的众多纪念建筑中，拉美修姆是最大的一座。数万名工人花了二十年时间才将其建造完成，整个陵庙建筑群占地约11.5英亩。

然而，虽然对于埃及学家来说，这些遗址——无论在过去还是现在——都是研究第十八王朝和第十九王朝的丰富宝库，但是德罗什最喜欢的考古发掘地点是王后谷（Valley of the Queens），那里埋葬着那些王朝当中各位法老的众多妻子和其他亲属。越过帝王谷就是王后谷，这里被古埃及人称为Ta Set Neferu（意为美丽之地）。然而，与帝王谷不同的是，王后谷在很大程度上被西方考古学家忽视了。一百五十多年来，西方考古学家一直将注意力集中在法老的陵墓上，他们中的许多人无疑都希望自己能像霍华德·卡特一样，发现像图坦卡蒙陵墓一样充满宝藏的墓穴。

德罗什-诺布勒古（最左）与她的考古发掘队成员在埃及，队员中包括安妮-玛丽·卢瓦雷特（中）和莫妮克·内尔森（最右）

第十八王朝的王子和公主是第一批埋葬在王后谷的皇室成员。虽然那个王朝的法老们都追求精美华贵的墓穴，墓穴里很多地方雕刻着国王与神明的随葬铭文和绘画，但王后谷的大多数墓穴没有这种华丽的装饰，甚至有时很难确定埋葬在墓穴里的人是谁。

随着第十九王朝的到来，一切都发生了变化。这一王朝早期的法老——如拉美西斯一世、塞提一世和拉美西斯二世等——都是强大的统治者，自然他们也拥有同样强大的妻子和母亲，其中一些人成为法老亲密的顾问和伙伴。从拉美西斯一世开始，该王朝的法老们就将王后谷作为王室里面地位最高、最受爱戴或宠爱的女性亲属的墓地，并建造了许多多室陵墓，其宏伟和奢华程度与法老自己的墓穴相差无几。

在拉美西斯二世漫长的统治期间，他下令在王后谷中建造了至少八座陵墓，其中包括为他的母亲图雅（Tuya）王后、他最爱的妻子奈菲尔塔利，还有他的四个女儿建造的陵墓。这四个女儿也先后成为他的妻子，并相继加冕为王后。

在这两个皇家墓地中，大多数陵墓在法老时代即将落幕时被洗劫一空，包括墓穴里的木乃伊和大部分宝藏，其中王后谷的陵墓遭受的破坏最为严重。因此，当19世纪的考古学家在那里挖掘陵墓时，没有发现任何令博物馆或私人收藏家感兴趣的东西。考古学家们无法提供任何发现的记录，包括埋葬地点和墓穴主人的身份。这些墓穴被发现之后，便只能再次归于沉寂，无人问津。

20世纪初，意大利埃及学家埃内斯托·斯基亚帕雷利在王后谷组织了第一次科学考察。1905年，他发现了20世纪最伟大的考古发现之一：奈菲尔塔利的墓地，时至今日，它仍被认为是古埃及最美丽的陵墓之一。奈菲尔塔利的木乃伊和她的大部分陪葬品早在几千年前就被盗走了，但小偷们无法偷走墙壁上雕刻的5200平方英尺的精美绘画和铭文，颜色和陵墓被封那天一样鲜艳亮丽。

历史学家娜塔莉亚·克里姆扎克写道："法老以他妻子的陵墓表达和寄托对妻子的深情，这是很不寻常的。在（奈菲尔塔利的）墓中，拉美西斯二世给妻子留下了一份美妙的爱的宣言。铭文的内容证明了法老对她的真爱，她的死令法老伤心欲绝。"可惜的是，后来很少有考古学家跟进斯基亚帕雷利在王后谷中的考古工作，始终认为隔壁的帝王谷陵墓才是应该被关注的对象，因为只有发现法老的陵墓才能真正让他们名利双收，永载史册。

德罗什对此并不赞同。埃及的许多方面令她很感兴趣，其中之一就是第十九王朝皇室女性大多拥有极高的地位，在统治埃及过程中发挥着极其重要的作用，在某些情况下，是她们帮助治理了这个国家。因此德罗什打算对王后谷的陵墓进行彻底的研究，以了解更多关于这些皇室女性的信息，包括确定她们以前的身份。

她最为感兴趣的是希望能找到拉美西斯二世令人敬畏的母亲图雅的陵墓。图雅是第十九王朝最重要的女性之一，对于她的丈夫塞提一世（Seti I）和她的儿子拉美西斯二世来说，她是位有影响力的顾问，塞提一世为她建造了好几座纪念神庙，包括拉美修姆附近的一座小神庙。德国埃及学家卡尔·勒普修斯于1844年发现了图雅的陵墓，但没有发现任何有价值的东西，其位置的记录也已丢失。

德罗什非常清楚，在王后谷想要找到任何东西都是一项令人难以置信的艰巨任务。经过数十年的沉寂，原先的墓穴已经变成了巨大的垃圾堆，被无数吨的瓦砾和其他碎屑吞没。许多敞开的陵墓成了野生动物的巢穴，几乎被岩石、骨头，以及数百年前被称为塞巴赫（sebakh）的灰尘和破碎的文物残片填满了。尽管如此，德罗什有种预感，觉得图雅王后可能就埋在这里。

从早期的发掘来看，王后谷似乎被划分为几个区域，每个区域埋葬着不同法老及其家族。例如，拉美西斯一世和塞提一世统治时期建造的陵墓集中在山谷的南坡，而拉美西斯二世的妻子和女儿的墓穴则位于北坡。德罗什-诺布勒古相信拉美西斯二世会把他深爱的母亲安葬在奈菲尔塔利附近。

在1972年的探险中，德罗什选择了其中一个区域，认为这里很有可能就是图雅陵墓所在地。经过几天的清理，她的埃及工人发现了一个似乎向下延伸的台阶。但台阶的石头已经被砸碎了，她的团队整个挖掘季都在清理这段台阶，最终到达了台阶的底部。在艰苦的挖掘过程中，他们发现了一些令人惊喜的线索，包括一个被称为乌沙布提（ushabti）的小型陪葬小陶俑，一个陶俑就代表一个在来世侍奉死者的仆人。其中一尊蓝色的彩釉陶俑上刻着"图雅王母"的字样。六十岁的德罗什，对于这一发现感到既激动又难过。她似乎找到了图雅的陵墓，但这一年的挖掘季即将结束，她既没有时间，也没有资金为这座陵墓做更多的事情，所以不得不等到转年的这个时候再来进行挖掘，看看还能有什么发现（如果陵墓里还有什么的话）。

1973年，德罗什把她以前的学生克里斯蒂安·勒布朗也招入了她的团队。勒布朗的勤奋和奉献精神给德罗什留下了深刻的印象，因此德罗什愿意做他的导师，给予他指导。她指导过许多年轻且有抱负的埃及学家，其中一些人已成长起来，成为该领域的领军人物。多亏了德罗什的推荐，勒布朗得以在1973年被招入考古发掘队大放异彩之前，进入卢浮宫埃及馆实习。在挖掘季刚刚开始，勒布朗就抵达了卢克索，德罗什让他协助团队继续探索去年他们挖掘的那座陵墓，因为她确信那就是图雅的墓穴。

当德罗什和她的团队开始挖掘陵墓的第一个房间时，他们发现里面的残垣瓦片已经堆到了天花板。德罗什感到很沮丧，因为不知道在挖掘季结束之前，他们能不能完成对这座陵墓的挖掘工作，并验证她的直觉是否正确。

在挖掘季接近尾声时，清理行动终于有了些许成果，发现了令人惊喜的迹象，表明德罗什之前的判断是正确的。在一片废墟之中，他们发现了几十尊乌夏布提（陶俑），除此之外还有花瓶、雪花石膏制成的容器、洗漱用具的碎片和粉红花岗岩碎片。德罗什得出结论，这些粉红花岗岩碎片来自图雅王后破碎的石棺。更重要的是，他们发现了一个刻着编号22的葡萄酒罐碎片，德罗什认为这是图雅去世前最后一次收获葡萄酒的日期。换句话说，这位王太后是死于拉美西斯二世统治的第二十二年。

不过，令德罗什-诺布勒古沮丧的是，在接下来的几天里，再没有任何其他值得注意的发现。在探险的最后一周，德罗什不得不离开王后谷前往开罗。她委托勒布朗在她不在的时候负责主持挖掘工作。在挖掘任务即将结束的四天前，一名埃及工人从前厅墙脚的碎石中挖出了一个圆形物体。他通知了勒布朗，后者立刻赶到了现场。在仔细清理了碎石后，他发现了一尊雪花石膏半身像，这是"一件精致的小巧杰作"，上面仍然有青金石镶嵌的痕迹。这就是图雅本人，是迄今为止发现的唯一保存完好的王后肖像。

而那块碎石片是一个卡诺皮克罐[1]的盖子，里面装着被制成木乃伊的女王内脏。德罗什形容这位王后是，"看上去有些调皮，她的嘴角微翘，露出淡淡的笑容，下巴很小但很刚毅"。这是从图雅墓中发现的最珍贵的宝藏，半身像现保存在卢克索博物馆。

虽然德罗什时常在她的研究队伍里添加新人，但其队伍的核心仍是几位常年与她共事的年轻专业人士，其中一位就是克里斯蒂安·勒布朗，他最终成为这支考古队的副队长。另一位是居伊·勒屈约，也是德罗什以前的学生——对德罗什感恩备至，他很感谢德罗什开启了他埃及学家的职业生涯。勒屈约回忆说："德罗什能

---

[1] 卡诺皮克罐：古埃及人制作木乃伊时用作保存内脏，以供来世重生的器具。——译者注

清楚地看到每个人的特质，并在他们需要的时候推动他们，支持他们，让他们能够始终坚持自己选择的道路。"后来勒屈约被征召到法国军队服役一年，德罗什安排他以技术顾问的身份，将他从军队借调到 CEDAE[1] 工作，让他得以继续做有关考古的工作。与勒布朗一样，勒屈约与德罗什已经共事了十多年，他先是在拉美修姆进行考古工作，然后在王后谷继续做考古研究。后来，他在萨卡拉和埃及其他遗址，以及近东和中亚进行考古研究和挖掘工作，并且成就显著。

图雅王后半身像，由克里斯蒂亚娜·德罗什-诺布勒古的考古发掘团队于1974年发现，现收藏于卢克索博物馆

1　CEDAE：古埃及艺术与文明史文献研究中心，见第十章。——编者注

在合作了这么长时间后，团队中的人早已把这里当作一个紧密团结的大家庭，而他们每个人都是这个大家庭中的一员。这个大家庭里还有许多的埃及考古学家和其他专业人士。这并不奇怪。从一开始，这个法国考古挖掘团队就在德罗什的带领下，坚持不懈地在王后谷进行挖掘工作，并与CEDAE密切合作。而CEDAE自二十年前成立以来，已经成为世界上最出色的古埃及研究中心之一。

德罗什的几位埃及同事也与她共事了十多年，其中包括埃及文物管理委员会的前督察员法希·哈萨宁，如今已成为德罗什团队的高级成员。哈萨宁毕业于开罗大学埃及学专业，1962年加入CEDAE工作，在努比亚古迹救援行动期间，参加了对阿布辛贝和其他濒危神庙进行勘察和考古研究。1975年哈萨宁在里昂大学获得埃及学博士学位后，一直陪伴在德罗什身边，参加了她在拉美修姆和王后谷的大部分考古挖掘任务。

王后谷考古挖掘队伍中还包括数十名埃及劳工，他们与德罗什关系友好而亲密，其中一些人与德罗什打了大半辈子交道。德罗什关注每个埃及工人和他们家人的消息，并从法国为他们寄去生日礼物。让-路易斯·克卢阿尔是德罗什团队的摄影师，他回忆说德罗什与工人们相处很融洽，他说，德罗什能流利地说阿拉伯语，但跟工人们交谈时，说的却是他们的方言，"用新学的俏皮话与他们聊天，逗得他们大笑"。

正如德罗什在之前的挖掘行动中所做的那样，她承担了为团队中生病或受伤的成员提供医疗护理的工作。克卢阿尔记得，几乎每天晚上都有"六七名工人排队接受治疗"。但他认为，工人们去那里的主要原因是"为了跟她聊天，说说笑笑"。

第二十二章 杰姬和亚里

1974年3月下旬，德罗什-诺布勒古带领她的年轻埃及学家考古团队正在王后谷进行考古挖掘任务时，突然接到驻开罗的法国大使馆的电话，得知杰奎琳·肯尼迪正与她的丈夫和两个孩子一起来埃及旅行，并想在第二天参观她的挖掘现场。

这将是努比亚救援行动中发挥关键作用的仅有的两名女性首次会面。而且，令人惊讶的是，没有迹象表明双方知道彼此在救援行动中所做的努力。因为两人都主要在幕后工作，他们的功绩也都没有受到公众的关注。

事实上，德罗什听到杰奎琳·肯尼迪·奥纳西斯一家来访消息时并不太高兴。因为这一年的挖掘季很快就要结束了，在结束之前，她和她的团队还有很多事情要做。她不希望自己的工作被打断，被迫扮演前第一夫人和她的第二任丈夫——希腊千万富翁的导游。

几个小时后，她收到了杰奎琳的一张便条，询问他们是否可以见面讨论他们此次旅行的日程安排。这对夫妇和跟随他们的一行人住在租来的一艘游艇上，他们计划乘船进行一场尼罗河之旅。德罗什回信说，她将在完成当天的挖掘任务之后，在挖掘现场与杰奎琳见面。

当天下午晚些时候，德罗什决定不花时间洗澡换衣服了，直接去他们的船上。当她到达卢克索郊外港口的锚地时，天气炎热，尘土飞扬。有人告诉她，奥纳西斯夫人很快就会来。半个小时后，德罗什仍然没有见到杰奎琳的身影，于是她明确表示她还有其他事情要做，不能再等了。最后，她被人领到用餐区，终于见到了那位前第一夫人。德罗什发现此人"非常和善、友好且害羞"。杰奎琳对她的到来表示感谢。他们约好第二天早上六点在王后谷开始游览。

在交谈过程中,亚里士多德·奥纳西斯(Aristotle Onassis)来了,身后还跟着两个男人,随即他们也加入了她们的谈话。当杰奎琳正要开始将她丈夫介绍给德罗什时,突然被叫去接一个紧急电话。后来,德罗什说:"我想,奥纳西斯很可能并没听说过我这个人,他在我坐的桌子旁敷衍地跟我打了个招呼,然后点了三杯威士忌。"酒水来了之后,三个男人也不理她,各自手里拿着酒杯,继续聊天。大约十分钟后,德罗什感到越来越恼火,于是断然打断了他们的谈话,"以一种温和愉快的口吻"问奥纳西斯,"他能不能也给我点一杯喝的,因为我刚从沙漠里来"。

奥纳西斯冷冷地看着她,厉声说道:"你是谁啊?"说完,德罗什的怒气立刻就爆发了,对待傲慢自大的男人时,她向来如此。她厉声回应道:"我就是你和你妻子从巴黎追过来要找的人。我就是要带你和你的朋友去参观挖掘现场的人。就在几分钟前,你也看到了,跟你妻子说话的那个人就是我。"

"啊,是你,德罗什-诺布勒古夫人?"奥纳西斯回答说,"嗯,从你和我说话的方式来看,你一定对与你共事的人很苛刻。"德罗什回击道:"我对我的合作者很友好,也很有耐心,因为他们比你有教养多了,从来不会对我无礼。"

德罗什回忆道:"我们当时完全是针尖对麦芒。"奥纳西斯继续加大火力,说:"当然,你的团队里既有男性也有女性,对吧?这一定会导致一些非常有趣的情况发生。"德罗什回答道:"奥纳西斯先生,我不知道你在什么样的环境中工作,但你必须知道,在我们的工作环境中,人们不会把科学研究与妓院混为一谈。"杰奎琳的出现打断了他们两人言语上的交锋。德罗什很快离开了,因为她确信今后再也不会见到亚里士多德·奥纳西斯了。

第二天早上六点整，一辆小巴在距离德罗什所在的挖掘现场几百英尺的地方停了下来。几个人陆陆续续下了车，朝德罗什和她的团队走去，其中包括杰奎琳和她的两个孩子，卡罗琳和约翰·肯尼迪。亚里士多德·奥纳西斯走在最前面。他看到了他们拜访的东道主兼导游，于是挥舞着手臂喊道："啊，克里斯蒂亚娜！我们来了！"德罗什还在为前一天他们两人针锋相对的谈话而恼怒，于是毫不客气地回答："冷静点，亚里！你怎么直接叫我的名字了？"

在这第二次激烈的言语交锋之后，德罗什确信他们两人会在接下来的一天里继续唇枪舌剑。于是为了报复，她决定带他们去参观新发现的图雅女王陵墓，至少这对体型高大的人来说是一个挑战。没有台阶通往坟墓，作为入口的岩石斜坡又窄又陡，凹凸不平。而墓穴里面的墙壁上也布满了黑漆漆的烟尘。

尽管德罗什事先提醒过他们，通向图雅陵墓的路并不好走，而且里面也脏兮兮的，但杰奎琳和亚里（德罗什继续这么叫他），并没有被劝阻，两人径自抓着布满烟尘的墙壁爬下墓穴，而且也没让德罗什和她的团队成员帮忙。接下来他们又参观了奈菲尔塔利的陵墓，以及拉美西斯三世几个儿子的墓穴，此时德罗什对奥纳西斯先生开始有了些许的改观。一路上他问了德罗什很多问题，似乎对德罗什的回答很感兴趣。他甚至还谦逊有礼地为自己之前的粗鲁行为道歉。在行程即将结束时，德罗什说："这次参观之行的确很令人愉快，无论是对作为导游的我来说，还是对其他人来说，大家都很开心。"

事实上，德罗什非常喜欢这对夫妇的陪伴。当奥纳西斯感谢她抽出时间陪伴他们，并说他们要去看拉美修姆神庙时，她主动提出充当他们的导游。在主神庙巨大的多柱大厅里，德罗什讲解道，原来的四十八根柱子中有三十九根仍然矗立着，每根柱子上都有精心雕刻的浮雕，显示拉美西斯二世向各种神献祭的画面。德罗什解释了那些浮雕的含义，并向他们介绍了描绘拉美西斯二世在卡迭石与赫梯人战斗的宏伟场面的其他雕刻作品。奥纳西斯和他的妻子被这些雕刻深深吸引，尤其是大厅上层的雕刻。他们爬上陡峭的梯子，来到一个摇摇欲坠的木制脚手架平台，以便更详细地端详它们。

克里斯蒂亚娜·德罗什－诺布勒古与亚里士多德·奥纳西斯、杰奎琳·奥纳西斯夫妇，1974年

德罗什－诺布勒古回忆道，一整天"奥纳西斯提出的问题都是最有水平的。在我陪同他参观的那段时间里，我发现他是一个

很有文化底蕴和内涵的人。他不断将古希腊的思想和理念与古埃及的进行比较。最后，我们坐在神庙柱廊的树荫下一起吃午饭，一边吃，一边像老朋友一样聊天。我觉得他很讨人喜欢"。

显然，奥纳西斯和他的妻子对她也有同感。他们没有回到游艇上吃晚饭，而是在德罗什的挖掘现场吃露天晚餐。当杰奎琳得知德罗什下个星期天要回巴黎时，她邀请这位埃及学家和她的丈夫，在她回来的第二天晚上与他们在巴黎的一家著名餐厅——马克西姆餐厅共进晚餐。遗憾的是在最后一刻，德罗什的行程安排出现了问题，无法赴约。奥纳西斯得知这件事后，他立即推迟了出差日期，以便让他们四人在第二天晚上可以一起在马克西姆餐厅吃晚餐。那天的晚餐令人十分愉快，奥纳西斯和杰奎琳邀请德罗什夫妇第二年与他们一起在奥纳西斯拥有的希腊岛屿——斯科尔皮奥斯（Skorpios）岛度假一周。可惜几个月后，奥纳西斯去世了，这次邀约再也没能成行。杰奎琳和德罗什自此再也没有见过面。

在与这对夫妇的短暂会面中，比起沉默寡言且矜持的杰奎琳，德罗什-诺布勒古显然对快人快语且有传奇色彩的奥纳西斯更感兴趣。只是很可惜，如果德罗什有更多的时间与杰奎琳交谈，她很可能会发现这位前第一夫人对古埃及有极为深刻的了解——在她入主白宫后，她对古埃及的兴趣已经发展成了一种深爱。更重要的是，德罗什或许能够更深入地了解到，她和努比亚救援行动对杰奎琳的亏欠。因为正是由于杰奎琳在其中所起到的关键作用和所做的一切，才使得努比亚救援行动取得了如此超凡的成功。

在杰奎琳·肯尼迪·奥纳西斯的余生中，古埃及文明仍然是她生活中的重要部分。事实上，她认为在奥纳西斯去世后，古埃及文明在帮助她重塑自我方面发挥了作用。她告诉朋友说，她从一幅埃及纸莎草卷轴上看到一句话，上面提到了存放法老木乃伊的陵墓和神庙只是短暂存在的，这些陵墓和神庙最终会像里面的墓主人一样灰飞烟灭。那句话是这么说的："活着的时候，你必须遵从你的渴望。"因为"没有人离开后会又回来"。

奥纳西斯去世后的第二年，她开始"追随自己的渴望"，逃离两位知名丈夫的阴影，重塑自己的生活。她对一位熟人说："我一直是通过男人来生活的。但现在我意识到我不能再那样做了。"

她按照自己的方式对自己进行重塑和改造，让自己脱胎换骨。她一生都是个喜欢独处的人，与书籍相伴要比与人相处更自在。正如她的传记作者之一威廉·库恩所说："当她的孩子们长大后，她找到了一种方法，从一位读者转变成靠着书籍过上新生活的人。"在杰奎琳四十四岁时，在她毕生热爱的历史和文学的激励下，她开启了自己新的职业生涯，成为一名图书编辑，先是在维京出版社工作，后来去了双日出版社。

《出版人周刊》的一位记者问杰奎琳最感兴趣的是哪类书，她回答道："（我喜欢）超越日常经历的书，比如关于其他文化和古代历史的书籍。"她对跟法老时代的埃及有关的书籍特别着迷，在她担任编辑的十八年里，她主持编辑了好几部关于此类主题的书籍。其中两本的作者是乔纳森·科特（Jonathan Cott），他曾是《滚石》杂志的特约编辑。

当科特和杰奎琳一起完成了他的第一本书的初稿之后，杰奎琳请他来她的办公室，说她有一些他可能会有兴趣看一看的书。她的桌子上高高地堆着二十多本关于古埃及历史、艺术和宗教的书，都来自她的私人藏书，其中包括《埃及记述》的第一版，这是法国学者在 19 世纪初与拿破仑一起远征埃及后出版的一系列插图精美的书籍。杰奎琳对法老时代埃及的深刻了解和广博认知令科特感到十分惊讶，她在科特几乎每一页手稿上写下的批注中都透露出了这一点。

科特说："她对我正在写的这本书充满了热情和渴望，似乎她自己也在期待着这本书能尽快出版。听着我的编辑对古埃及的精彩见解，以及她对我手稿热情洋溢且详细具体的评论，我很快就开始想象……仿佛我也进入了古埃及的世界，与一位如纳芙蒂蒂一样美丽的埃及王后交谈。"

事实上，科特并不是唯一将杰奎琳视为埃及王室成员的人。1960 年肯尼迪赢得大选后不久，杰奎琳请时装设计师奥列格·卡西尼为她设计入住白宫后的衣着。卡西尼后来写道："杰姬让我想起了一位古埃及公主——面容轮廓分明，就像象形文字一样，她的眼睛像狮身人面像，脖子修长，四肢纤细，肩膀宽阔，臀部狭窄，举止威严。我想给她设计简洁利落的衣着，线条分明而流畅，带有一丝埃及风格。"

后来，在与科特的合作中，杰奎琳邀请他到她在第五大道的公寓，向他展示了她收藏的其余与埃及相关的书籍和文物。在他们的谈话中，杰奎琳向他讲述了她与安德烈·马尔罗的友谊，说这位法国文化部长显然对她很有好感，但并没有提到她对他也有同样的感觉。她还说是马尔罗向她引荐了德罗什-诺布勒古，并建议她去埃及时找她。

有一次，杰奎琳把科特带到公寓那扇可以俯瞰大都会博物馆的窗户前，透过展厅的玻璃外壳可以清楚地看到那座丹铎神庙，她指着神庙说道："你想知道它是怎么到了大都会博物馆的吗？"

她问道。科特回答说想知道。科特回忆道:"她告诉了我这个令人难以置信的故事,以及她为何有责任得到那座神庙。是她让杰克·肯尼迪为埃及捐款的。"

科特与杰奎琳合作的第二本书讲述的是埃及神伊西斯和奥西里斯的传说。科特说:"她真的对伊西斯和奥西里斯的神话很着迷。我们过去经常谈论这个故事……杰姬非常、非常喜欢这个故事。简单来说,这个传说讲的是一个死去的丈夫被他的妻子复活,并赋予了他永恒不朽的生命的故事。虽然她没有对我说什么,但我想她心里对这个故事可能很有感触。"

杰奎琳对埃及的迷恋也延续到了现代。1988年,埃及作家纳吉布·马哈福兹获得诺贝尔文学奖后,她阅读了他最有名著作的法语译本——讲述了从"一战"至"二战"结束期间生活在开罗的一个家庭的小说三部曲。这三本书最初于20世纪50年代以阿拉伯语出版,被视为埃及以及埃及人民在那段时期的史诗般写照,尤其是埃及人民为摆脱外国影响和控制、为赢得独立而进行的那场斗争。

尽管马哈福兹的出版商,开罗美国大学出版社出版了英文版,但印刷数量并不多,因为美国读者几乎完全不知道这三部曲及其作者。于是,杰奎琳决心扭转这种情况。她成功地游说双日出版社的出版商阿尔贝托·维塔尔购买三部曲——《宫间街》《思宫街》和《甘露街》,以及马哈福兹的其他十几本小说的版权。维塔尔回忆道:"最终我们将这些书的版权卖到了世界各地。"

杰奎琳在与乔纳斯·科特以及她合作的其他作家打交道时,常跟他们说一句埃及谚语:"谈论死者就是让他们重生。"她说,他们在书中就是这样做的。其实她也做过同样的事情,不仅在她编辑出版的书之中,也在她为拯救阿布辛贝神庙,并使建造神庙的古埃及人的惊人成就永存于世而进行的激烈斗争和努力之中。但这一切她从未向别人提起过。

第二十三章

治疗拉美西斯

1976年一个阳光明媚的秋日下午，克里斯蒂亚娜·德罗什 - 诺布勒古又一次看到了卢克索方尖碑，距离她第一次看到它已过去了六十年。而这一次，德罗什是带领车队缓缓绕过这座矗立在协和广场中心的粉红花岗岩巨型石柱。在这列车队里，有一辆面包车两侧是有摩托车骑警护送的，里面装运的是拉美西斯二世法老的木乃伊。而这座方尖碑就是这位法老在三千多年前下令建造的。当天早些时候，德罗什 - 诺布勒古护送拉美西斯二世的木乃伊从开罗前往巴黎，她脑子里始终有一个想法，令她无法抗拒，那就是她想要让这位主宰了她一生的君王，与这座激发了她一生对古埃及热情的纪念碑重聚在一起。

拉美西斯的木乃伊被运到巴黎的事情始于两年前，当时的法国文化部的部长米歇尔·居伊召唤德罗什 - 诺布勒古去他的办公室。此时的他仍然沉浸在图坦卡蒙宝藏展览的成功喜悦之中，所以希望德罗什能在卢浮宫再举办一场大型展览，这次的焦点人物是异教徒法老阿肯那顿。

德罗什 - 诺布勒古对这个想法没有什么兴趣和热情。阿肯那顿和图坦卡蒙的统治只相隔几年，而且之前的展览也已经涵盖了那个时期——第十八王朝的末期。不过更重要的问题是没有什么可供展示的墓葬品。因为阿肯那顿的陵墓，就像除了图坦卡蒙之外的几乎所有其他法老的陵墓一样，都被盗墓者掠夺过，所有随葬品都被洗劫一空。与阿肯那顿和他的统治相关的高级文物凤毛麟角，而且很难获得，因为它们分散在埃及的各个博物馆中。回忆起她与开罗博物馆负责人之间的艰难沟通，她实在不想再忍受与更多的博物馆官员之间相互讨价还价和争论不休了。

米歇尔·居伊接受了她的观点，但让她必须想出一个替代方案。德罗什随即建议举办拉美西斯二世宝藏展览。小时候，她对图坦卡蒙很着迷，但成年后，她则对这位阿布辛贝创造者更为钟情。她之所以选择他，也是因为拉美西斯在位时间极长，而且喜欢为自己建造神庙等纪念建筑，这意味着有太多的文物可供选择。此外，一个专门为拉美西斯二世举办的展览将会使她有机会更深入地探索第十九王朝的起源。关于拉美西斯，有许多课题可以研究：比如拉美西斯的父母和更早的祖先，他的妻子和孩子，他的帝国的建设，阿布辛贝神庙和他的许多其他纪念建筑，他统治时期的宗教、教育和文化，甚至那些为他工作的人的生活，例如他的抄写员、建筑师、雕塑家和其他住在代尔麦地那的工匠们等等。

于是德罗什-诺布勒古和她在卢浮宫的团队一起，开始策划这场展览，并花了很长时间与开罗的埃及官员就愿意借给卢浮宫的文物进行谈判。克里斯蒂安·勒布朗如今作为CEDAE的法国联络员常驻埃及首都，因此也参与进来，协助德罗什进行策划。最终共有七十二件文物参展，几乎是图坦卡蒙宝藏展览的两倍。

尽管德罗什-诺布勒古从未在回忆录中承认过，她曾向法国官员提出过将拉美西斯二世木乃伊作为展览核心的可能性。但法国总统瓦莱里·吉斯卡尔·德斯坦在对埃及进行国事访问期间，向埃及总统安瓦尔·萨达特提出了这一请求，并承诺将会"以适当的方式和充满敬意的态度"展示这具木乃伊。然而，这一消息被泄露给了埃及媒体，引发了埃及人的愤怒。《金字塔日报》在文章中怒斥道："我们倒要问问友好的法国人：他们愿意把拿破仑的遗体运到埃及展出吗？"

于是萨达特拒绝了法国总统的请求，而吉斯卡尔·德斯坦也做出了让步，并向埃及外长保证，法国无意"冒犯你们一些同胞的敏感心灵"。但按照德罗什-诺布勒古的请求，法国总统提出了一个替代方案。这源于一位居住在开罗的法国医学家的断言，他说拉美西斯的木乃伊不适合在任何地方继续公开展示，包括现在它被展出的地方——埃及博物馆。这位名叫莫里斯·比卡伊的医学家一直在研究拉美西斯二世的死因，而且他已获得博物馆的许可，可以检查这位法老的木乃伊。在取下包裹着这位统治者尸体的绷带后，他发现部分遗体仿佛被什么东西吃掉了——目前具体原因尚不清楚。

这不是这位著名法老的木乃伊第一次深陷困境，岌岌可危。数千年前，它被盗墓者从陵墓里挖出来，盗墓者拿走了所有值钱的东西，包括拉美西斯遗体上的珠宝，然后将木乃伊遗弃；一个多世纪后，它才被重新埋葬，但那座陵墓也被盗了；大约在公元前10世纪，底比斯的祭司们将拉美西斯的遗骸收殓，被收殓的还有其他三十五位法老的遗骸，他们的陵墓也遭受了同样的破坏，祭司们将他们的木乃伊藏在帝王谷的一个空墓穴中妥善保管。在那里，诸多埃及法老木乃伊被粗糙的亚麻裹尸布包裹着，像柴火一样耻辱地被堆放在那里近三千年。

这些木乃伊于1881年被发现，最终被存放在埃及博物馆。最初存放在博物馆一楼的一个房间里，并禁止公众进入。然而，几十年后，它们被放在带有可拆卸玻璃盖的石棺中展出。比卡伊表示，这些木乃伊在沙漠中挺过了数千年，不仅因为它们经过了防腐处理，还因为它们被藏在干燥、无空气的地下空间中。在博物馆里，它们被暴露在极端的高温和潮湿环境下，而且为了让像他这样的医学专家检查木乃伊，玻璃盖子还时常被取下来，这就使木乃伊的情况变得更糟了。

在得知拉美西斯的情况恶化后，德罗什-诺布勒古咨询了比卡伊和几家埃及医疗权威机构，然后会见了埃及文物委员会主任贾迈勒·莫赫塔尔（Gamal Mokhtar），解释了这一情况，并强调了解决这一问题的迫切性和必要性。她说，她已经调查过，埃及的医疗机构没有办法照顾这具木乃伊，因此她建议将其送往巴黎进行检查和治疗。

莫赫塔尔摇了摇头。他虽然对德罗什的呼吁表示理解，但认为这样做恐怕行不通，仅在政治方面就十分令人担忧，因为之前将这具木乃伊被列为巴黎展览文物的报道已经引起了埃及人的愤怒。他说，政府官员绝对不会同意让埃及历史上最伟大的人物被送到国外进行展览。他还说："我们不能将这样一位盖世英雄的遗体运送到国外，哪怕只是暂时的。如果这样做的话，我们中的一些人，尤其是那些虔诚的宗教信徒会怒不可遏。"

德罗什-诺布勒古继续强调自己的观点，莫赫塔尔说她唯一能成功的机会就是获得法国和埃及两国元首吉斯卡尔·德斯坦和萨达特的批准。作为能够说服法国总统听从她要求的老手，德罗什劝说吉斯卡尔·德斯坦联系萨达特，提出拯救木乃伊的计划。与此同时，她找到了法国人类博物馆馆长莱昂内尔·巴鲁特（Lionel Balout），三十五年前，该博物馆曾是她所属的战时抵抗组织的总部。法国的人类博物馆是世界上最著名的人类学博物馆之一，其最出名的就是高水平的古代人类遗骸法医检查。

巴鲁特同意并主持对拉美西斯木乃伊的检查。德罗什要做的，除了得到萨达特的批准外，还要找企业融资，解决资金问题。她知道法国政府永远不会同意支付这笔费用，于是联系了以前曾在卢浮宫学院学习的一名学生，现在这名学生是一家法国石油公司的总裁,该公司在埃及拥有钻井特许权。这名学生听到她的要求后,立即表示了支持。

吉斯卡尔·德斯坦在给萨达特的信中请求允许法国方面对这具木乃伊进行治疗,他向萨达特保证,法国渴望"为保存你们荣耀而辉煌的过去所留下的遗迹尽其所能"。几年后,在一次采访中,这位法国前总统说,他向萨达特明确表示,如果"他同意这一提议,我们将把拉美西斯二世的木乃伊视为一国国家元首的遗体"。据克里斯蒂安·勒布朗说,萨达特敏锐地意识到"这一态度恭敬恳切的提议的重要性,法国总统的提议不仅给了埃及古老的祖先足够的荣耀,还能使他在当时欧洲最先进的实验室接受治疗"。于是这位埃及领导人最终同意了这一提议。

就此,对拉美西斯二世的治疗行动开始了。德罗什-诺布勒古开始为法老的巴黎之行做准备,这将在 5 月初为纪念这位法老而举办的展览开幕的几个月后进行。

拉美西斯大帝的展览规模远比图坦卡蒙的展览盛大得多。此次展览展出了七十二件文物以及许多关于阿布辛贝、奈菲尔塔利陵墓和其他纪念建筑的超大照片,占据了大皇宫三层楼的八个展室,以及卢浮宫旁的一个巨大展览厅和一个博物馆。展览厅的入口,矗立着一尊令人惊叹的黑色花岗岩拉美西斯雕像——一个裸体的孩子坐在守护他的一只巨鹰的腿上,鹰代表着迦南神荷鲁恩(Horun),同时也是埃及神荷鲁斯(Horus)。孩子把右手食指放在嘴里,一头长发垂到肩膀上,这两个都是年轻的男性皇室成员的标志。

雕像中的孩子天真无邪——而真正的拉美西斯显然很早就脱

离了这种幼稚的状态。据一位侍奉他的书记员记载,拉美西斯在"父亲膝下的时候"就有了后宫妻妾。到他二十岁时,他已经有了两位正室妻子——奈菲尔塔利和伊塞诺弗列特(Isisnofret),还有她们生下的四个孩子,更不用说还有无数妃子和那些妃子所生的孩子了。

展览的其他文物中既有巨型物品——比如一尊八英尺高的拉美西斯玫瑰花岗岩雕像和精致彩绘的木制棺椁,在他的陵墓被洗劫一个多世纪后,祭司们将他的木乃伊重新安置在棺椁里——也有一些小物品,比如他的(土地)测量员和建筑师用来设计和建造阿布辛贝等纪念建筑的仪器。

在策划展览时,德罗什深知她将不得不处理一个特别难处理的问题:正如《旧约》的《出埃及记》里所描述的那样,拉美西斯二世在犹太人逃离埃及的过程中所扮演的角色。尽管《圣经》中没有具体指明与摩西同时代的法老是谁,但人们普遍认为那位法老就是拉美西斯。在现代流行文化中,也有不少关于这一事件的描述,比如 1956 年由塞西尔·B. 戴米尔执导的电影《十诫》,演员尤·伯连纳扮演的角色就是拉美西斯。

然而,这个猜测有一个问题:在同时代的埃及文献中,没有任何关于此事件的典故,也没有摩西、以色列人被奴役、被大规模驱逐或任何外国人离开埃及的记录。尽管如此,德罗什还是认为"回避这个问题是不科学的"。她通过展示拉美西斯时代埃及闪族部落的生活来解决这个难题,并指出历史事实与摩西及其人民的故事之间的相似之处。

根据展览所示,像摩西这样有前途的年轻闪族人——在法老的宫廷中长大,后来担任高级职位,在当时的埃及并不罕见。"在定居埃及的闪族聚居地中，埃及政府通常会根据他们的才能选择一定数量的成员，并送到学校接受教育和培训。"德罗什写道，"等他们被埃及文明同化之后，他们就会在埃及政府中任职。"与此同时，她强调，闪族部落的族人并没有被视为奴隶，他们与埃及劳工一起建造法老陵墓和神庙。尽管她和其他埃及学家无法以确切的方式明确地说出，《出埃及记》里面的事件是否真的发生过，但展览表明，在大多数情况下，"古埃及的不同民族之间存在着和平相处的关系"。

1976年5月，吉斯卡尔·德斯坦主持了此次展览的开幕式，这是他自两年前就任总统以来首次参加与博物馆相关的活动。出席开幕前招待会的还有一些法国高级官员，包括总理雅克·希拉克、外交部长让·索瓦尼亚格，当然还有当初要求德罗什举办此次展览并引发了治疗拉美西斯行动的文化部长米歇尔·居伊。

展览取得了巨大成功，与上一次轰动一时的图坦卡蒙宝藏展览不相上下，在巴黎展出期间吸引了一百多万游客，平均每天有一万人排队等候进入大皇宫参观，队伍绵延数个街区。展览中最受欢迎的一个展示区是德罗什重现了底比斯的一个神庙花园，里面有鲤鱼池，还有郁郁葱葱的植被，其中包括纸莎草、睡莲、蓝莓、罂粟和曼陀罗等等，另外隐约还能听到青蛙的叫声和鸟鸣。鸟鸣声是在卢克索附近的拉美西斯墓葬神庙周围录制的，因此听起来十分逼真。据德罗什回忆，甚至一些参观者还指责博物馆把鸟抓来关起来，强迫它们不停地唱歌。

然而，这座花园受欢迎不仅仅因为漂亮，还因为这里有空调——当年夏天巴黎热浪滚滚，酷热难耐，像蒸笼一样，因此赏心悦目又清爽宜人的花园对参观者来说是个极大的诱惑。

到了1976年9月初，展览仍然吸引着大批游客前来。而此时德罗什则乘坐法国空军飞机离开巴黎，前往埃及去迎接此次展览的主人公拉美西斯的遗体。此前，所有接收拉美西斯木乃伊的准备工作和各项安排都已完成。人类博物馆专门为其准备了一个灭菌室，随后还派遣了几名专家前往开罗，为其做好运输准备。

德罗什负责监督将拉美西斯运出埃及博物馆。这位法老的木乃伊被装在一个特制的木箱里，木箱上覆盖着粗麻布，然后被放在卡车上，上面盖上油布。卡车周围是由博物馆警卫队长指挥的护送队伍。在开罗机场，法国大使代表法国政府签署了一份文件，承诺全权负责保管和保护埃及最珍贵的宝物之一。

在飞机起飞之前，德罗什向飞行员询问能否飞越吉萨金字塔，以表示对这位法老的尊重和荣誉。飞行员同意了。"所以，"德罗什后来说，"在拉美西斯去世3190年后，他终于越过了古代世界七大奇迹中唯一仍然屹立不倒的建筑。"

在巴黎，这架运送拉美西斯二世木乃伊的飞机受到了隆重的欢迎，一支乐队演奏了埃及国歌。当装有木乃伊的板条箱被小心地从飞机上取下时，一支共和国卫队戴着装饰华丽的19世纪红色公鸡羽骑兵头盔，举枪致敬。出席欢迎仪式的还有埃及驻法国大使、几名法国政府官员和高级空军军官，以及吉斯卡尔·德斯坦内阁的一名成员——高等教育部长艾丽丝·索尼耶－塞提。索尼耶－塞提发表了简短的讲话，向这位"古代世界最伟大的国家元首的遗体"致敬。与此同时，一支庞大的记者队伍簇拥在机场报道木乃伊的到来。

尽管一些埃及人，包括埃及博物馆的一些权威人士，仍然对这些文物的处境感到不满，但多数埃及人因法国人以迎接国王一般，欢迎拉美西斯到达巴黎而感到激动和高兴，其中包括一个名叫哈立德·阿纳尼（Khaledel-Anani）的六岁孩子，他是开罗一所法语学校的学生。阿纳尼后来获得了埃及学博士学位，并成为负责文物保护的政府部长。他回忆说，他小时候被班上放映的一部关于拉美西斯访问法国的电影惊呆了。他说："我很惊讶看到巴黎机场的一群记者和电视摄像机像欢迎总统或国王一样隆重迎接拉美西斯。"

拉美西斯的木乃伊在人类博物馆安放了七个月，有一百多名科学家参与了此次治疗拉美西斯项目，其中大部分是法国人和埃及人，他们自愿参与这个耗时漫长的项目，目的是探测出侵蚀这具遗体的物质，并找出方法来清除对遗体有害的物质。由于埃及政府禁止对木乃伊进行实验，因此研究人员的分析方法受到限制，严重依赖于多次 X 射线和从木乃伊中提取样本进行深入研究。

科学家通过 X 光片确定了这位法老身高五英尺九英寸，白皮肤、红头发，患有动脉硬化，去世时大约八十五岁。X 光片显示，他的心脏在做防腐处理时被从体内取出，然后被重新插入胸部很高的位置，并附上一枚金戒指。他们还在他的鼻子里发现了胡椒粒，这些胡椒粒显然是为了保持鼻子软骨的形状。

然而，研究人员的主要关注点——精确定位攻击遗骸的生物——是一个花了几个月时间才解开的谜团。科学家最终发现，拉美西斯的遗体受到了两种昆虫、六十种真菌和数量不详的细菌破坏。当问题被诊断出来后，下一个挑战就是找到方法来清除所有的破坏性病原体。

埃及政府规定，对木乃伊不得使用任何形式的液体或气体。经过反复的讨论，莱昂内尔·巴鲁特和他的团队决定对其进行辐射治疗。在位于格勒诺布尔的法国核研究中心，科学家对人类博物馆的这具埃及木乃伊进行了实验，以确保其指甲和头发能够承受辐射处理。结果是肯定的，于是科学家们决定在萨克雷核研究中心对拉美西斯的木乃伊进行辐照。萨克雷核研究中心是"二战"后由诺贝尔奖得主核物理学家弗雷德里克·约里奥－居里创立的，该中心自创立之后就一直是法国核研究的中心。

治疗结束后，木乃伊将立即被送回埃及博物馆，并由德罗什策划为其举行皇家欢送仪式。在德罗什的指导下，拉美西斯将被安置在精心雕刻的木制石棺中，在拉美西斯的坟墓第一次被洗劫后，他就被重新安葬在这具石棺中，并且此次展览也将展出这具石棺。这具石棺也将在萨克雷接受辐照。

在对拉美西斯进行辐照的前一天，法国总统吉斯卡尔·德斯坦致电博物馆，叮嘱相关人员一定要认真检查这具木乃伊，并感谢参与该项目的数十名科学家。辐射手术完成后，这具木乃伊遗体被放在一块可以追溯到拉美西斯时代的亚麻布上，这块亚麻布被存放在卢浮宫的埃及储备区。亚麻布下面垫着一张床垫，床垫上装满了压实的雪松屑，这些木屑并不会受到害虫或寄生虫的侵蚀。

德罗什曾委托卢浮宫的室内装潢工作室，缝制一块内衬金色塔夫绸的青金石蓝色天鹅绒毯子盖在石棺上面当作盖子。毯子的上端和下端用金线绣着古埃及的纹章植物——纸莎草和百合，它们是从卡纳克神庙柱子上的图案复制而来的。

1977年5月10日，法国以和七个月前一样的盛大仪式向拉美西斯的木乃伊告别。法国政府要员和共和国卫队再次聚集在机场向这位伟大的法老表达敬意。德罗什也再次承担护送这位国王的职责，在法国空军飞往开罗的飞机上照料他，并陪同他返回埃及博物馆。

四十四年后的 2021 年 4 月 2 日，拉美西斯二世踏上了另一段旅程，而这段旅程将穿过开罗这座城市。这位法老的木乃伊，以及其他二十二位法老和古埃及王室成员的木乃伊，从埃及博物馆穿过开罗的街道，来到新建的埃及文明博物馆，此后这里便是他们的新家。

这一穿越开罗城市的旅程，仿佛是一场好莱坞的盛大活动，提前耗时数月进行准备，包括建造特殊的减震车辆、重新铺设沿途的道路，以确保车辆行进尽可能平稳。每具木乃伊都被装在一个精心密封、温度可控的箱子里。运载木乃伊的车辆是金色和蓝色相间的颜色，外形设计成法老时期用来将古代皇室木乃伊运送到陵墓的船的样式。车队中还有马车和数百名身穿古埃及服装的歌舞表演者。当这些木乃伊抵达新博物馆时，埃及总统阿卜杜勒·法塔赫·塞西出席了欢迎仪式，仪仗队鸣响二十一响礼炮，向其致敬。

这场盛会和声势浩大的游行吸引了世界各国的新闻媒体前来报道，它来自文物部长哈立德·阿纳尼的创意，而阿纳尼部长的灵感则是来自他小时候看到的法国人对拉美西斯二世木乃伊的隆重欢迎仪式。他说，他决心为拉美西斯举行同样盛大，甚至更为隆重的仪式，并计划"组织一场无与伦比的游行活动，以表达我们对祖先的尊重，因为他们是人类文化遗产的重要组成部分"。

第二十四章

拯救菲莱

1980年3月10日，克里斯蒂亚娜·德罗什-诺布勒古漫长职业生涯中最浓墨重彩的篇章落下了帷幕。当天早上天亮前，她和其他五百多名客人乘船沿着尼罗河来到菲莱神庙建筑群的新址。他们要在那里庆祝菲莱的复活，同时这也标志着整个努比亚拯救古迹行动最终圆满落幕。在联合国教科文组织向全世界发出拯救神庙呼吁的二十年后，整个古迹救援项目完成了当初的所有既定目标。

德罗什听着开罗交响乐团在菲莱的伊西斯神庙阴影下的演奏，看到太阳从神庙后面升起，此时她心里既愉悦又落寞。她激动地回忆起当初古迹救援行动开始前的那段动荡不安的时光——她和萨尔瓦特·奥卡沙、勒内·马厄联合起来为拯救埃及濒危的文物而四处奔走。在三人组中，她是唯一自始至终参与其中并看到最后这一幕的人。马厄已于1975年去世，而奥卡沙因未能与当时的埃及总统安瓦尔·萨达特和谐相处，已被解职。

德罗什深深怀念他们两人。她后来写道，在这欢庆胜利的一天，他们的缺席是"此次大获成功的努比亚大规模救援行动中唯一的遗憾。我们一同经历过各种令人不安的挫折和磨难，有时情况可以说很残酷，甚至残忍。但当我一想到我们竟然奇迹般地将那些珍贵的宝藏拯救出来时，所有（关于那些挫折和磨难）的记忆就都消失殆尽了。"

尽管德罗什为自己合作伙伴的缺席而哀叹，但她也得到了一个安慰。在菲莱举行的庆祝仪式上，坐在德罗什身边的是近来与她合作的盟友和伙伴，也是她曾经的对头艾登·爱德华兹。

然而，在她和爱德华兹最终联手拯救菲莱之前，他们又交锋了一次，令两人之间本就明争暗斗的关系更加紧张。1972年，大英博物馆正沉浸在图坦卡蒙宝藏展览的胜利喜悦中，而此时卢浮宫正准备举办一场新的展览，以纪念埃及学历史上最伟大的成就——让-弗朗索瓦·商博良于1822年破译象形文字——150周年。卢浮宫计划举行为期一周的一系列庆祝活动，其中包括在法兰西学院举行演讲和音乐会、在拉雪兹神父公墓为修复后的商博良墓碑揭幕、在卢浮宫举行新的埃及文物展览，展览中的文物包括令人惊叹的阿肯那顿半身像，这是该博物馆最近获得的最珍贵的藏品。

当埃及当局开始向努比亚古迹救援行动中捐款最多的几个国家赠送礼物时，法国也在受赠名单上，而且名列前茅。美国和其他大多数国家都想要一座神庙。但是德罗什在这件事上有很大的发言权，她没有要神庙，而是看中了一件小得多的宝藏——在卡纳克附近的一座神庙里发现的四尊阿肯那顿巨型雕像中的一尊半身像。她后来写道："在埃及提供的所有纪念文物中，这件杰作最适合我们的博物馆。我们永远无法通过任何其他途径或方式获得这一特殊历史时期中如此引人注目的见证。"

然而，尽管她对阿肯那顿这尊半身像被列入纪念商博良的展览感到骄傲，但她和其他卢浮宫官员最渴望展示的是另一件文物——罗塞塔石碑，因为这块石碑上的象形文字铭文是商博良破译的，从而使古埃及的书面语言变得清晰易懂。不过，事实上，商博良从未真正见过这块石碑。1798年这块石碑被英国人夺走后，一直在大英博物馆展出。这位年轻的法国学者只好将就着用石版印刷的铭文来进行破译。

德罗什说："在我看来，作为他惊人发现的起点，罗塞塔石碑应该在巴黎展出，以作为对这位杰出科学家的最高致敬。"德罗什发现这块石碑从未被批准运出英国国境，于是她给大英博物馆的高级官员写了几封信，请求他们为纪念商博良的展览破一次例。但是每次得到的答复都是否定的。

最后，德罗什走投无路，决定联系爱德华兹。令德罗什惊讶的是，她得到了对方热情的回复，爱德华兹说他会尽一切努力帮助她获得这块石碑，但最终决定还是将由博物馆的董事会做出。此后几个星期，德罗什一直没有听到任何消息，最后她终于收到了爱德华兹的一封言辞充满遗憾的回信，信中说董事会一致投票拒绝了她的请求。德罗什不禁自问："他们害怕什么？怕我们会扣留这块石碑，还是怕我们把它还给埃及人？我无法理解他们的决定，而且也不会听天由命。"

不久之后，她收到了参加1972年3月在伦敦举行的图坦卡蒙宝藏展览开幕式的邀请。在大英博物馆的开幕前招待会上，她遇到了丹尼斯·汉密尔顿——当初就是在他的恳求下，德罗什才答应给大英博物馆帮忙，说服埃及博物馆当局将叉鱼手小雕像借给英国人展览。德罗什提醒他，当初她帮了大英博物馆的大忙，同时也表示"对董事会拒绝借给我们文物的请求而深感失望"。汉密尔顿大吃一惊，连忙回答道："夫人，我们从未听说过关于借石碑的事情。"他还请一同前来参加开幕式的另一位嘉宾——前首相亚历克·道格拉斯-霍姆做证，因为他也是博物馆董事会成员之一。当然，汉密尔顿刚刚说的话得到了他的证实。

听到道格拉斯-霍姆说了同样的话，德罗什对他们二人说道："尽管困难重重，我还是帮你们让叉鱼手小法老坐着船，远渡重洋来到英国，漂浮在你们的泰晤士河上。如果你们想报答我的话，就立即结束这种无休止的推诿,并且必须帮助我。"具体来说,就是她要求他们敦促伊丽莎白二世女王授权将罗塞塔石碑借给卢浮宫一个月。

七个月后,这件价值连城的文物首次——也是唯一一次走出了英国。抵达巴黎后,它被放在卢浮宫的埃及文物馆展出。"多亏了小叉鱼手图坦卡蒙,"德罗什后来写道,"罗塞塔石碑终于来到了塞纳河畔,向它的解密者商博良致敬。"

德罗什从未公开表示是否就她认为爱德华兹的"推诿"与他对质。不管怎样,这已经不再重要了,因为最终她得到了她想要的东西。不久之后,她和她的老对手终于摆脱了过去的纠纷,加入了拯救菲莱神庙的行列。

这两位埃及学家对这个迷人的建筑群怀有同样的热情,这其实并不难理解。这个建筑群位于老阿斯旺大坝以南,距离开罗约五百英里,两千多年来,无数来到菲莱小岛的游客都有同样的感受。用1834年访问菲莱的英国贵族罗伯特·柯松的话说,"埃及的每一个地方都充满神秘,新鲜有趣,令人好奇,但唯一能用'美丽'一词来形容的地方,只有菲莱岛。"

阿梅莉亚·爱德华兹也为菲莱的魅力倾倒,她回忆起自己乘坐小船靠近菲莱,看着这个被棕榈树、柱廊和高塔(方尖碑)环绕的岛屿,如同海市蜃楼一样从尼罗河升起。小岛的两侧都是堆积的岩石,后面不远处就是紫色山脉。当船在阳光照耀的巨石之间缓缓滑行时,那些精雕细刻的塔柱逐渐耸入云霄。它们没有任何破损或衰老的迹象……如果此时在宁静的空气中传来古老的颂歌,歌声在棕榈树和塔柱之间回荡,如果此时有一队身穿白袍的祭司高举着蒙着纱的隐秘的神圣物件，一定不会感到惊讶和奇怪。

与阿布辛贝和大多数其他庞然大物般的埃及纪念建筑相比，菲莱及其文物就像一个被装在一个精美的盒子里展示的珠宝。正如艾登·爱德华兹所说，尽管岛上植被茂盛，棕榈树和鲜花盛开的灌木郁郁葱葱，但这里"实际上是一个绿洲——与埃及其他任何古代遗址完全不同"。

而且菲莱不仅以其美丽景色而闻名：它被视为埃及最神圣的地方之一。公元前3世纪，托勒密王朝的一位法老建造了这座供奉伊西斯女神的优雅主庙。不久后，它就成为世界宗教的中心。爱德华兹写道："没有人能预见到，在接下来的一千年里，这座岛屿及其神职人员将在埃及的政治和宗教史上占有多么重要的地位。"

托勒密王朝统治埃及275年，在其统治之初，拥有希腊血统的托勒密家族就已信奉埃及宗教，尤其是对伊西斯和她的丈夫奥西里斯神极为崇拜，其核心是关注奥西里斯的死亡和重生的神话。据传说，在奥西里斯的弟弟——暴力和毁灭之神赛斯（Seth）杀死并肢解了他之后，悲伤的奥西里斯妻子伊西斯化身成鸟追踪并重新组装了奥西里斯的残骸。然后她仍以鸟的形状，为丈夫注入了新的生命，献上了令其复活的第一件祭品。此后奥西里斯不仅成为冥界之神，而且还成为每年赋予大自然新生命的强大力量，春天他令植被再生，每年使尼罗河泛滥。

据推测，奥西里斯被埋葬在比加（Biga）岛上，这是一个与菲莱岛相邻的岛屿。但由于比加岛被视为圣地，除了负责看管奥西里斯墓地的祭司外，任何人都不允许进入。因此，伊西斯和奥西里斯的崇拜者们转而涌向菲莱，祈求伊西斯为了她的信奉者使用她的再生力量，以帮助他们实现愿望。托比·威尔金森指出，到公元前1世纪,"对伊西斯的崇拜在埃及最为盛行,她的岛屿上的圣殿被视为整个国家最神圣的地方"。

然而,崇拜伊西斯的不仅仅是埃及人,托勒密法老的希腊同胞曾前往埃及或在埃及定居。当他们回到家乡时,他们把伊西斯崇拜也带了回来。到公元前30年,罗马帝国控制了埃及和地中海地区的大部分地区后,对伊西斯的崇拜已经遍布整个帝国。

征服埃及的恺撒·奥古斯都起初不愿意承认这位女神,主要是因为她是他的敌人克利奥帕特拉最喜欢的神,而他击败了这支敌人的军队。但最终,他还是屈服于对伊西斯神崇拜的力量,于公元前9年在菲莱北端建造了一座纪念伊西斯的神庙。后来的历任罗马皇帝也建造了自己的纪念建筑。为了纪念公元98年至117年统治罗马的皇帝图拉真(Trajan)[1],当时的人们建造了一个用于举行宗教仪式的宏伟大门,这是从尼罗河进入神庙建筑群的主要入口。这个入口大门被称为图拉真亭,由十四根巨大的柱子构成,内部雕刻着穿着埃及服装的图拉真向伊西斯、奥西里斯以及他们的儿子荷鲁斯献上祭品的画面。在菲莱每年的节日期间,船只都会停靠在这座图拉真亭外,拜祭者们乘坐船只前来参加祭拜仪式。这些仪式由强大的伊西斯祭司主持,祭拜的重点是象征性的死亡和重生。

伊西斯和奥西里斯的传说与公元1世纪和2世纪在地中海地区流行的新基督教的一些信仰和仪式有着惊人的相似之处。事实上,许多学者认为伊西斯崇拜是对基督教发展的关键影响。例如,圣母玛利亚的形象与伊西斯相似,伊西斯与耶稣的母亲一样,被

1　图拉真是古代罗马安敦尼王朝第二任皇帝,罗马五贤帝之一。——译者注

称为天后。奥西里斯的复活预示着基督的复活，他和荷鲁斯一样，被认为是神之子。

随着罗马帝国的衰落和拜占庭帝国的出现，基督教成为包括埃及和努比亚在内的所有拜占庭统治疆域的国教，其他宗教皆被视为异教并被禁止。这些异教的神庙也被下令摧毁或改作其他用途，通常是改为教堂。但是，尽管基督教在公元三四世纪在埃及和努比亚站稳了脚跟，但那里的许多当地人仍然坚持信奉伊西斯女神，并来到菲莱参加一年一度的节日。拜占庭当局几乎没有采取任何措施阻止他们，因为担心强制关闭神庙会引发努比亚部落的激烈抵抗，这些部落族人都是伊西斯神的坚定信徒。

直到6世纪，作为拜占庭帝国最后的异教堡垒——菲莱岛才被最终关闭。536年，查士丁尼（Justinian）皇帝派兵关闭了伊西斯神庙，解散其神职人员，监禁抵抗者，并将神庙里的雕像运往君士坦丁堡。不久后，这座神庙被改建为教堂，墙上雕刻的许多浮雕神像都被损毁了。但神庙本身几乎没有受到结构性破坏。当阿梅莉亚·爱德华兹在1873年看到它时，它仍然美丽如初——尽管这种美丽未能持续太久。

1902年，当菲莱下游的第一座阿斯旺水坝建成后，菲莱神庙建筑群一年中有九个月被淹没在水中，越过洪水波峰只能看到神庙塔柱和大门的顶部几英尺。法国作家皮埃尔·洛蒂在他的《菲莱之死》一书中与其他学者一起呼吁埃及人团结起来捍卫他们的文化遗产。

然而他们的抗议没有受到重视。大坝建成后，当大坝的闸门打开，洪水覆盖尼罗河下游的土地时，菲莱神庙从水中出现了，但每年仅有三个月的时间。"神庙的浮雕完好无损，但如今上面鲜艳闪亮的颜色早已不复存在。"德罗什写道,"不久之后,岛上最迷人的美景之一——棕榈树和灌木也将消失,只有那些布满淤泥和水生孵化物的神庙建筑能幸存下来,昔日的瑰丽宏伟的岛屿即将永远淹没于水中,令人不胜唏嘘。"

菲莱部分被淹没,1910 年

尽管遭到了重创，但这座建筑群仍然基本完好无损。然而一旦新的阿斯旺大坝建设完成，这种情况将永远改变。菲莱位于尼罗河新旧大坝之间，处于一个附属水库中，如果不采取任何措施，水库水位的波动不仅会在几年内将这座岛屿完全淹没，还会导致神庙完全坍塌。

在阿布辛贝获救后，埃及当局和联合国教科文组织将注意力转向了菲莱。菲莱是最后一个也是仅次于阿布辛贝的临危重要文物。1968年5月8日，勒内·马厄发起了一项新的呼吁，要求全世界为保护被称为"尼罗河之珠"的神庙群献力献策。但与阿布辛贝不同的是，由于早期古迹拯救项目的拆除和重组工作取得了惊人的成功，因此拯救菲莱的项目没有引起任何争议。事实上，阿布辛贝的救援行动成为拯救菲莱的范例，例如将伊西斯神庙以及几个较小的神庙和神殿切割成块，并在阿吉奇亚（Agilkia）岛上的相对同样位置上进行重建，阿吉奇亚岛在地理上与菲莱岛相似，距离菲莱仅四分之一英里。最终，此次救援行动总造价为3000万美元，包括美国在内的二十二个国家提供了超过1500万美元援助，埃及自己承担了其余的大部分费用。在伦敦举行的图坦卡蒙宝藏展览也额外带来了160万美元的救援费用。

1972年，就在图坦卡蒙宝藏展览在大英博物馆揭幕之际，对于菲莱和阿吉奇亚岛的岩石地形的研究工作开始了，阿吉奇亚比神庙建筑群的原址高出约四十英尺。该项目的几位考古顾问——当然其中也包括德罗什和艾登·爱德华兹，坚持认为不仅各种建筑在阿吉奇亚上的相对位置与在菲莱岛上要大致相同，而且周围的地理特征也要尽可能接近原始环境。这意味着新遗址的西岸必须得有另一个岛屿。根据传说,奥西里斯的埋葬地就在那里,由忠实的伊西斯守护。幸运的是,附近有一个叫萨利巴(Saliba)的岛屿很适合作为其毗邻岛屿,该岛与阿吉奇亚之间有一条狭窄的海峡。

据德罗什说,菲莱的轮廓类似于鸟的形状,反映了伊西斯由人化身成鸟的转变,因此她认为阿吉奇亚岛的轮廓也必须是鸟的形状。然而,她在委员会中的几个同事很难接受她的结论。

为了证明自己的观点,她要求委员会成员陪她去比加高地的悬崖上,那里可以俯瞰菲莱。从这个海拔,人们确实可以辨认出这个较小的岛屿有鸟的轮廓。按照德罗什所说,岛上的主要建筑——伊西斯神庙、哈德良亭和连接两者的巨大双柱廊——沿着岛的轮廓曲线而建,代表着鸟的内脏。她指出了代表鸟的头部和喙的区域,这些区域指向努比亚。另外岛的北部突出了一块长条形区域,这代表鸟的尾巴。她甚至注意到岛上有一块突出的大石头,那就是鸟的眼睛所在的地方。

德罗什的同事们完全信服了她的观点,于是在接下来的五年里,阿吉奇亚岛被整平并重塑为跟菲莱相似的鸟的形状。这是一项艰巨的工作,整个工程将岛屿的顶峰缩小了一百英尺,并利用被移走的无数吨花岗岩来填充阿吉奇亚岛的两侧,使其加宽。

在这项工作进行的同时,菲莱岛上的工作也开始了。第一步是在岛上的大部分地区建造一个围堰,并将包围建筑周围的水抽出来——这也是一个缓慢而艰苦的过程。当洪水最终退去时,留下了大量黏稠的沉沙、淤泥和藻类,在柱廊和神庙的地板上堆积的沉积物已经超过六英尺高。这些沉积物必须清除。等这项工作完成之后,所有结构的表面都必须清洁干净、去除污渍。

拆除石头的工作开始于1974年5月21日。负责人是一家名为孔多特·马齐的意大利工程公司，该公司仿照阿布辛贝的切割操作，拆除岛上建筑，当每个结构被拆开时，这些石头被巨型起重机吊起，放在驳船上，然后驳船将它们运到位于大陆的一个储存区里。在那里，它们被整齐地排成排，每一块石头都经过精心测量并标有编号。与此同时，在阿吉奇亚岛上，建筑结构的混凝土基础已经浇筑完毕。

1977年3月，神庙和神殿开始重新组装。为了给石头加水泥，工人们使用了与原建筑相同的沙子和石膏的混合物。整个过程只做了些许改动，比如更换了几块碎石，修复了一些严重受损的神庙和柱廊地板等等。在这个重新组建过程接近尾声时，阿吉奇亚岛上被丰富的新植被覆盖——棕榈树、金合欢树、指甲花、纸莎草和睡莲等植物——使其看起来尽可能与菲莱岛的原始景观相似。

该项目的最后一项主要任务是重建几座被淹没的罗马建筑，包括一座由罗马皇帝戴克里先建造的凯旋门和一座位于菲莱另一端，与主庙建筑群遥遥相望的石头码头。将围堰一直延伸到岛周围的成本是非常高昂的，因此埃及政府决定任由罗马文物被洪水吞没。

应艾登·爱德华兹的请求，英国政府批准派遣了三十九名经验丰富的皇家海军潜水员来到菲莱，与同样技术熟练的埃及潜水员通力合作，拆除水下结构，并帮助将水下的石头带出水面。英国潜水员指挥官说，对于这支两国合作的团队来说，这个为期六个月的任务是一个巨大的挑战，需要"他们拥有非凡的毅力和高超的技能"。

重建的菲莱岛，2006年

在拆解文物之前，潜水员必须清除文物基座周围堆积约1700立方米的泥浆。积累了几十年的泥浆一旦被搅动，就会使水下几乎完全浑浊，从而严重限制潜水员的视野。在完成了这项极其艰苦的任务之后，他们用锤子和凿子拆除了神庙建筑。当这些巨石被切割下来之后，工程人员就用沉重的带子钩住它们，然后用液压装置将石块抬到水面。接着，起重机将总共450块砌石吊起，并将其存放在驳船上，然后由驳船将其运至储存区。据一位英国潜水员说，这项工作虽然繁重而辛苦，但非常值得。他说："想到这些古老的东西还能保存数千年，而且是通过我们的努力实现的……就不由得令人感到激动和兴奋。"

德罗什同样兴奋不已，不仅是由于菲莱建筑群成功迁移，也因为在搬迁结束时，她与艾登·爱德华兹进行了一番交谈。她写道："听到这位老朋友兼顽固的对手告诉我说，事实证明，我为拯救整个努比亚所做的一切冒险都是正确的，我感到非常满意。"

第二十五章 王后谷

卢浮宫几乎占据了克里斯蒂亚娜·德罗什-诺布勒古的整个人生，可以说卢浮宫一直是她的第二个家。她小时候就经常参观那里的画廊，后来进入了卢浮宫学院学习，学成后在卢浮宫工作了五十年，最终成为那里的顶级展馆负责人。然而，1983年，已经七十岁的德罗什，在卢浮宫成就非凡的任期结束了。

即使在她离开博物馆后，她也不认为自己退休了。毕竟，她始终是一名埃及学家，并决心仍然留在这个领域。正如一位记者朋友所说，她"像羚羊一样在埃及沙漠的沙地上驰骋，而其他人早就穿上了拖鞋"。与她同时期的同事——她的老朋友、来自芝加哥大学的盟友约翰·威尔逊，在文章中写道："考古是年轻人的游戏。考古学家所做的无非是在各处坑穴里爬进爬出，蹲伏在新发现的地方，或者撑起精神抵御猛烈的沙尘暴，但前提是考古的人必须年轻且有活力。"威尔逊在六十八岁的时候在一次挖掘行动中扭伤了背部，于是他意识到野外考古这项工作自己再也不能干下去了。

但德罗什不是这样的，她在王后谷的考古工作还有很多重大计划要实施，其中包括大规模清理碎石瓦砾，以找到埋藏在这些瓦砾之下的陵墓，然后对陵墓进行考古挖掘和地质方面的勘察，以绘制出山谷的地形图，并记录下尽可能多的墓穴。后来德罗什说："没有什么能阻挡我对梦想的追求，我想要让这座落寞凋零的山谷重新回到原先古老年代的样子，并了解这片山谷所传达的信息。我在寻找任何能让我们重现这片遗址和这片区域历史原貌的东西。"

她的梦想之一就是找到曾经埋葬在这片墓葬区，却早已丢失的王室女性和儿童的木乃伊。这些木乃伊不可能全部都被盗墓者毁掉。会不会他们的木乃伊也像帝王谷中拉美西斯二世和其他法老的木乃伊一样，被祭司偷偷带走，并存放在一个无人发现的秘密藏匿处呢？如果真是这样的话，那么德罗什想要找到它们。

要实现这一雄心壮志，最大的挑战在于要筹集到足够的资金。德罗什从卢浮宫退休，就意味着各政府机构给予的补贴将会大幅减少，特别是法国国家科学研究中心（NCRS），这些机构为她每年的考古调查任务提供资金。可以肯定的是，这些津贴相当少，只够每年进行为期一个月的野外考察工作，但现在她连这点儿资金也负担不起了。在她退休前后参加了许多会议、座谈会和其他会议，每每出席会议，她都表示自己正在为自己的考古调查行动寻求私人资金支持。

一天，在戛纳的一次文化研讨会上，一位与德罗什－诺布勒古年龄相近的深色头发的女士来找她，她主动向德罗什介绍自己，说她叫热尔梅娜·福特·德·玛利亚（Germaine Ford de Maria）。这位穿着优雅的福特·德·玛利亚是一位居住在戛纳的富有慈善家，因其在环境和文化事业上的慷慨捐款而闻名。她出资修复了戛纳一座12世纪的小教堂，并为戛纳的一家博物馆购买画作。她还资助法国著名生态学家和城市规划师让－马利·佩尔特拍摄了一部关于植物生物学和生态学的电视系列片。

她的另一个主要兴趣是促进中东的和平。她向以色列电影学院捐助了一大笔资金，并打算寻找一种方式来纪念已故埃及总统安瓦尔·萨达特，这位总统一直致力于在以色列与阿拉伯邻国之间创造和平，并为此做出了许多努力，最终导致他在1981年被暗杀。

福特·德·玛利亚从一位朋友那里得知德罗什的古迹遗址修复计划，这位朋友是居住在戛纳的一位摄影师和作家，专门研究古埃及的艺术和宗教，与德罗什也很熟识。德罗什的这个项目似乎非常合这位慈善家的心意，因为它既符合她对环境和文化保护的兴趣，而且还是在她心目中的英雄萨达特的家乡，两者完美结合。

她告诉德罗什－诺布勒古，她对其考古项目非常感兴趣，想要为其提供资金，并要求德罗什提供一份关于这个项目的报告，概述一下她未来四年的目标和需求，以及成本估算。德罗什按照她的要求提供了报告，描述了这项大规模考古行动的基本情况，并提出需要一支牵引车队和其他清理设备，另外她还需要至少十五名研究人员，并在王后谷附近购买一所房子，以供她的团队在那里工作和生活。当她把这一切所需的资金加起来时，惊讶地发现这个数字高得惊人。因此，她决定向福特·德·玛利亚提出第二个计划，这个计划将会削减项目的运营，从而大大降低成本。她的潜在资助人比较了这两个计划，然后问她的两个儿子她该怎么做。她的两个儿子回答："妈妈，如果你想行之有效，大胆地放手去做。"她同意了，并告诉德罗什，她要为成本最高的计划提供资金，估计这个计划耗资超过一百万美元。

由于这笔数额巨大的意外捐助，德罗什能够以极为重要的最后一次行动来结束她的考古生涯。这全都要归功于另一位女性，她的人生故事同样独特，也与德罗什的人生一样丰富多彩且富有戏剧性。

人们第一次见到热尔梅娜·福特·德·玛利亚时，都会觉得她是一位端庄优雅，甚至如帝王般高贵的女士，很难想到年轻时的她是个美丽又充满活力的女子，先是成了一位印度王公的情人，后嫁给了一位英国电影大亨，并通过这两个男人获得了巨额财富。她的丈夫去世后，她结识了一位个性张扬的法国前卫艺术家。

热尔梅娜·佩莱格里诺（Germaine Pellegrino）[1]复杂的感情生活始于1930年，当时她十七岁，在戛纳遇到了五十八岁的印度卡普尔塔拉邦王公贾加吉特·辛格（Jagatjit Singh）。在印度各邦的所有统治者中，贾加吉特·辛格可以说最有文化，也最国际化。他在五岁时登上了卡普尔塔拉的王位，年轻时成为维多利亚女王的宠儿。维多利亚女王作为印度的女皇，对英国最重要的殖民地印度及印度的一些当权者产生了极大的兴趣。女王经常与这位王公通信，后者于20世纪20年代末代表印度参加国际联盟会议。维多利亚还让宫廷画师画了一幅贾加吉特·辛格的画，并在她位于怀特岛的避暑别墅奥斯本之家的显眼位置陈列这幅画。

尽管辛格对大英帝国非常忠诚，但他真正最热爱的是法国。他热爱这个国家的一切，尤其是语言、文化、社会生活和食物。这位王公从小就说一口流利的法语。他在巴黎布洛涅森林拥有一座豪宅，并在那里为世界各国皇室成员和法国上流社会举办奢华的晚宴和花园派对。回到卡普尔塔拉后，他开始将自己的首都打造成"东方的巴黎"，并以凡尔赛宫为原型在那里建造宫殿。

他的世界主义观也反映在他与一系列欧洲年轻女性的调情中。和其他印度王子一样，他有多个妻子。就他而言，共有六个妻子，另外还有后宫妃嫔无数。但与大多数贵族同僚不同的是，他的两次婚姻都是娶的欧洲女人——一位是西班牙舞者，另一位是捷克女伯爵。"他喜欢享受西方上流社会的灯红酒绿和纸醉金迷，"他的孙子回忆道，"他还喜欢身边有魅力四射且有趣的年轻女孩相伴。他从欧洲带回许多女人，以他的客人或私人朋友的身份住在卡普

---

[1] 佩莱格里诺是热尔梅娜的婚前姓氏。——译者注

尔塔拉，其中一些是我见过的最漂亮的女人。"

英国当局对他非正统的生活方式并不满意。但根据写过一本关于印度王公的书的英国历史学家查尔斯·艾伦（Charles Allen）的说法，"同样真实的是，这位王公在公共场合总是表现得非常谨慎。他对待所有的客人都彬彬有礼且极富魅力。而且对于他的女性朋友们，即使她们离开了他的宫殿，不再享受他给予的奢华舒适的生活，他也与她们保持着友谊。这同样是真实的"。

辛格最喜欢的度假胜地之一是戛纳，这里是法国的蔚蓝海岸，也是富人和名流的游乐场。在那里，他遇到了热尔梅娜·佩莱格里诺，她是一位意大利石匠的女儿，受雇于法国著名高级时装屋沃斯时装屋担任临时模特，该公司在戛纳设有分支机构。1928年的一天，王公在一场时装秀上见到她，一眼就被迷住了。

他请热尔梅娜在他下榻的内格雷斯科酒店喝茶，然后邀请她共进晚餐。见了几次面之后，他问她是否愿意去印度玩玩，他会在他的宫殿里接待她。据辛格的一名高级助手贾马尼·达斯说，热尔梅娜答应了辛格的邀请，但有一个条件，即辛格不能把她当作他的"comme un petit jouet"（即"小玩具"）。辛格同意了。

热尔梅娜刚一抵达卡普尔塔拉，就看到军队排在通往宫殿正门的道路两旁夹道欢迎，还有一支乐队为她演奏《马赛曲》。王公、他的皇室后代、卡普尔塔拉的首相和其他高级官员等众人站在凡尔赛宫式的宫殿前等待迎接她。当晚，辛格在华丽的国家宴会厅为她举行了一场欢迎晚宴，宴会厅墙上挂着戈贝兰风格的织锦壁毯。

热尔梅娜在辛格的宫殿住了很长时间，在此期间她被安置在宫殿西翼的一间豪华套房里，从房间里可以俯瞰巨大的公园和花园。据贾马尼·达斯称，虽然居住在较小宫殿中的王公妻妾很少在公开场合露面，但热尔梅娜还是出席了辛格的所有官方活动，并与印度政界人士和官员共进晚餐。达斯说："她开始了解印度和王国的政治以及宫廷的阴谋。"他还说，王公对她的政治敏锐性表示很欣赏，也很尊重。

1932年，热尔梅娜回到巴黎。据达斯说，王公随即追到了巴黎，向她求婚，并承诺让她成为他的王妃，但被热尔梅娜拒绝了。但她从辛格那里收到了很多贵重礼物，令她看到时便会想起他。这些贵重礼物包括一位国王作为赎金给王公的一批珠宝，比如价值连城的珍珠项链、钻石和祖母绿手镯、耳环等。

回到法国后不久，她嫁给了雷金纳德·福特，一位四十出头的英国电影界大亨，自无声电影行业成立之初就参与无声电影的制作和发行。20世纪20年代初，福特在纽约成立了一家公司，将法国电影引进到美国。后来，他在巴黎成立了一家公司，在欧洲发行美国电影，比如哈罗德·劳埃德主演的经典电影《安全至下》，这部电影拥有无声电影时代最著名的经典场景之一：劳埃德悬挂在一座摩天大楼楼顶的巨大时钟上，攀着时钟上的指针晃来晃去，摩天大楼下面是川流不息的车流。

20世纪20年代末，福特受到美国同行的启发，在法国和其他西欧国家成立了连锁影院，专门播放新闻短片和其他短片，如动画片和旅行纪录片等。新闻短片最早由法国百代电影公司于1908年首创，以重大事件的拍摄报道为特色，从无声时代一直延续到20世纪50年代，直到后来被电视新闻取代。

1937年，福特突然去世，享年四十七岁。25岁的热尔梅娜作为他的遗孀继承了他的产业并继续经营，其中包括在整个欧洲开设新剧院。两年后，她遇到了20世纪20年代在巴黎参与法国现代主义运动的艺术家皮埃尔·德·玛利亚。皮埃尔之前是一名建筑师和室内装饰设计师，因此结识了不少超现实主义的领军人物，这些领军人物试图通过使用奇妙的、非理性的图像来描绘无意识思维的运作。后来，皮埃尔以其奇特的机械画而一举成名。

1940年，皮埃尔和热尔梅娜结婚，两人相继育有两子。当小儿子还不到一岁的时候，皮埃尔，这个众所周知的大众情人，离开了定居在日内瓦的妻儿，回到了巴黎。热尔梅娜和她的儿子们最终也来到了法国南部。尽管热尔梅娜才三十多岁，但她浪漫的爱情旅程已经结束了。是时候重塑自己了——这一次她华丽转身，成为赞助人，资助那些有价值、有意义的事业。

多亏了热尔梅娜的慷慨资助，使得德罗什的项目能够追随如纽约大都会艺术博物馆和芝加哥大学东方学院等主要考古机构的脚步，在她的团队工作地点附近建立起一个舒适且现代化的大本营。热尔梅娜出资在王后谷边缘靠近马尔加塔遗址废墟附近购买了一座破旧的泥砖房。马尔加塔是一座古老的宫殿，由阿蒙霍特普三世建造。阿蒙霍特普三世是"异端之王"阿肯那顿法老的父亲（据德罗什说，阿蒙霍特普三世有可能也是图坦卡蒙的父亲）。20世纪70年代，一支美国考古队曾在马尔加塔宫殿遗址勘察，他们的考古工作完成后，该遗址就被遗弃了。

在买下房屋后的几个月里，德罗什的团队对这座房子进行了全面翻新，里面有几间卧室、浴室、工作室、一间厨房、一个很大的照片洗印室和充足的技术设备存储空间。此外，他们还安装了一条输电线和一座水塔，这使得他们能够在这里建造一个种满花草树木的花园，打造出一个位于沙漠中的小绿洲。热尔梅娜对这个被称为"马尔加塔之家"的大本营以及德罗什团队的考古工作非常感兴趣,因此经常来这里参观,她甚至在马尔加塔之家的旁边盖了一套小公寓,以方便她来这里参观时居住。

吉耶梅特·安德勒-拉诺埃评论道,有了如此雄厚的财力和人力资源投入,"这两位女士做事绝不会半途而废"。她推测,德罗什和热尔梅娜打算成为女性版的霍华德·卡特和卡纳冯勋爵。霍华德·卡特带领的考古团队发现了图坦卡蒙的陵墓,而卡纳冯勋爵是其资助人。这两位女士满怀希望,期待能在王后谷有重要的发现,如同六十年前卡特和卡纳冯在国王谷所做的那样。

随着马尔加塔大本营正式建立和运营,王后谷——这个曾经荒凉、几乎被遗忘的地区又变得鲜活起来。他们每年可以在这里进行两次考古测量和挖掘,每次为期两个月,分别在春季和秋季进行,而不像从前那样一年只能进行一次,且每次只能持续一个月。

一时间,这片地区最大的考古发掘项目开始了,参与该项目的有三百五十多人,其中约有二十人是专业人员,其余大部分都是埃及劳工。这些专业人员中既有考古学家,也有其他学科领域的人员,包括建筑师、人类学家、植物学家和文物保护专家等。

在接下来的几年时间里,王后谷发生了翻天覆地的变化。推土机、牵引车和其他挖掘土石方的设备不遗余力地清理瓦砾和其他垃圾,将堆积成山的残砖断瓦降低了六到九英尺,使考古团队能够畅通无阻地进入越来越多的墓穴。同样,越来越多的墓穴被清理干净,里面的瓦砾和垃圾被清除一空,通往墓穴的台阶被重建;出售纪念品的简陋小屋被移出了王后谷,停满了旅游巴士的停车场也被迁移至通往该地区的道路转弯处,因为这些汽车整日来往不断,对陵墓里脆弱的文物和建筑结构造成威胁。自此,王后谷的墓地又恢复了往日的宁静和尊严。

德罗什的团队后来又被称为法国西底比斯考古队（简称MAFTO），他们进入的墓穴越来越多，也越来越清楚地了解到墓葬之地的规律、特征和功能。1989 年，克里斯蒂安·勒布朗说："我们以前无法理解墓地，因为我们只是一座墓穴接一座墓穴地进行挖掘和研究。但今天，我们发现了几座主要的陵墓，并将山谷恢复成当年墓地初始的样子。至此，我们终于可以第一次书写它的历史。"

当考古队 20 世纪 70 年代刚开始进行考古发掘工作时，他们已经在这片墓地中发现了七十八个墓穴。到 20 世纪 90 年代，墓穴总数已经上升到一百多个。考古工作者们对已经发现的那些墓穴进行了进一步的探索和研究。由于这次考古行动规模庞大，他们终于有了令人惊讶的发现：法老儿女们的墓穴比他们之前想象的要多得多。作为德罗什选定的接班人，升任团队负责人的勒布朗由此得出结论：这座山谷的名字起错了。他说："我们不应该叫它王后谷，应该称其为皇室后代谷。最先被埋葬在这里的是皇室的子女，但后来这座山谷不知为何只与王后和后宫联系在了一起，因此王后谷这个名字的由来是基于传统，而非历史。"

在清理和挖掘的墓穴中，有拉美西斯二世的三个女儿的陵墓，她们后来都成为拉美西斯的妻子。和整个王后谷的其他木乃伊一样，她们的木乃伊也不见了，但考古人员还是挖掘出了大量的文物，包括彩绘胸甲、卡诺皮克罐、啤酒罐、皇家权杖和不同时期的陶器等等。

尽管勒布朗在 1983 年接管了考古队的日常运行，但德罗什 - 诺布勒古仍继续在山谷里与团队一起工作，直到快八十岁才停止。

据让－路易斯·克卢阿尔说,德罗什似乎从未放慢脚步。他回忆道:"在马尔加塔之家,她的房间里整晚都亮着灯。第二天早上,她五点钟来吃早餐,一头卷发精致整齐,一丝不乱,我们都怀疑她晚上是否睡过觉。"

20世纪80年代,德罗什－诺布勒古花了大量时间密切寻找拉美西斯二世的另一位宠妻、拉美西斯最终的法老继任者麦伦普塔(Merneptah)的母亲——伊塞诺弗列特的陵墓。但令她终生遗憾的是,尽管代尔麦地那的工匠留下的陶片上面记录着,他们一直在山谷中为这位王后建造陵墓,但德罗什最终并没有找到关于其陵墓的任何痕迹。另外失踪的奈菲尔塔利和其他王后的木乃伊也没有被找到。

德罗什本想继续寻找,但20世纪80年代末,勒布朗决定终止考古团队在王后谷的大部分工作,将考古重点转移到探索卢克索附近的拉美西斯二世陵庙——拉美修姆。虽然德罗什－诺布勒古对他的决定很不满意,但她无论如何都不可能再坚持下去了。尽管她看起来仍然精力充沛,不知疲倦,可毕竟已是耄耋老人了。她的膝盖患有严重的关节炎,使得她在挖掘现场的爬进爬出变得越来越艰难。1992年,她终于停住脚步,不再去埃及了。

与此同时,法国西底比斯考古队(MAFTO)仍在与CEDAE合作。在过去的几十年里,除了新的挖掘工作外,MAFTO的重点一直是保护和修复已经发现的陵墓和其他文物。在20世纪80年代末和90年代初,这支考古队参与了一项重大的国际救援行动——保护奈菲尔塔利陵墓中残余的绝世壁画,这些壁画正以惊人的速度恶化,山谷中其他皇家墓地的壁画也是如此。当埃及文物委员会(EAO)寻求位于洛杉矶盖蒂中心的盖蒂保护研究所帮助时，半数描绘精心打扮、梳着头发的拉美西斯二世妻子的画作已经损毁，于是该研究所又紧急从世界各地请来了专家对画作进行修复。EAO（现已更名为埃及文物最高委员会）负责人贾迈勒·莫赫塔尔，同时也是德罗什过去亲密的伙伴，说道："这个项目将埃及文物保护的水平提升到了一个新的高度，这将成为埃及和世界各地其他遗址保护的典范。"

在奈菲尔塔利陵墓的修复项目中，来自意大利、美国和其他国家的一些专家们都住在马尔加塔之家。这个耗时四年的修复工程最终取得了惊人的成果：这些壁画如今焕然一新，就像最初的艺术家刚刚放下画笔一样。盖蒂保护研究所所长米盖尔·安吉尔·科佐说："文物保护的最基本指导原则就是尽量减少干预。因为陵墓壁画的颜色看起来异常明亮，会令人很难相信它们是原始的。但事实很清楚，我们并没有在任何壁画表面添加一滴新油漆。相反，经过保护和清洁，我们令壁画恢复了原来的光彩。"

科佐称盖蒂保护研究所、埃及政府和参与该项目的其他组织之间的合作是"国际合作中的一个真正里程碑"。在奈菲尔塔利陵墓修复完成后，盖蒂保护研究所、埃及文物最高委员会、CEDAE和法国西底比斯考古队的合作仍在继续，他们作为合作伙伴，制定并实施了王后谷保护和管理综合计划。与此同时，MAFTO和勒布朗与埃及人携手合作，共同致力于恢复和保护拉美修姆。

西方和埃及之间的这种考古合作，是克里斯蒂亚娜·德罗什从她职业生涯一开始就支持和拥护的，但相对来说，这种合作的情况仍然为数不多。正如《纽约客》的记者彼得·赫斯勒所说，对于许多（即使不是大多数）西方考古学家来说，"法老时代的过去和阿拉伯时代的现在存在着分歧"。2011年，纽约大学驻埃及考古学家马修·亚当斯告诉赫斯勒，"埃及学家作为一个群体，对于处理如今的埃及问题并不太感兴趣。今日的埃及有时被视为是过去埃及的阻碍"。德罗什却是这条格言的一个明显例外。她坚持去深入了解埃及人，无论是政府官员还是劳工，并与他们建立伙伴关系。在她离开之后很长一段时间里，她的这种作风继续在与她共事的人中产生影响。

2002年，德罗什的一位法国朋友在代尔麦地那附近的帝王谷游玩时，一位身穿黑色长袍、头戴白色头巾的埃及老人走近她，用法语说，要卖给她一件小古董。这位朋友用法语回答之后，老埃及人问她："你认识德罗什－诺布勒古夫人吗？"她回答认识，对方向她表明身份，说他叫贾迈勒·莫赫塔尔，与德罗什一起共事了二十多年。然后，他请她代为转达对德罗什的问候："请告诉她我们在这里有多么爱她，多么想念她。"他接着说："你知道，她并不是一味地差遣我们做这事那事，而是向我们解释缘由，说明情况。"停顿了一会儿后，他说："可如今一切都不一样了。"

当这位朋友回到巴黎并将贾迈勒的问候传达给德罗什，这位资深埃及学家回答说："他说得没错。每天晚上，在让他们努力工作后，我都会告诉他们我们的发现，讲明它们的意义，以及它们的重要性……亲爱的贾迈勒！我也爱他。"

第二十六章

『世界上最负盛名的在世埃及学家』

2004年春天，一个阳光明媚的下午，西班牙一家知名报社的文化记者哈辛特·安东（Jacinto Antón）敲开了巴黎第十六区一间公寓的门。他后来告诉《国家报》的读者，他在那里采访了"世界上最负盛名的在世埃及学家"。一位女士打开门，把他带进一间优雅的客厅，克里斯蒂亚娜·德罗什-诺布勒古正站在那里等着。

安东写道，乍一看，这位九十岁的考古学家一头卷曲的白发和一双炯炯有神的眼睛，让他想起了"一位可爱的祖母"。但几秒钟后，这种印象又被另一种印象所取代：一种"压倒性的超凡气势，仿佛吸收了她周围的所有空间，以至于很难令人感知房间的细节"。

过了一阵，安东才缓过神，注意到周围的环境：客厅里有一个大屏幕，外面露台上有一个花园，花园里有一尊鹮的雕像，一张工作台，上面摆满了关于考古发掘的书籍和照片，还有几张镶框的照片，照片里的人分别是德罗什的哥哥——一名法国海军中将，还有她已故的丈夫安德烈·诺布勒古，后者已于五年前去世。

德罗什不再从事野外考古工作，彻底退休之后的十年里，她一直致力于撰写有关古埃及文明各个方面的书籍，她认为古埃及文明是世界历史上最迷人的文明。在这十年里，她创作了十一部非虚构作品，其中有好几部都是畅销书——包括她的回忆录在内。法国人跟她一样热爱古埃及，法国《快报》杂志评论道："没有人能像德罗什-诺布勒古夫人一样让读者徜徉在梦想之中，她的热情感染了成千上万的人。"

哈辛特·安东就她的新书《埃及的绝妙遗产》采访了她。该书详细介绍了古埃及对西方文明的巨大且多方面的贡献。为她出版该书的是一家名为Éditions Télémaque的小出版公司，令该出版公司高兴的是，这本书成为迄今为止德罗什最畅销的书籍。

在这本书中,她认为"那些仍旧构成我们思维基础的思想"——包括一些神学概念,例如原罪、充满危险和恶魔的阴间地狱、死后复活以及在全能神面前的最终审判等等——首创者都是法老时代的埃及。她继续补充道,古埃及还提出了单一民族国家和全能君主制的概念,以及字母表、日历、妊娠检测、偏头痛和白内障等疾病治疗的最早版本。

令人意想不到的是,即便在耄耋之年,德罗什也跟她年轻时一样,笔耕不辍,成就颇丰。由于她曾经主持了备受关注的图坦卡蒙和拉美西斯二世的展览,更不用说她还牵头发起了抢救拉美西斯木乃伊的行动,使得她早已成为法国人熟知的公众人物。她的书在世界各国出版,而且均取得了成功,这更使她名气大增,对此她似乎非常享受。哈辛特·安东并不是唯一一位在德罗什生命的最后阶段想要采访她的记者,法国各大报社、杂志的记者和来自世界其他国家和地区的媒体记者,源源不断地涌向她位于布兰奇街的公寓。她还经常接受法国电台和电视台的采访,甚至成为一个十集播客的主角。

德罗什在与安东的谈话过程中,一直坐在一把铺着青金石蓝软垫的扶手椅上,身边拄着一根拐杖,正如安东在文章中指出的那样,青金石蓝是"法老们最喜欢的颜色"。关于手里的拐杖,她解释说:"我的膝盖动过手术",但很快又补充道:"这是骨关节炎,而不是年老体衰造成的。"然而,当他们交谈时,安东注意到,当德罗什站起来找书时,"她精力充沛,不需要任何外物支撑就走到了房间另一头"。

在对她的新作品进行了几分钟的讨论后,他们的话题转到了令她感兴趣的内容:古埃及妇女的生活。在德罗什早期的一本书

《法老时代的女人》中,她指出:与古典希腊和古罗马的女性不同,古埃及的女性在法律上与男性平等。她们可以拥有土地,继承和管理自己的财产,嫁给任何他们想嫁的人,如果她们愿意,还可以离婚。一些女人学会了读书写字,少数女性在进入政府行政机构、从商或者从事科学领域研究之前接受了高级培训。

在大多数情况下,法老的妻子被任命为高级女祭司,这不仅让她们拥有了可观的财富,也让她们拥有了自己的政治影响力。当法老出征,或者法老去世时,他的继任者,通常是他的儿子。但如果继承者年纪还太小,无法取代前任法老的位置时,王后便接管国家的临时统治权,这种情况并不罕见。在法老时代,至少有三次由王后成为国家实际的统治者的情况,每次都是由于男性继任者太过年幼,无法立即掌权。2002年,德罗什为其中一位王后——神秘的哈特谢普苏特王后写了一本传记。这位王后在公元前1479—前1458年左右统治着埃及。作为继子(也是她的侄子)的摄政王,她做了一件早期女性摄政王想都不敢想、更不敢做的事:她自称为法老,像她的前任男性法老一样是众神的后裔,并且统治了这个国家大约二十年。

可以说《法老时代的女人》是德罗什最具煽动性的一本书,旨在重振这位女性统治者的声誉。长期以来,这位女性统治者一直被男性埃及学家丑化成一位狡猾奸诈、不择手段的女性,她夺取并非法占据了只有男性才能拥有的王位。这种评价最初是由纽约大都会艺术博物馆的埃及学家给出的,他们在20世纪20年代参与了哈特谢普苏特位于帝王谷男性专用墓地代尔巴哈里的宏伟随葬神庙的挖掘工作。用大都会博物馆的威廉·海耶斯的话来说,哈特谢普苏特必须被视为"最卑鄙的篡位者"。

然而，在评估这一判断时，必须牢记一个关于埃及法老的重要事实：人们对他们中的任何一位都知之甚少。正如美国考古学家迈克尔·琼斯所指出的："古埃及人已经死了数千年。没有一个活着的人知道他们在想什么。是我们创造了他们的形象，而这种形象只是基于我们自己的想法。这就有点像照镜子一样……我们只能通过自己的参照系来了解过去。"以古埃及为例，在大多数情况下，我们看待这些死去已久的人物的参照系通常都是男性。

对哈特谢普苏特的评价完全是基于男性的观点。对此，德罗什提出了挑战。按照德罗什的看法，哈特谢普苏特既不是阴谋家，也不是骗子，"如果你仔细研究的话，可以看到她拥有极其强大的统治能力"。对埃及来说，她所统治的时期，是一个和平与繁荣的时代，这位机智、精明的女法老通过强调对外贸易的重要性等手段，为埃及作出了极大的贡献。她派遣了一支雄心勃勃的贸易探险队前往遥远的非洲东北部红海沿岸——传说中的邦特之地[1]，并由此而声名远播。用一位历史学家的话来说，这是"有确切历史记录的人类第一次伟大的商业、科学与和平行动"。德罗什得出的结论是，哈特谢普苏特不仅作为统治者的作用被严重低估，而且她自称为法老更有可能是为了应对威胁国家的政治危机，以维护政权的稳定，而不是赤裸裸的夺权。

随着访谈的进行，安东发现德罗什威严的神态和盛气凌人的举止越来越像哈特谢普苏特本人。经过一个小时左右的采访，她显然感到疲惫，不耐烦地命令陪同记者的摄影师停止围着她拍照。当摄影师问她是否有埃及文物可以让她拿着摆拍，她反驳道："不，

1　邦特之地是与古埃及进行贸易的地方。——译者注

不，不！在我的整个职业生涯中，我从来没有带过任何一件文物回家。我是一名考古学家，先生！"之前有一位记者向德罗什提出过同样的问题，她说她明确表示过绝不会获取或展示任何古埃及文物："（不然的话）人人都会认为这东西是我从坟墓里偷来的。"

从她的职业生涯开始，克里斯蒂亚娜·德罗什在她的法国考古同事中就一直是一个有争议的人物。阿曼丁·马歇尔是一位年轻的埃及学家，曾在克里斯蒂安·勒布朗的法国西底比斯考古队工作过几年。她观察到，一些人"钦佩和欣赏"她，但另一些人"憎恨和嫉妒"她。另一位法国埃及学家吉耶梅特·安德勒－拉诺埃评论道："她总能引起混乱和争议……她的率性和直言不讳、她的自信沉着，还有她的演讲天赋深深激怒了她的许多同事。他们并不喜欢这种行为。"

随着德罗什－诺布勒古年龄的增长，她那女王般的气势和高调的媒体形象使她更加成为争议的焦点。"她变得更难相处了，"亨利·卢瓦雷特说，"她有时很难与年轻一代平和地分享一些事情。"法国国家科学研究中心前研究主任安尼克·库达特更是直言不讳，说德罗什"凌人的气势几乎要把周围的人压垮"。阿曼丁·马歇尔也提出了类似的观点，认为德罗什一直是聚光灯下的焦点，在考古界占据统治地位，令其他考古学家的重要性完全被忽视了。

在马歇尔看来，更令人不安的是，她认为德罗什的一些著作中未能提供足够的科学依据来证明她关于古埃及各个方面的理论和结论是正确的。马歇尔甚至声称其中一些观点是错误的。她说："在她的书中，有很多陈述，但没有脚注。科学家就是科学家，即使她处于金字塔的顶端，她也不能免除用论据和参考文献来证明自己的理论和研究结果……不能因为她是伟大的克里斯蒂亚娜·德罗什－诺布勒古，就盲目相信她所写的东西。如果观点不能接受质疑、重新组合，或进行推理或理论验证，那么就不能言之凿凿。这就是她的作品中困扰我的地方，因为研究不是这样搞的。"

然而，同样重要的是，要记住德罗什晚年的书并不是由大量文献支持的学术巨著，而是旨在让古埃及为更广泛的受众所接受和理解，甚至感兴趣的通俗作品。在亨利·卢瓦雷特看来，无论她的研究方法是否有缺陷，都不应掩盖她对卢浮宫、埃及学以及国际文化保护与合作等方面的非凡贡献。他说，除了拯救努比亚的神庙，"她还通过吸引媒体和公众观看展览和藏品，给卢浮宫和埃及学带来了全新的形象……我们总说法国人对埃及充满热情，这是真的。你可以在法国的任何地方看到埃及的东西。而法国人的这种热情真的是由德罗什熏陶和培养出来的。"

在与德罗什进行的简短会面和采访过程中，哈辛特·安东和其他采访者设法从德罗什那里引出了一些连珠妙语和精彩事迹的只言片语，但总的来说，他们的问题以及德罗什的回答都只是触及了她非凡职业生涯的表面。然而在她与法国纪录片制作人奥尔加·普吕多姆·法尔热（Olga Prud'homme Farges）的交谈和互动中，情况并非如此。2007 年，法尔热为拍摄一部名为《挚爱埃及》的电影，对这位著名埃及学家的生活进行了更为深入和彻底地探索、挖掘。

当时年已九十三岁的德罗什住在法国东北部塞尚镇的一所养老院里，靠近她父亲在蒙代芒特吉夫鲁村的一座庄园。她同意接受为期一个月共计八个小时的采访，采访地点在她家的祖居。

普吕多姆·法尔热当时不到四十岁，她敏锐地意识到自己的研究对象年事已高，不知道会发生什么。在她们初次见面时，她的第一反应是惊讶和宽慰。尽管德罗什身体虚弱，却充满了激情和活力——思路清晰、说话铿锵有力，能够回忆起几十年前发生的事件的最微小的细节。普吕多姆·法尔热后来回忆说："我记得她的能量和激情让我感到无比安心和安慰，因为我意识到我有可能活到她这个岁数，并且依然精神矍铄。"

在与这位电影制作人的谈话中，德罗什比在其他采访者甚至自己的回忆录中透露出更多关于她早期生活和职业生涯的个人细节。她回忆起往昔就好像那些事情就发生在昨天一样，她被祖父扛在肩上，去协和广场看卢克索方尖碑。她回忆起与哥哥和他的朋友在查尔斯顿跳舞，然后聚在家里的餐桌旁打乒乓球的快乐时光。

最重要的是，德罗什谈到了她对父母的巨大亏欠，因为父母鼓励她做自己想做的事，并为她提供了慷慨的支持，更不用说一流的教育了。这使她能够进入一个只属于男性的领域，克服了她所面临的艰巨挑战。在德罗什-诺布勒古访谈录《在神的注视下》一书中，一位编辑在引言中指出，德罗什"比一支女权运动大军更能为女性事业服务"。然而，尽管德罗什作为女性考古学家取得了非凡成就，更不用说她鼓励年轻女性追随她的脚步，拓宽了女性的生存领域，但她从不认为自己是女权主义者。

"我问德罗什，'你那时候是女权主义者吗？'"普吕多姆·法尔热回忆道，"她说，'不，为什么这么说？我只是我自己，只不过碰巧我是个女人而已。我必须为我想做的事情而奋斗。但不是作为女人，而是作为一个人。'"这位电影制作人继续说道："作为一个女人，她从不自卑。她有着不可动摇的信念，她认为自己和男人一样优秀，而且她从来没有怀疑过自己。然而，与此同时，从德罗什的言行中可以明显看出，她在整个职业生涯中表现出的强烈的职业精神和进取心，至少在一定程度上是因为她相信自己必须比任何男人都更努力地工作，才能在这个领域证明自己。"

当别人告诉她不能做某事时，她拒绝接受他们的断言。"人们常常不把她当回事。"普吕多姆·法尔热说，"一个身材矮小的娇小女人，想要拯救这些神庙。没有人相信这种事情有可能实现。但她却凭借强大的能力和无穷无尽的精力，拼尽全力，与人们交谈——讨论、争论和说服。她必须证明自己的权威，有时甚至有点专制，但这只是为了实现她想要的目标而采取的策略。当然，她做到了。"

在她们的谈话中，德罗什明确表示，作为一名埃及学家，她的工作一直是她生命中最重要的事情，其他一切，包括她的家人，都排在了第二位。普吕多姆·法尔热说："我认为，如果工作不是她的首要任务，她就不可能取得现在的成就。她从早上睁开眼睛的那一刻，就会不由自主地想到工作……埃及就是她的全世界。她沉迷于埃及，想一次又一次地回去。埃及就是她的信仰。"

不过每当这位电影制片人想要触及德罗什的私生活时，她通常都是避而不答。但普吕多姆·法尔热还是成功地引导德罗什透露了她极少在公开场合谈及的话题——关于她的丈夫。谈到求婚，她回忆说，当安德烈·诺布勒古承诺永远不会妨碍她的事业之后，她才同意了嫁给他。普吕多姆·法尔热说："她性格坚定，所以她的丈夫唯一能做的就是支持她。安德烈别无选择。而德罗什也不让他有别的选择。她对她的丈夫说：'我要做这件事。你可以跟着做，也可以不做。但我肯定要做。'"

至少从外表上看，这对夫妇对彼此很忠诚。他们经常一起出席在巴黎的社交聚会，她的丈夫陪同她进行了几次旅行。德罗什将自己的回忆录献给六个人，她的丈夫就是其中之一。德罗什的回忆录于1999年出版，与她丈夫去世是同一年。"为了安德烈，"该回忆录的献词上写道，"他一直支持并鼓励我研究埃及学，这种支持和鼓励一直持续了五十年。没有他，我不可能完成拯救努比亚的大业。"

这对夫妇的儿子亚兰是这本书献给的另外五个人之一，德罗什极少提到他。另一次提到他是在《伟大的努比亚人》这本书里，她写道，在1954年她是十分不舍地离开年仅八岁的亚兰前往埃及筹划并创建CEDAE的。但正如她的回忆录所表明的那样，这种犹豫和不舍是短暂的。普吕多姆·法尔热说："我试着问她关于亚兰的事情，但她从来没有真正回答过。她不想谈论他。当她拯救阿布辛贝神庙时，她没有时间照顾他。她更专注于研究埃及学。"

正如普吕多姆·法尔热所见，德罗什的大部分母性之爱都给了她的埃及工人们："我记得她告诉我，她的工人就像她的孩子一样。她照顾他们，给他们送生日礼物。他们是她的第二个家庭。"

尽管在她的整个职业生涯中，她与埃及考古学家和其他专业人士建立了密切的关系，但她感觉对那些在土地上工作或从事其他体力劳动的农民，比如她的挖掘工人，更亲近些，跟他们在一起感到最自在。对德罗什来说，他们的信仰和生活方式让人想起了法老时代的祖先。普吕多姆·法尔热说："她相信，今天依然可以在他们的血液中找到古埃及的脉搏、历史的脉搏和古老时代的脉搏。"另一位采访德罗什的记者说："她喜欢这些简单的人。"德罗什对这位采访者说，埃及的农民们"几千年来都没有改变。他们在人性上与他们古老的祖先有相同的特质，平和安详、正义且有耐心——这些特质对我来说特别有帮助，因为我是个脾气急躁的人，你知道的"。

在德罗什生命的最后几年，她尽量把现代世界拒之门外。她向一位朋友坦白说，她再也不能去埃及那些游人如织的古代遗址了。"我到了那里，什么感觉都没有，"她说，"它们的灵魂被夺走了。"她的朋友问她哪个古迹遗址更令她有感触，她回答说："那些没有游客到访的地方，只有你一个人独自站在神庙里。我喜欢的大部分遗址在帝王谷的悬崖后面，那里从来没有游客去过。当我走在连接两个山谷的小路上时，我感觉自己仿佛就在古埃及，永恒的埃及。在那里，我就像回到家一样。"

2009年11月26日，联合国教科文组织在其巴黎总部为德罗什-诺布勒古举办了一场盛大的庆典，并在庆典上首次放映了普吕多姆·法尔热的纪录片。放映开始前，联合国教科文组织新任总干事伊琳娜·博科娃站在讲台上，面对数百名观众，向坐在她面前的老妇人致辞。博科娃对德罗什说："今晚，请允许我们向你表示致敬，你的一生是我们学习和分享的榜样，并给予我们鼓舞和勇气。由于你对古埃及的挚爱和热情……你让遥远的亘古变得鲜活，让它变得清晰而迷人。你不知疲倦地战斗，说服多个国家的政治家和决策者开始一场规模空前的冒险。是你最先提出了人类世界文化遗产的理念，在我们所处的这个时代，这个理念比以往任何时候都更为重要。随着1967年的图坦卡蒙宝藏展览的举办，你真正催生了一种大众对艺术和博物馆的新的狂热。"

在列举了几个德罗什取得的成就之后，博科娃在讲话即将结束时说道:"令我感到骄傲的是,作为联合国教科文组织首位女总干事,我首先要做的事情之一就是向这位知识渊博、果敢坚毅且兢兢业业的伟大女性——一位人文主义者致敬。"对于德罗什来说,博科娃称她为人文主义者,是对她的最高赞誉和褒奖。她的父母都是人文主义者,她骄傲地告诉普吕多姆·法尔热,他们向她灌输了自己努力生活的价值观——"尊重彼此,友爱邻居,尊重普通人,尊重文明。"

普吕多姆·法尔热护送德罗什去电影放映厅的大屏幕前,并坐在她旁边。德罗什作为主宾身穿时尚的黑白花呢西装,外衣上别着一枚猩红色和白色相间的小徽章。这枚徽章标志着她被授予了法国最负盛名的荣誉勋章——荣誉军团大十字勋章,她是该勋章220年历史上仅有的六位女性获得者之一。普吕多姆·法尔热后来回忆说,德罗什在观看这部电影的时候,"有时她会笑,有时她会说:'我真的这么说了吗?'她似乎很感动,内心感触良多。这是一个十分美好的时刻"。

联合国教科文组织的致敬标志着德罗什最后一次公开露面。"我想她很满足",普吕多姆·法尔热说,"她不是那种有遗憾的人。她有着美好的生活,人生充满了经验和知识,并取得了伟大的成就。她为此感到非常自豪……如果她能回到埃及,她会去的,但她承认自己年纪大了,身体也承受不了。她对自己所做的一切感到高兴。"

2011年6月23日,克里斯蒂亚娜·德罗什-诺布勒古去世,享年九十八岁。在她去世后的众多悼念者中,有一位是时任法国总统的尼古拉·萨科齐,他称德罗什为"尼罗河上的尊贵夫人",并将她比作伟大的埃及学创始人让-弗朗索瓦·商博良。时任卢浮宫馆长的亨利·卢瓦雷特认为德罗什的"能量和激情"使"埃及学从真正意义上流行起来"。多年后，他形容德罗什是"一个非常特别的人，一个我从心里非常珍视的人"。

2009年联合国教科文组织在巴黎为九十六岁高龄的埃及学家克里斯蒂亚娜·德罗什-诺布勒古举办盛大仪式，该组织总干事伊琳娜·博科娃向德罗什表示亲切问候

在生命的最后几个月里，德罗什明确表示她打算继续工作和生活，直到最后一刻。在她房间的书架上，她留下了大量笔记，为未来可能的写作项目做准备。"只要活着，就有希望。"她告诉普吕多姆·法尔热，"永远不要放弃。永远不要放弃你要做的事情。这就是我的哲学。"

感言

当我写完上一本书并开始构思下一本书时，我的第一个冲动是找到另一个关于"二战"的主题。事实上，这并不奇怪，因为"战争"一直是我前八本书的背景，只有一本除外。考虑到这一点，我开始研究可能的主题，其中包括1940年德国占领法国后，巴黎建立的第一个抵抗组织。

令我对法国人类博物馆抵抗组织最感兴趣的是，它不太可能是反抗军的集合，因为其成员大多是学者，其中包括人类学家、语言学家、考古学家、艺术史学家、博物馆策展人和馆长、作家和图书馆员。同样有趣的是，女性在创建和组织抵抗运动中发挥了关键作用，这在法国的所有抵抗运动中是一个极不寻常的现象，因为以前的抵抗运动都是以男性为中心的。

但当我看到更多关于这个团体的信息时，我特别着迷于其中一位女性成员的故事——一位名叫克里斯蒂亚娜·德罗什－诺布勒古的女士。作为卢浮宫埃及文物馆的代理馆长，她在战争期间过着双重生活，白天在博物馆工作，晚上和周末则沉浸在抵抗运动的秘密世界中。

随着我对她的了解越来越多，我意识到她是一个十分大胆且具有开拓性、甚至创造了历史的女人——一个天生的反抗者，她无视社会对女性扮演角色的限制，拒绝让男人告诉她该做什么。然而，尽管她在战争期间和战争结束后做了许多令人惊叹的事情，但在法国以外，她的生活和成就基本上并不为人所知。

我突然灵光乍现，想要了解更多有关德罗什的经历和事迹。我被她本人迷住了，同样也被她在20世纪60年代拯救埃及几座神庙免于被洪水淹没的举动迷住了——虽然一开始陷入绝望，但后来绝处逢生。这场古迹拯救行动演变成了世界上有史以来最伟大的国际文化合作典范。在领导这项行动时,她与20世纪中期一些最令人生畏的政府领导人针锋相对,其中包括埃及总统贾迈勒·阿卜杜勒·纳赛尔和法国总统戴高乐。

第二次激发了我灵感的是,我发现美国历史上最著名的女性之一——当时的美国新任第一夫人杰奎琳·肯尼迪——也在拯救神庙的过程中发挥了至关重要的作用。然而,杰姬坚持不公开她所做的努力,因此,她的付出直到今天也基本上不被人们所知晓。

令人惊讶的是,市面上并没有关于德罗什-诺布勒古的传记,英语和法语传记都没有。但我发现了大量其他材料可以借鉴,包括她用法语写的回忆录,以及两名记者对她的一系列采访,这些采访均以书籍的形式出版。另一个关键资源是电影制作人奥尔加·普吕多姆·法尔热拍摄的一部关于德罗什生活和经历的优秀法国电视纪录片。另外对普吕多姆·法尔热和著名的卢浮宫前馆长亨利·卢瓦雷特等人的访谈,也对我非常有帮助,他们对德罗什的回忆和看法也为更加真实和详尽地介绍德罗什的人生故事起到至关重要的作用。

我的同事兼朋友多莉·登比-劳伦特也参与了采访,她还在巴黎附近的法国国家档案馆花了一周时间查看德罗什发表的大量论文,并翻译和分析了对她的大量广播电视或纸媒采访。正如我的前一本书《弗尔卡德夫人的秘密战争》一样,如果没有多莉不可估量的贡献,我不可能写出《尼罗河女皇》[1]这本书。

同样对我帮助很大的还有克里斯蒂安·勒布朗的回忆录,在德罗什后期的埃及野外考古工作中,勒布朗成为她信任的副手,

---

[1] *Empress of the Nile*,本书英文版书名。——编者注

并在她退休后被指定接替她的职位，担任考古队负责人。同时也要感谢其他著名的埃及学家，我借鉴了他们的许多著作和研究成果，其中包括托比·威尔金森、约翰·威尔逊，托里尼·塞韦－瑟德贝里，唐纳德·马尔科姆·里德和杰森·汤普森。

我要特别感谢我出色的编辑苏珊娜·波特，以及兰登书屋团队的其他成员。这是我与苏珊娜的第五次合作，苏珊娜对这一主题的热情、在我的研究和写作过程中给予的支持和鼓励，以及熟练而敏锐的编辑能力，使得《尼罗河女皇》成为一部令人愉悦的作品，也成为一本更好的书。非常感谢无与伦比的盖尔·罗斯——我近三十年的经纪人和朋友。

最后，献给我生命中最重要的两个人——我的丈夫斯坦·克劳德和我们的女儿卡莉——我爱他们。

参考文献

Archival Material

John F. Kennedy Presidential Library, Boston. Jacqueline Bouvier Kennedy Onassis Personal Papers.

National Archives of France (Archives Nationales de France), Paris.

Gestion du Département des Antiquités Égyptiennes du Musée du Louvre sous la direction de Christiane Desroches-Noblecourt.

Published Material
Books

Aburish, Saïd K. Nasser: *The Last Arab*. New York: Thomas Dunne Books, 2013.

Adams, Amanda. *Ladies of the Field: Early Women Archaeologists and Their Search for Adventure*. Vancouver, B.C.: Greystone Books, 2010.

Allen, Charles, and Sharada Dwivedi. *Lives of the Indian Princes*. Mumbai: Eshwar, 1998.

Allport, Alan. *Browned Off and Bloody-Minded: The British Soldier Goes to War, 1939–1945*. New Haven: Yale University Press, 2015.

Anthony, Carl Sferrazza. *As We Remember Her: Jacqueline Kennedy Onassis in the Words of Her Friends and Family*. New York: Harper Collins, 1997.

Blanc, Julien. *Au Commencement de la Résistance: Du Côte du Musée de l'Homme 1940–1941*. Paris: Éditions du Seuil, 2010.

Blumenson, Martin. *The Vildé Affair: Beginnings of the French Resistance*. Boston: Houghton Mifflin, 1977.

Cachin, Françoise, ed. *Pillages et Restitutions: Le Destin des Oeuvres d'Art Sorties de France Pendant la Seconde Guerre Mondiale.* Paris: Éditions Adam Biro, 1997.

Cassini, Oleg. *A Thousand Days of Magic: Dressing Jacqueline Kennedy for the White House.* New York: Rizzoli, 2015.

Cassou, Jean. *Une Vie pour la Liberté.* Paris: Éditions Robert Laffont, 1981.

Chanel, Gerri. *Saving Mona Lisa: The Battle to Protect the Louvre and Its Treasures from the Nazis.* London: Icon Books, 2018.

Cobb, Matthew. *The Resistance: The French Fight Against the Nazis.* London: Pocket Books, 2010.

Cooney, Kara. *When Women Ruled the World: Six Queens of Egypt.* Washington, D.C.: National Geographic, 2018.

Cooper, Artemis. *Cairo in the War 1939–1945.* London: John Murray, 2015.

Corzo, Miguel Angel, ed. *Art and Eternity: The Nefertari Project Wall Paintings Conservation Project, 1986–1992.* Los Angeles: Getty Conservation Institute, 1993.

Dass, Jarmani. *Maharajah.* New Delhi: Hind Pocket Books, 2008.

Davis, Margaret Leslie. *Mona Lisa in Camelot: How Jacqueline Kennedy and Da Vinci's Masterpiece Charmed and Captivated a Nation.* Washington, D.C.: White House Historical Association, 2008.

Desroches-Noblecourt, Christiane. *La Femme au Temps des Pharaons.* Paris: Stock/Pernoud, 1986.

———. *Gifts from the Pharaohs: How Ancient Egyptian Civilization*

Shaped the Modern World. Paris: Flammarion, 2007.

——. La Grande Nubiade: le Parcours d'une Égyptologue. Paris: Stock/Pernoud, 1992.

——. Ramses II: An Illustrated Biography. Paris: Flammarion, 2007.

——. Le Secret des Découvertes. Paris: Télémaque, 2006.

——. Sous le Regard des Dieux. Paris: Albin Michel, 2016.

——. Tutankhamen. London: Penguin, 1965.

Desroches-Noblecourt, Christiane, and Georg Gerster. *The World Saves Abu Simbel.* Vienna: Verlag A. F. Koska, 1968.

Díaz-Andreu, Margarita, and Marie Louise Stig Sørensen, eds. *Excavating Women: A History of Women in European Archaeology.* New York: Routledge, 1998.

Edsel, Robert M. *The Monuments Men: Allied Heroes, Nazi Thieves, and the Greatest Treasure Hunt in History.* New York: Center Street, 2009.

Edwards, Amelia B. *A Thousand Miles up the Nile.* London: George Routledge and Sons, 1891.

El Shakry, Omnia. *The Great Social Laboratory: Subjects of Knowledge in Colonial and Postcolonial Egypt.* Palo Alto: Stanford University Press, 2014.

Fagan, Brian M. *The Rape of the Nile: Tomb Robbers, Tourists, and Archaeologists in Egypt.* Boulder, Colo.: Westview Press, 2004.

Flanner, Janet. *Men and Monuments: Profiles of Picasso, Matisse, Braque, and Malraux.* New York: DaCapo Press, 1990.

Fletcher-Jones, Nigel. *Abu Simbel and the Nubian Temples.* Cairo:

American University in Cairo Press, 2020.

Gardner, James. *The Louvre: The Many Lives of the World's Most Famous Museum*. New York: Atlantic Monthly Press, 2020.

Goodwin, Richard N. *Remembering America: A Voice from the Sixties*. New York: Open Road Media, 2014.

Gorenberg, Gershom. *War of Shadows: Codebreakers, Spies, and the Secret Struggle to Drive the Nazis from the Middle East*. New York: PublicAffairs, 2021.

Hessler, Peter. *The Buried: An Archaeology of the Egyptian Revolution*. New York: Penguin, 2019.

Hill, Clint. *Mrs. Kennedy and Me: An Intimate Memoir*. New York: Gallery Books, 2012.

Hours, Magdeleine. *Une Vie au Louvre*. Paris: Robert Laffont, 1987.

Hoving, Thomas. *Making the Mummies Dance: Inside the Metropolitan Museum of Art*. New York: Touchstone, 1993.

———. *Tutankhamun: The Untold Story*. New York: Cooper Square Press, 2002.

Humbert, Agnès. *Résistance: Memoirs of Occupied France*. London: Bloomsbury, 2008.

Kelleher, K. L. *Jackie: Beyond the Myth of Camelot*. XLibris, 2000.

Kennedy, Jacqueline. *Jacqueline Kennedy: Historic Conversations on Life with John F. Kennedy*. New York: Hyperion, 2011.

Kuhn, William. *Reading Jackie: Her Autobiography in Books*. New York: Anchor, 2010.

Lawrence, Greg. *Jackie as Editor: The Literary Life of Jacqueline

Kennedy Onassis. New York: Thomas Dunne Books, 2011.

Leaming, Barbara. *Jacqueline Bouvier Kennedy Onassis: The Untold Story*. New York: Thomas Dunne Books, 2014.

Leblanc, Christian. *La Mémoire de Thèbes: Fragments d'Égypte d'Hier et d'Aujourd'hui*. Paris: Harmattan, 2015.

Le Tourneur d'Ison, Claudine. *Une Passion Égyptienne: Jean-Philippe et Marguerite Lauer*. Paris: Plon, 1996.

Lively, Penelope. *Moon Tiger*. New York: Grove Press, 1987.

———. *Oleander, Jacaranda: A Childhood Perceived*. New York: Harper Collins, 1994.

Mann, Carol. *Paris Between the Wars*. London: Vendome Press, 1996.

Mertz, Barbara. *Red Land, Black Land: Daily Life in Ancient Egypt*. New York: Morrow, 2009.

———. *Temples, Tombs, and Hieroglyphs: A Popular History of Ancient Egypt*. New York: Morrow, 2009.

Meskell, Lynn. *A Future in Ruins: UNESCO World Heritage and the Dream of Peace*. Oxford: Oxford University Press, 2018.

Morris, James. *Farewell the Trumpets: An Imperial Retreat*. New York: Harcourt Brace Jovanovich, 1978.

Museo Egizio and Salini Impregilo, *Nubiana: The Great Undertaking That Saved the Temples of Abu Simbel*. Milan: Rizzoli, 2019.

Natalle, Elizabeth J. *Jacqueline Kennedy and the Architecture of First Lady Diplomacy*. New York: Peter Lang, 2018.

Nicholas, Lynn. *The Rape of Europa: The Fate of Europe's Treasures in the Third Reich and the Second World War*. New York: Vintage, 1995.

Olson, Lynne. *Madame Fourcade's Secret War: The Daring Young Woman Who Led France's Largest Spy Network Against Hitler*. New York: Random House, 2019.

Rainey, Froelich. *Reflections of a Digger*. Philadelphia: University of Pennsylvania Museum of Archaeology and Anthropology, 1992.

Reid, Donald Malcolm. *Contesting Antiquity in Egypt: Archaeologies, Museums, and the Struggle for Identities from World War I to Nasser*. Cairo: American University in Cairo, 2015.

Riding, Alan. *And the Show Went On: Cultural Life in Nazi-Occupied Paris*. New York: Knopf, 2010.

Romer, John. *Ancient Lives: The Story of the Pharaohs' Tombmakers*. London: Weidenfeld and Nicolson, 1984.

Rowley, Hazel. *Tête-à-Tête: The Tumultuous Lives and Loves of Simone de Beauvoir and Jean-Paul Sartre*. New York: HarperCollins, 2015.

Säve-Söderbergh, Torgny. *Temples and Tombs of Ancient Nubia: The International Rescue Campaign at Abu Simbel, Philae and Other Sites*. London: Thames and Hudson, 1987.

Schiff, Stacy. *Saint-Exupéry: A Biography*. New York: Knopf, 1995.

Schoenbrun, David. *Soldiers of the Night: The Story of the French Resistance*. Lexington, Mass.: Plunkett Lake Press, 2016.

Shirer, William L. *The Collapse of the Third Republic: An Inquiry into the Fall of France in 1940*. New York: Simon and Schuster, 1969.

Singh, Brigadier H. H. Sikhjit, and Cynthia Meera Frederick.

Prince, Patron and Patriarch. New Delhi: Roli Books, 2019.

Solé, Robert. *La Grande Aventure de l'Egyptologie.* Paris: Perrin, 2019.

Spencer, Samia. *Daughters of the Nile: Egyptian Women Changing Their World.* Newcastle upon Tyne: Cambridge Scholars Publishing, 2016.

Thézy, Marie de, and Thomas Michael Gunther, eds. *Images de la libération de Paris.* Paris: Paris Musées, 1994.

Thompson, Jason. *Wonderful Things: A History of Egyptology,* vol. 3: *From 1914 to the Twenty-first Century.* Cairo: American University in Cairo Press, 2018.

Tunzelmann, Alex von. *Blood and Sand: Suez, Hungary, and Eisenhower's Campaign for Peace.* New York: Harper Collins, 2016.

Waxman, Sharon. *Loot: The Battle over the Stolen Treasures of the Ancient World.* New York: Henry Holt, 2008.

Wilkinson, Toby. *The Nile: A Journey Downriver Through Egypt's Past and Present.* New York: Knopf, 2014.

———. *The Rise and Fall of Ancient Egypt.* New York: Random House, 2011.

———. *A World Beneath the Sands: The Golden Age of Egyptology.* New York: W. W. Norton, 2020.

Wilson, John A. *Signs and Wonders upon Pharaoh: A History of American Egyptology.* Chicago: University of Chicago Press, 1964.

———. *Thousands of Years: An Archaeologist's Search for Ancient Egypt.* New York: Charles Scribner's Sons, 1972.

Film and Video

Prud'homme Farges, Olga. *Christiane Desroches-Noblecourt: Une Passion Égyptienne.* television documentary, CDP Productions and *France Télévisions,* aired on France 5, December 11, 2009.

Periodical Articles

Andreu-Lanoë, Guillemette. "Christiane Desroches Noblecourt (1913–2011)." Newsletter of the French Institute of Oriental Archaeology, 2011.

Antón, Jacinto. "Entrevista a Christiane Desroches-Noblecourt." *El País,* July 11, 2004.

Carvalho, George de. "Abu Simbel—A Race Is Won." *Life,* December 2, 1966.

Gerster, Georg. "Saving the Temples of Abu Simbel." *National Geographic,* May 1966, 708.

Maurel, Chloé. "Le Sauvetage des Monuments de Nubie par l'UNESCO (1955–1968)." *Égypte / Monde Arabe,* 2013.

Okasha, Sarwat. "Ramses Recrowned: The International Campaign to Preserve the Monuments of Nubia, 1959–68," IJBF Online, 232.

Viorst, Milton. "Man of Gamaliya." *New Yorker,* June 24, 1990.